货物贸易理论与实务

（第二版）

翟江南　编著

对外经济贸易大学出版社
中国·北京

图书在版编目（CIP）数据

货物贸易理论与实务/翟江南编著．—2版．—北京：对外经济贸易大学出版社，2012
ISBN 978-7-5663-0444-5

Ⅰ．①货…　Ⅱ．①翟…　Ⅲ．①国际贸易理论－高等学校－教材②国际贸易－贸易实务－高等学校－教材　Ⅳ．①F740

中国版本图书馆CIP数据核字（2012）第198651号

货物贸易理论与实务（第二版）

翟江南　**编著**
责任编辑：王文君

对外经济贸易大学出版社
北京市朝阳区惠新东街10号　邮政编码：100029
邮购电话：010－64492338　发行部电话：010－64492342
网址：http://www.uibep.com　E-mail：uibep@126.com

山东省沂南县汇丰印刷有限公司印装　新华书店北京发行所发行
成品尺寸：185mm×260mm　22印张　550千字
2012年8月北京第2版　2012年8月第1次印刷

ISBN 978-7-5663-0444-5
印数：0 001－3 000册　定价：39.00元

前　言

自从本书第一版问世以来已经整整过去了5年，期间整个国际贸易环境都在发生深刻变化。《货物贸易理论与实务》（第二版）正是在这种情况下得以问世，从而带来了很多新方法、新视角。

第二版与第一版的不同之处主要体现在如下几个方面：

一、更加强调货物贸易一体化

在支撑贸易一体化的原国际三大贸易术语体系中，《美国对外贸易定义》已经改弦易辙，《华沙—牛津规则》也已逐步淡出历史舞台，剩下国际商会（The International Chamber of Commerce；ICC）制定的国际贸易术语解释通则（INCOTERMS）被国际社会越来越多的人所认可和使用，其用途也在从国际贸易向国内贸易延伸。贸易术语用于国内贸易方面的最早文献记载是在1812年，至今正好有200年的历史。可见它运用的时间极其久远。将这种贸易运作方式引申到我国国内贸易中却是最近几年的事情。2003年商贸部成立，实现内外贸管理合一。全球经济一体化在此前后也是呈现全面提速趋势。1993年11月欧盟诞生，国际商会（ICC）迅速作出反应，于1999年更改国际贸易术语解释通则（Incoterms 2000版），过渡性地将贸易术语推向区域经济集团、自由贸易区乃至国内贸易之中；2003年美国修改《统一商法典》（Uniform Commercial Code，UCC），删除了美国对价格术语解释的有关条款，这些术语的内容已与现代商业实践活动存在非常大的差异，其方式与现代国际惯例格格不入。

如果说本书第一版还只是在为INCOTERMS用于国内贸易作垫铺的话，现在的第二版则希望在打通内外贸一体化的瓶颈的滞阻方面作出更多有益尝试。

诚然，本书第二版还是立足于国际贸易，只是基于我国国情要特别强调它同样也适合于国内贸易。我国贸易存在内外不同的二元性。在我国的高等教育专业设置体系中，有些专业学科过于偏重外贸，其培养出来的学生却有不少并不从事对外贸易工作，国内贸易又不规范，造成教学资源的浪费；反之，有些专业学科过于偏重内贸，其培养出来的学生不懂国际惯例，即便有外贸机会，也基本抓不住。中小微企业综合型人才匮乏问题更是明显，在日益开放的市场经济条件下处于极其不利的竞争地位。外资企业凭借其资金、品牌、管理、人才等优势，利用我国加入WTO时逐步放开国内市场的承诺，开始全面拥有国内市场分销权，可以同时在内外两个市场与国内企业展开竞争。我国企业在这种竞争不对称的情况下，并没有形成合力，"外贸人"没有自觉将对外成熟的贸易方式移植进来，"内贸人"也没有有意识地学习国际贸易新方法、新操作模式，国内外两个"大"市场没有真正搭建起来。在新形势下，国内贸易的内涵和外延都在变化，由原来贸易功能的单向性向双向性转变。再这么人为地分开下去，且不说有效运用国际社会贸易领域的新成果，减少与国际社会接轨的摩擦和交易成本，就连外向型经济的发展成果转化为提高国内消费的内生动力都难以做到。

二、寻求内外贸易理论之间更多的契合点

贸易的精髓是实现等价物的交换。只要生活在不同的空间、不同的环境和拥有不同的资源，就存在交换的动因。动因明确、政策理解，行动起来才有方向和力量。在新版中，继承了第一版将贸易理论、政策和实务相结合的穿插编排，同时也融入了市场营销学中的一些常用理念，如增加了现代货物贸易理论内容，其中“产品生命周期说”是对市场营销产品策略的补充；“需求偏好相似说”从国与国贸易交换的角度诠释了马斯洛需求层次理论；“产业内贸易说”更让人与市场营销强调产品的异质化有机地联系起来；在定牌加工问题讨论中，有意识地将创建品牌融入其中，引导读者走“中国创造”的品牌之路；在新版中还增加了世界贸易组织的基本原则和内容，这些原则的精神对于国内公平贸易、打破不正当竞争和国有企业过分垄断市场的局面都具有指导意义。

三、与时俱进，不断创新，赋予新版时代精神

新版最大亮点莫过于将 INCOTERMS 2010 全面引入国内外贸易体系之中。根据国情，没有按照水上运输方式和任何运输方式对贸易术语分类，而是根据象征性交货和实际交货来划分贸易术语，国内贸易大部分是在后者范畴内运作，却不规范；要在前者范畴内运作，需要解决单证的效力问题；故此，这种划分便于为国内信用证的使用找到突破口；由于贸易术语贯穿贸易整个过程，对新版中的大量案例和计算，考虑到由于集装箱运输带来的变革和承运人责任的增加，除大宗货物仍沿用传统型象征性交货贸易术语 FOB、CFR、CIF 外，尽量使用新型象征性交货贸易术语 FCA、CPT、CIP，以培养新学者良好的习惯。

在新版中的一些细节上，尽可能体现出国际社会在贸易领域方面的一些新变化、新成果。比如《协调制度》2012 年版本的部分内容得到体现；介绍了 2008 年 12 月 11 日通过的《联合国全程或部分海上国际货物运输合同公约》（简称《鹿特丹规则》）的主要内容；更新了中国铁路货物运价费率表的内容；体现了 2009 年“新协会条款”的内容；增加了动物福利贸易壁垒、碳关税等新型贸易保护方式的介绍；注意到自“9·11 事件”后，发达国家为防患于未然，对装船前检验的新要求；列出了 2010 年 8 月《联合国国际货物销售合同公约》核准参加国的名单；传达了随着电子通讯的普遍使用，以及货物运输安全性的提高，Incoterms 2010 赋予电子单据与书面单据同样的效力，等等。

在保留并强化第一版的教学特点基础上，本版中作出的上述调整，旨在进一步使我们的分析具有某些不同于其他教材的特点。在新版的体例上，一改过去只强调学习目标的做法，也非常注重技能目标的训练和情感目标的培养。各章的结尾都有实训题和系列习题，便于集体讨论和自学。本书适用的课程主要针对商务贸易专业所有贸易实务课程和部分重要理论课程，如国际贸易理论与实务、国际贸易原理、国际贸易实务、货物贸易等等，适用于多种授课方式。全书 11 章自成体系，又相对独立，构成比较全面的货物贸易理论、政策和实务的知识技能结构，可以安排从 48 课时到 96 课时不等，如在 48 课时的安排下，第 1 章、第 7 章可以不讲。

自第一版问世以来，本书得到一定的社会认可，被运用于多种教学层次，如非国际经济与贸易专业的本科，各类成人教育、开放教育和高等职业教育。

翟江南

2012 年 5 月 22 日

目　录

第 1 章

货物贸易基本知识和理论

课前准备

【学习目标】

了解货物贸易基本理论和常识、不同贸易方式的特点和区别；掌握绝对优势理论、相对优势理论的主要内容

【技能目标】

分得清现实贸易行为中自由贸易行为和保护贸易行为，能运用贸易理论解释现实贸易现象

【情感目标】

树立正确的贸易价值观、时空观、自由平等的货物贸易可创造福祉的坚定信念

学习内容

【先行案例】

五千年前的包裹如何在全球旅行①

在大约一万年前，世界出现了两河流域西亚区、中国区、中南美洲和非洲区等四大农业文明起源中心区。西亚独立起源的农作物主要是小麦、大麦和豆类，驯化出的动物包括山羊、绵羊和牛；在中国起源的农作物包括水稻、谷子和糜子两种小米、大豆、荞麦等，驯化出狗、猪、鸡等动物。我们常说的五谷丰登是史前世界交流的结果。五谷中既包括中国自己起源的稻子，也包括了起源于西亚的小麦。早在5000年前，中国起源并独立培育的小米到

① 资料来源：杨雪梅．五千年前的包裹如何在全球旅行．人民日报，2010－09－03，第17版，经编辑

达了欧洲，西亚起源的小麦大约距今4500年前传入中国黄河中下游地区。伴随而来的还有绵羊、马、马车以及青铜冶金等技术。事实上远古就存在着一条欧亚草原通道。它是指以欧亚大陆草原为主线的一条东西向的古代通道，东起南西伯利亚和蒙古高原，穿过中亚至西亚乃至东欧。这条草原通道的东段经过蒙古高原，向南沿着河谷地带，如黄河、桑干河、永定河等，可以直接通达中国古代文化的核心地带黄河中下游地区。这条通道被认为是在丝绸之路出现之前，连接东西方文化的主要干线。鄂尔多斯就曾经是这条干线上的一个中心点。这样强大的传播其实就是世界文明的交流。到了3000—2000年前，更为精致的东西开始传播，这就是中国丝绸之路的开端。

中国社会科学院考古专家说，"青铜器、绵羊和小麦，这三类物品最早都发现于西亚，在早期文化交流的过程中，它们很有可能是捆绑在一起向外传播的。这个捆绑在一起的文化包裹由西亚传入中亚后，在欧亚草原经过诸多文化的对接作用，由西向东逐渐传播，最终到达蒙古高原地区，然后，在长城沿线北方文化区的作用下，由北向南最终传播到了中国古代文化的核心区域。"

人们在已经习惯了自己的主食系统后，为什么还会接受外来的主食？小麦引进中国后的一千多年里，产量和播种面积并不大，原因可能在于它的食用方法并没有随之传入中国。直到汉代中国人将小麦磨成面粉后蒸食成馒头等，才使小麦种植流行开来。问题是人们应该怎样去挖掘背后那些除了政治、经济、环境之外的因素。远古时期的状况可能比我们所知道的或者所了解的要精妙得多、复杂得多。

一条通道之所以成为一条通道，必然是对外部世界持开放的态度并具有较强的文化兼容性，其实农作物的传播和家畜的扩散只是人类迁徙的副产品，青铜冶铸及其他技术亦不能脱离人类而独自发展。五谷丰登和六畜兴旺背后的人类的迁徙与融合也许更有趣，全球化的真正意义在于大家更关心人类自身的交流故事。

第一节　货物贸易的基本知识

一、贸易形式

（一）货物贸易与服务贸易

贸易（Trade）：即"商业"，是商品交换活动的统称，它是产品的生产同分配和消费之间必要的中间环节。贸易是联结工业同农业、城市同乡村、生产同消费、祖国大陆同港澳台、国内同国际的桥梁和纽带，其主要的职能是进行商品的收购、销售、调运和储存。任务是为生产、为消费服务。目的是从事贸易的双方或各方获得双赢或多赢，使社会增加福祉。贸易可以分为货物贸易和服务贸易。

1. 货物贸易

货物贸易（Goods trade）指的是有形货物的交换活动。"作为商品进入流通的产品，不论是在什么生产方式的基础上生产出来的，……都不会改变自己的作为商品的性质；作为商品，它们都要经历交换过程和随之发生的形态变化"①。货物贸易"在物质上由不同商品的互相交换构成；在形式上由商品转化为货币和货币转化为商品，即卖和买构成。"②

2. 服务贸易

服务贸易（Service trade）是货物贸易的延伸，现代贸易不但包括货物贸易，还涵盖技术、信息、劳务等服务交换过程和行为。货物贸易的基本程序和合同条款大量地运用于服务贸易中；而且，两种贸易方式是交织在一起的，并非泾渭分明，货物贸易中伴随着服务贸易的开展，服务贸易中有货物贸易的带动和贡献。本书不对服务贸易作专门系统讨论，只就与货物贸易密切联系的运输、保险、商检、报关、仲裁等服务贸易内容予以介绍。

（二）货物贸易的内涵

1. 国际贸易

国际贸易（International trade）泛指国家（地区）与国家（地区）之间所进行的商品和劳务交换活动的总称，即它是由国际货物贸易（International commodity trade）、国际服务贸易、国际技术贸易、国际资本转移等组成。由于这些内容包括的范围很广，在上下文不会产生歧义时，以下所称国际贸易是单指传统的货物贸易，不包括服务贸易中的对外投资、对外承包工程与劳务合作。中外国际货物贸易的历史发展如图1－1所示。

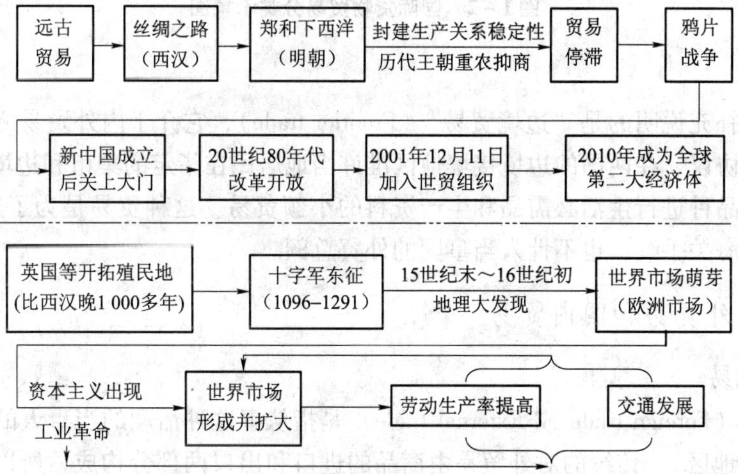

图1－1　中外货物贸易历史发展缩略图

2. 国际货物贸易分类

国际货物贸易分类如图1－2所示。

国际货物贸易还可以分为其他种类：有形贸易（Tangible trade）和无形贸易（Intangible trade）；现汇贸易（Spot exchange trade）和易货贸易（Barter trade）；有证贸易（Documentary trade）和无证贸易（Electronic data interchange，EDI）；陆路贸易（Trade by road）、海路贸易（Trade by seaway）、空运贸易（Trade by airway）和邮政贸易（Trade by

① 马克思．资本论：第3卷（资本主义生产的总过程）．北京：人民出版社，1955

② 马克思．资本论：第3卷（资本主义生产的总过程）．北京：人民出版社，1955

国际货物贸易

- 出口贸易（Export）一国将货物输往国外市场销售
  - 复出口：从商品加工角度谈（往往属于正常情况）（如“拼配茶”需用机器，工序繁多，以进养出）
  - 净出口：从个别商品平衡角度谈，出大于进
- 进口贸易（Import）一国从国外市场购进货物
  - 复进口：从商品加工角度谈（往往属不正常情况）（家具：中国→“意大利”→中国，寻租或减亏）
  - 净进口：从个别商品平衡角度谈，进大于出
- 过境贸易（Transit trade）：通过过境国不经加工改制，以是否停留分为：
  - 直接：供需直接联系，可间接运输
  - 间接：货物到达最终用户模式（A →…→B），须通过中间商
- 总贸易(General trade)：货物进出口以国境为准（如英、加、美、中等90多个国家），又分总进口、总出口，总进出口额之和就是一国的总对外贸易额
- 专门贸易（Special trade）：货物进出口以关境为准（如德、意、法等），又分专门进、出口；专门进口额加上专门出口额是一国的专门贸易额
- 直接贸易（Direct trade）：直接卖买货物的行为；出口国生产，进口国消费
- 间接贸易：指商品生产国与消费国通过第三国进行商品买卖的行为 ，过境贸易是间接贸易的一种方式
- 转口贸易（Transit trade）：生产国与消费国之间通过第三国所进行的贸易

图 1－2　国际货物贸易分类示意图

mail order）。

需要特别补充说明的是“边境贸易”（Frontier trade），它介于内外贸易之间，是指两个毗邻国家通过协议，在两国的边境接壤地区准许当地居民在指定的集市和边境口岸上，按照规定的金额、品种进行生活必需品和生产资料的小额贸易。这种贸易是为了边民互通有无，一般无需办理海关手续，也不计入当事国的外贸总额。

（三）对外贸易和国内贸易

1. 对外贸易

对外贸易（Foreign trade 或 External trade）是指从事这种活动的当事人的营业地处在不同的国家（或地区）。传统的对外贸易由商品的进口和出口两部分构成，所以亦叫进出口贸易（Import and export trade）。有些国家如英国、日本将这一类活动称之为海外贸易（Oversea trade），以区别于岛国内贸易。对运进商品或劳务的国家（地区）来说，就是进口；反之就是出口。两者相加为一国的进出口贸易总额，它是以金额表示的一国的对外贸易，又称对外贸易值（Value of foreign trade），是反映一个国家对外贸易规模的重要指标。联合国编制和发表的世界各国对外贸易值的统计资料，是以美元表示的。把世界上所有国家的进口总额或出口总额用同一种货币换算后加在一起，即得到世界进口总额或世界出口总额。一般世界出口总额略小于世界进口总额，两者之间的差额就是服务贸易的贡献。因为各国一般都是按离岸价格计算出口额，按“到岸”价格计算进口额，后者比前者多了运输和保险费用。通常所说的国际货物贸易额是单指世界出口货物总额而言。

以货币所表示的对外贸易值经常受到价格变动的影响，因而不能准确地反映一国对外贸易的实际规模，更不能使不同时期的对外贸易值直接比较。在实际工作中，往往要用以固定

年份为基期计算的进口或出口价格指数去除当时的进口额或出口额的方法，得到相当于按不变价格计算的进口额或出口额。通过这种方法计算出来的对外贸易额已经剔除了价格变动的影响，单纯反映对外贸易的量，所以又称为对外贸易量。

2. 国内贸易

国内贸易（Domestic trade）是指在一国范围内所进行的商品交换活动的总称。国内贸易是对外贸易的基础。“如果购买一件东西的代价比在家里自己制造所需的成本小的话，就决不会在家里生产，这是每一个精明的人都知道的道理。裁缝不想制作他自己的鞋子，而向鞋匠购买……在私人家庭的经营中是精明的事情，在一个大国的管理中就不可能是愚蠢的行为。如果外国能够提供比我们自己制造还要便宜的商品，我们最好就用我们自己较有优势的产业生产出来的产品的一部分向他们购买。”① 这一段论述清楚地表明了国内贸易先于对外贸易而存在，是对外贸易的前提和摇篮。

国内贸易一般可分为地区内贸易和区际贸易。由于大国不同于小国的重要方面就是大国一般可以划分为多个具有相当规模的区域。在国内区际贸易中，一个区域的出口就是另一个区域的进口。我国不少省区的面积和人口规模均超过一般中等国家，且完全具备自成一体的经济潜力。长期以来，我国经济基本上在“板块”结构中发育成长。从地方经济发展沿革看，各地均呈现一定的路径依赖特征。由于长期受自然经济和小农意识的影响，许多地方醉心于建立行业门类齐全的内部经济王国，这是导致各地产业结构趋同的初始原因。而建立这种“小而全”的地方经济体系肯定要涉及建立在竞争环境下并不具备比较优势的产业，为了保护这样的产业不受外部的冲击，区域贸易壁垒的构筑就势在必然。从这一点上说，国内贸易壁垒如同国际贸易一样存在，国际上的自由贸易思想及规则、争端解决机制照样可以用来指导国内贸易的健康发展。

在一个大国内，国内贸易、区域贸易与对外贸易之间存在一种相互替代的关系，发达的国内贸易和区际贸易能够在很大程度上甚至完全替代对外贸易带来的福利，一国在国际贸易中可能获得的分工和利益可能由国内贸易完成。全球经济一体化正在逐步打破国内贸易、区域贸易乃至国际贸易的边界，赋予货物贸易全新的观念，形成内中有外、外中有内的交往方式。国际商会一直致力于跨国境的货物销售交付规则的制定，从1936年制定的《国际贸易术语解释通则》（Incoterms 1936）开始，这套国际商业术语也被用于纯粹国内市场的货物销售合同中。特别是Incoterms 2010年版，进一步明确其使用范围扩大至国内贸易合同。在此情况下，Incoterms中的A2、B2（许可证、批准，安全通关及其他手续）以及任何与进出口有关的条款当然就变成多余了。

3. 国内贸易与对外贸易的关系

传统国际贸易理论是以国家为分析单位，以国内贸易机会的完全被利用为前提，考察一国对外贸易的影响的。如果回到理论的原点，亚当·斯密早在1776年撰写的《国富论》中就指出国与国之间的贸易只不过是国内贸易的扩展，因为它通过相同的机制增加了社会财富。从各国经济系统的运行看，对外贸易和国内贸易处于同一个层次，总是同时发生和互相影响的，发达的国内贸易也能够产生类似于国际贸易的静态和动态比较优势效应。②

① 亚当·斯密．国富论．唐日松，赵康英，等，译．北京：华夏出版社，2005：14

② 周怀峰．国内贸易对大国区域产业成长的影响研究．北京：人民出版社，2007：2

对于国内贸易机会未被充分利用的国家而言，这两种贸易之间的关系问题更是不能回避。这种关系主要表现在两个方面：一是国内贸易与对外贸易可互相替代，二是发展国内贸易对提高一国国际竞争力有促进作用，国内贸易与对外贸易有互补关系。巨大的国内市场一方面会使其国内贸易量远远超过对外贸易量，另一方面也为对外贸易提供保障和持续发展的动力。

4. 对外贸易和国内贸易的不同之处

然而，国内贸易与对外贸易在操作上毕竟有着极大的不同。这是由于对外贸易是发生在不同国家之间的特点所决定的。与国内贸易比较，对外贸易具有以下更高层次上的一系列要求：

（1）可能要用外语进行交易，并且是在不熟悉的外国法律、关税规则和制度之下进行；

（2）可能难以获得交易对方或外国公司特定的、必需的资讯；

（3）必须与外汇打交道，汇率变化的风险可能非常大；

（4）开展对外贸易时，必须考虑可能存在文化排斥甚至文化障碍；

（5）对外贸易的控制和沟通通常比国内贸易更复杂，更难于操作；

（6）对外贸易的整体风险比较高，包括市场风险、政治风险（如限制进口、国家征收）、商业广告风险、财务风险、和运输风险等在内；

（7）专注于对外贸易的经理比只做国内贸易的经理需要更多各类管理技术。

以上最主要考虑的当属对外贸易的法律环境问题。从国际市场上讲，出卖方所面临的是不同的政治经济体制、法律环境、市场、货币、合同模式、语言、顾客、竞争对手、地理特征、商业规则、基础设施、中介的质量、物流体系等；除此之外，还有超国家的法律环境（如双边、多边国际协定和安排）和组织（WTO、联合国、欧盟、IMF、海关合作委员会、国际商会及其他形形色色的自由贸易区等）；这些环境因素是动态的，自身也在变化。这种变化使得地球越来越“小”，全球电子网络的发展可以将最偏远的地区融入世界贸易的主流，国际市场正日益一体化。我国的法律环境、经济制度要与全球的大环境达成一种协调，需要不断适应和调整。从我国近些年来制定的对内相关政策来看，也在不断致力于与国际接轨，寻求法律与市场制度的平衡，以便随时抓住机遇，迎接挑战。因此，国内贸易在这种趋势推动下，有利于与对外贸易全面对接。

5. 对外贸易必然发生的基本动因

（1）资源理由。没有国家有它所需要的所有资源和/或由这些资源生产出来的所有产品。一些国家在特定的资源方面很丰富，而其他的国家可能很匮乏。举例来说，咖啡豆在哥伦比亚和巴西有理想的生长气候，美国是一个咖啡的主要消费国，然而它的气候并不适应咖啡生长，结果使哥伦比亚和巴西成为大的咖啡输出者；矿物资源在世界上的分布也很不均衡。在澳大利亚和巴西蕴含着大量的富铁矿，在秘鲁和扎伊尔铜矿被大量挖掘，钻石在南非被挖掘，石油在中东被开采。这些矿物资源源源不断地从开采国输出到那些需要这些资源而又不能自给的国家。简言之，为什么国家之间存在彼此交易，全球资源的不均衡是最基本的理由之一。

（2）经济的理由。凭着制造业和技术的发展，那些原来不能生产的商品在国内需求的刺激下也可能生产出来。但是参加贸易的国家，从经济利益出发，这些所需要的产品如果能够藉由彼此进行贸易得到，它们就可以将生产这些商品的资源投入到更需要的地方去，不再需要自己生产它们，而是通过向那些能比其他的国家更有效率地生产的国家进口获得。因此中国能够输出大量的收音机和电视机，像美国和欧洲发达国家一样的国家也能生产出来，但是没有进口来得物美价廉。

(3) 其他的理由。一个国家就某种既定商品而言，往往既进口，同时也出口。这是由于市场越来越细、产品越来越丰富，贸易越来越方便，使得没有一个国家能够穷尽、也没有必要穷尽每一种特别项目商品的国内供需平衡。利用对外贸易能够十分便利地满足市场的需要。虽然中国也生产石油，在国内它消费比它能生产的更多，因此一定要输入石油，但是中国也有石油的输出。即使一个国家能以合理的费用生产充足的商品满足它自己市场的要求，它可能从其他的国家进口经过革新了的或多种风格的同类商品。例如，美国生产的汽车过去比其他的国家都多，它仍然大量地输入来自德国、日本和瑞典的汽车，主要是因为这些汽车在美国有市场。有时，在国家之间的贸易交往过程中，政治上的目的比经济上的因素考虑为重。一个国家可能支持另外一个在政见上相同的国家的经济贸易关系。极其重要的是，在今天复杂的经济世界中，没有一个国家或地区是靠自给自足生存的。国家可以利用不同的经济资源、技术在日新月异地发展，这是国际贸易和经济活动的基础。

二、货物贸易知识学习方法

本书是以实务内容为主，目的是培养内外贸实际业务中的高级技能型人才，并不追求货物贸易理论逻辑上的系统性和完整性，也不刻意探讨货物贸易政策的形成和发展。之所以仍冠名以“理论”，主要针对非国际经济与贸易专业人员考虑的。非国际贸易人员往往只注重贸易实务技能的学习；而实务的掌握离不开理论的支撑和对政策的熟悉和了解。当今美债危机未过，欧洲主权债务危机接踵而至，国际贸易保护主义盛行；我国经济发展已越过刘易斯拐点，而人口红利窗口期也将关闭，国际国内经济形势存在很多不确定性。只学实务不学一点理论如同埋头拉车不看路；而货物贸易政策是理论与实践之间的桥梁，从业人员对货物贸易政策的熟悉和掌握，既可以顺势而为，又不至于在反倾销、反补贴大棒不断袭来时束手无措。本书除了对国际贸易理论中最经典、最基本的内容进行专门介绍外，还尽可能多地穿插与实务密切相关的政策问题，将本书理论与实际结合的一面灵活地展示出来。

货物贸易政策（Trade policy）的真谛就在于，它是对各国在一定时期对进出口货物贸易进行管理的原则、方针和措施手段的总和。对外贸易政策分为两大基本类型：一是自由贸易政策，即国家对贸易活动不加以或少加以干预，任凭商品、服务和有关要素在国内外市场公平、自由地竞争。二是保护贸易政策，即国家对于贸易活动进行干预，限制外国商品、服务和有关要素参与本国市场的竞争。制定对外贸易政策的目的是保护国内市场、扩大本国产品的国外市场、优化产业结构、积累发展资金、维护和发展同其他国家和地区的政治经济关系及其他。货物贸易政策如同理论一样对于实务都具有指导性，细心的读者可以通过学习实务体会到政策的威力，从而深切感受到它的存在。

贸易实务知识之所以受到越来越多的从业人员的重视，是因为它是从事国际商务师、营销师、外销员、高级国际贸易业务员、报关员、报验员、跟单员等职业岗位必备的技能，也是从事服务贸易的基础。贸易实务知识采取内外贸易并举、以国际贸易引领国内贸易。尽管人们的日常生活与国内贸易更为息息相关，但是，内贸的操作方式相对于对外贸易却是不严谨的，往往奉为至理的习惯却是高成本的、甚至是错误的、无法与国际接轨的。因此，贸易实务以较高层次的国际货物贸易为讨论和研究对象，以合同条款为主线，以贸易术语和国际贸易惯例为节点，统一内外贸思维模式和/或操作模式为目的。对那些能够内外货物贸易共享的已有成果，只要是能够通用，就不再人为分割，淡化国际国内的称呼，将外贸的规范操作行为逐步融入到还很随意、不规范的国内贸易中去，使本书适用内外贸一体化大环境对人才培养的需求。

贸易实务相对于理论和政策更为活跃、更加变幻无穷。因此必须从专业角度审视实务动态，吸取实践中行之有效的贸易实务新成果，探讨《跟单信用证统一惯例》的新规定，增添电子报关、电子报验的新内容，熟悉国家进出口征税退税新变化，了解国家商检法的新精神，把握加速经济结构转型，扩大内需新政策，并通过灵活多样的形式反映出来，在学习这些贸易实务时要与时俱进，精选与所述实务内容密切相关的经典案例、资料、贸易视野，供初学者消化吸收，掌握精髓，在轻松愉悦的学习中，感悟到字里行间内在的知识，培养运用知识的能力和创新技能。

总之，货物贸易理论与实务知识的学习，需要花费大的力气，还要密切联系现实，正确处理理论、政策、实务三者关系。对于第一线操作技能型人才，理论上点到为止，政策上够用为度，实务上则要精益求精。这三者之间的关系可以参照图 1－3 所示的方式来领会。

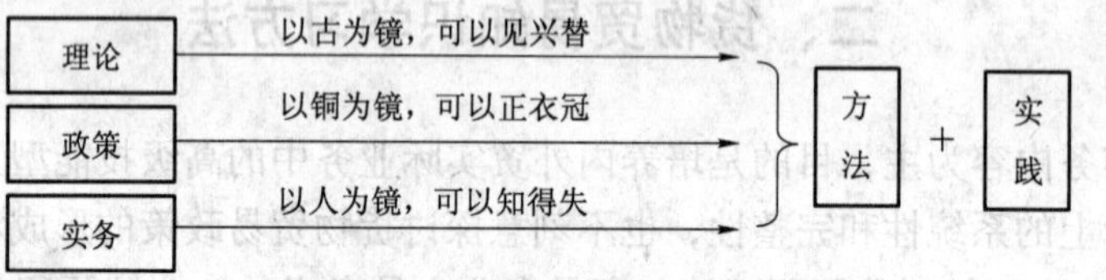

图 1－3　学习货物贸易知识和技能的三要素

（1）理论：以古为镜，可以见兴替——没有规矩不成方圆。货物贸易的最基本理论是比较优势学说，它构筑了自由贸易大框架，其他理论要么是它的来源或基础，要么是它的补充、或修正、或发展；各种理论的产生与发展都离不开一定的历史背景，人们至今所作的种种努力，不再脱离比较优势学说提倡的自由贸易思想的框架。

（2）政策：以铜为镜，可以正衣冠——从“经济人”的角度看，个人或企业甚至国家追求的是利益最大化，因此为了在一定范围或区域内维护正常的贸易秩序、规范贸易行为，必须由相关机构或组织制订一系列的贸易惯例、规则、条文，并且随着客观环境的变化不断衍生和改变。订约人一旦不注意对照检点贸易行为，就非常容易触犯底线。如商品倾销、企业社会责任、技术性贸易壁垒、关税政策、补贴等都是这方面的常见问题。

（3）实务：以人为镜，可以知得失——多看案例，前车之鉴，后世之师。货物贸易实务以合同为主线，穿插大量典型案例，主要内容包括贸易术语、贸易标的、货物运输和保险、货款收付、商品检验、索赔、不可抗力和仲裁、合同商订和履行以及贸易方式等。

三、国际贸易中常用到的基本概念

（一）国际分工

1. 国际分工及其影响因素

国际分工（International division of labour）指世界上各国之间的劳动分工。它是社会分工发展到一定阶段，国民经济内部分工超越国家界限发展的结果，是国际贸易和世界市场的基础。

国际分工要受到各种因素的影响和制约，第一，社会生产力是国际分工形成和发展的决定性因素，突出地表现在科学技术的重要作用上。各国的生产力水平决定了其在国际分工中的地位，科技是第一生产力，已经成为知识经济时代的重要特征。知识总量、人才素质和科技实力将代替资本成为竞争的根本要素，智力资源的丰缺盈余程度将成为国际分工和国际贸易的决定性因素。第二，自然条件是一切经济活动的基础，没有一定的自然条件，进行任何经济活动都是困难的，但随着生产力的发展，自然条件对国际分工的作用正在逐渐减弱。因此，自然条件只提供国际分工的可能性，不提供现实性。第三，人口分布的不均衡，会使分工和贸易成为一种需要，劳动规模或生产规模，也制约和影响着国际分工，国际分工的实现还要受制于国际商品市场的规模。第四，资本国际化是国际分工深入发展的重要条件。第五，国际生产关系决定了国际分工的性质。第六，上层建筑可以推进和延缓国际分工的形成和发展。下面的例子从几个方面说明了以上特点。

【贸易视野】

清河县羊绒品牌依靠分工合作顺利转型

河北清河县是一个地处平原的小县，羊养殖业并非强项。20世纪70年代末，开始发展精梳羊绒业。清河到90年代已有200多个村从事精梳羊绒产业，内蒙古、甘肃、宁夏、新疆等地的原绒源源不断地汇集，这里成了全国最大的羊绒加工集散地。全县拥有梳绒机15 000多台。清河县政府把“分散式经营”变为“聚集产业优势”，把“初级产品加工”变为“完整的产业链条”。年加工山羊绒、绵羊绒等产品20 000多吨，其中羊绒纱加工量占全国总量的60%，占世界总量的40%；如今，清河县已形成年纺羊绒纱4 800吨，织羊绒布400万米，织羊绒衫、羊绒裤、羊绒裙等3 000万件的生产能力，2008年实现产值达110亿元。享有“世界羊绒看中国，中国羊绒看清河”的盛誉。

（摘自经济日报2009/04/28）

2. 国际分工的三种类型

（1）垂直型国际分工（Vertical international division of labour）。即经济发展水平不同的国家之间的纵向分工，主要指发达国家制造业与发展中国家之间的农、矿业分工。仍然是发达国家与发展中国家之间的一种重要分工类型。垂直分工导致的出口贸易占全球贸易总量的比重超过20%。

（2）水平型国际分工（Horizontal international division of labour）。即经济发展水平基本相同的国家之间的横向分工，主要指发达国家之间在工业部门上的分工。

（3）混合型国际分工（Mixed international division of labour）。即垂直型与水平型混合起来的国际分工。

3. 国际分工的合理化任重道远

尽管国际分工具有调整市场结构、改变商品结构、影响国家或地区的贸易依存度，有利于资源合理配置、节约劳动时间，反过来提高社会的生产力等等好处，但是由于当代国际生产关系中资本主义生产关系仍居于支配地位，国际分工也成为旧的不平等的国际经济贸易秩序的重要组成部分。发展中国家受剥削和掠夺的被动地位并没有彻底改变。从整体上看，现存的国际分工仍然具有资本主义的不合理、不公平和不平等的性质。

（二）对外贸易地理方向

对外贸易地理方向（Direction of foreign trade）是指一定时期内各个国家或区域集团与外界的贸易总值、出口、进口值的分布情况，故也可称地理分布或贸易流向，表明其同世界各国、各地区的经济贸易联系程度。一国的对外贸易地理方向通常受经济互补性、国际分工的形式与贸易政策的影响。图 1－4 从一个侧面说明了我国的对外贸易地理方向的重点所在。

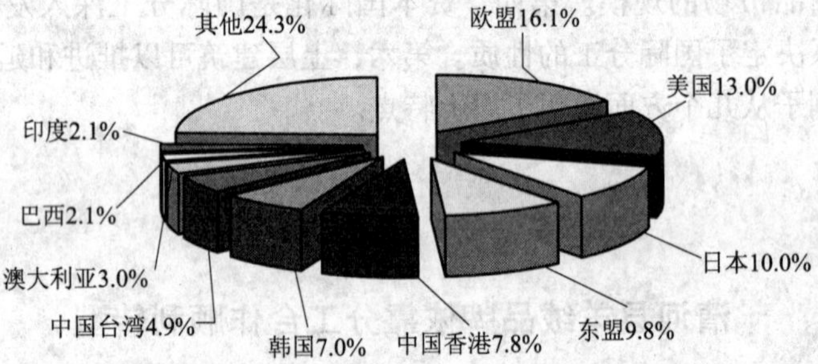

图 1－4　2010 年中国前十大货物贸易伙伴货物贸易比重（新华社发）

（三）对外贸易的商品结构

对外贸易商品结构（Composition of foreign trade）是指一定时期内一国进出口贸易中各种商品的构成，即某大类或某种商品进出口贸易与整个进出口贸易额之比，以份额表示。一国对外贸易商品结构可以反映出该国的经济发展水平、产业结构状况、科技发展水平等。

随着科学技术的进步、世界经济的发展，国际贸易商品结构也发生了重大变化，工业制成品所占的比重逐渐上升，初级产品所占的比重日趋减少。跨国公司内部贸易增加使中间性机械产品的比重提高。

表 1－1　　1980－2010 年中国出口商品结构　　单位：亿美元，%

	1980 年		1990 年		2000 年		2010 年	
	金额	比重	金额	比重	金额	比重	金额	比重
出口商品总额	181.2	100.0	620.9	100.0	2 492.1	100.0	15 777.5	100.0
初级产品	91.1	50.3	158.9	25.6	254.6	10.2	817.2	5.2
工业制成品	90.1	49.7	461.8	74.4	2 237.5	89.8	14 962.2	94.8
化学品及有关产品	11.2	6.2	37.3	6.0	121.0	4.9	875.9	5.6
按原料分类制成品	40.0	22.1	125.8	20.3	425.5	17.1	2 491.5	15.8
机械及运输设备	8.4	4.7	55.9	9.0	826.0	33.1	7 803.3	49.5
杂项制品	28.4	15.7	126.9	20.4	862.8	34.6	3 776.8	23.9

续表

	1980年		1990年		2000年		2010年	
	金额	比重	金额	比重	金额	比重	金额	比重
未分类的其他商品	2.1	1.2	116.3	18.7	2.2	0.1	14.7	0.1
机电产品*	13.9	7.7	110.9	17.9	1 053.1	42.3	9 334.3	59.2
高新技术产品*	—	—	—	—	370.4	14.9	4 924.1	31.2

*注：机电产品和高新技术产品中包含部分相互重叠的商品。

数据来源：中国海关统计

（四）对外贸易依存度

对外贸易依存度（Foreign trade for existence degrees），又称对外贸易系数，是一国对外贸易进出口总额在该国国民生产总值（GNP）或国内生产总值（GDP）中所占的比重，比重的变化意味着对外贸易在国民经济中所处地位的变化，并反映着该国经济对国际市场的依赖程度。用计算公式表示：

$$对外贸易依存度=\frac{对外贸易额}{国内生产总值（人民币）}\times 100\%$$

备注：① 货币一致，按汇价将对外贸易额换算成人民币，或将国内生产总值换算成美元。

② 利用该公式还可计算出口贸易依存度或进口贸易依存度。

表1－2　　我国对外贸易依存度概况及与别国比较情况

	2001年 我国	2003年 我国	2006年 我国	2011年 我国	法国、英国、 意大利、俄罗斯	加拿大、 德国
外贸依存度	38.5%	51.9%	67%	50.1%	平均<50%	>50%

资料来源：人民日报2012年02月16日第10版，我外贸依存度降至50.1%（经编辑）

（五）价值规律

价值规律（Law of value）是商品经济的基本规律，存在商品生产和商品交换之中。价值规律的基本内容是：商品的价值量是由生产商品的社会必要劳动时间决定的。商品交换要以价值量为基础，实行等价交换。受供求关系的影响，价格围绕价值上下波动是价值规律的表现形式。

1. 价值规律使国际商品交换出现“比较利益”。有利于世界各国生产要素的合理配置，提高经济效益。同一种商品具有国别价值和国际价值两种不同的价值尺度。在国内交换，以国别价值作为衡量尺度；在国际交换时，以国际价值作为衡量的尺度。两者之间的差异，会带来比较利益、绝对优势、相对优势和经济互补。

2. 价值规律是国际分工的重要调节器。它能刺激贸易各国改进生产、出口和销售技术。

3. 价值规律在国际贸易中并没有得到充分体现。发达国家凭借政治军事实力和垄断地位，以高价向发展中国家销售自己的产品（工业制成品），以低价购买发展中国家的产品

（初级产品）。据商务部的分析数字，我国平均出口一件衬衣能赚0.3美元，出口8亿件衬衣的利润才能买一架空客A380飞机。[①]

（六）贸易条件

贸易条件（Terms of trade，TOT）又称交换比价或贸易比价，即出口价格与进口价格之间的比率，也就是说一个单位的出口商品可以换回多少进口商品，它是用出口价格指数与进口价格指数来计算的。贸易条件是衡量不等价交换的指标之一。

以一定时期为基期，先计算出基期的进出口价格比率并作为100，再计算出比较期的进出口价格比率，然后以之与基期相比，如大于100，表明贸易条件比基期有利；如小于100，则表明贸易条件比基期不利，交换效益劣于基期。

价格指数计算为：出/进口价格指数 = 100 ± 变动率（百分数）

净贸易条件（N）是出口价格指数（P_x）与进口价格指数（P_m）之比，例如：

$$N=\frac{P_x}{P_m}\times 100\% = \frac{95}{110}\times 100\% = 86.36\ (\%)$$

意义：表明该国贸易条件恶化了（100 - 86.36 = 13.64（%））。

净贸易条件并不能很好地反映贸易条件的变化，后者还与收入贸易条件、与商品劳动生产率有关。

（七）世界市场

世界市场是世界各国或区域交换产品、服务、科技的场所，是由世界范围内通过国际分工联系起来的各个国家内部以及各国之间的市场综合组成。在世界货物市场上流通的内容是有形商品，它的发达程度取决于参加国际交换国家的数目、商品交换的数量、规模、运销信息网络的机制等。世界有形商品市场可分为工业制成品市场和初级产品市场、有固定组织形态和无固定组织形态的市场、发达国家市场、发展中国家市场、区域性集团市场，如欧盟、东盟市场等。当代世界市场的新特点是：

（1）随着新兴国家的崛起，世界市场规模空前扩大。

（2）世界市场垄断趋势增强，竞争更加激烈；国家、地区和组织争夺市场的各种方式主要表现为：① 组织经济贸易集团控制市场；② 通过跨国公司打进他国市场；③ 国家积极参与世界市场的争夺；④ 从价格竞争转向非价格竞争；非价格竞争的手段和方法主要包括营销创新、服务竞争、品牌竞争、资本运作等；⑤ 开拓新市场，使市场多元化。

（3）世界市场中的“内部市场”有扩大的趋势。

（4）世界市场信息网络逐步完善。

（5）世界市场的自由化趋势不可阻挡。

（八）自由贸易区和区域经济一体化

1. 自由贸易区

自由贸易区（Free trade zone）有广义和狭义之分。狭义的自由贸易区称自由港（Free

① 陈春园．经济参考报，2007-01-10

port)，是指一个国家或单独关税区内部设立的用防栅隔离的、置于海关管辖之外的特殊经济区域，区内允许外国船舶自由进出，外国货物免税进口，取消对进口货物的配额管制，准许在区内进行商品储存、展览、拆散、改装、重装、包装、整理、加工等业务活动。如德国的汉堡，丹麦的哥本哈根，意大利的热那亚，法国的刻尔克，葡萄牙的波尔，及新加坡和我国香港特区，美国纽约1号区，都是称之于世的自由贸易区。广义的自由贸易区是在自由港的基础上，将地域扩大到邻近地区，以促进对外贸易，同时发展出口导向的加工业和工商业、金融业、旅游业和其他服务业。

自由贸易区有两个重要特点，一个区域内商品可以自由流动，真正实现了商品的自由贸易，但是它严格地将这种贸易待遇限制在参加国之间。二是成员经济体之间没有共同的对外关税。自由贸易区的发展有较大局限，难以区分产品是否来自成员经济体，自由贸易政策执行起来有难度。

2. 区域经济一体化

从20世纪90年代至今，区域经济一体化组织如雨后春笋般地在全球涌现，形成了一股强劲的发展势头。区域经济一体化（Regional economic integration）指两个或两个以上的国家或经济体之间通过达成协议，消除国境造成的经济交往中的障碍，在更大范围、更大程度上进行自由贸易。这里所谓"区域"，是指一个能够进行多边经济合作的地理范围，这一范围往往大于一个主权国家的疆域。经济地理学根据不同经济特色将世界分为许多地带，各地带上的国家或地区并非总是处于同一区域，它们需要为了共同的利益进行合作。这里所谓的"经济一体化"，根据在打破贸易壁垒上，放宽生产要素流动上，乃至宏观经济政策、财政政策步调统一上、货币统一上合作深度的不同，可以划分为如下多种形式：

（1）特惠贸易协定（Preferential trade arrangements）

这是指区域内的成员国通过协定或缔结条约，对部分或全部的商品规定特别的关税优惠。由于特惠贸易协定的形式低级，因此许多区域集团并不以此为起点发展一体化，而直接从自由贸易区开始。

（2）关税同盟（Customs union）

这是指两个或两个以上的国家或经济体通过达成某种协议，相互取消关税和与关税具有同等效力的其他措施，并建立共同对外关税或其他统一限制措施的经济一体化组织。关税同盟是比自由贸易区层次更高的经济一体化组织。

（3）共同市场（Common market）

这是指两个或两个以上的国家或经济体通过达成某种协议，不仅实现了自由贸易，建立了共同的对外关税，还实现了服务、资本和劳动力的自由流动的国际经济一体化组织。

（4）经济联盟（Economic union）

这种形式的国际经济一体化组织要求成员国在共同市场的基础上进一步实现经济政策的协调。这样一体化的程度从商品交换扩展到生产、分配乃至整个国民经济领域，形成了一个有机的经济实体。

（5）完全经济一体化（Perfectly economic integration）

这是经济一体化的最后阶段。它除具有经济联盟的特点外，各成员国在经济、金融、财政等方面实现了完全的统一，各成员国之间完全消除商品、资金、劳动力等自由流通的人为障碍。此时的一体化已经从经济联盟扩展到了政治联盟。最典型的例子是目前的欧洲联盟。

依照成员国内部贸易壁垒取消的程度和合作的深入程度，上述各种形式表现出了以下一些不同的特点。

表 1－3　自由贸易区及经济一体化形式的比较

形式＼特点	彼此间的贸易壁垒			生产要素自由流动	宏观经济政策协调	共同货币财政政策
	减少	取消	共同			
特惠贸易协定	√	×	×	×	×	×
自由贸易区	√	√	×	×	×	×
关税同盟	√	√	√	×	×	×
共同市场	√	√	√	√	×	×
经济联盟	√	√	√	√	√	×
完全经济一体化	√	√	√	√	√	√

（九）对外贸易订约人

在世界市场的订约人，按照活动的目的和性质可分为四类：公司、企业主联合会、国家机关（政府各部和各主管部门）和机构、个人。活动目的和性质互不相同的四类订约人在世界市场上组成国家间商品和服务交换的主体。其中个人是新兴的订约人。自 2004 年 7 月 1 日起，新修订的《外贸法》正式实施，并实行外贸经营主体备案登记制，取消对外贸经营权的审批。外贸对个人开禁。国家税务总局 2004 年底的“62 号文件”《关于加强新办商贸企业增值税征收管理有关问题的补充通知》给予个人出口退税的政策，使很多个体外贸人有了外部发展动力。

（十）国际经济竞争力

国际经济竞争力（Competition ability in world economy）是指在一定的经济体制下，国民经济在全球经济竞争中表现出来的综合国力的强弱程度。国际竞争力的影响因素主要为：① 政府管理创新。② 基础设施。现代基础设施应当包括以下几个方面：基本基础设施，主要是交通设施；技术基础设施，包括信息基础设施；能源基础设施；环境基础设施。③ 科学技术。科学技术广泛地渗透于各种生产要素之中，已经成为国际经济竞争力的核心因素。④ 金融体系。金融体系在很大程度上决定着经济发展。有效的金融体系可以促进贸易，为扩展贸易的广度和深度提供广泛的交易媒介。该理论主要研究一个国家为什么能在某一领域取得领先地位。

（十一）世界贸易组织

世界贸易组织（World trade organization，WTO）是一个独立于联合国的永久性国际组织。1996 年 1 月 1 日，它正式取代 1947 年成立的关贸总协定（General agreement on tariffs and trade，GATT）。世贸组织具有法人地位，总部设在瑞士日内瓦，负责管理世界经济和贸易秩序，在调解成员争端方面具有更高的权威性。中国2001年12月11日正式加入WTO，至2011年12月，已有156个国家或地区被世界贸易组织接纳为正式成员。

世贸组织的基本原则是通过实施市场开放、非歧视和公平贸易等原则，来实现世界贸易自由化的目标。世界贸易组织的目标是建立一个完整的，包括货物、服务、与贸易有关的投资及知识产权等内容的，更具活力、更持久的多边贸易体系，使之可以包括关贸总协定贸易自由化的成果和乌拉圭回合多边贸易谈判的所有成果。

【贸易视野】

WTO成西方挑战中国的靶场

世界贸易组织2012年1月30日维持了对中国限制原材料出口违规的裁决。2011年7月，WTO裁决称，中国对包括矾土、硅、镁、锌等9种原材料实行的出口限制措施违反了WTO的规则以及中国入世时的承诺。这些限制措施包括征收出口税，实行出口配额和出口许可证制度。这项诉讼凸显了在过去几年大宗商品价格出现大幅震荡之后出现的对原材料供应的全球争夺。虽然中国稀土储量世界第一，但美国的稀土储量也是名列全球前茅。美国有稀土储备却不生产，俄罗斯有生产却不出口。中国遭遇WTO的这一挫折可能成为西方挑战中国在其他自然资源出口上的限制措施的先例，欧美等国所谓的关心环保和公平贸易都是借口，贸易纠纷背后的核心还是利益。

（资料来源：BWCHINESE网 邱林 同名文章2012-02-03经编辑）

四、我国货物贸易的发展和趋势

从远古我国与两河流域五谷六畜的贸易往来，经西汉时代的丝绸之路、明朝永乐年间的郑和下西洋，到今天全球华人商人所组成的强大的“中华共同体”（Chinese commonwealth），从20世纪60年代到70年代末我国香港和台湾国际贸易的高速增长，中华民族经过了漫漫贸易历史长河的洗礼，践行着自由贸易理想，练就了极具贸易倾向的筋骨。2001年底，中国加入WTO。短短十年，中国人民将市场机制的魔力、国际分工的活力与民族吃苦耐劳的潜力、政府高效组织的能力相结合，激发出无与伦比的巨大生产力，取得了世界第一出口大国、第二引资大国、第一外汇储备国的骄人业绩。以下几张图表可以反映我国货物贸易的飞速发展情况：

表1-4　　2000年-2011年我国与世界货物贸易整体情况比较（亿美元，%）

	进出口总额			出口总额			中国GDP增长率
	世界	中国	比率	世界	中国	比率	
2000	131 525	4 742.9	3.61	64 466	2 492	3.87	8.4
2001	126 534	5 097.6	4.03	61 858	2 661	4.30	8.3
2002	131 994	6 207.7	4.70	64 812	3 256	5.02	9.1
2003	153 647	8 509.9	5.54	75 462	4 382.3	5.81	10.0

续表

	进出口总额			出口总额			中国 GDP 增长率
	世界	中国	比率	世界	中国	比率	
2004	185 818	11 547	6.21	91 235	5 933.2	6.50	10.1
2005	213 420	14 219.1	6.66	104 850	7 619.5	7.27	11.3
2006	245 410	17 604.0	7.17	121 130	9 689.4	8.00	12.7
2007	281 940	21 737.3	7.71	139 500	12 177.8	8.73	14.2
2008	324 920	25 632.6	7.89	160 970	14 306.9	8.89	9.6
2009	251 080	22 075.4	8.79	124 610	12 016.1	9.64	9.1
2010		29 727.6			15 779.3		10.4
2011		36 420.6			18 986		9.2

资料来源：中国商务部、国国家统计局网等综合编辑

表 1－5　　中国在八个经济领域的产量超过美国

No / 指标 / 国别	1	2	3	4	5	6	7	8
	钢 亿吨 2010 年	棉花 万吨 2011 年	首次公开募股 亿美元 2011 年	汽车 万辆 2010 年	啤酒 亿升 2010 年	烟草 万吨 2010 年	高技术出口 亿美元 2009 年	煤 亿吨 2010 年
中国	6.27	730	730	1 830	443.8	300	3 480	32.4
美国	0.80	340	307	780	227.8	33	1 420	9.85

资料来源：BWCHINESE 网．http：//www.bwchinese.com/article/1025263.html，2012－01－31

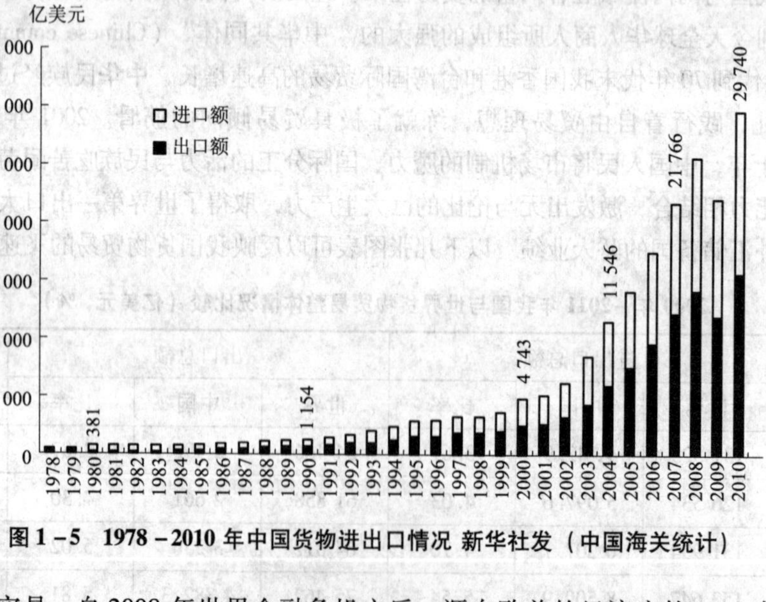

图 1－5　1978－2010 年中国货物进出口情况 新华社发（中国海关统计）

不幸的事实是，自 2008 年世界金融危机之后，源自欧美的经济疲软 2011 年再次袭来，

全球各地的制造业都受到重创，减慢速度之大和来势之突然，对全球经济造成拖累，任何国家都不可能独善其身。即便西方国家需求仅小幅下降，也会对中国产生巨大冲击。中国对美国、日本和欧洲的出口趋疲。在这种情况下，我国的货物贸易有两件事比任何时候都更应该去做。

1. 改变经济结构，向产业链的研发和营销要产值，向创新型产业要效益，抢占国际分工制高点

尽管我国取得了举世瞩目的贸易成就，高端生产力的潜力却仍然受到相当的制约。芭比娃娃在美国销售若以 10 美元计，中国只能拿到 35 美分的加工费；iPad 在美国每台售价 499 美元，中国仅得 9 美元的报酬。由芭比娃娃到 iPad，“中国制造”的代工技术显著升级，但是中国从中所获取的毛收益占整个产品的比价却从 3.5% 下降到 1.8%。[①] 这是两个极富代表意义的“Made in China（中国制造）”，不是“制造”不出来，而是创造不出来，设计不出来，营销不出去。

2. 改变靠出口拉动经济的发展模式，扩大内需，创造和倡导新的生活方式，引导人们的新需求

纵观世界风云，世界经济在未来几年中都面临不确定的前景。既可能走出现在的阴影，实现经济繁荣、就业增加、社会公平，也可能滑向失业增加、社会不公、金融不稳定和贸易战的境地。再看国内经济形势，拉动经济的三驾马车，已经全力发动了两辆，受国际环境影响，出口增长脚步已经在放慢；通胀居高不下，政府并不倾向于提供太多投资；而扩大内需的马车还有待加油。国内市场容量有巨大的发展空间，这是其他国家难以比拟的。

按照最简单的市场概念，有“市场 = 人口 + 购买力 + 购买欲望”。国内外市场具有相同的机制，我国居民储蓄率持续处在世界高位，购买力不成问题；在社会服务不断改进的情况下，购买欲望必定会逐步得到释放；驾驭这个市场的人口需要懂得与国际贸易机制、国际贸易惯例，将两个市场紧密结合起来。

第二节　货物贸易的基本理论

通常人们会问：国际贸易为什么会发生？贸易扩展的根源是什么？未来的发展会是什么样子？这些都需要作出理论上的回答。在不同时期、不同国家乃至同一国家不同时期、同一时期不同国家作出的回答都是很不相同的。这样的问题可以把获得过诺贝尔奖的经济学家萨缪尔森难倒。还在萨缪尔森就读于哈佛大学的时候，一位同学问他“What's a single proposition in all the social sciences that was both true and non-trivial?”（什么是社会科学中既正确又重要的原理），萨缪尔森一下子竟被难住了，这个当时已经崭露头角的哈佛高材生未能给出一个好的答案。此后，这个问题萦绕在他脑子里长达 30 年之久。直到 1969 年，就在他获得诺贝尔经济学奖的前一年，才终于自认为有了满意的答案。萨缪尔森认为，李嘉图的比较优势原理，是在那些可以称作既正确且重要的社会科学原理中首屈一指的。他说：“这一原理的逻辑的真实性和确切性可以使数学家信服；它不同凡响的洞见则被如下事实所证明：

---

① 江涌．入世十年，要重寻共同富裕之路．2011－11－25 环球时报，第 15 版

数以千计重要而聪明人士，从未能自行理解这一原理，或者即便被解释后也不能相信它。”①

当代著名经济学家克鲁格曼说得更为直截了当：把受过职业训练的经济学家与其他受过良好教育的公众成员区别开来的最好标志，是前者会在政策思考中运用比较优势原理及其暗含的赞同自由贸易思想。

经济学理论认为，比较优势与其相联系的要素秉赋，是决定影响国际贸易的基本因素。此外，规模经济等因素也对贸易发挥重要作用。图 1－6 描述了国际贸易理论的发展梗概。

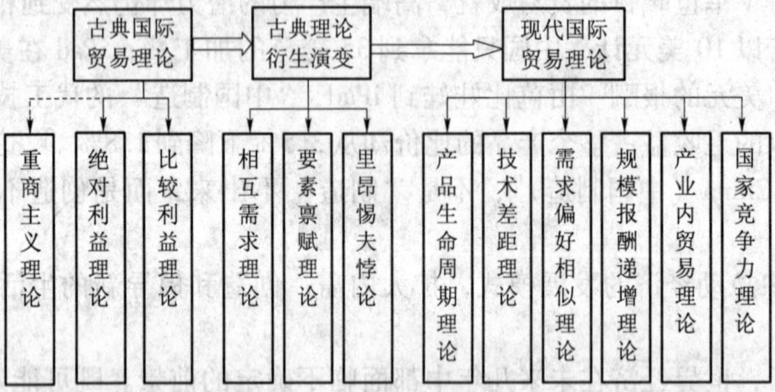

图 1－6　国际贸易史上有代表性的自由贸易理论体系简图

备注：16－17 世纪——重商主义（Thomas Mun）；18 世纪——绝对利益论（Adam Smith）；19 世纪——比较利益论（David Ricardo）；20 世纪——H－O 理论（E. Heckscher & B. Ohlin）；20 世纪 60 年代——产品生命周期理论（R. Venon）；20 世纪 80 年代——规模报酬递增理论（Paul Krugman）；20 世纪 90 年代——国家竞争优势理论（M. Porter）。

一、古典国际贸易理论

（一）重商主义理论

一般认为，对国际贸易问题的系统研究开始于重商主义（Mercantilism）时期。尽管它不代表自由贸易思想，但是正是由于对它的反思，导致了后来绝对利益论等自由贸易理论的出台，而且它的负面影响至今不散。

早期重商主义产生于 15 世纪末 16 世纪初，由于地理大发现，促进了商业资本的大发展，需要更多的货币投入流通，引起了对货币增长的强烈需求。晚期重商主义盛行于 17 世纪上半期。

重商主义的中心主张是：国家的繁荣程度取决于贵金属拥有量（“金银通货主义”）。早期重商主义者是通过绝对地多卖少买，严禁货币输出国外，力求用行政手段控制货币本身运动，以贮藏尽量多的货币，达到积累货币的目的。晚期重商主义者主张允许货币输出国外，只要购买外国商品的货币总额少于出售本国商品所得的货币总额，就可以赚取到更多的货币。为了使对外贸易中进口小于出口，他们主张发展本国制造业，并采取保护关税的政策。

重商主义是资产阶级最初的经济学说。它产生和发展于欧洲资本原始积累时期，反映了

① 樊志刚．从比较优势原理谈起．北京：中国城市金融．2001（6）：1

这个时期商业资本的利益和要求，它对资本主义生产方式进行了最初的理论的考察。重商主义者不理解货币的起源和本质，把货币看成是财富的唯一形态。他们主张国家积极干预经济生活，为积累货币财富和发展对外贸易采取行政上和经济上的各种措施。重商主义者对财富的看法反映了新兴资产阶级对货币资本的渴望。

（二）绝对利益论

今天来看绝对利益理论，它在国际贸易理论中并不值得称道，但是它在那个年代的出现却是划时代的。

1. 绝对利益论（Absolute advantage）的历史背景

"如果说，牛顿为工业革命创造了一把科学的钥匙，瓦特拿着这把钥匙开启了工业革命的大门，那么，亚当·斯密的（Adam Smith，1723—1790）《国富论》可以看作是一台特殊的发动机，一台思想的发动机，它为人类财富的增长提供源源不断的动力。它挥动一只看不见的手，使得工业化不再停留于发明机器和制造产品的阶段，为工业革命的推进缔造了一个新的经济秩序，真正对社会发展产生了革命性的意义。"①

亚当·斯密在《国富论》中认为："我们期待的晚餐并非来自屠夫、酿酒师和面包师的恩惠，而是来自他们对自身利益的关切。我们不是向他们乞求仁慈，而是诉诸他们的自利心；我们从来不向他们谈论自己的需要，而只是谈论对他们的好处。"② 在这种情况下，每个人追求个人利益的努力，会被一只看不见的手牵着，去实现一种他原本无意要实现的目的，最终会促进社会利益。简单地说，就是今天经济学家常常讲的市场供求规律。"自由竞争"这个今天已经被人熟知的概念，成为贯穿亚当·斯密经济学说的基石，也使全世界的资本主义得到发展。斯密所建立的古典经济学与牛顿所建立的经典力学同样辉煌，是经济学从蒙昧走向科学的起点。③

根据这个理论，亚当·斯密提出了一个影响深远的对外贸易战略。亚当·斯密认为，我们可以继续通过（贸易）保护主义、征服（其他领地）以及保持独有的垄断地位来赚取金钱，但是如果选择了自由贸易，我们可以挣到更多的钱。而且，如果我们让别人有钱了，他们就能够向我们购买更多的产品。工业革命的实质既不是发生在煤炭、钢铁、纺织工业中引人注目的变革，也不是蒸汽机的发展，而是"以竞争代替了先前主宰着财富的生产与分配的中世纪规章条例"。

比技术革新影响更深刻的，是经济社会运行规则的变化。亚当·斯密所说的"看不见的手"，后来被瓦特和博尔顿所代表的新兴阶层将发明出来的机器所创造的绝对利益推崇到了极致，他们是从亚当·斯密的理论中获得最大利益的人。当他们在西方各国的议会中占有多数席位时，亚当·斯密的理论开始对这些国家的政策产生深刻的影响，由此形成了自由主义经济模式。

2. 绝对利益论中心主张

根据亚当·斯密的"看不见之手"的作用机制，他认为在市场经济中，经济主体之间

---

① CCTV《大国崛起》解说词，2006-11-21

② 亚当·斯密．国富论．唐日松，赵康英，等，译．北京：华夏出版社，2005

③ 梁小民．经济学是什么．北京：北京大学出版社，2001：17

的利益关系并不像重商主义者声称的那样，一定是非赢即输的，而是可能实现“双赢”的。经济主体的“利己”不应通过损人去实现，而应通过利他来实现。具体途径为，社会各经济主体按自己的特长实行分工，进行专业化生产，然后通过市场进行自由交易，自由竞争，让市场的供求关系进行自发调节，维持均衡，从而在总体上实现社会福利最大化。显然，交易活动一旦越出本国范围，国际分工和国际贸易就出现了。斯密的这一理论又被称为绝对优势理论、绝对优势说、地域分工论。

3. 绝对利益论模型

表 1－6　　绝对利益论模型

国家		铜产量（单位）	所需劳动（天数）	大米产量（单位）	所需劳动（天数）
分工前	英国	1	100	1	200
	法国	1	200	1	100
	合计	2	300	2	300
分工后	英国	3	300		
	法国	3	300		
	合计	3	300	3	300
国际交换	英国	2		1	
	法国	1		2	

本模型可以解释各国需要通过贸易获得他们很难生产的产品：加拿大人需要进口咖啡，日本需要进口石油，科威特需要进口飞机，中国需要进口棕榈油、石油、铁矿石等。

4. 绝对利益论简评

绝对利益论是对重商主义的批判和否定。首先，斯密批判了重商主义的财富观；其次，批判了重商主义主张国家干预经济的论点；最后，批判了重商主义关于一国能持续积累金银财宝的观点，斯密认为，一国长期保持外贸顺差是不容易实现的。因此，它反对政府实行保护贸易政策，主张以自由贸易政策来扩大对外贸易。绝对利益论存在极大的局限性，只能说明国际贸易中的特殊情形。

但是斯密的绝对利益论有个重大缺陷：它只能说明在某些产品的生产中具有绝对优势地位的国家参加国际分工和国际贸易才能获得利益。现实中，世界上很多落后国家在任何产品的生产中都不存在比别国具有绝对优势的地位，它们生产的所有产品效率都低，成本都高。那么，这类经济落后的国家是否应参加国际分工和国际贸易？如果参加，它们是否能够从中获得利益？斯密的绝对利益论对此作出的回答是否定的。

（三）比较利益论

绝对利益理论虽然解决了国际贸易产生的重要动因，但却无法回答一个问题，即如果一个国家在几种商品生产上都没有绝对优势，那么这个国家还能不能在这些产品上参与国际分工？

1. 比较利益论（Comparative advantage）的历史背景

1817 年另一位英国古典经济学家大卫·李嘉图（David Ricardo，1772 – 1823）在《政治经济学及赋税原理》一书中提出：不论一个国家的经济处于怎样的状态，经济力量是强是弱，技术水平是高是低，都能确定各自的相对优势，即使总体上处于劣势，也可从诸多劣势中找到相对优势。一个国家应专门从事其生产效率最高的产品生产，而从其他国家购买其生产效率并非最高的产品，即使其自身生产所购产品的效率比出口国高。自由贸易是一件对双方都有利的事情，因为无限制的自由贸易条件下的潜在世界产量大于限制性贸易条件下的产量。从而为鼓励自由贸易提供了根本依据。

比较成本的关键在于比较。比较优势建立在生产活动的机会成本基础上。

2. 比较利益论模型及解说

表 1 – 7　　比较利益论模型

国家		酒产量（单位）	所需劳动人数（人/年）	毛呢产量（单位）	所需劳动人数（人/年）
分工前	英国	1	120	1	100
	葡萄牙	1	80	1	90
	合计	2	200	2	190
分工后	英国		2.2	220	
	葡萄牙	2.125	170		
	合计	2.125	170	2.2	220
国际交换	英国	1		1.2	
	葡萄牙	1.125		1	

从表中看出，分工前，葡萄牙生产酒和毛呢，所需劳动人数均少于英国，从而英国在这两种产品的生产上都处于不利地位。根据斯密的绝对成本理论，两国之间不会进行国际分工。而李嘉图认为，葡萄牙生产酒所需劳动人数比英国少 40 人，生产毛呢只少 10 人，即分别少 1/3 和 1/10；显然，葡萄牙在酒的生产上优势更大一些，虽然它在毛呢生产上也具有优势；英国在两种产品生产上都处于劣势，但在毛呢生产上劣势较小一些。根据李嘉图的比较利益理论，应"两利取重，两害取轻"。即英国虽都处于绝对不利地位，但应取其不利较小的毛呢生产，葡萄牙虽都处于绝对有利地位，但应取有利较大的酒生产。按这种原则进行国际分工，两国产量都会增加，进行国际贸易，两国都会得利。从表 1 – 7 中可见，分工后投入的劳动人数虽没有变，但酒的产量却从 2 单位增加到 2.125 单位，毛呢从 2 单位增加到 2.2 单位。假设英国以 1 单位毛呢交换葡萄牙 1 单位酒，则英国原生产酒需要的 120 人，现只要 100 人的劳动生产 1 单位毛呢，就能换回 1 单位酒，节约了 20 人的一年的劳动，这 20 人可以再去生产更多的毛呢；而葡萄牙获得的好处在于：葡萄牙原生产毛呢需要的 90 人，现只要 80 人的劳动生产 1 单位酒，就能换回 1 单位毛呢，节约了 10 人的一年的劳动，这 10 人可以再去生产更多的酒。因此两国都从这种国际分工和国际贸易中得到了好处。这种国际分工和国际贸易对两国都是有利的。

3. 比较利益论简评

（1）进步性：论证了各国无论生产力水平高低，都可按“有利取重，不利择轻”的原则进行国际分工和国际贸易，都可以得到实际利益。

（2）局限性：缺乏动态分析。通过分工获得的比较利益不一定体现一国的长远利益。未能揭示支配国际交换的规律。成本、自然条件等因素对国际分工的形成有一定的影响，但不是唯一的和根本的因素。实际上，生产力、科学技术、社会条件等都对国际分工有重要的影响。

4. 比较利益论的局限性或假设

（1）只考虑两个国家、两种商品，即 2×2 模型（表 1-7）；

（2）假定所有的劳动都是同质的；

（3）生产是在成本不变的情况下进行的；

（4）没有运输费用；

（5）生产要素在国内完全流动，在国际之间不能流动；劳动力都是充分就业；

（6）生产要素市场和商品市场是完全竞争的市场；

（7）收入分配没有变化；

（8）贸易是按物物交换的方式进行的；

（9）不存在技术进步和经济发展，国际经济是静态的。

正是对这些局限性或假设的破解，形成了日后国际贸易在理论上新的发展。

二、古典国际贸易理论的衍生和演变

（一）相互需求论

相互需求论（Reciprocal demand theory）的不同时期的代表性人物是约翰·斯图亚特·穆勒（John Stuart Mill，1806-1873）和阿尔弗雷德·马歇尔（1842-1924）。他们从不同角度和不同曲线来分析社会不公平的原因，把经济学看成是增进社会福利、消灭人类贫困的科学。穆勒认为，交易双方在各自国内市场有各自的交换比例，在世界市场上，两国商品的交换形成一个国际交换比例（即贸易条件），这一比例只有介于两国的国内交换比例之间，才对贸易双方均有利（马歇尔的提供曲线分析方法略）。

该理论对当今的互惠贸易以及内外贸一体化均具有一定的理论指导意义。互惠贸易商品价格确定应当是双方利益博弈、获得双赢的谈判结果。事实上，我国的企业特别是一些中小微企业，为了将产品打入国际市场，总是将商品价格压得很低，使价格的天平向不利于己方偏斜，而从不过问交易对方的利润空间究竟有多大。现根据表 1-7“比较利益论模型”所提供的数据，仍以英国、葡萄牙两国按比较优势原则生产和交换毛呢、葡萄酒为例，具体说明，见图 1-7。

在图 1-7 中，纵轴 Y 表示葡萄酒，横轴 X 表示毛呢。在表 1-7 的假设下，如果两国间的交换比例为 1 单位毛呢交换 0.833 单位葡萄酒，即按英国国内的交换比例进行交换，英国并不比分工前多获产品，即未获得贸易利益，因而会退出交易而使国际贸易不可能发生。显然，两国交换比例更不可能低于 1 单位毛呢交换 0.833 单位葡萄酒。同理，如果两国间的交

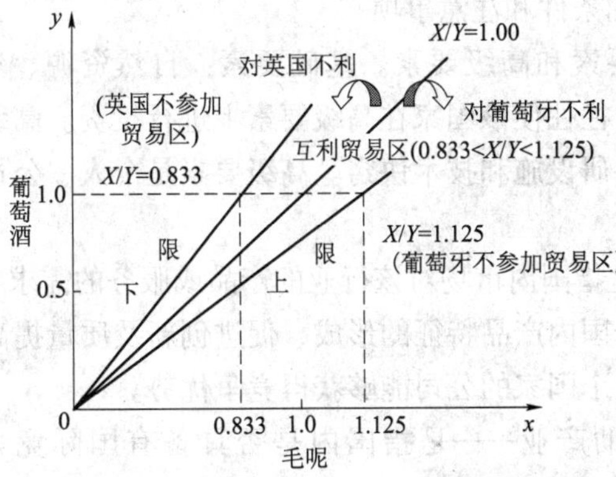

图1-7 相互需求互利贸易区图示

换比例为1单位毛呢交换1.125单位葡萄酒，即按葡萄牙国内的交换比例进行交换，葡萄牙不能从两国贸易中获益而会退出交易，使国际贸易不会发生。综上所述，两国间毛呢和葡萄酒的交换比例必须介于1单位毛呢交换0.833单位葡萄酒和1单位毛呢交换1.125单位葡萄酒之间（$0.833 < X/Y < 1.125$），即介于英、葡两国的国内交换比例之间，才会使两国都能从贸易中获益。

两国国内的交换比例用从原点引出的射线的斜率来表示。当斜率为0.833，表示英国国内的交换比例，为毛呢交换葡萄酒的下限；当斜率为1.125，表示葡萄牙国内的交换比例，为毛呢交换葡萄酒的上限。斜率0.833以左为英国不参加贸易的区域，斜率1.125以右为葡萄牙不参加贸易的区域，以上两斜率之间为互惠贸易区，位于该区域的任何从原点引出的射线的斜率，都是互利贸易条件。

众所周知，当今的国际贸易存在着大量不按照国际价值量相等的原则进行的交换。具体来说，指发达国家凭借政治军事实力和技术垄断地位，以高价向发展中国家销售自己的产品（工业制成品），以低价购买发展中国家的产品（初级产品）。从事初级产品生产和出口的企业或国家应有意识地提高商品出口价格和加工深度，求得国际市场商品等价交换的合理地位。

（二）要素禀赋论

1. 历史背景和中心主张

1919年和1933年分别由瑞典经济学家赫克歇尔和俄林（E. Heckscher and B. Ohlin）先后提出要素禀赋（Factor endowment）理论，简称为“H-O理论”，重新表述比较利益论。

要素禀赋指一国（或地区）实际拥有的要素总量和结构。某种生产活动是否具有比较优势，取决于它们能否比较密集地利用该国相对丰裕的要素。越能密集利用一国丰裕要素的生产项目，越具有比较优势；反之，越是需要密集投入一国相对稀缺要素的生产项目，越是缺乏比较优势。

这一理论的贡献，在于它从要素结构层面进一步解释了比较优势的来源。由于可以对基本要素如土地、资本、劳动的相对丰裕程度进行度量，因而这一理论为利用要素和贸易数据对“比较利益理论”进行检验提供了可能。

2. 要素禀赋论的运用条件和注意事项

（1）要素包括基础要素和高级要素。基础要素：自然资源、气候、地理位置、人口。基础要素处于劣势的压力往往使该国家在高级要素上进行投资。高级要素：通信设施、掌握高技术的熟练劳动力、科研设施和技术诀窍。高级要素是个人、公司和政府投资的结果，其对竞争优势最重要。

（2）需求状况——是指国内市场对该行业的产品或服务的需求特点。

国内需求的特点对于国内产品特征的形成、促进创新及质量提高尤为重要。一个国家的消费者精明而挑剔，则这个国家的公司能够获得竞争优势。

（3）相关产业和辅助产业——是指国内是否具备有国际竞争力的供货行业和相关产业。

相关产业或辅助产业对高级生产要素的投入所产生的效益可以波及到另一产业，从而帮助该产业在国际市场上确定竞争地位。例如：美国在半导体工业的领先地位为其在PC和其他技术先进的电子产品方面的成功提供了基础；瑞士在制药业方面的成功与其过去染料工业的国际性成功密切相关。一国在国际市场具有竞争力的成功产业一般是由很多相关产业组成的一个产业群。例如德国的纺织服装业包括高质量的棉花业、合成纤维业、纺织机针制造业和一系列纺织机械制造业。

（4）企业战略、结构和竞争——指有关公司的创立、组织和管理的规定以及国内的竞争状况。

不同的国家有不同的“管理观念”，这些观念对建立国家竞争优势有影响。在某个行业里，国内竞争的激烈程度与国家竞争优势的创立和保持密切相关。如中国国内彩色电视机竞争激烈，因此对外扩张的力度极大，结果遭到国外反倾销。

3. 要素禀赋论的简评

（1）进步性：从一国基本经济资源优势解释了国际贸易发生的原因，从实际优势出发决定贸易模式，从贸易对经济的影响分析贸易的作用。它是现代国际贸易理论的开端。

（2）局限性：资源禀赋并非国际贸易发生的充分条件；强调静态结果，忽视了技术进步等许多实际情况；对需求因素并未给予充分的重视。

（三）里昂惕夫之谜

1. 历史背景和中心主张

瓦西里·里昂惕夫（Wassily Leontief）是美国哈佛大学行政管理系经济学教授，他十分同意赫克歇尔－俄林的理论。他按俄林理论去推论美国的进出口商品结构，结论应当是相当明确的，即美国资本丰富而劳动力稀缺，所以美国应该出口资本密集型产品，并进口劳动密集型产品。里昂惕夫从理论上也相信这一结论，可是当他利用大量统计资料来验证美国的进出口商品结构时，却得出了与这一推论完全相反的结论。应如何解释这个被普遍认为正确的理论却又与现实相矛盾的现象，这就成了一道人们多年争论不休的难题。因此，理论界称其为里昂惕夫反论，或称里昂惕夫之迷（Leontief paradox）。

2. 里昂惕夫之迷的产生过程和验证过程

表 1-8　　美国出口商品和进口替代商品对国内资本和劳动力的需要量①

	1947 年		1951 年	
	出口	进口替代	出口	进口替代
资本 K（美元）	2 550 780	3 091 339	2 256 800	2 303 400
劳动 L（人/年）	182.313	170.004	173.91	167.81
K/L（人平均年资本量）	13 991	18 184	12 977	13 726

里昂惕夫在 1953 年运用“投入—产出”法对美国 20 世纪 40 年代和 50 年代的对外贸易情况进行分析，考察了美国出口产品和进口替代产品的资本—劳动比（见表 1-8），得出了与“美国在国际贸易中应该出口资本密集型产品，进口劳动密集型产品”完全相反的结论，认为美国出口的是劳动密集型产品，进口的却是资本密集型产品。这一结果与赫克歇尔—俄林的要素禀赋论相悖，引起了经济学界和国际贸易界的巨大争议。

三、现代贸易理论

（一）劳动熟练说、人力资本说和技术差距说

受破解“里昂惕夫之迷”的引导，诞生了现代国际贸易新理论之一的劳动熟练说、人力资本说和技术差距说。

1. 劳动熟练说（Skilled labor theory）

1960 年美国经济学家基辛（D. B. Keesing）利用当时美国人口普查资料，对“里昂惕夫之迷”加以研究，他将企业职工区分为熟练劳动和非熟练劳动两大类，得出了资本较丰富的国家倾向于出口熟练劳动密集型商品，资本较缺乏的国家倾向于出口非熟练劳动密集型商品的结论，认为熟练劳动的不同是国际贸易发生的重要因素之一，形成劳动熟练说。

2. 人力资本说（Human capital theory）

人力资本说是在劳动熟练说基础上由很多经济学家对“里昂惕夫之迷”进一步研究的成果。1965 年，克雷宁（Mordechai E. Kreinin）研究跨国公司在美国本土和欧洲的劳动生产率，得出美国工人的效率最多比欧洲同行高 1.2～1.25 倍，并不能弥补里昂惕夫计算的美国工人劳动生产率约为外国工人的 3 倍的缺口。另外两名美国经济学家凯伍斯（Richard Caves）和琼斯（Thomas. O. Jones）另辟蹊径，通过研究发现美国出口部门花在工人培训方面的资本较高，将劳动者的技能作为资本，其作用完全类似于有形资本，可以解释美国出口品和进口品的资本含量差别的原因。美国经济学家凯南（P. B. Kenen）运用人力投资去解释生产过程中的劳动是不同质的，这种不同质表现在劳动熟练程度的不同，归根结底是对人力投资的结果。之后美国经济学家舒尔茨（T. W. Schultz）用人力资本的差异来解释国际贸易产生的原因和一国的对外贸易类型，从而奠定和进一步完善了

① （美）里昂惕夫．投入产出经济学．北京：商务印书馆，1980：113

人力资本说。

3. 技术差距说（Theory of technological gap）

技术差距说是受人力资本理论的启发，由美国经济学家波斯纳（M. U. Posner）提出，经格鲁伯（W. Gruber）和弗农（R. Vernon）等人进一步论证。该理论认为技术领先的国家具有较强开发新产品和新工艺的能力，形成或扩大了国际间的技术差距，而有可能暂时享有生产和出口某高新技术产品的比较优势。这就是说，如果把技术看做是一个生产要素，那些注重科研和发展的行业，它的科研密集型产品就具有高度的出口优势，由于技术创新来自对科研和发明创造的投资，因而出口科研密集型产品的国家，一般都是资本相对丰裕的国家。波斯纳还认为，那些劳动力成本较低的国家一旦获得新技术，就会形成后发优势，最终占领外国市场，甚至美国市场。

【贸易视野】

中美做生意，到底谁赚谁赔

美国《华尔街日报》2011年曾刊文，题为“中国货对美国伤害有多深”。三名美国研究人员认为，来自中国的竞争给美国造成的经济损害比人们想像得更多，更深重。据美中贸易全国委员会统计，从2000年至2010年，美国对中国出口额增长465%；而对中国以外的其他贸易伙伴平均增长56%。中美两国在现代化进程中分别处在不同阶段，在产业结构上互补性极强。20世纪80年代初，美国进行第三次产业结构调整，大批劳动密集产业向海外转移，正好赶上中国改革开放，大规模吸引外资，大力开展加工贸易。从1980年到2011年6月底，美国在华实际投资已达669亿美元，设立6万多家企业。中国美国商会的调查显示，85%的美资在华企业2010年盈利增加。中国对美出口商品中平均有40%是美国在华企业生产的。以制鞋业为例，1976年美国皮鞋市场上每百双皮鞋中有53双为美国企业生产，现在美国人穿的鞋80%左右来自中国。中国对美国出口的商品大部分为物美价廉的日用消费品，符合美国市场需求，有利于缓解美国的通货膨胀，是对美国产业结构调整和经济发展的必要补充。据摩根斯坦利统计和测算，1996年至2003年，中国对美国贸易顺差2 292亿美元，而这些物美价廉的商品让美国消费者节省6 000多亿美元，并使美国制造商降低成本，帮助美国控制通货膨胀。美国的优势在于高新技术，从1980年至今，中国购买了600多架大型波音喷气客机，一架波音747大型客机上亿美元，给美国增加了多少就业机会，而且销售5 000万双皮鞋才能换来一架波音客机。这三名美国人应当好好计算一下，对华出口的迅速增长为美国创造了多少就业机会，看看中美贸易对于美国来讲是利大还是弊大？相比之下，美国金融危机给中国经济造成多大伤害？中美做生意，到底谁赚谁赔？

（资料来源：2012年01月18日环球时报第15版 周世俭 同名文章，经编辑）

（二）产品生命周期说、偏好相似说、产业内贸易说

国际贸易理论是在学科交叉和相互渗透中发展的。下面简单列举几个与市场营销学科联系紧密的新学说。

1. 产品生命周期说

产品生命周期说（Theory of product life cycle，PLC）是美国哈佛大学教授雷蒙德·弗农（Raymond Vernon）1966年首次提出[①]。弗农指出，如同人的生命要经历形成、成长、成熟、衰退的周期一样，产品从开始进入市场到被市场淘汰也可以分为创新时期、成熟时期、和标准化时期。同一产品在技术水平不同的国家里可能同时存在，但处于产品生命周期的不同阶段，由于存在产品差异，就形成产品在不同国家市场上竞争地位的差异，从而决定了国际贸易和国际投资的变化。

产品生命周期经过市场营销学的创新和演进，分为了现代流行的四个阶段，即投入期（或引入期）、成长期、成熟期、衰退期。这一理论已日益被当代中外企业运用于战略决策中。[②]

2. 需求偏好相似说（Theory of demand preference similarity）

需求偏好相似说又称偏好相似说或收入贸易说（Income trade theory），是由瑞典经济学家林德（S. B. Linder）提出的，用来解释工业制成品贸易发展的理论。他认为“H－O理论”只适用于品类等级不同产品之间的贸易，而国际市场上普遍存在着同品类、同等级但不同工业制成品的贸易。林德认为，国内需求决定工业制成品的生产，随着国内需求的扩大，生产达到经济规模，单位成本降低，竞争性增强，才会将产品推向国际市场。由于产品是顺应市场的结果，势必也会受到生活水平相当（用人均收入水平相当衡量）、具有相似的需求偏好的其他国家消费者的喜好。因此需求结构相似国家之间的贸易就会比较频繁。

用当今在内贸运用很广的市场营销学的马斯洛需求层次理论来解释，同一层次需求的人具有相同偏好，反之亦然，也可以对上述现象作出比较好的回答。

3. 产业内贸易说（Intra-industry trade theory）

20世纪60年代以来，国际贸易出现了许多新的倾向，主要有两方面：一是发达的工业国家之间的贸易量大大增加，其贸易量甚至成为国际贸易的主要部分。二是同类产品之间的贸易量大大增加，出现了许多同一行业既出口又进口的“双向贸易”或产业内贸易。

首先对这种经济现象进行研究的是巴拉萨（B. Balassa）和格鲁贝尔（H. G. Grubel）等人，研究指出发达国家的资本都相对充裕，资源比例相似，这种新倾向并没有遵循传统贸易理论的一些基本假设，用“H－O理论”的“要素禀赋”不同显然解释不过去，所以提出产业内贸易理论进行解释。

产业内贸易是指同一产业内的产品在两国间互相进口和出口的贸易活动；它既不同于发展中国家用初级产品来交换工业国家的制成品（这可以用“H－O理论”解释），又不同于需求结构相似国家某一产品流向的单一性（这可以用“需求偏好相似说”解释），产业内贸易的产品具有多样化的特点，甚至囊括劳动密集型产品和资本密集型产品、标准技术型产品和高技术型产品。

随着市场竞争激烈程度提高和物流成本的降低，消费者求新求异求变的购买行为在不断得到满足，企业可以加强市场细分、正确选择目标市场和产品定位，使产品的异质化程度不断提高，为不同国家消费者获得满足提供了更多机会和条件，同样的产品可能具有不同的属

① R·弗农．产品周期中的国际投资与国际贸易．经济学季刊，1966年5月号

② Philip Kotler, Gary Armstrong. Principles of Marketing, 7th ed., Prentice Hall, Inc., 1996

性，相同属性的产品因为营销创新不同，都有可能开发新的市场，如美国和一些西欧国家都既是机动车辆的出口国，同时也是机动车辆的进口国，既出口酒类饮料和食品，也进口酒类饮料和食品。因此产业内贸易就不足为怪了。

四、保护贸易理论简述

发展国际贸易的积极意义是不言而喻的。但是，如果说，自由贸易思想为国际社会增长福祉指明了道路，各国有一千个理由去实现，那么，保护贸易主义也有一千零一个存在的理由。正所谓“6 个经济学家会有 7 种观点”。贸易虽能使参与贸易的国家“双赢”，但不能使参与贸易的国家的所有人“皆赢”。即贸易可能并且实际上使得参与双方各自总体利益增加，但这不等于说参与方国内所有行业、地区和人群，都能从扩大贸易中得利。相反，贸易扩展意味着需要不断进行经济结构调整，因而必然会在国内某些部门和地区导致就业减少，从而产生局部调节压力和冲击。贸易伴随的利益调整关系，必然使贸易政策具有敏感性和争议性。而贸易政策的出台，必须寻找理论上的支持。在一个社会还谈不上实现自由贸易的时候，过去是、现在仍然还是存在着保护贸易的土壤和条件。因此，学习和掌握有关“保护贸易”理论有着极大的现实性。

如今芬兰财政部的一位官员 J. Hagelstam 注意到，在大多数贸易谈判中：“各个谈判国，包括工业化国家和发展中国家所采用的方法都是要求在本国享有最大比较优势的领域里实行贸易自由化，而抵制在它们的比较优势较小的领域里实行贸易自由化，它们担心在这些领域里国内生产会被进口所取代。”① 这句话一针见血地指出有话语权的国家有时是如何玩弄贸易理论与策略于股掌之间的。

历史上，保护贸易理论出现了很多论点。无论是汉密尔顿的保护关税说、李斯特的保护幼稚工业论、凯恩斯主义的对外贸易乘数理论，还是普雷维什的中心—外围说等，都反映出对自由贸易的一种新的认识和批判。保护主义贸易理论是后起的资本主义国家为保护本国尚处于起步阶段的工业体系，或者是发展中国家为争取摆脱国际贸易中的不平等附属地位而提出的理论和政策体系。它们对于我国的对外开放具有很强的指导意义。首先，必须要了解保护主义贸易理论体系的实质，在对外开放中合理吸取其内核，并解答现实社会中常常遇见的疑惑；进一步地说，是为了在实际工作中自觉地维护国家和民族权益，在政策方向指引下开展货物贸易活动。

（一）汉密尔顿的保护关税说

美国 1776 年取得独立战争胜利之后，在经济政策上面临两种选择：一是实行保护关税政策，独立自主地发展本国工业；或者是实行自由贸易政策，继续向欧洲输出小麦、棉花、烟草、木材等以换取工业制成品。前者代表北方工业资产阶级的利益，后者反映南方种植园主的要求。美国建国后的第一任财政部长汉密尔顿（A. Hamilton，1757－1840）代表独立发展美国经济的资产阶级的要求，在 1791 年 12 月“制造业报告”提出保护关税说。

---

① J. Hagelstam (1991), Some Shortcomings of International Anti-Dumping Provisions, Journal of World Trade 25 (5): 99－110

汉密尔顿提出，保护和发展制造业对于维护美国经济和政治的独立具有重要意义。一个国家如果没有一定的工业基础，不但不能使国家富强，而且很难保住其独立地位。美国的工业起步晚，基础薄弱，技术落后，生产成本高，难以与起步较早的欧洲国家相抗衡。实行自由贸易政策虽然可以获得一时的利益，但不利于国内工业的长远发展。因此，他主张采取高关税政策保护新生的美国工业，借助美国广阔的国内市场促进本国工业成长、壮大。

汉密尔顿的保护关税学说为落后国家进行经济自卫和与先进国家相抗衡提供了理论依据。

（二）李斯特的保护幼稚产业论

1. 历史背景和中心主张

李斯特（F. List，1789－1846）是德国历史学派的先驱者，早年在德国提倡自由主义。自1825年出使美国以后，受到汉密尔顿的影响，并亲眼见到美国实施保护贸易政策的成效，乃转而提倡贸易保护主义。19世纪初，德国还是一个政治上分裂、经济上落后的农业国。此时的德国，经济发展水平不仅远远落后于工业革命已经完成的英国，而且与法国、美国、荷兰等也存在很大的差距。

幼稚产业保护论包括两个方面的内容：

第一，财富的生产力比财富本身重要得多。一国在对外贸易中实行什么样的政策，首先必须考虑的是国内生产力的发展，而不是从交换中获得的财富增加多少。

第二，必须根据经济发展阶段决定对外贸易的模式。他指出，如果一国工业、商业上远远落后于别国，那么它必须首先加强它自己的力量，然后才能使它具备条件与比较先进的国家进行自由竞争。如果向外国购买廉价的商品，表面上看起来是要合算一些，但是这样做的结果，德国的工业就不可能得到发展，而会长期处于落后和从属于外国的地位。

正是出于以上考虑，李斯特主张国家干预对外贸易。他说："经验告诉我们，风力会把种子从这个地方带到那个地方，因此荒芜原野会变成稠密森林，但是要培养森林因此就静等着风力作用，让它在若干世纪的过程中来完成这样的转变，世界上岂有这样愚蠢的办法吗？如果一个植林者选择树秧，主动栽培，在几十年内达到了同样的目的，这倒不算是一个可取的办法吗？历史告诉我们，有许多国家，就是由于采取了那个植林者的办法，胜利实现了他们的目的。"①

2. 李斯特的保护贸易理论简评

（1）积极的一面：① 主张以保护贸易为过渡时期，而以自由贸易为最后目的。② 保护的对象以将来有前途的幼稚工业为限，保护期限过长将会出现保护低效率的结局，保护期限最长不应超过30年；因此，对国际分工和自由贸易的利益也予以承认。③ 对经济不发达国家是有重大参考价值的。

（2）存在的缺陷：① 对生产力概念的理解比较含糊，对影响生产力的因素分析也很混乱。② 以经济部门作为划分经济发展阶段的基础有问题，曲解了社会经济发展的真实过程。③ 保护对象的选择缺乏客观具体标准。

---

① （德）弗里德里希·李斯特著，陈万煦译．政治经济学的国民体系．北京：商务印书馆，1997（－02－01，P）：101

（三）凯恩斯主义的对外贸易乘数理论

凯恩斯（John Maynard Keynes，1883－1946）是英国资产阶级经济学家，是凯恩斯主义的创始人，在资本主义大危机以前，凯恩斯是一个自由贸易论者。当时，他否认保护贸易政策会有利于国内的经济繁荣与就业。在1929－1933年大危机以后，凯恩斯改变立场，转而推崇重商主义。他认为重商主义保护贸易的政策确实能够保证经济繁荣，扩大就业。凯恩斯的代表作是《就业、利息和货币通论》（The General Theory of Employment，Interest and Money），于1936年出版。

凯恩斯与其追随者认为传统的外贸理论不适用于现代社会。自由贸易理论“充分就业”的前提条件已不存在。应当仔细分析贸易顺差与逆差对国民收入和就业的作用。他们认为贸易顺差能增加国民收入，扩大就业，而贸易逆差则会减少国民收入，加重失业。贸易顺差可为一国带来黄金，扩大支付手段，降低利息率，刺激物价上涨，扩大投资，有利于缓和国内危机和扩大就业量。因此，他们赞成贸易顺差，反对贸易逆差。

（四）普雷维什的中心—外围论

1. 历史背景

创始人劳尔·普雷维什（Raul Prebiisch）1901年出生于阿根廷的一个上层家庭，曾于1923年到阿根廷国民银行从事经济研究工作。29岁时出任阿根廷政府财政副国务秘书，稍后又受命组建阿根廷共和国中央银行，随即担任该银行的总经理。1950年，在联合国拉丁美洲经济委员会秘书处工作时，他考察了1876～1938年间英国进出口产品的平均价格指数，结果表明，如以1876～1880年间世界原材料和制成品价格之比为100的话，此后绝大部分时间里该比价一直呈递减趋势，到1936～1938年间已降到64，表明同量制成品可以交换到更多的初级产品，即贸易条件对初级产品出口国越来越不利了。这是很奇怪的现象。因为按照“看不见的手”的调节，商品的价格取决于劳动生产率，劳动生产率高的商品价格低，反之则高；相应地劳动生产率提高得快的商品价格应该下降得快，反之则慢。根据这一规律，劳动生产率提高得慢的初级产品与制成品的价格之比应该上升才对，为什么不升反降呢？此即著名的“普雷维什命题”。

2. 中心主张

普雷维什认为世界分为两大类国家，第一类是以西方七国集团为代表的高度工业化国家，其经济增长是全面的、自主性的；它们出口工业品或高附加值产品，进口原材料和初级产品，它们垄断着技术的创新，占有了技术进步所带来的几乎全部利益，借技术先进的垄断地位，掠夺外围国家。它们是现代世界经济的中心，也是政治的中心。在政治上，实行帝国主义政策。第二类是被控制的“外围”国家，即世界上绝大多数没有实现工业化或“工业化畸形”的国家，它们的经济往往有增长而无发展，严重受制于第一类国家，“中心”的经济周期，对“外围”有直接影响，“外围”国家成了“中心”国家倾销产品、转移危机的场所。“外围”国家的经济结构附属于“中心”国家，其主要出口产品是原材料和劳动力密集型产业生产的初级、低技术值的产品，但又必须维持这种出口以换取“中心”国家的工业品。“中心”与“外围”的关系是不平等的，“中心”的存在以“外围”的存在为前提，“中心”的发展以损害外围的发展为代价。这样的“中心－外围”格局，是资本主义“全球化”的世界结构，“外围”国家只有服从“中心”的利益，才能存在。一旦外围有意无意地损害了这种经济和政治利益时，中心——特别是主要中心——往往就会采取惩罚的措施，在极端的情况下甚至会通过军事干预的手段进行报复。

3. 提倡的政策措施

(1) 利用保护贸易政策改善需求弹性；

(2) 利用保护贸易政策提高本国工业化程度；

(3) 建立区域性共同市场，以利于外围国家的工业化发展；

(4) 主张中心国家向外围国家开放市场。

“中心－外围论”给落后国家提供了一个新的视角，这些国家的经济学家由此来重新思考本国的发展道路。只要“中心－外围”结构不改变，或外围国家不脱离资本主义世界体系，外围国家的贸易条件就会趋于恶化，发展就没有希望。旧的国际分工格局是发展中国家经济落后的主要原因。这是一个十分激进的观察，因为其逻辑结论是，只要“中心－外围”结构——即所谓国际经济的旧秩序或旧的国际分工——不改变，或外围国家不脱离资本主义世界体系，外围国家的发展就没有希望。然而这样一个激进的观察却是由一个在政治上并不激进的经济学家提出来的，也唯其如此，才被西方国家承认为一种经济学流派。

【案例】

“中心－外围论”在智利引爆革命①

在20世纪60年代中后期，随着智利“人民团结”阵线的胜利，首都圣地亚哥逐渐成为“中心－外围论”思潮的传播中心。以多斯桑托斯为代表的一大批“中心－外围论”学者聚集智利，出版了大量书籍，成立了无数的学习和研究小组，召开了无数的讨论会。人们终于搞清楚了，智利之所以贫穷落后，并不是智利前资本主义力量对现代化的抗拒，而是因为“先进”的跨国公司对智利现代化的扼制，智利丰富的铜矿资源不但没有造福智利人民，反而成了美国的阿纳康达铜业公司的钱柜。这一思潮影响所及，连历来总是保守主义最后堡垒的智利军方都站到了学者们一边。就因为这个，施奈德将军在阿连德就职宣誓前两天被美国势力集团派人杀害。三年后，阿连德总统也被受外国势力怂恿的皮诺切特军人集团打死在总统府内。

阿连德死于非命或许是因为他懂得：“帝国主义存在，因为不发展存在；而不发展存在，因为有帝国主义。”阿连德领导智利人民走向独立自主发展道路的实践以及结局，更是使阿连德总统的这段话成了不朽名言。在智利和其他拉美国家的社会改革被来自中心国家的政治和军事力量挫败后，连原先比较温和的普雷维什也更加看清了“中心－外围论”结构的真正障碍所在：“在中心，尤其是在美国，存在着一张巨大的经济与金融利益网，它在与外围的关系方面具有重大影响。体系的危机使这些利益以及支撑这些利益的理论受到怀疑。而当这些利益受到了损害，有人就起来反对外围国家，直到在某些情况下使用军事权力。”

① 韩德强．碰撞——全球化陷阱与中国现实选择．北京：经济管理出版社，2000：第四部分．经编辑

本章小结

本章第一节主要介绍了货物贸易方面的基本知识，分析了在全球经济一体化的大背景下一国内外贸之间的关系；主张将成熟的、规范的国际贸易方法、运作机制用来提升内贸质量和操作水平；在尽可能的情况下淡化“国际”字眼，回归到贸易的本源去探讨内外贸的共性问题，使读者明确所学知识不仅仅局限于做国际贸易，同时也是做国内贸易必备的。为了掌握全书以下章节内容，必须先掌握贸易理论精髓，才能领会权变的贸易政策，知贸易然亦知贸易所以然，目标明确地掌握好贸易实务知识和技能，因势利导做好内外货物贸易工作。

本章第二节分成了四个部分，分别介绍了古典国际贸易理论、古典贸易理论的衍生和演变、现代国际贸易理论、保护贸易理论。其中第三部分是考虑到内外贸理论之间的衔接，在第二版中新加的。贸易理论的诞生和发展离不开历史背景，都在历史上起过作用，甚至卓有建树和成效，但都被质疑、扬弃；贸易理论就是在否定之否定中不断发展创新；有的时过境迁、有的又被重新利用；只有李嘉图的比较利益理论备受推崇，可以说它构筑了贸易理论的基本框架。

技能实训

实训模块一　案例分析：韩国与加纳的不同贸易思想和路线

【实训目的】根据本章开篇提出的学习目标，认识从贸易各方的长远利益出发，自由贸易是实现双赢的唯一途径。通过查阅自由贸易理论和保护贸易理论相关资料和文献，围绕以下案例并结合现实开展集体讨论。

【实训材料】韩国与加纳在20世纪60年代的人均国民产值相近，制造、矿产、农业等产业的分布也大致相同。当时加纳的人均国内生产总值为250USD/人年，而韩国也就是250USD/人年，稍微多一点点。到了20世纪90年代，韩国成长为世界第十四位经济体，人均收入水平是加纳的6倍。加纳1957年独立，第一任总统的经济思想是保守的，对进口实行重关税，保护国内产品的市场不受外来产品侵占。加纳在世界上生产可可具有绝对优势，该国由政府出面成立可可的推销委员会，垄断和控制可可的出口价格；另一方面，作为唯一的购买者而压低国内收购价。通过高价卖出，将盈利用来推动国有工业化进程。然而事与愿违，这种政策遭到了极大的失败，国内种植可可的积极性受到挫折，十年内税收锐减1/3，出口衰退，也无实力进口所需技术和设备，国民经济陷于困境。

反之，纵观韩国在此阶段的发展却是另外一番景象。它与加纳采取的政策完全不同，它积极参与国际分工，鼓励和支持国内有竞争实力的企业和产品出口，同时减低进口关税，刺激国内需求，在 1965 年出口配额就由早时的 80% 下降到 20%，到 20 世纪 80 年代则全部取消了出口配额。在这种政策下，国民经济走向外向型道路，年增长率达 9%，经济从农业转向为服装制鞋业再转向为加工制造业，被联合国列为发展中的强国和极为外向型的国家。因此韩国将加纳远远抛在了后面，有一半原因是由于韩国适应了国际分工的需要，更多的人注意总结的是另一半，即韩国的成功和儒家文化重视教育、从外界成功地获取了知识、利用了知识有关。当然，加纳也并没有枉过三十年，至少还出了个联合国前秘书长安南。不过韩国外交通商部长潘基文很快接替了安南的职位，成为现任联合国秘书长。①

【实训要求】 围绕以下问题开展小组讨论：

1. 一个国家的货物贸易为什么要走出去？走出去的基础是什么？
2. 请结合以上资料，谈谈你们小组对自由贸易和保护贸易的认识和看法？

实训模块二　综合分析：中国在全球经济一体化中的作用

【实训目的】 根据本章开篇提出的技能目标和情感目标，通过资料收集和学习，对中国产品走出国门为什么要科技创新、品牌创新加强感性认识和理性认识，掌握综合分析贸易现象的能力。

【实训材料】

第一段文字：外电称离不开中国制造②

美国作家邦吉奥尼 2007 年 7 月出版了一本《没有"中国制造"的一年：一个家庭在全球经济中一次真实的生活冒险经历》的书，邦吉奥尼称她不带任何政治色彩，也不是贸易保护主义者，只是聊一聊 个非常私人的故事。她试图让人们理解他们的家庭生活与全球经济的联系程度有多深。"灯具、生日蜡烛、捕鼠器和走起路来啪啪作响的拖鞋，正是这些（中国）商品已经把现代美国家庭与全球经济联系在了一起。"这个故事却告诉人们，"如果连一件中国产品都不购买的话，生活简直就没法过。"这显然不是美国一个国家的消费者的看法。

这本书也引起了评论界和读者的强烈反响。在"亚马逊网站"以及许多媒体的书评中，对这本书的评论非常热。专栏作家查克·杰夫称，"这项任务太复杂，你可以试一天，到午餐时间你绝对会悲惨地放弃。"另一名专栏作家丹尼·西特曼也称，"一年不用中国产品，简直是个奇迹。这是经济全球化的一次强烈碰撞，也是一次有意思的碰撞。"一名社会学教师称，"我对'中国制造'有些反感，但我更想省点儿钱。"不过，一名连锁店负责人则称，"现在，中国产的东西，才能让商店赚钱。"路易斯安那州立大学大众传媒学院教授汉密尔顿认为："过去 100 多年来，美国人对中国的印象几经起伏。我们爱过他们，也恨过他们。现在，邦吉奥尼用生动的经历表明，我们正处于一个新阶段。中国已经成为了一个经济巨人，它可能会踩到我们的脚趾，但是我们还必须和它进行拥抱。"

---

① Samuel P. Huntington. Who Are We: The Challenges to America's National Identity. Simon Shulzt Publisher USA 2004. 5

② 尚未退，青木，雷达等．外电称离不开中国制造．环球时报，2007-07-17

第二段文字：美国制造 VS 中国制造①

BWCHINESE 中文网讯，据美国财政部报告中数据的计算，美国 14 万亿国债中，中国仅持有约 7.5%。美国人用于购买“中国制造”商品的花销仅占美国消费支出的 2.7%。旧金山联邦储备银行的研究报告也指出，在美国销售的绝大多数商品和服务产自美国国内。2010 年进口占美国 GDP 约 16%，其中来自中国的只占 2.5%。2002－2010 年间，以美元计的美国制造业单位劳动力成本下跌 11%，而以美元计的日本和德国制造业单位劳动成本分别上涨 3% 和 41%。与此同时，在过去 8 年里，中国平均工资年涨幅也达到或超过了 15%，中美两国的劳动力成本差距逐步缩小，“美国制造”的成本优势似乎开始凸显。对调查 287 家制造业企业（90% 是总部设在美国的企业）结果显示，37% 的企业已经开始将制造中心从包括中国在内的亚洲地区向外迁移。埃森哲（大中华区）流程和创新绩效服务高级合伙人高志麟（Jack Gau）表示，全球制造业涌入中国的第一波高峰在 20 世纪 90 年代中期到新世纪之初，但随着 2007 年之后全球经济格局的大幅改变，中国的制造业优势受到来自其他新兴市场的诸多挑战。波士顿咨询公司（BCG）预测，到 2015 年美国将重新成为制造业大国。

第三段文字：全球经济一体化的好处②

经济一体化促进贸易，贸易反过来使得我们可以获得我们想要但是不通过贸易无法获得的东西。或者说我们没有制造这些东西的资源，没有技术，或者不能有效制造。换句话来说，经济一体化国家的人民会更加富裕，这是因为：欠发达贸易国家（比如中国，相对于美国而言）能够接触到外国技术诀窍（技术资本），这些技术秘诀能够转化为更多生产力；如果科技发展局限于一个国家以内，那么生产率的提高不会带来更高的产量，却会引起失业。在全球经济一体化下，科技进步带来的生产率提高会增加产量，会有更多的国家在更多时间点上购买更多的产品，扩大生产规模和增加服务配套的同时，就促进了就业。经济一体化可以更迅速地传播知识。知识是劳动生产率增长的关键。经济一体化会导致更激烈的竞争，这是好事，因为它会带来更多的技术进步。当市场是开放的时候，技术提高会导致以更高价格售出更先进的商品、用同样多的资源制造出更多产品，所有开放国家人民的生活水平会更高。

【实训要求】围绕以下问题开展小组讨论：

1. 请就中国如何才能从“中国制造”走向“中国创造”的问题展开集体讨论。
2. 技术转让和高科技产品出口是否会被后来者反过来占领本国市场？
3. 请讨论技术进步对贸易的作用？技术落后的国家如何参与全球经济一体化？

思考练习题

一、不定项选择题

1. 在我国，对外贸易和国内贸易之间的关系是（　　）。

---

① http：//www.bwchinese.com/article/1025306.html BWCHINESE 中文网．美国制造 VS 中国制造．2012－02－01

② Kearny Alliance-Arizona State University. 究竟谁来关心贸易？2010－03－02

A. 前者比后者更加重要　　B. 后者是前者的基础
C. 前者比后者更加规范、复杂　　D. 后者应借鉴前者的做法
E. 两者增加社会财富的机制相同　　F. 后者是前者的保障和持续发展的动力

2. 一个国家在一定时期内所有商品的出口数量大于进口数量称为（　　）。
A. 贸易顺差　　B. 贸易逆差
C. 净进口　　D. 净出口

3. 通常所说的国际贸易额是指：（　　）。
A. 世界出口贸易值的总和　　B. 世界进口贸易值的总和
C. 世界进出口贸易值的总和　　D. 国际贸易价值量

4. 某国 2011 年贸易规模为，出口 1 380 亿美元，进口 1 312 亿美元，这一年该国的贸易状况为（　　）。
A. 贸易顺差 68 亿美元　　B. 净出口 68 亿美元
C. 入超 68 亿美元　　D. 净进口 68 亿美元
E. 贸易总额 2 692 亿美元

5. 按照清偿方式的不同，国际贸易可分为（　　）。
A. 总贸易　　B. 专门贸易
C. 自由结汇方式贸易　　D. 易货贸易

6. 对外贸易的地理方向是指所考察国家或地区（　　）。
A. 出口贸易额占世界出口总额的比重
B. 进口贸易额占世界进口总额的比重
C. 各类出口商品在世界出口总额中所占的比重
D. 出口商品流向和进口商品来源

7. 国际贸易商品结构指（　　）。
A. 各种商品在一国进口总额或出口总额中所占的比重
B. 各国或各地区的出口贸易额或进口贸易额占世界出口总额或进口总额的比重
C. 各类商品在世界出口总额中所占的比重
D. 一国的出口商品流向和进口商品来源

8. 对外贸易依存度反映的是：一国国民经济对（　　）的依赖程度。
A. 进出口贸易　B. 出口贸易　　C. 进口贸易　　D. 外国投资

9. 影响国际分工形成和发展的决定性因素是（　　）。
A. 自然条件　　B. 社会生产力的发展
C. 各种社会经济条件　　D. 国家的政策

10. 欧洲自由贸易联盟属于经济一体化形式中的（　　）。
A. 优惠贸易安排
B. 自由贸易区
C. 关税同盟
D. 经济同盟

11. 如果甲国生产一单位粮食需要 80 人一年的劳动，生产一单位的布需要 90 人一年的劳动；乙国生产一单位的粮食需要 120 人一年的劳动，生产一单位的布需要 100 人一年的劳

动，根据比较成本学说（　　）。

A. 甲国应生产并出口粮食，乙国应生产并出口布

B. 甲国应进口粮食和布

C. 甲国应生产并出口布，乙国应生产并出口粮食

D. 乙国应进口粮食和布

12. 根据下表数据，正确的选项是：

（单位：劳动人数/年）

	生产每吨可可的成本	生产每吨大米的成本
加纳	1	2
韩国	2	2

A. 加纳的可可生产有绝对优势　　B. 加纳的可可生产有相对优势

C. 韩国的大米生产有绝对优势　　D. 韩国的大米生产有相对优势

13. 李斯特的保护贸易学说主张保护（　　）；超保护贸易政策主张保护（　　）。

A. 幼稚工业　　B. 垄断工业

C. 夕阳工业　　D. 新兴产业

14. 中心－外围论的挑战对象主要针对的是（　　）。

A. 新贸易保护主义　　B. 劳动价值理论

C. 国家竞争力学说　　D. 新自由贸易主义

15. 在（　　）情况下，国际贸易保护主义势力会抬头。

A. 国际金融危机　　B. 新兴经济体崛起

C. 发展中国家需求增加　　D. 欧洲主权债务危机

E. 国际经济大环境向好

16. 全球经济一体化使世界整体生产率得到提高，表现在（　　）。

A. 欠发达国家能够接触到外国技术诀窍

B. 就业率提高

C. 扩大需求

D. 生产规模更大需求更稳定

E. 竞争更激烈

F. 参与国人民的生活水平更高

二、判断题（对的打√，错的打×，并改错）

（　　）1. 国际贸易既包括货物贸易也包括服务贸易。

（　　）2. 输入本国的货物未经加工制造再输出时，称为复出口。

（　　）3. 世界贸易额即世界各国进出口总额加总。

（　　）4. 总贸易体系和专门贸易体系都是以国境为标准统计进出口货物。

（　　）5. 对一国的外贸和经济发展来说，长期的贸易顺差并不一定绝对有利。

（　　）6. 贸易条件反映了交易双方讨价还价的能力或不等价交换的程度。

（　　）7. 国内贸易增加社会财富的机制与国际贸易相同，后者是前者的扩展。

(　　) 8. 自由贸易区是区域经济一体化的形式，区内伙伴国有共同对外关税。

(　　) 9. 出口贸易依存度指一国一定时期内的出口贸易额占对外贸易总额的比重。

(　　) 10. 对外贸易地理方向指一国进出口交易的地区分布或国别分布。

(　　) 11. “两优择其重，两劣取其轻”是比较利益论所主张的各国以比较成本进行国际分工安排的一项原则。

(　　) 12. 根据 H－O 模型，对于一个劳动力相对丰富的国家来说应该生产并出口资本密集型产品，进口劳动密集型产品。

三、简答题

1. 人类历经沧桑不惜辛劳甚至长途跋涉进行贸易的动力是什么?

2. 货物贸易能不能单向长期发展下去，可以用哪些贸易理论来说明问题?

3. 引进硬件的同时还要注意引进什么才能加速社会进步和发展?

4. 来自大江南北的中国游客涌向法国巴黎的老佛爷店，购买从皮包到手表、珠宝等奢侈品。请解释主要原因是什么?

5. 一个秋天，威廉・伯恩斯坦正在柏林旅行。离开酒店时，他顺手从前台的果篮里拿走了一个苹果。之后不久，他走到一个公园，感觉有点儿饿了，就从背包里拿出了苹果——这时，他忽然注意到苹果上的标签，小小的苹果竟然来自新西兰，跨越了半个地球！虽然，就在不远的德国乡村果园，本地苹果也成熟了……怎么解释这一现象?

6. 人们习惯自己的生活后，为什么还对外来的生活感兴趣? 这与产业间的货物贸易理论有何关系?

7. 谈谈你是怎么理解诺贝尔经济奖得主“欧元之父”罗伯特・蒙代尔所说的“任何国家衣柜里华丽衣服的背后，都有 N 多架的骷髅”?

第 2 章

贸易惯例和贸易术语

课前准备

【学习目标】

掌握贸易术语的概念，熟悉贸易术语的来龙去脉

【技能目标】

会贸易术语的运用，能区分象征性交货和实际交货

【情感目标】

树立在对内对外货物贸易中自觉运用贸易术语的意愿

学习内容

【先行案例】

EXW 合同下火灾致损案[1]

1997 年 4 月在广州春交会上汕头市 S 公司与香港 H 公司签订了一份购销尼龙皱纹上装 3 000 打的合同。合同规定每打 124 元（15 美元）EXW 汕头，纸箱装，每箱 5 打，6 月 15 日前交货，支付方式为经 H 验货合格后电汇。6 月 9 日 S 通知港商货已备妥速来验收。6 月 10 日港商派代表来汕头，由 S 陪同赴汕头市 C 服装厂验货。该批货全部验收合格后，刷上港商出具的唛头。12 日 S 公司收到港商汇来的货款 45 000 美元（当时合 372 000 元人民币）；随即 S 方将有关票证交付港方代表。由于“S 方尚未联系妥当货运代理”，H 公司代表向 S

① 帅建林．国际贸易惯例案例解析（Case Study of International Trade Customs and Practices）．北京：对外经贸大学出版社．2006：166，经编辑

提出货物暂放C厂，也征得C厂同意。不料天有不测风云，就在货代14日上午安排车来C厂拉货当天的凌晨，因邻厂爆炸，C厂突遭火灾，仓库内全部尼龙皱纹上装化为灰烬。港商闻讯后立即来汕头要求S退还货款，理由是他并未提货，货物被焚应由S方负责。S拒不同意，理由说了一大堆就是不到点子上。双方各执一词，对簿公堂。

第一节 贸易惯例

货物贸易理论只解决什么（What）是货物贸易和为什么要做（Why）的问题，从本章开始主要围绕货物贸易实务怎么做（How）的问题而展开。

从事贸易的双方无论是在什么国家、无论隶属什么法律体系、无论处于什么年代，都需要秉承贸易惯例，通过降低交易成本获得双赢。

追求个人的生存权利和合法利益具有历史的正当性，也是世俗社会、市民社会一直到当代社会进步的动力源泉之一。[①] 经济人对个人利益的追逐与道德人对社会利益的维护二者之间的和谐统一，是市场经济发展的前提；体现在货物贸易方面就是诚信契约。市场经济得以健康运作的三个基本要素是：利益驱动、优胜劣汰和诚信契约。利益有大有小，有赢有亏；无论结果如何，贸易双方都需要共同恪守诚信契约的底线，这是亘古不变的道理。本章讲述的贸易惯例和贸易术语正是国内外生意人应该遵守的行为准则和共同规范。

一、贸易惯例的含义

贸易惯例（Customs of trade）是指在贸易的长期实践中所形成的一系列具有普遍意义的习惯做法及其解释。贸易惯例由于能够避免或消除不同国家（或地区）的贸易当事人对同一问题作出的不同的理解和解释，所以在处理贸易争议方面起着非常重要的作用。

“惯例”一词在英语中有多种表达，如Custom，Usage和Practice。Custom多指国家、民族、地区或个人的行为方式或风俗习惯；Usage多指持续时间长，为众人公认并采纳的惯例、习俗；Practice常指习惯性的做法或行为。美国的《统一商法典》（UCC）对贸易惯例的解释是“指任何习惯做法或交易方式，只有该做法或方式在某一地区、某一行业或某类贸易中得到了经常遵守，从而使人们有理由相信它在当前交易中得到遵守。”[②] 贸易术语属于Practice一类。一方面，它是在长期的贸易实践中，人们形成的习惯性做法或行为，另一方面，它又是国际法的渊源之一，与公约、国内法等交织，构成了国际社会共同的语言和行为规范。通常，贸易惯例具有以下特点：① 产生的自发性；② 在贸易领域的统一性；③ 准强制性；④ 适用的广泛性。贸易术语除了这些共性之外，它还表现得十分活跃，随环境变化常常被国际社会权威机构修订，体现出过程函数特征。如果在我国的内外贸易过程中不能适应这种变化，就未必能享受全球经济一体化所带来的丰硕成果，特别是在内贸方面，势必与国际社会共同的价值观和行为方式发生越来越大的分歧。

---

① 亚当·斯密．国富论．唐日松，赵康英，等，译．北京：华夏出报社，2005

② 孙新强．美国《统一商法典》及其正式评述．第1卷．北京：中国人民大学出版社，2004（6）

二、贸易惯例与国际条约的关系

国际条约是指两个或两个以上国家之间，或国家组成的国际组织之间，或国家与国际组织之间，为了消除各国法律规范的差异给贸易带来的障碍，共同鉴定或缔结的法律文件。国际条约的适用遵循“条约必须遵守原则”。条约的缔约国或参加国有遵守条约的义务，其中，允许保留的条款除外。贸易惯例是国际条约的渊源之一，贸易惯例涵盖面比国际条约广，只有在一定条件下，才产生法律约束力；未形成公约的惯例可以予以修改和变更。合同双方当事人可以约定采用某项惯例，也可以在合同中作出与某项惯例不符的规定。应该指出的是，一旦双方协商并在合同中订明采用某项惯例，那么此惯例便具有了法律上的约束力。

因此，运用贸易惯例要注意遵循如下原则：第一，合同条款的法律效力高于贸易惯例。第二，正确把握贸易惯例的适用性，惯例仅可对法律具有补充和解释作用。在实务中，所适用的贸易惯例不可与同案的同时适用某国法律的具体规定相冲突。第三，引用国际贸易惯例要明确具体。第四，仲裁员或法官有权主动适用有关的国际惯例。

贸易惯例形成的必要条件是这些规则在国际上被广泛认可，并受到各国广泛的欢迎和使用；贸易惯例形成的充分条件是，为了稳定贸易秩序，这种变化通常都需要通过有一定权威的国际组织来加以规范。

三、贸易惯例的分类

（一）根据贸易惯例内涵分类

贸易惯例
- 规范性贸易惯例
  - 法定惯例——公约和国内法赋予的
  - 普通惯例——所有国家所普遍接受的，如诚信
- 契约性贸易惯例——当事人行使意思自治权利而纳入合同中的
- 事实性贸易惯例——不成文性，如港口习惯，明示排除才不具效力

图2－1　贸易惯例的分类

（二）根据贸易惯例的用途分类

目前，在货物贸易领域有以下主要的契约性贸易惯例和公约：

（1）在合同契约方面有：《联合国国际货物销售合同公约》等。

（2）在贸易术语方面有：《国际贸易术语解释通则》（2010年修订版）、《1941年美国对外贸易定义修订本》、《1932年华沙—牛津规则》。

（3）在支付方面有：国际商会《跟单信用证统一惯例》600号出版物（Uniform Customs and Practice for Documentary Credits，简称 UCP 600）；国际商会《托收统一规则》522号出版物（简称 URC522）；《跟单信用证电子交单统一惯例》（the Uniform Customs and Practice for Documentary Credits for Electronic Presentation，简称 eUCP）等。

（4）在运输方面有：《统一提单的若干法律规则的国际公约》（即《海牙规则》1924

年）、《修订统一提单的若干法律规则的国际公约》（即《维斯比规则》）、国际海事委员会《约克—安特卫普规则》（2004）、国际商会《联合运输单证统一规则》（1975 年）、《联合国 1978 年海上货物运输公约》（即《汉堡规则》）、《多式联运单证规则》（1991 年）、《联合国全程或部分海上国际货物运输合同公约》（即《鹿特丹规则》，2009 年）等。

（5）在保险方面有：《伦敦保险协会货物险条款》（2009 年修订版）、《中国人民保险公司海上货物保险条款》（1981 年 1 月 1 日修订）。

（6）在仲裁方面有：《联合国国际贸易法委员会仲裁规则》；联合国《承认和执行外国仲裁裁决的公约》等。

（7）在知识产权方面有：《保护工业产权巴黎公约》；《商标国际注册马德里协定》；《商标注册条约》；《成立世界知识产权组织公约》等。

第二节　贸易术语的形成、演变和作用

19 世纪贸易术语的雏形开始在货物贸易中出现。根据历史记载[1]，在 1812 年之前，或许是通过漂流瓶联系上了信息，一位葡萄牙商人加西亚（García，假设为受买方）随船到英国购毛呢，要求英国商人琼斯（Jones，假设为出卖方）把毛呢运至加西亚即将到达的港口自己驾的船上交货，由加西亚自行将货物运回本国或其他地区销售。当时的这笔交易，在买卖合同中，首次使用了“Free on Board”一词，因为都觉得交易称心如意，双方决定用“FOB”这样的字眼来代替这种交易方式。于是，第一个国际贸易术语“FOB”就这样产生了。

一来二去，琼斯准备用赚来的钱在西班牙购买比英国国内便宜的葡萄酒，通过加西亚过来的船装上所要的酒是再便宜不过了。当然即便是加西亚一时半会来不了，为了不失商机，也可以由琼斯自驾船装着自产毛呢去换酒。这种主动由卖方办理运输将货送往对方的做法，双方创新了一个字眼来代替，诸如 C&F、C + F，CNF 之类，简意是成本加运费，就是现在的 CFR（Cost and Freight）。

船在海上航行，时常雨雾蒙蒙、白浪滔滔，虽不时有些闪失，但因整体还是盈利，久而久之，两人都成了专业户，并将业务传给了后代。

到了 19 世纪中叶，轮船公司、保险公司相继出现，银行金融业和保险事业日趋发展，为减少海上风险和运输途中的资金积压，García 和 Jones 的后代要到国外对方处买货，已经可借助函电进行交易磋商，委托对方办理托运、保险，请银行结算货款。1862 年，在英国开始出现由卖方在装运港办理订舱托运和投保手续，并将垫付的运费、保险费记入发票，凭船公司签发的承运凭证和保险公司签发的保险单连同发票委托银行向买方收款的做法，这可大大方便了老琼斯的后裔们，必要时他们还可以凭装船单据通过银行叙做押汇取得货款。由于这种交易比较简便，各国纷起仿效，以致沿用至今。这就是另一个贸易术语 CIF（Cost Insurance and Freight）的由来。

① 彭雨．FOB 合同的演变．国际贸易问题，1977（3）：15

进入 20 世纪 50 年代，集装箱运输引起国际运输方式大变革，开始有了滚装滚卸、拖车或渡轮运输，尤其是国际多式联合运输逐渐在国际货物运输中被广泛采用。为反映已经开始变化了的贸易实际，有必要把交货点定在将货物于装运以前运到陆地上某一地点，并在那里将货物装入集装箱，或者将已装入货物的集装箱交到置于承运人的掌管之下，以便经由海运或其他运输方式继续运往目的地，如“货交承运人”（Free Carrie，FRC，后表述为 FCA）等。那些装运港船上交货的方式逐渐向内陆交货延伸，内外贸之间的交货点变得不再那么单调。以后，随着国际贸易和运输业的迅速发展，新的术语还在出现。在自由贸易区内、经济一体化进程中，买卖双方之间的通道越来越顺畅，出现了货物直接送达受买方的多种贸易方式，形成边境交货、目的港交货、目的地交货等术语，可以实现内外贸一体化的送货上门服务。

总之，自 19 世纪初贸易术语流行以来，随着货物贸易的发展，贸易术语也在不断变化、逐步完善并趋于成熟，形成了贯通从自己取货到送货上门的各种贸易方式。这些贸易中反复实践的习惯做法只有经国际组织加以编纂与解释才形成为相关的贸易惯例。

一、贸易术语的含义与作用

1. 含义

贸易术语（Trade terms）是在长期的贸易实践中产生的，采用简明的语言或缩写字母代号来概括说明商品的价格构成、买卖双方在货物交接过程中有关的风险、责任和费用划分问题的专门用语。贸易术语在我国有时也称为“价格条件”，在我国台湾地区习惯称为“贸易条件”。

2. 形式

贸易术语是用三个英文缩写字母来表示，其后一定有一个相对应的地名。如 FOB Singapore（新加坡）。没有地名不能判断货物流向，也不能构成完整的贸易术语。为了物畅其流，《2010 通则》强调术语的细化，如：“DAP 38 Cours Albert ler，Paris，France. Incoterms 2010”。在此报价中，“DAP” 是贸易术语，“38 Cours Albert 1er，Paris，France” 是交货地点，“Incoterms 2010” 是对所选的贸易术语最新版本的说明。我国台湾地区还主张在使用贸易条件时，后面还加上相关（装运或到达）时间等：We offer to sell T－shirt No. 4321 1 000 dozens US $ 130. 00 per dozen DDP Baltimore，delivery during August.

3. 作用

贸易术语对于简化交易磋商的内容、缩短洽商时间、节约费用开支和促进国内外贸易的发展都具有十分重要的作用。著名经济学家罗纳德・科斯（Ronald harry coase）对交易成本（Trade cost）下过这样的定义：“为了完成一项市场交易，必须弄清楚谁是某人与之交易者，必须通告人们，某人愿意出售某物，以及愿意在何种条件下进行导致协议的谈判、签订合同并实施为保证合同条款得到遵守所必要的检查，如此等等。”① 贸易的买卖双方，无论近在咫尺、还是相隔天涯，其间必然要涉及以下一些问题：

① ［美］迈克尔・迪屈奇. 交易成本经济学——关于公司的新的经济意义. 王铁生，葛立成，译. 北京：经济科学出版社，1999：21

（1）交易对方是谁？（解决“是外贸还是内贸，适合什么贸易惯例”问题）
（2）何时何地以什么方式办理货物的交接？（解决“责任划分”问题）
（3）货物发生损坏或灭失的风险何时由卖方转移给买方？（解决“风险划分”问题）
（4）由谁负责办理货物的运输、保险以及通关过境的手续？（解决“谁出力”问题）
（5）由谁承担办理上述事项时所需的各种费用？（解决“谁出钱”问题）
（6）买卖双方需要交接哪些有关的单据？（解决“交货方式”问题）

贸易术语简单明确地为双方的交易过程中要解决的主要问题画出了轮廓，将一般性问题进行了归口，为交易双方在集中解决变化多端的标的物问题、货款支付问题上，腾出了时间和精力。

二、有关贸易术语的国际贸易惯例

（一）《1932 年华沙—牛津规则》

1928 年国际法改革和法典编纂协会（1873 年成立）在波兰华沙开会，制定了 CIF 买卖合同的统一规则 22 条，定名为《1928 年华沙规则》，后经 1930 年纽约会议，1931 年巴黎会议和 1932 年牛津会议修订为 21 条，改称为《1932 年华沙—牛津规则》（Warsaw-Oxford Rules 1932）。

《1932 年华沙—牛津规则》对 CIF 买卖合同的性质、特点以及买卖双方对费用、责任和风险的划分、保险义务的分配、提单的递交、装船义务做了详细的阐述。对保险金额为合同金额的 10% 的规定至今仍为大多数贸易惯例所采用。该规则首先提出了象征性交货（Symbolic delivery）或称推定交货（Constructive delivery）概念，即卖方凭单交货，买方凭单付款。只要卖方按照买卖合同规定将货物装船并提交齐全的、正确的单据，即使货物已在运输途中因故灭失或损坏，买方也不能拒收单据和拒付货款。所谓“齐全的”是指单据要包括提单、保险单、发票以及买卖双方事先约定的其他单据。所谓“正确的”是指单据的内容必须严格符合买卖双方事前的各项约定。否则，即使卖方所交货物完全符合合同规定，买方有权拒收单据和拒付货款。该规则还明确表示了货物所有权随单据移交而转移。此规定为类似以下问题提供了解决方案。

◎ **问题：** 台湾高雄甲欠乙 10 万美元，在装运港甲卖给丙 10 万美元的货物，乙获知后，通知有关部门去查封，乙有权取得该批货物吗？

但是该规则一矣制定就没有改过，一些规定已不合时宜。如对保险的规定是“除买卖合同特别规定外，要求保险单需按特定行业或预定航线上的惯例承保所有的风险（不包括战争险）”，而不是“最低程度的险”；对于一些“不可抗力”、“所有权转移”、“买卖合同中的权利和补救”等单纯的法律问题不善于回避，而是规定得太宽；对已装船通知费用要求由买方负担等，这些对实务操作而言是无所裨益的。

（二）《1941 年美国对外贸易定义修订本》

美国九大商业团体于 1919 年曾制订了《美国出口报价及其缩写》（The U. S. Export

Quotation and Abbreviations）。后因贸易习惯发生变化，在 1940 年进行了修订，翌年 7 月 30 日，经由美国商会、美国进口商协会及全国对外贸易协会所组成的联合委员会通过，定名为《1941 年美国对外贸易定义修订本》（Revised American Foreign Trade Definitions 1941。简称《美国对外贸易定义》）。这个定义修正本对以下 6 种术语作了解释。

1. Ex（Point of Origin）（原产地交货）
2. FOB（Free on Board）（在运输工具上交货）
3. FAS（Free along Side）（在运输工具旁边交货）
4. C&F（Cost and Freight）（成本加运费）
5. CIF（Cost Insurance and Freight）（成本加保险费，运费）
6. Ex Dock（named port of importation）（目的港码头交货）

由于《美国对外贸易定义》是按照美国的贸易习惯制订的，所以与国际上一般通用的解释有较大差异。例如其 FOB 术语还分为 6 种类型（如图 2－2 所示）。

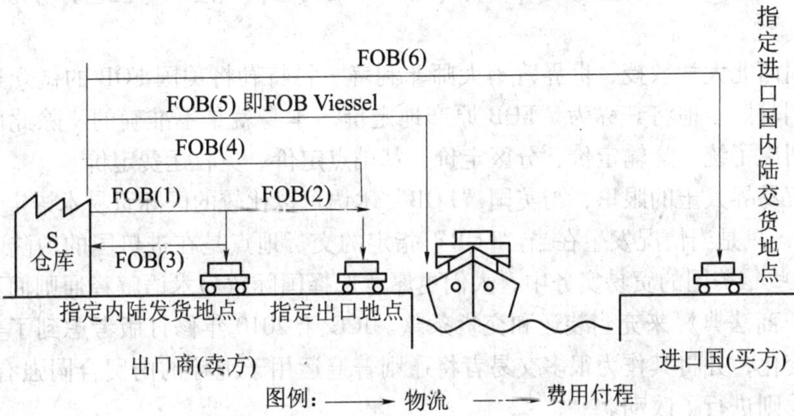

图 2－2　美国 FOB 术语运用图解

例如：FOB（2）表示在指定的内陆发货地点的指定的内陆运输工具上交货，运费预付到指定的出口地点。

这些术语的内容已与现代商业实践活动存在差异，其方式与现代国际惯例格格不入。为了顺应经济全球化的需要，美国《统一商法典》于 2003 年进行了较大的修改。这次修改删除了对 FOB、FAS、CIF、C&F 和 Ex 等价格术语的解释①，体现出国内贸易与国际贸易接轨的改革气度。

值得提醒的是，《美国对外贸易定义》的影响是深远的，并不因为一纸文书就销声匿迹。它对我国货物贸易的影响体现在以下两个方面：一是北美国家采用得多，习惯还会延续，交易过程中还需要对此有所注意（请详见后文）；二是更为重要的是，它对我国内贸的影响不可低估。我国市场营销理论体系沿袭美国，在教科书方面、职业资格考试体系方面都采用了美国的 FOB 术语错误的概念。以下是美国国内企业定价的一个例子。

① 吴兴光，甄仕权．美国《统一商法典》买卖篇 2003 年修改评析．国际经贸探索，2011（1），57－62

【贸易视野】

美国内贸运用 FOB 贸易术语的典型案例

无敌（Peerless）纸业公司位于佐治亚州的亚特兰大（Atlanta，Georgia），它向全美的顾客销售纸类产品。不同区域顾客产生的高额的物流费用直接影响公司的利益。无敌纸业希望制定一套区域定价策略。公司试着以价值 100 美元的订单，为三位不同区域的特殊顾客定价：顾客 A 来自亚特兰大（Atlanta）；顾客 B 来自印第安纳州的布卢明顿（Bloomington，Indiana）；顾客 C 来自加州的康普顿（Compton，California）。

无敌纸业的选择之一是让每一个顾客支付从亚特兰大工厂到顾客所在地的运费。三位顾客都将支付 100 美元的出厂费用，而运输费用却不同：A 支付 10 美元，B 支付 15 美元，C 支付 25 美元。被称为 FOB 原产地定价（FOB origin prices），即货物交到承运人运输工具的甲板上。顾客支付从工厂到目的地的运输费用，与此同时，风险和责任也转移给了顾客。①

这是美国西北大学教授、世界营销大师菲利普·科特勒将美国 FOB 的概念运用于其国内贸易的实例写照。他将其称为“FOB 原产地定价”本身就是不准确的。除此原产地定价之外，他还列出了统一运输定价、分区定价、基础点定价、免收运费定价。

在美国贸易界人士的眼里，与美国“FOB”术语可以比较的国际贸易术语定义是货交承运人（FCA），只是当情况发生在当“FOB”指定的交货地点是在进口国的内陆时才是唯一例外。② 在近些年美国的贸易实务中，人们更愿意选择国际贸易术语解释通则而不是修改前的《美国统一商法典》来充当装运和交货条款。ICC 于 2010 年修订版考虑到了美国国内贸易中的这种变化，并将其作为很多交易者将通则普遍运用于纯粹的内贸合同强有力的证据，从而适时对通则进行了改动。

（三）《2010 年国际贸易术语解释通则》③

“INCOTERMS® 2010”是国际商会（The International Chamber of Commerce；ICC）对贸易术语进行的最新一轮修订，指明仅由 ICC 创造的贸易条件以区别于其他贸易术语，并首次用商标形式确定下来。为了统一不同国家对贸易术语的多种解释，便于商人操作使用，ICC 早在 1921 年就在伦敦举行大会时授权搜集各国所理解的贸易术语。在广泛征求了出口商、进口商、代理人、船东、保险公司和银行等各行各业的意见后，于 1923 年出版了第一个贸易术语摘要。当时列举出 FOB，FAS，FOT（FOR），Free Delivered，CIF 以及 C&F 等六个贸易术语；1929 年出版了第二个贸易术语摘要，对 35 个国家上述 6 种术语的解释予以整理，经过十几年的磋商和研讨，终于在 1936 年制定了具有历史性意义的贸易条件解释规则，定名为《INCOTERMS 1936》，副标题为 International Rules for the Interpretation of Trade Terms，通常中

① Philip Kotler，Gary Armstrong. Principles of Marketing，7th ed. 1996 by Prentice Hall，Inc. Original edition published by Prentice Hall，Inc.，a Simon & Schuster Company. P. 375

② 杰拉尔德·奥尔巴姆（Gerald Albaum）. 国际营销和出口管理 . 5 版 . 张新生，吴侨玲，译 . 北京：中国人民大学出版社，2007：478

③ 国际商会中国国家委员会编 . 国际贸易术语解释通则 2010. 北京：中国民主法制出版社，2011

译为“国际贸易术语解释通则”（以下简称通则，或 Incoterms），也有学者认为应译为“贸易术语国际解释通则”①。至于 Incoterms 一词系 International Commercial Terms 的缩写。当时该规则将贸易术语也分为了 11 种，每一术语订明买卖双方应尽的义务。第一次出现“工厂交货”——Ex Works（Ex Factory，Ex Mill，Ex Plantation，Ex Warehouse，etc）术语。

为适应国际贸易实践的不断发展，ICC 分别于 1953 年、1967 年、1976 年、1980 年、和 1990 年、2000 年、2010 年对《通则》作了 7 次修订和补充。

其中 1967 年版的出现，是由于西东欧国家与国家集团之间，以及东欧国家内部频繁出现边境贸易和在进口国交货的贸易做法，增加了边境交货价（Delivered at Frontier）、完税后交货价（Delivered Duty Paid）这两个术语；鉴于采用航空运输方式的贸易合同数量剧增，1976 年版新添了一项机场离岸价（FOB Airport）术语；1980 年版是因为集装箱运输的迅猛发展，多式联运方式应运而生，增加了“货交承运人”（Free Carrier；FCA）和“运费、保险费付至目的地”（Freight or Carriage and Insurance Paid to；CIP）两个术语。1990 年版的出现，是因为发现 FOB、CFR（即 C&F）、CIF 不再适应以集装箱、滚装船、大陆桥及多式联运为代表的新型运输方式的需要，加上电子数据交换（Electronic Data Interchange；EDI）技术在贸易领域的大量运用，将 FOA、FOR/FOT 术语并入 FRC，更名为 FCA，将原 FCA 可适用的运输方式扩大到多式联运。

最近两次的修订是在进入 21 世纪之后。为使贸易术语更进一步适应世界上无关税区的发展、电子数据交换的广泛应用以及运输技术的革新，ICC 对 1990 年版进行了梳理，公布了实质性变化并不多的 2000 版。考虑到世界上免税区的增加，国家间内外贸易一体化，电子通讯的普遍使用，以及货物运输安全性的提高，ICC 又于 2010 年对 2000 年版进行修订，在结构和内容上都做了大量的调整，首次将所有术语的适用范围扩大到国内贸易中，赋予电子单据与书面单据同样的效力，增加对出口国安检的义务分配，要求双方明确交货位置，将承运人定义为缔约承运人，这些都在很大程度上反映了国际货物贸易的实践要求，并进一步与《联合国国际货物销售合同公约》及《鹿特丹规则》衔接。

Incoterms 2010 删去了原 2000 版 D 组术语中的 DDU，DAF，DES，DEQ，只保留了 DDP，同时新增加了“运输终端交货”（Delivered At Terminal；DAT）与“目的地交货”（Delivered At Place；DAP）术语，以取代被删去的术语。2010 版将现有十一个贸易术语按照可适用运输方式的不同分成了两类，第一类是可以适用于任何运输方式或多种运输方式的术语，包含 EXW、FCA、CPT、CIP、DAT、DAP 和 DDP 共七个；第二类是只能适用于海运及内河水运的术语，包括 FAS、FOB、CFR 和 CIF 共四个。第一类术语不管运输方式中有没有海运，都可以使用。第二类术语中，卖方的交货地点和卖方将货物交至买方的目的地点都是港口。在每一组术语中，再按照卖方义务由小至大进行排列。2000 版使用起来更加清晰简洁，更能够满足当前贸易实务的需要。

新的国际贸易术语已于 2011 年 1 月 1 日正式生效，但是 Incoterms 2010 版实施之后并非 Incoterms 2000 版就自动作废。国际贸易惯例在适用的时间效力上并不存在“新法取代旧法”的说法，当事人在订立贸易合同时仍然可以选择适用 Incoterms 2000 甚至 Incoterms 1990 等。在具体运用《通则》时，若有可能产生歧义，应明确何种惯例及版本年份。例如，在买卖

---

① 刘端郎．对《Incoterms 1990》若干问题的探讨．国际经贸探索，1991（2）：34－38

合同中规定，“FCA... INCOTERMS 2010”、“DAP... subject to INCOTERMS 2010” 等。

1.《通则》的宗旨和适用范围

《通则》的宗旨是为国际贸易中最普遍使用的贸易术语提供一套解释的国际规则，以避免因各国不同解释而出现的不确定性，或至少在相当程度上减少这种不确定性。ICC 制定的《2010 年通则》是现有有关贸易术语的 3 种惯例中最符合当前国际贸易实际的一种，已被全球普遍接受。

需要强调的是，Incoterms 涵盖范围只限于销售合同当事人的权利义务中与已售“有形的”货物（不包括“无形的”货物，如电脑软件）交货有关的事项。

谨记 Incoterms 规则并没有给当事人提供一份完整的销售合同。Incoterms 规则阐述了销售合同中当事人办理运输和保险的义务，销售合同的确会影响运输方式或其他方面。举例来说，卖方同意在合同中使用 CFR 和 CIF 术语时，他就只能以海运方式履行合同，因为在这两个术语下他必须向买方提供提单或其他海运单据，而如果使用其他运输方式，这些要求是无法满足的。而且，跟单信用证要求的单据也必然将取决于准备使用的运输方式。

然而，Incoterms 并没有任何关于付款价格或付款方式的规定，或是货物所有权的转移，违约的后果等。这些问题通常是通过销售合同的明示条款和适用的法律条文来解决。当事人需要注意的是，当地强调适用的法律有可能优先于销售合同的内容，包括所选择的 Incoterms 规则。

另外，Incoterms 涉及货物进口和出口清关、货物包装的义务、买方受领货物的义务、以及提供证明各项义务得到完整履行的义务。需要强调的是，Incoterms 无意取代那些完整的销售合同所需订入的标准条款或商定条款。

Incoterms 既可以用于跨国境的货物销售交付，又可以用于纯粹国内市场的货物销售。在后者情况下，Incoterms 中的 A2、B2（许可证、授权、安检通关和其他手续）以及任何与进出口有关的条款就变成多余的了。

2.《2010 年通则》中的贸易术语

在《2010 年通则》中，为了便于查找、理解和使用，根据买卖双方承担义务的不同，采用分类排列方法，将 11 种贸易术语划分如下（见表 2－1）：

表 2－1　　11 种贸易术语一览表

序	术语	术语英文名称	术语中文名称
1	EXW	Ex Works	工厂交货
2	FCA	Free Carrier	货交承运人
3	FAS	Free Alongside Ship	船边交货
4	FOB	Free On Board	船上交货
5	CPT	Carriage Paid To	运费付至
6	CFR	Cost and Freight	成本加运费
7	CIP	Carriage and Insurance Paid to	运费、保险费付至
8	CIF	Cost，Insurance and Freight	成本、保险加运费付至
9	DAT	Delivered At Terminal	运输终端交货
10	DAP	Delivered At Place	目的地交货
11	DDP	Delivered Duty Paid	完税后交货

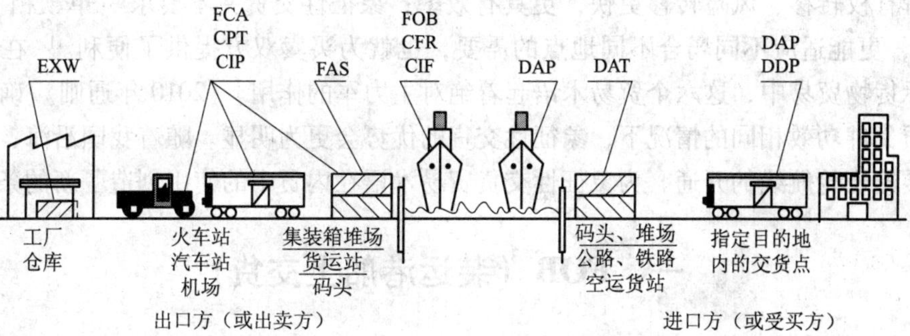

图2-3　《2010年通则》中的11种贸易术语示意图

应当再次指出，上述三个有关贸易术语的惯例，和其他贸易惯例一样，除非在国际货物买卖合同中有明确规定采用某种惯例，这些惯例对买卖双方均不具有普遍的约束力。如果买卖双方在合同中作出与惯例不同规定，则合同规定的效力超越惯例的规定。值得注意的是，如果买卖双方在买卖合同中既不明确规定采用何种惯例，也不排除有关的惯例，事后双方在货物交接责任方面发生争议引起诉讼或提请仲裁时，法院或仲裁机构往往也会引用某一国际贸易惯例进行判决或裁决。所以，国际贸易惯例虽不具有强制性，但对国际贸易实践的指导作用绝不容忽视（参见案例9-4 仲裁 Vs 诉讼，国际贸易惯例 Vs 国内法）。

事实上，国际惯例得以存在和发展的重要原因之一，就是它已为大多数国家的法律所认可，或者与法律的基本原则并行不悖。在当事人未能就适用法律达成一致的情况下，仲裁员按照惯例进行裁决若能达成公平合理的结果，应该是无可非议的。

第三节　六种象征性交货的贸易术语

象征性交货（Symbolic delivery）：是指在买卖双方不直接接触的情况下，卖方按合同规定的时间和地点将货物装上运输工具或交付承运人后，并向买方提供包括物权证书在内的有关单证，凭承运人签发的运输单据及其他商业单据履行交货义务，而无须保证到货。象征性交货是针对实际交货而言。例如，山东寿光某蔬菜公司按CIF（或FOB、CFR）合同出口一批大葱到日本。大葱运到日本时发现有腐烂霉变，受买人不可据此不付款给出卖人。在象征性交货条件下，卖方不得以实物代替合格单据，买方也不得拒绝合格单据而要求实物。就是说，无论货物好坏，只要单据齐全，买方必须先赎单后理论；卖方将货物交付承运人，保留单据就是保留所有权，一旦单据交付，即转让了货物的所有权。卖方是凭单交货，买方是凭单付款，即使货物在运输途中损坏或灭失，买方也必须履行付款义务。反之，如果卖方提交的单据不符合要求，即使货物完好无损地运达目的地，买方仍有权拒付货款。

卖方履行其交单义务，只是得到买方付款的前提条件；一般买方凭单取货，并且有复验权。单货相符，则可以接受货物。否则，可以提出损害赔偿要求，乃至行使其拒收货物的权力。

在《2010年通则》11个贸易术语中，有FOB、CFR、CIF、FCA、CPT、CIP等六个是属于象征性交货。象征性交货对促进国际贸易发展有很大的意义。以现代市场经济基本要素之一的“诚信契约”为前提，象征性交货相对于实际交货来说，买卖双方风险分担，更加公平；所有权转移、风险转移更快，更具有效率；象征性交货并不要求“单款相接”、“货款同行”，更能适应不同场合不同地点的需要，也就为买卖双方提供了便利。[①] 在以国家为界的国际货物贸易中，这六个贸易术语起着绝对主力军的作用。《2010 年通则》确认电子数据与纸质文件功效相同的情况下，象征性交货的优势会更为明显。随着我国沿海、内河多条国内集装箱班轮航线的开通，为象征性交货贸易术语在内贸中的使用创造了新的条件。

一、FOB（装运港船上交货）

（一）FOB 术语的含义

FOB（Free on board，船上交货）该术语仅用于海运或内河水运。“船上交货”是指卖方必须在约定日期或期限内，按照指定的装运港的习惯，将货物装上买方指定的船舶之上的方式、或以取得已在船上交付的货物的方式交货；此处使用的“取得”一词适用于商品贸易中常见的交易链中的链式销售。一旦装船，买方将承担货物灭失或损坏造成的一切风险，同时承担自那时起的一切费用。在适用时（内贸无须），卖方负责出口清关，买方办理进口清关手续、支付进口税费和进口海关手续费。

买卖双方互无为对方投保的义务，但卖方有为买方投保提供信息的义务。

FOB 可能不适合于货物在上船前已经交给承运人的情况，例如用集装箱运输的货物通常是在集装箱码头交货。在此类情况下，应当使用 FCA 术语。

【贸易视野】

链式销售

链式销售（String sales）是一种在商品的销售中不同于直接销售的间接销售方式，货物在沿着销售链运转的过程中频繁地被销售好几次。在这种情况下，在一链式销售中间的销售商并不将货物“装船”，因为货物已经被处于这一销售链起点的销售商装船。因此，链式销售的中间销售商对其买方应承担的义务不是将货物装船，而是“设法获取”已装船货物。着眼于贸易术语在这种销售中的应用，2010 通则的相关术语中同时规定了“设法取得已装船货物”和将货物装船的义务。

（二）买卖双方的主要责任

根据国际商会《2010 年通则》规定，FOB 术语下买卖双方的主要责任还包括：

[卖方责任]

① 在合同规定的装运港和日期或期限内，将货物装上买方指定的船只，并及时向买方发出已按指令交货、或船舶未在约定时间内收取货物的信息给予买方充分的通知；② 负担货物在装运港货物装上船以前的一切费用和风险；③ 在适用时，负责办理出口手续，提供

---

① 陈昌伟，林锟．国际贸易中象征性交货的公平与效率分析．商场现代化，2005（13）：96

出口许可证，支付出口关税和费用；④ 负责提供商业发票、清洁已装船单据以及其他合同规定的单据，包括按约定或惯例认可的同等作用的电子记录或程序；⑤ 支付为了交货所需要进行的查对费用（如查对质量、丈量、过磅、点数的费用），以及（在适用时）出口国有关机构强制进行的装运前检验所发生的费用。

[买方责任]

① 负责租船或订舱，支付运费，并将船名、装船地点和装船时间、指定的特定装货点通知卖方；② 负担在装运港货物装上船时起的一切费用和风险；③ 按合同规定支付货款，并收取按照 A8 提供的交货凭证符合合同规定的货物和单据；④ 如适用时，自负风险和费用，取得所有进口许可或其他官方授权，办理货物进口和从他国过境运输所需的一切海关手续；⑤ 收取按照条件要求（见该术语 A4 款）交付的货物。

（三）采用 FOB 术语需注意的问题

1. “风险点”与承托双方责任划分点不在同一点上[①]

FOB（CFR、CIF 亦同）价格术语是在国际集装箱多式联运之前制订的，因而仅满足货物直接装船运输的需要。在 FOB 价格术语下，买方作为托运人向承运人租船订舱。根据 2010 通则和提单条款要求，都是货物装上船作为承托双方责任划分点，总算在形式上统一了，但 2010 通则在 A4 款中同时指明，交货要按港口习惯方式进行。在实务中，有的港口习惯为货物挂上吊钩作为承托双方责任划分点；有的件杂货需要先装驳船再装上大船，承托双方责任划分点为驳船靠上大船开始至离开大船时止。可见，按港口惯例买卖双方风险转移点与承托双方责任划分点有可能并不在同一点上。

2. 关于船货衔接问题

（1）如果船只按时到达装运港，卖方因货未备妥而未能及时装运，则卖方应承担由此而造成的空舱费（dead freight）或滞期费。

（2）如果买方没有指定特定的装货点，卖方则可在指定装运港选择最适合其目的的装货点。

（3）反之，如果买方延迟派船，或买方指派的船只未能按时到达，或指定了船只，而未能及时将船名、装船泊位及装船日期通知卖方，或船只未能承载货物，或者在规定期限终了前港口按惯例截止装货，使卖方不能在合同规定的装运期内将货物装船，买方要负责承担卖方由此增加的仓储费、保险等费用，以及因迟收货款而造成的利息损失，均需由买方负责。

（4）在按 FOB 术语订约的情况下，如果买方委托卖方办理租船订舱，卖方也可酌情接受。如果成交货物的数量不大，只需部分舱位而用班轮装运时，卖方往往按照买卖双方之间明示或默示的协议，代买方办理各项装运手续，包括以卖方自己的名义订舱和取得提单。买方应负责偿付卖方由于代办上述手续而产生的任何费用，诸如货运商和装船代理的装船手续费，其订不到舱位的风险也由买方承担。因为这属于代办性质，而且如果卖方租不到船，买方无权撤销合同或索赔。

3. 贸易术语的变形（Aariants of trade terms）

贸易术语的变形只是为了表明装船费用由谁负担问题而产生的，并不改变 FOB 的交货

---

① 李燕. FOB、CIF、CFR 与 FCA、CIP、CPT 价格术语应用与案例分析. 集装箱化，2002（9）：16－17

地点以及风险划分的界限。在装运港的装货费用主要是装船费以及与装货有关的理舱费和平舱费。在 FOB 价格下，如果使用班轮条件运输货物，意味着卖方无须考虑装货费用的问题。但在其他情况下或大宗货物需使用租船装运时，买卖双方对装货费用由谁负担应进行洽商，可在合同中用文字作出具体规定，也可采用 FOB 术语的变形来表示。常见的 FOB 术语变形有：

① FOB 班轮条件（FOB liner terms），指装货费用如同以班轮运输那样，由支付运费的一方（即买方）负担；

② FOB 吊钩下交货（FOB under tackle），指卖方将货物置于轮船吊钩可及之处，从货物起吊开始的装货费用由买方负担；

③ FOB 包括理舱（FOB stowed，FOBS），指卖方负担将货物装入船舱并支付包括理舱费在内的装货费用；

④ FOB 包括平舱（FOB trimmed，FOBT），指卖方负担将货物装入船舱并支付包括平舱费在内的装货费用。

⑤ FOB 包括理舱和平舱（FOB stowed and trimmed），指卖方负担将货物装入船舱，同时支付包括理舱费和平舱费在内的装货费用。按一般惯例，凡后未加"理舱和平舱"字样者，则理舱和平舱的费用，卖方不予负担。

贸易术语的变形完全是依据双方合意，没有也无须对其作统一或权威性解释。因此，在实践中，为了防止因双方理解不一而发生纠纷，对术语变形所产生的额外义务作出具体明确规定是必要的。

4. 美国对 FOB 术语的特殊解释

尽管美国《统一商法典》于 2003 年修改时删除了对 FOB 等价格术语的解释，作为过渡期，适当了解《美国对外贸易定义》对 FOB 术语的解释还是必要的。该定义将 FOB 术语分为 6 种（见图 2－1），其中只有 FOB vessel（指定装运港船上交货）与《2010 年通则》解释的 FOB 术语相近。但是 FOB vessel 的卖方有义务协助买方取得由出口国签发的为货物出口所需的各种证件，出口税和其他税捐费用也需由买方负担。这与《2010 年通则》的规定有很大不同。因此，我国企业在与美国和其他美洲国家出口商按 FOB 术语洽谈进口业务时，除了应在 FOB 术语后注明"vessel"（轮船）外，还应明确提出由对方（卖方）负责取得出口许可证，并支付一切出口税捐及费用。

5. 大宗货物出口慎用 FOB 术语签约，谨防买方与船公司相勾结骗取货物

有的国家要求进口采用本国运输，对应我方出口会要求 FOB，为防止货物被诈骗、或因意外事故致损而买方拒付货款，卖方应投保"出口信用保险"或"卖方利益险"；为防止货物在装运前发生内陆运输风险，即便买方已经投保，卖方仍应投保"陆运险"，以免无"可保利益"而形成保险盲区。

【案例 2－1】

谨防买方与船公司相勾结骗取货物

青岛某公司向韩国出口水泥 10 000 公吨，价值 40 万美元，FOB 术语成交。由韩方租用越南籍货船将整船货从青岛运至韩国港口，即期信用证支付。因国内货源紧张，无法按合同

规定时间交货，遂请求韩方延迟派船，对方同意延迟派船，但提出信用证不展期，付款方式按随证托收办理，我方对此未表示反对。

在信用证过期后，青岛公司方备齐货源，装船后取得船长签发的海运提单并随附其他所要求的单据送交中国银行青岛分行向韩国进口商办理随证托收。单据寄至韩国开证行后，因提单日期晚于信用证规定日期，单证不符，韩国银行只能向进口商按付款交单方式代收货款。此时，韩国进口商借故不付款赎单，并声称货物已失踪。后经我方调查，韩国进口商在无提单情况下早已从船方手中提走了货物，而该船从此再也未到过中国港口，我方无法据以申请法院采取扣船拍卖等补救措施，最终钱货两空。

（资料来源：世贸人才网 http：//bbs. wtojob. com/tid－12895. html 2007－1－24）

二、CFR（成本加运费）

（一）CFR术语的含义

CFR（Cost and freight，成本加运费）术语仅用于海运或内河水运。它是指卖方在FOB术语基础上，即除在船上交货或以取得已经这样交付运往目的港的货物方式交货外，卖方还需签订一份运输合同，或者在链式销售下取得一份这样的合同，并支付至目的港的通常运费，货物灭失或损坏的风险在货物交到船上时转移。卖方须向买方发出所需通知，以便买方采取收取货物通常所需要的措施。如适用时（内贸无须），卖方办理出口清关手续，支付任何出口税费和海关手续费；买方办理进口清关，支付任何进口税费和海关手续费。双方互无为对方投保的义务，但有互为对方投保提供信息的义务。买方按合同规定支付货款，并接受符合合同的单据；在指定目的港收取货物。

CFR可能不适合于货物在上船前已经交给承运人的情况，例如用集装箱运输的货物通常是在集装箱码头交货。在此类情况下，应当使用CPT术语。

（二）采用CFR术语需注意的问题

1. 本术语（包括后续CIF、CPT、CIP术语）有两个处于不同点的地点，即货物风险转移的地点和运输费用转移的地点

卖方按照所选择术语规定的方式将货物交付给承运人时风险转移，即完成其交货义务，而不是货物到达目的地之时方才交货完毕。通常情况下，虽然合同都会指定目的港，但不一定都会指定装运港，而这里是风险转移至买方的地方。如果装运港对买方具有特殊意义，特别建议双方在合同中尽可能准确地指定装运港甚至港内明确地点。若卖方按照运输合同在目的港交货点发生了本不该发生的卸货费用，卖方无权向买方要求补偿该项费用。

2. 费用支付可能出现交织

卖方支付至目的港的通常运费是指照通常条件订立运输合同、经由通常航线、由通常用来运输该类商品的船舶运输的成本和费用。除运输合同另有规定外，买方必须支付自交货时起货物在运输途中直至到达约定目的港为止已清楚地确定为合同项下的与货物相关的一切费用，包括在装运港自约定运输之日或约定运输期限届满之日起的费用、到目的港驳运费和码头费在内的卸货费；如须，还包括货物出口应交纳的一切关税、税款和其他费用，及办理出

口海关手续的费用和从他国过境运输费用。

3. 装船通知问题

按《2010年通则》要求，卖方在交货后必须及时给予买方充分装船通知，以便买方采取必要措施，如安排投保、准备转卖、通关，以及接货，等等。就这一点英国《1893年货物买卖法》（1979年修订本）也明确规定："如果卖方未向买方发出装船通知，使买方未能办理货物保险，货物在海运途中的风险被视为由卖方负担。"

4. 卸货费用的负担

在程租船运输方式下，应在买卖合同中明确规定卸货费用由谁负担；但若采用班轮运输就不存在这一问题。为避免买卖双方在卸货费用负担问题上产生争议，可以在制定运输合同时用文字具体订明，也可以采用如下几种常见的CFR术语的变形来表示：

① CFR班轮条件（CFR liner terms），是指卸货费用按班轮的做法办理，即卸货费已包括在运费之中。值得一提的是，《2010通则》特别关注码头操作费（Terminal handling charges，THC），它是经常引起船方与承租方、货方争论的问题。为了明确货方（这里是买方）不负担卸货费，承租方要注意在班轮条款中不能有FIO（Free in and out，指船方不负责装卸费用，由船舶的承租方负责承担费用和风险）和FO（Free out，是指船方不负责货物的卸船费，由承租人负担）条款。

② CFR舱底交货（CFR ex ship's hold），指货物运抵目的港后，自船舱底将货卸到码头的卸货费用由买方负担，用这一术语变形可规避繁杂的THC等杂费。

③ CFR吊钩下交货（CFR ex tackle）指卖方负责将货物从船舱吊起卸到船舶吊钩所及之处（码头上或驳船上）的费用。在船舶不能靠岸的情况下，租用船舶的费用和货物从驳船卸到岸上的费用都由买方支付，它并不能规避可能出现的各项码头费用。

④ CFR卸至岸上（CFR landed）是指由卖方负担卸货费，包括可能发生的驳船费（Barge fee）和码头操作费（THC，见前）、文件费（Documentation charge，DOC）、国际船舶与码头安全费（International ship and port security，ISPS）、铅封费（Seal）、紧急风险附加费（Emergency risk surcharge，ERS）。

◎ **小资料**：2008年以后亚丁湾海盗猖獗，有些船公司加收了ERS费用，该费用一般按每标箱（TEU）收取，费用一般不超过50美元，在15美元到25美元之间。

三、CIF（成本、保险加运费）

（一）CIF术语的含义

CIF（Cost，insurance and freight，成本、保险加运费）术语仅用于海运或内河水运。它是指在CFR术语的基础上，卖方还要为买方在运输途中货物的灭失或损坏风险办理保险，而风险点的划分并不改变。

CIF可能不适合于货物在上船前已经交给承运人的情况，例如用集装箱运输的货物通常是在集装箱码头交货。在此类情况下，应当使用CIP术语。

（二）采用 CIF 术语需注意的问题

1. 卖方办理保险的责任和性质

（1）关于风险与保险问题。按 CIF 条件成交，卖方必须自付费用办理货物运输保险，支付保险费，提交保险单。如果事前没有约定，该保险需至少符合《协会货物保险条款》（详见后）中的 ICC（C）险或中国人保（CIC）平安险等类似条款的最低险别，其费用由买方负担。如果能够办理（CIC 险暂时不行），也可同时或单独办理《协会战争险条款》（Institute War Clauses）和/或《协会罢工险条款》（Institute Strikes Clauses）或其他类似条款的险别。保险最低金额是合同规定价格另加 10%，并以合同货币投保。此外，应买方要求并由买方承担风险和费用（如有的话），卖方必须向买方提供后者取得附加险所需信息。有关保险责任的起讫期限必须与货物运输相符合，并必须至迟自买方需负担货物灭失或损坏风险（即自货物在装运港装上船）起对买方的保障生效，至货物到达约定的目的港为止。

卖方必须与信誉良好的承保人或保险公司订立保险合同，使买方或其他对货物有可保利益（详见后）者有权直接向保险人或买方当地保险人的代理人索赔。卖方的保险具有代办性质，货物在运输途中的灭失或损坏的风险由买方负担。

2. 租船定舱问题

《2010 通则》的解释是：卖方“按照通常条件自行负担费用订立运输合同，将货物按惯常路线用通常类型可供装载该合同货物的海上航行船只（或适当的内河运输船只）装运至指定目的港”。通常运输合同中的运费并不包括绕航费等其他非正常费用。

◎ **小问题：**有一批货物从上海运往英国的利物浦，签的是 CIF 条件下的出口合同，途中受恶劣气候影响，要绕道避风港停歇。请问多花运费和遭受的损失买方可以从付给卖方的合同款中扣除吗？

3. CIF 条件是最典型的象征性交货，形式上最易与实际交货混淆

CIF 合同属于装运合同，“凭单付款”、“凭单交货”是此类合同的特征。卖方只负责按期将货物装上船，无须承担货物能否到达和何时到达目的港的风险；如果在 CIF 术语名义下，卖方作出此类保证作为价款条件，则该合同就改变了性质而成为到达合同，例如 DAT 或 DAP 条件了。

4. 卸货费用的负担问题

前已述及，按照惯例，班轮运费包括装货、运送和卸货费用，因此，货物在目的港的卸货费用实际上含在货价中。与 CFR 一样，若卖方按照运输合同在目的港交货点发生了本不该发生的卸货费用，卖方无权向买方要求补偿该项费用。对于使用程租船运输的货物，在目的港的卸货费用应由何方负担，并无定论，需在买卖合同中订明。其规定方法除可用文字具体说明外，也可采用 CIF 术语的变形来表示。常见的 CIF 变形形式与 CFR 变形形式及其含义一样。

5. 大宗货物进口慎用 CIF 术语签约，谨防卖方与船公司相勾结骗取货款

按一些国家惯例，要求出口使用 CIF 贸易术语。为保证到货安全，我方进口时有必要在合同中规定外方（卖方）租用信誉好的船公司承运我方货物，以防船公司为补充燃料或以其他理由单方面决定“合理”停靠低价燃料港或途中揽货而耽误船期。请看案例 2－2。

【案例2-2】

CIF贸易合同承运人延迟交货的责任①

某年3月3日，中国甲贸易公司（买方）与加拿大A农产品贸易公司（卖方）签订一笔小麦进口合同，合同条件为CIF宁波，支付条件为即期信用证，交货期为当年5月20日。甲开证A装货，一切照章进行。5月22日，加拿大A公司传真通知中国甲公司："装运给贵公司的1万吨小麦与发运给广西北海港的5 000吨小麦同装在SXJ船上。"甲公司收传真后立即通知A公司，要求这条船应先靠宁波港再驶往北海。A公司复电"我们已按贵公司要求传真通知船公司，请SXJ船先靠宁波港"；但该船实际上还是先靠了北海港，且停留卸货并检修了近1个月后才驶往宁波港。这时国际市场小麦价格已下降，甲公司在国内下家的终止合同并索赔压力下，只能降价20万元人民币予以了结。于是，甲公司向A公司以对方违约延迟交货为由索赔。A公司称，在CIF合同下，其在合同规定的期限内在装运港把货物装上船，已经完成了交货义务。至于货物何时抵达目的港，系船方所为，并非A公司所能控制，拒绝了甲公司的要求。甲公司将争议提交到仲裁庭。仲裁结果是不言而喻的。仲裁庭驳回了甲的申诉，并要求其承担仲裁费用。实际上，在CIF条件下，A公司不可能也没必要作出明确承诺，因为它根本无法保证该船究竟何时靠岸。

表2-2　　FOB、CFR、CIF术语的异同点小结

相同点	适用的运输方式相同：水上运输
	风险划分的界限相同：装运港船舶上；卖方承担的风险：FOB = CFR = CIF
	交货地点相同：出口国装运港
	交货形式相同：都是象征性交货，都叫"单据买卖"
	办理进出口手续的责任人相同：出口手续卖方办理、进口手续买方办理
不同点	就卖方承担的责任和费用而言：CIF > CFR > FOB FOB适合用于大宗货物进口，用术语变形改变装船费用的分配；CFR在FOB基础上卖方还需办理运输并承担运费；CIF在CFR基础上卖方还需办理保险并承担保险费；CFR和CIF适合用于大宗货物出口，用术语变形改变卸船费用的分配

四、FCA（货交承运人）

（一）FCA术语的含义

FCA（Free carrier，货交承运人……）术语是指卖方在卖方所在地或其他指定地点将货物交给买方指定的承运人或其他人处置，在完成交货的同时完成风险转移。如适用时（内贸无须），卖方办理货物出口清关手续。买方自负费用订立从指定地点装运货物的运输合同，如需要，买方办理货物进口清关手续、支付任何进口税费。可适用于各种运输方式的单

① 刘德标，吴珊红．外贸实务案例精华80篇．北京：中国海关出版社，2009：6（经编辑）

一运输和不同运输方式的联合运输，即多式联运。

双方互无为对方投保的义务，但卖方有为买方投保提供信息的义务。

（二）采用FCA术语需注意的问题

1. 关于交货地点问题

承运人处置的含义与交货地点有关。交货地点的选择直接影响到装卸货物的责任划分。如果双方约定的交货地点是在卖方所在地，卖方负责把货物装上买方安排的承运人所提供的运输工具即可；如果交货地点是在其他地方，卖方就要将已准备好卸载的货物运交给承运人，在自己所提供的运输工具上完成交货义务，而无须负责卸货。简言之，在买卖双方交接货物时，若在当地交货，卖方要负责装货；若在异地交货，卖方不负责卸货。

由于风险在交货地点转移至买方，特别建议双方尽可能清楚地写明指定交货地内特定的交付点。若买方未明确交付点，且有数个交付点可供使用时，则卖方有权选择最合适其目的的交货点。

2. 关于“承运人”问题

“承运人”指在运输合同中，承诺通过铁路、公路、空运、海运、内河运输或上述运输的联合方式履行运输或与他人履行运输的任何人。即承运人可以是船公司、铁路局、航空公司，也可以是安排多式联运的联合运输经营人。如买方指示卖方将货物交给一个不是直接承担运输作业的货物运输商，当货物已被交由该人监管时，应认为卖方已履行他的交货义务。

3. 关于代办运输问题

FCA合同是由买方订立运输货物的合同。但是，如果买方提出请求，或可按照商业惯例，例如在铁路或航空运输情况下，需要卖方提供协助订立运输合同时，卖方可以代办，但有关费用和风险由买方负担。当买方提出上述请求时，卖方也可以拒绝，如若拒绝，则应立即通知买方，以便买方另作处理。

4. 风险转移的问题

《2010年通则》的规定是，自规定的交付货物的约定日期或期限届满之日起，由买方承担货物灭失或损坏的一切风险，但以货物已被划归本合同项下为前提条件。在FCA条件下，风险转移的界限问题也不能简单片面地理解为一概于交承运人处置货物时转移。因为在一般情况下，确是在货交承运人时，风险由卖方转移给买方，但如果由于买方的原因，使卖方无法按时完成交货义务，只要货物已被特定化，那么风险转移的时间可以前移。

5. 采用FCA还是FOB的困惑

在集装箱运输、多式联运、滚装运输、子母船运输等多种情况下，本应该适应FCA条件的贸易，很多贸易公司在签约时却采用FOB术语来做。在多式联运情况下，按照《UCP600》第19条的规定，卖方所交单据只要表明货物已在信用证规定的地点“发运、接受监管或装载”，银行均可接受；在海运情况下，按照《UCP600》第20条的规定，卖方所交单据就得注明货物“已装船日期”或有“预先印就的措词”（pre-printed wording），银行方可接受。在FCA条件下，只要获得“发运、接受监管或装载”的单据即完成交货义务；若错签为FOB条件，正常情况下不能直接获取“已装船”提单。卖方能把握的风险是货物交到“集装箱货运站”（CFS），买方所能把握的风险是货物交到船上，“站”与“船”之间的风险究竟由谁承担是决定究竟采用“FCA”还是“FOB”的焦点。若承运人就是船东，这两点之间的风险是由买方请的船方来决定，船方要先将货配齐作出积载图（Stowage plan）

之后才能装船，风险转移时间推后，不利资金周转。

【案例 2－3】

此类合同采用 FOB 术语合适吗？①

国内某纺织品公司（卖方）与荷兰某外商签订 FOB 交货价格合同，由卖方提供 50 000 条全棉针织女衫。外商开信用证规定：货物从该公司所在地运至香港，转装海轮到荷兰阿姆斯特丹港。要求提供全套海运装船提单，但在信用证补充条款中增列“联合运输提单（COMBINED TANSPORT BILL OF LADING）可予接受”。卖方发运货物后，取得联合运输提单向银行交单，单据到了国外却遭到了开证行的拒付货款，理由是提单未作“已装船（ON BOARD）”批注。卖方申辩，信用证已定明“联合运输提单可予接受”，并未规定需要在提单上做成“已装船”批注，卖方已经提交了收妥待运格式的联合运输提单，应该给予付款。双方各持己见，争持不下。

根据《Incoterms 2010》规定（A8 交货凭证），FOB 条件下提供的单据应是已装船提单。即使是联运提单也必须在上批注“已装船”字样，并须注明装船日期和小签。因此付款行拒付不无道理。退一步讲，待获得“已装船”提单且最终得到议付，卖方结汇时间耽搁不说，还将责任延长到在香港装上船为止，增加了装箱、入库、集港、堆栈、装卸等众多风险，而这些环节并非卖方可以预测、可以控制的。

其实在此情况下采用 FCA 术语才合适。

五、CPT（运费付至……）

（一）CPT 术语的含义

CPT（Carriage paid to，运费付至……）术语可适用于各种运输方式，包括多式联运。它是指卖方要自负费用订立将货物运至双方约定的目的地的运输合同，或者在链式销售下取得一份这样的合同，将货物交给卖方指定的承运人或其他人，支付至目的地的通常运费，并及时向买方发出装货通知；卖方承担的货物风险直至按合同规定时间将货物交由第一承运人处置时为止。买方在合同规定的地点受领货物，按合同规定支付货款，并接受符合合同的单据；在指定目的地收取货物，自负办理进口手续的风险及费用。承担货物已交由第一承运人处置后的一切风险。如适用时（内贸无须），卖方办理货物出口清关手续；买方办理货物进口清关手续、支付任何进口税费和海关手续费。

双方互无为对方投保的义务，但有互为对方投保提供信息的义务。

（二）使用 CPT 术语需注意的问题

1. 风险划分的界限问题

本术语也包括货物风险转移的地点和运输费用转移两个不在同一处的关键地点。风险转

① 高静美．从一则案例看《Incoterms 2000》关于 FCA 修订的必要性．对外经贸财会，2001（8）：24－25（经编辑）

移在前，运输费用转移在后。将 CPT 条件与 FCA 条件比较，风险点都是在货交第一承运人时发生转移，但是贸易双方共同关注同一个风险转移问题上的侧重点有所不同。在 CPT 条件下，双方更关注的是风险在时点上的接续。因此卖方向买方发出任何所需通知、以便买方收取货物后采取通常所需要的措施显得尤为重要；至于第一接货地点的具体明确位置就不如 FCA 条件下那么重要了。当然，如果运输到约定目的地涉及多个承运人，且双方不能就交货点达成一致时，可以推定：当卖方在某个完全由其选择、且买方不能控制的点将货物交付给第一承运人时，风险转移至买方。如双方希望风险晚些转移的话（例如在双方都认可的某海港或机场转移），则需要在其买卖合同中订明。如果需要利用后续承运人将货物运至指定目的地，风险也自货物交付给第一承运人处置时转移。

2. 费用问题

由于卖方需承担将货物运至目的地具体地点的费用，特别建议双方尽可能确切地在指定目的地内明确该点。建议卖方取得与目的地卸货点精确匹配的运输合同，如果未做到而发生了卸货费用，卖方无权向买方要求偿付。

买方必须支付交货时起与货物相关的一切费用；除运输合同规定的运费或其他费用外，货物在运输途中直至到达约定目的地位置的其他一切费用、卸货费用由买方支付；若买方应告知而未告知卖方指定目的地或目的地内收取货物的点时，则自约定发货之日或约定发货期限届满之日起，合同项下之货物所发生的一切额外费用均属于买方负责。

3. 不存在贸易术语变形问题

本术语无论是在本地交货还是异地交货，卖方都要负责装货，因货已交承运人，卸货费用由承运人负责，因而无贸易术语变形的必要。

六、CIP（运费、保险费付至……）

（一）CIP 术语的含义

CIP（Carriage and insurance paid to，运费、保险费付至……）术语可适用于各种运输方式，包括多式联运。它是指卖方在 CPT 术语的基础上，还代理买方办理货物在货交第一承运人后至目的地的运输保险，而风险点的划分并不改变。

（二）采用 CIP 术语需注意的问题

1. 正确理解风险和保险问题

按 CIP 术语成交的合同，卖方要负责办理货运保险，并支付保险费，但货物从交货地点运往目的地的运输途中的风险由买方承担。所以，卖方的投保仍属于代办性质。根据《2010 年通则》的解释，一般情况下，卖方要按双方“协商确定的险别”投保，而如果双方未在合同中规定应投保的险别，则由卖方按惯例投保最低的险别，保险金额一般是在合同价格的基础上加 10%。如果买方需要更高的保险险别，则需要与卖方明确地达成协议，或者自行作出额外的保险安排。如果是采用多式联运方式，货运保险要包括各种运输险，这是与 CIF 术语仅办理水上运输险的不同之处。

2. 风险点的转移可以在第一承运人之后

如果还使用接运的承运人将货物运至约定目的地，则风险自货物交给第一承运人时转移。如双方希望风险晚些转移的话（例如在某海港或机场转移），则需要在其买卖合同中订明。由于卖方需承担将货物运至目的地具体地点的费用，特别建议双方尽可能确切地在指定目的地内明确该点。建议卖方取得与目的地卸货点精确匹配的运输合同，如果未做到而发生了卸货费用，卖方无权向买方要求偿付。

3. 内陆地区商品出口，CIP 比 CIF 更合适

对于更多采用陆海联运或陆路出口的内陆地区的件杂货来说（箱装货更不用说），使用 CIP 术语时，出口方风险与货物的实际控制权同步转移，责任可以及早减轻。随着区域通关改革，海关也在不断适用市场经济需要，实行跨关区“属地申报、口岸验放”通关方式，利用信息化手段，整合口岸和内地的管理资源，尊重物流规律，倡导企业守法，规范和简化海关作业；从而为企业带来了进出口贸易便利，企业采用 CIP 术语对外成交，可减少货物装卸、倒运、仓储时间，降低运输损耗和贸易成本，缩短报关、结汇的时间，降低通关成本，提高通关效率。否则，容易自酿苦果。请看案例 2 -4。

【案例 2 -4】

采用 CIP 术语好，还是 CIF 术语好？

2000 年 5 月，美国某贸易公司（以下简称进口方）与我国江西某进出口公司（以下简称出口方）签订合同购买一批日用瓷具，价格条件为 CIF LOS - ANGELES，支付条件为信用证，出口方需要提供已装船提单等有效单证。出口方随后与宁波某运输公司（以下简称承运人）签订运输合同。8 月初出口方将货物备妥，装上承运人派来的货车。途中由于驾驶员的过失发生了车祸，耽误了时间，错过了信用证规定的装船日期。得到发生车祸的通知后，我出口方即刻与进口方洽商要求将信用证的有效期和装船期延展半个月，并本着诚信原则告知进口方两箱瓷具可能受损。美国进口方回电称同意延期，但要求货价应降 5%。我出口方回电据理力争，同意受震荡影响最重的两箱瓷具降价 1%，其余货物并未损坏，不能降价。但进口方坚持要求全部降价。最终我出口方还是作出让步，受震荡的两箱降价 2.5%，其余降价 1.5%，为此受到货价、利息等有关损失共计 15 万美元。

（来源：慧聪网 http：//info. cloth. hc360. com）

【贸易视野】

六种贸易术语综述

象征性交货的贸易术语又可分为二组。一组是用于传统的海洋或内河运输（简称水运组），另一组是用于货交第一承运人（简称承运组）。每一组各三个术语，按卖方所承担的成本费、运费、保险费义务和责任层层递进；二组之间是对应关系，按卖方所承担的上述义务和责任是并列的（请见图 2 -4）。它们是国际贸易中运用最多的。

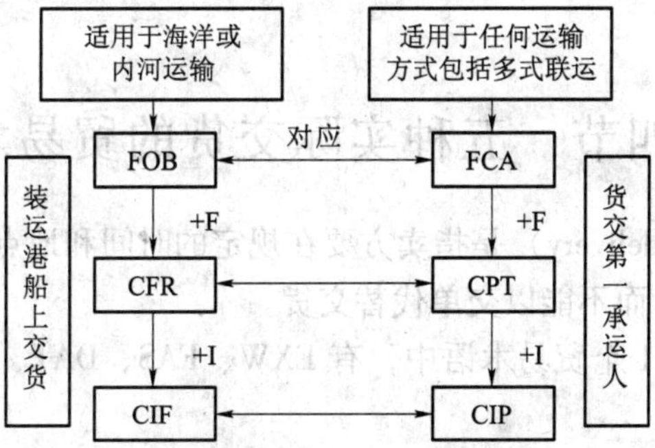

图2-4 二组象征性交货术语的联系与区别

这六个术语分工紧密、明确，在使用中却经常被人为混淆。货物需要由卖方负责直接送上船的情况下，用“水运组”术语，如大宗货物贸易；在其他情况下都要用“承运组”术语，特别是集装箱货物、成组化货物、件杂货、以及内陆交货贸易和多式联运贸易等等。“水运组”术语只能实现货物“港对港”（即从装运港到目的港）的交接方式，而“承运组”术语可以实现货物“场（站）对场（站）”的交接方式，即卖方可以从出口国内陆的工厂、仓库或起运地集装箱货运站或堆场直接运交到进口国内陆买方工厂、仓库或目的地集装箱转运站或堆场。

“水运组”术语的风险点是基本确定的；“承运组”术语的风险点是视情况变化的，可以是在第一承运人处置时，也可以后移，即按双方意愿将风险在第一承运人之后的某一个明确交接点处（例如在某海港或机场）转移；在两组的第一层次上，双方互无为对方投保的义务，但卖方有为买方投保提供信息的义务；在两组的第二层次上，双方互无为对方投保的义务，但有互为对方投保提供信息的义务；在两组的第三层次上，卖方有义务为买方投保。如果双方没有作出额外保险安排的话，投保可以是各险种中最低的险别。

这六个术语既可以用于国际贸易，也可以用于国内贸易。当存在进出口清关风险、缴纳税费和手续费的情况下，都是出口方面由卖方负责；进口方面由买方负责。

这六个术语都是单据买卖，但是获得的单据性质往往不一样。“水运组”术语可以直接获得可转让的提单；“承运组”术语得到的单据种类视不同的运输方式而定。在海运和内河运输方式下，卖方可获得可转让的提单，也可获得不可转让的海运单和内河运单；在铁路、公路、航空运输或多式联运方式下，则分别获得铁路运单、公路运单、航空运单或多式联运单据。而可转让提单是典型的象征性交货工具。

为了实现链式销售，只有承运人开具了可以作为物权凭证的运输单据，买方凭此单据向下家出售货物的权利才不会受损。因此，《通则2010》在术语CPT、CIP、CFR和CIF的A8“交货凭证”义务中对运输凭证的性质提出了要求。例如在术语CPT项下，卖方向买方提供的运输单据必须“能使买方在指定目的地向承运人索取货物并能使买方在货物运输途中以向下家买方转让或通知承运人方式出售货物”。

之所以仅在这四个术语下增加此项内容，是因为它们都是由卖方负责安排运输，并且货物在到达目的港之前就已经完成了交付。对于FOB、FCA术语，因为买方承担运输义务，在与承运人签订运输合同时，自然事先会对链式销售有考虑，会主动在运输合同中提出有关运输单据性质的要求，卖方对此处于从属地位，《通则2010》无需对运输单据作另行要求。

第四节　五种实际交货的贸易术语

实际交货（Physical delivery）是指卖方要在规定的时间和地点，将符合合同规定的货物提交给买方或其指定人，而不能以交单代替交货。

在《2010年通则》11个贸易术语中，有EXW、FAS、DAT、DAP、DDP等五个是属于实际交货。

实际交货下的合同明显挑战了象征性交货单据的物权特性，不具有“物权”、“代表”的作用，卖方有时候会被要求提供一些单据，但不是有价证券和物权证件。所以交单并不代表交货。这与象征性交货的交单有明显区别。实际交货的特点是以实物的交付、受领为标志，同时所有权、风险一并转移。①

实际交货虽然在国际贸易中所占比例不大，但绝大多数的国内贸易采取的交货方式是实际交货方式，只是我国买卖双方还没有自觉采用贸易术语来规范罢了。

【贸易视野】

本不应该走进法院的贸易纠纷

2004年7月，山东省某蜡烛生产企业与青海省某商品批发企业订立了一份蜡烛买卖合同。双方约定：由卖方（即蜡烛生产企业）于当年9月份前为买方（即商品批发企业）提供200箱蜡烛，总价款为2万元；付款方式为到货后10日内一次付清；由卖方负责办理运输。合同未约定具体的交货地点。同年8月，卖方到济南火车站办妥了托运手续后，将200箱蜡烛运至买方所在的某市火车站。买方经卖方通知后收货，发现60箱蜡烛由于受热导致变形，于是只接受其中的140箱蜡烛并只支付14 000元人民币价款。后来，卖方因索要剩余的货款未果向法院起诉。②

一、EXW（工厂交货）

（一）EXW术语的含义

EXW（Ex works，工厂交货）术语可适用于各种运输方式，包括多式联运。它是指卖方必须在约定日期或期限内，在其所在地或其他指定地点（如工厂、车间或仓库等）将备妥

---

① 陈昌伟，林锟．国际贸易中象征性交货的公平与效率分析．商场现代化，2005（13）：96

② http://www.9ask.cn/blog/user/zhangleils/archives/2008/38443.html 张蕾：货交第一承运人后风险转移案例．2008-03-20。在审理中，法院内部存在两种处理意见：第一种意见认为，卖方所交付的蜡烛部分变形，即属不完全履行合同而构成违约，因此无权要求买方支付已变形的60箱蜡烛的价款（如果双方签订的合同采用下文的“DAT术语”的话——自注）；第二种意见认为，蜡烛变形是由于承运人没有尽到妥善保管货物的义务造成的，责任不在于卖方，卖方并没有违约，买方拒绝受领60箱蜡烛无理，同时应支付所欠的6 000元货款（如果双方签订的合同采用上文的“FCA术语”的话——自注）。

的货物交由买方处置时，即完成交货。买方负责将货物装上运输工具，需要清关时，负责办理出口清关手续。

特别建议双方尽可能明确地指定货物交付地点，因为在货物到达交货地点之前的所有费用和风险都由卖方承担。买方则必须承担在双方约定地点（如有的话）或在指定地收取货物的全部费用和风险。

本术语较适用于国内贸易。在买方不能直接或间接地办理出口手续的情况下，选用FCA 为佳。

（二）采用 EXW 术语需注意的问题

（1）在所有术语中，卖方承担的风险和责任最小。即使卖方装货也许更方便，装货的风险和费用也是由买方承担；如果需要由卖方将货物装上买方安排的运输工具并承担相关的费用，则应在签约时对上述问题作出明确规定。

（2）买方仅有有限度地向卖方提供货物出口的相关信息的责任。货物的出口、进口清关手续均由买方负责办理。在我国现行海关法、退税及核销制度下，买方清关得不到退税；若采用变通的办法，在买方要求时，卖方才有义务协助买方办理出口，取得出口许可货物所需的其他相关官方授权。这种情况下不如采用相近的 FCA 术语，特别是当买方无法做到直接或间接办理货物出口手续时，更是如此。

（3）卖方必须在约定日期或期限内交货，货物一旦出手，卖方即失去对货物的所有控制。风险在交货时转移。若货物已被特定化（如已经刷上唛头），风险也可因买方不按时提货而提前转移。若在指定交货地没有约定点，或有几个点可供使用时，卖方可选择最适合其目的的点。

（4）买卖双方均无为对方订立运输合同和保险合同的义务，卖方必须向买方提供后者取得保险所需的信息。

二、FAS（装运港船边交货）

（一）FAS 术语的含义

FAS（Free alongside ship，船边交货）术语仅用于海运或内河水运。它是指卖方在指定的装运港将货物交到买方指定的船边（例如，置于码头或驳船上）、或取得已经这样交运的货物（链式销售）时，即完成交货。

交货后货物灭失或损坏的一切风险由买方承担。由于相关作业费可能因各港口惯例不同而变化，因此特别建议双方尽可能清楚地约定指定装运港内的装货点，过此点后货物灭失或损坏的一切风险发生转移，买方必须承担自那时起的一切费用。

当货物装在集装箱里时，卖方通常将货物在集装箱码头移交给承运人，而非交到船边。这时，FAS 术语不适合，而应当使用 FCA 术语。

如适用时（内贸无须），FAS 要求卖方办理出口清关手续。但卖方无义务办理进口清关、支付任何进口税或办理任何进口海关手续。

买卖双方互无为对方投保的义务，但卖方有为买方投保提供信息的义务。

（二）采用 FAS 术语需注意的问题

（1）FAS 形式上与 FOB 术语交货点位置接近，甚至与“FOB under tackle”相同，但是风险却要大得多。若买方要求，或依商业实践，且买方未适时作出相反指示，卖方可以按照通常条件签订运输合同，由买方负担风险和费用；如卖方拒绝签订运输合同，应立即通知买方。

（2）要注意船货衔接和风险转移问题。买方要即时将船名、装船点和要求交货时间充分通知卖方，以便卖方按时做好备货出运工作。卖方也应将货物交至船边的情况即使通知买方，以利于买方办理装船事项。如买方未按照规定通知卖方，或其指定的船只未按时到达，或未接收货物，或较通知的时间提早停止装货，则自约定的交货日期或期限届满时起，买方必须承担货物灭失或损坏的一切风险。但以该项货物已划拨到合同项下，即明确保留或以其他方式确定为合同项下之货物为限。

（3）注意《2010 通则》与《美国对外贸易定义》对 FAS 详细表达的解释不同。

三、DAT（运输终端交货）

（一）DAT 术语的含义

DAT（Delivered at terminal，运输终端交货）术语可适用于各种运输方式，包括多式联运。它是指当卖方在指定目的港口或目的地的指定运输终端将货物从抵达的载货运输工具上卸下，交由买方处置时，即为交货。卖方承担交货前的一切风险。

如果双方希望由卖方承担由运输终端至另一地点间运送和受理货物的风险和费用，则应当使用 DAP 或 DDP 术语。

如适用时（内贸无须），DAT 要求卖方办理出口清关手续。但卖方无义务办理进口清关、支付任何进口税或办理任何进口海关手续。

双方互无为对方投保的义务，但有互为对方投保提供信息的义务。

（二）采用 DAT 术语需注意的问题

（1）“运输终端”意味着任何运输终点所致的货站，例如指定码头、仓库、集装箱堆场、清关口岸的货站，或公路、铁路、空运货站。

（2）共同做好货物的交接工作，特别建议双方尽可能确切地约定运输终端。如运输合同未约定特定的运输终端或按照惯例也无法确定该终端具体交货点，则卖方可在约定港口或目的地选择最适合其目的的运输终端，自负风险和费用，将货卸下。

（3）为了买方在目的地（或目的港）顺利收取货物，卖方必须主动向买方发出所需通知；同此目的，买方向卖方发出的通知具有从属性，即一旦买方有权决定在约定期限内受领货物的时间点和/或具体位置，才须通知卖方。

（4）如果运输终点的货站就是买方最终使用地（这种情况极为罕见），则 DAT 术语因需要卸载，故卖方承担的风险反而会比 DAP 术语更大，则应当使用 DAP 术语。

四、DAP（目的地交货）

（一）DAP术语的含义

DAP（Delivered at place，目的地交货）术语可适用于各种运输方式，包括多式联运。它是指当卖方在指定目的地将仍处于抵达的运输工具之上，且已作好卸载准备的货物交由买方处置时，即完成交货。卖方承担将货物运送到指定地点的一切风险。

如适用时，要由卖方办理出口清关手续；买方办理进口清关手续。如果双方希望卖方办理进口清关、支付所有进口税费，则应当使用DDP术语。

（二）采用DAP术语需注意的问题

（1）DAP交货地点比DAT交货地点具有更大的灵活性。如果说DAT主要用于货物分拨，要求人随货去取，实现“门对点（货站）”服务的话，DAP主要用于货物点拨，要求货朝人而来，可以实现“门对门”的服务，在不收进口税费的条件下，将货物送到顾客的家门口或最终用户所在地。

（2）共同做好货物的交接工作，特别建议双方尽可能确切地约定指定目的地内的交货点。建议卖方取得完全符合该选择的运输合同。如果卖方未能有效送达该具体地点而发生了中途卸货费用，除非双方另有约定，卖方无权向买方要求偿付。

（3）双方互无为对方投保的义务。一般情况下，是买方要为卖方无偿提供取得保险所需信息。但是如果买方有自行投保的要求，并且自己承担风险和费用，那么卖方应该为买方提供订立保险合同需要的全部信息。

（4）DAP是国内贸易中（或无须进口清关情况下）卖方承担最大责任的术语。

五、DDP（完税后交货）

（一）DDP术语的含义

DDP（Delivered duty paid，完税后交货）术语可适用于各种运输方式，包括多式联运。它是指当卖方在指定目的地将仍处于抵达的运输工具上，但已完成进口清关，且已作好卸载准备的货物交由买方处置时，即为交货。卖方承担将货物运至目的地的一切风险和费用，并且有义务完成货物出口和进口清关，支付所有出口和进口的关税和办理所有海关手续（包括任何增值税或其他应付的出口、进口税款和其他费用）。

如果不存在进口清关问题（如国内贸易、某些情况下的边境贸易或区域贸易）或双方希望买方承担所有进口清关的风险和费用，则应使用DAP术语。

（二）采用DDP术语需注意的问题

（1）因为DAP术语可以实现国内贸易送货到家的要求，所以DDP是《2010年通则》11个贸易术语中被认为唯一可只须定义于国际货物贸易的术语。DDP术语下卖方承担最大责任。

（2）尽管卖方可以在交货点将仍处于运输工具上的货物交由买方处置时，风险及费用转由买方负责，但并不排除运输合同中规定的由卖方支付在目的地卸货的任何费用；运输合同中的规定只解决卸货费用由谁承担的问题，而不发生风险点的任何改变。

（3）我国企业对外工程承包合同中的国内采购物资、工程所需的材料往往随承包工程的一条龙服务，组织装运、出口报关，到达目的国进口通关后运到施工现场，采用本术语比较合适。

（4）如果货物已经按照合同要求达到指定目的地，应买方要求并由买方承担风险和费用还需要将货物运输到最终目的地，在此情况下，卖方必须及时向买方提供或协助其取得所需要的任何文件和信息，包括安全相关信息。

【贸易视野】

使用实际交货术语的共同注意点

（1）在实际交货术语下，交货时间与货物到达买方（或交由买方处置）的时间是统一的，无一例外。

（2）在实际交货条件下，卖方同样必须提供符合买卖合同约定的货物和任何符合合同要求的单据，在双方约定或符合惯例的情况下，这些单据可以是同等作用的电子记录或程序。

（3）除非买方在签订合同前已通知卖方特殊包装要求，卖方对所提供货物的包装要适合该货物的运输方式。对于 EXW 术语，运输由买方负责，卖方实际交货的包装不受运输方式约束，但都应作特定化标记。

（4）EXW 术语和 DDP 术语在出口国有关机构强制进行的检验问题上与其他所有术语（包括前述 6 个象征性交货的术语）不同。在 EXW 条件下，买方除了对出口国的检验要支付费用外，还要支付任何其他强制性装船前检验费用；在 DDP 条件下，买方对任何进、出口国有关机构强制进行的“装运前检验”费用概不负责。而其他所有术语都是由卖方负责出口国有关机构强制进行的检验费用，都是由买方支付任何非出口国要求的强制性装船前检验费用。

本章小结

国际上对如何做贸易有一个共同的语言，这就是国际惯例中的贸易术语。随着贸易环境的变化，国际上原三大贸易术语体系现在是 Incoterms 一枝独秀。国际商会 Incoterms 2010 的发布生效，顺应了经济社会发展的需要，吸取了其他体系的精华，展现出生机和活力。贸易术语规定了买卖双方在货物交接方式、价格构成和费用、风险责任划分等方面各自的权利和义务。在《2010 年通则》中，一共规定了 11 种贸易术语，其中 6 种为象征性交货性质，5 种为实际交货性质，前者占了国际贸易的主流，后者可以更多地被国内贸易采用。加强贸易术语的运用，对提高交易质量、降低交易成本极为有利。相反，实践中不断遇到的、大量重演的低级贸易纠纷，常常是因为不懂贸易术语所致。因此建议：凡是书面合同都应使用贸易术语来表述价格条件，以便内外贸无缝衔接。

技能实训

实训模块一 先行案例的讨论

【实训目的】 通过对具体案例的剖析，吃透EXW贸易术语的游戏规则。培养在未来的货物贸易实践中自觉秉承和运用贸易术语的良好习惯，并写出心得体会。

【实训材料】 本章先行案例

【实训要求】 通过阅读本章先行案例，就下列问题展开讨论：

1. 这单买卖是外贸还是内贸两者结果会不一样吗？
2. 被炆毁的尼龙皱纹上装如果不是放在C厂而是由S公司托管的情况又如何呢？
3. 在此案中H、S（特别是H）应接受的教训是什么？

实训模块二 "似是而非"的CIF贸易术语合同①

【实训目的】 加深对贸易术语的理解，培养综合运用贸易术语知识的能力。

【实训材料】 我某进出口公司同德国某进口公司欲达成一笔核桃仁交易，经过磋商，各项交易条件基本确定，其中使用的价格条件为CIF Hamburg，支付方式为不可撤销的即期信用证。由于核桃销售的季节性很强，主要在12月份的圣尼古拉节上销售，交货延迟会影响售价。因此，对方要求在合同中明确："卖方须于10月份在中国上海港装运，并保证货物于11月底之前到达汉堡，否则，买方有权撤销合同，并要求损害赔偿，如果买方已经支付货款，卖方应将所得货款退还买方。"

【实训要求】 围绕以下问题分小组讨论：

1. 我方能否满足对方的要求，为什么？
2. 如果想达成这笔交易，请你利用所学的多种贸易术语知识从不同的角度对此单业务进行综合分析。

实训模块三 学会用贸易术语方式检点日常贸易行为

【实训目的】 收集日常贸易纠纷案例，尝试用贸易术语的规定去分析买卖双方存在的失误。

【实训材料】 本章"第四节"贸易视野：本不应该走进法院的贸易纠纷

【实训要求】 组成学习小组，讨论国内货物贸易使用贸易术语的必然性和现实性是什么？

---

① 张卿．国际贸易实务案例题（个案分析）．北京：对外经济贸易大学出版社，2002（经编辑）

思考练习题

一、不定项选择题

1. 贸易惯例具有以下特点（　　）。
   A. 自发性　B. 强制性　C. 统一性
   D. 广泛性　E. 准强制性
2. 专门解释 CIF 术语的国际贸易惯例是（　　）。
   A.《华沙—牛津规则》　B.《美国对外贸易定义》
   C.《国际贸易术语解释通则》　D.《国际货物销售合同公约》
3. 根据《2010 年通则》，贸易术语适用于哪类合同？（　　）
   A. 货物买卖合同　B. 运输合同　C. 保险合同
   D. 支付合同　E. 融资合同
4. 货物贸易货物交付过程中的核心问题是（　　）。
   A. 确定交货地点　B. 风险界限问题
   C. 责任划分问题　D. 费用负担问题
5. EXW 术语用于内贸与用于外贸，在以下哪些方面相同？（　　）
   A. 成交价格　B. 买方义务　C. 卖方义务
   D. 风险划分　E. 包装
6. 采用 FCA 术语时，买卖双方风险划分的界限是（　　）。
   A. 货交买方处置　B. 出口国交货地点
   C. 货交承运人　D. 出口国运输工具上
   E. 需要出口通关时
7. 就 CIF 和 CFR 两种术语而言，卖方承担的风险（　　）。
   A. CIF 比 CFR 大　B. CIF 比 CFR 小
   C. 两者相同　D. 不可比较
8. FOB 与 FCA 相比较，二者主要表现在（　　）不同。
   A. 适用的运输方式　B. 风险划分界限
   C. 交货地点　D. 卖方承担的责任和费用
   E. 提交的单据种类
9. 正常情况下，卖方不承担卸货费用的贸易术语是（　　）。
   A. FCA（异地交货）　B. CFR Liner terms
   C. CIF Landed　D. DAP
   E. DDP　F. DAT
10. 据《2010 年通则》规定，下列什么贸易术语须由卖方办理进口手续？（　　）
    A. FAS　B. DAT　C. DDP
    D. EXW　E. DAP
11. 采用 CIP 条件成交时卖方应注意（　　）。

A. 卖方办保险具有代办性质　　B. 货运保险要考虑各种运输险
C. 风险点的转移可协商改变　　D. 卸货费用由谁承担
E. 风险转移先于责任费用转移

二、判断题（对的打√，错的打×，并改错）

（　）1. 事实性贸易惯例一般具有不成文性，因此如果不了解就无需遵守。

（　）2. Incoterms 2010 的推出意味着 Incoterms 2000 和其他通则版本的停用。

（　）3. 链式销售（String sales）方式只适用于象征性交货的贸易术语。

（　）4. 根据贸易术语的表达，可以称 FOB 为离岸价，CIF 为到岸价。

（　）5. 在象征性交货方式下，卖方只负责凭单交货，但不保证到货。

（　）6. 以 CIF 大阪价格成交，卖方的责任要负责到大阪交货。

（　）7. FOB 术语变形是解决装船费用由谁承担，CFR 术语变形是解决卸货费用由谁承担。

（　）8. 货物通过集装箱运输时，FOB、CFR、CIF 术语一般都不宜采用。

（　）9. 除了 CIF 和 CIP 明确卖方需要投保外，Incoterms 2010 的其他术语都有“双方互无为对方投保的义务”类似规定，说明买卖双方都无须关注投保。

（　）10. 按 DAP 条件成交，只要发生卸货费用，都应该向买方要求补偿。

（　）11. 有人认为：DAT 的交货终端可以是“任何地方”，它与 DAP 的差别只是卸货费的负担不同，对不对？

（　）12. 在 Incoterms 2010 的 CIP 条件下，当买卖双方希望风险转移点不在第一承运人时，也可以协商后移。

三、简答题或案例分析题

1. 何谓贸易术语？贸易术语对内外货物贸易有什么作用？

2. 试比较 EXW 和 FCA 的异同点？

3. 同样是在船边吊钩所及之处交货，为什么说 FAS 术语比“FOB under tackle”风险要大得多？

4. 为什么 CIF 不能称为“到岸价”？精确地说，FOB 不能称为“离岸价”？

5. 根据下列背景材料，分别选择适用的贸易术语，并简述理由。

（1）德国某公司拟从我国进口一批货物，要求在德国内地指定口岸柏林交货。

（2）美国西部靠旧金山地区的弗雷斯诺城某公司拟从我国进口一批纺织品，但要求我方在距其最近的港口交货。

（3）兰州某公司拟从南美洲布宜诺斯艾利斯进口一批空运货物，据了解，该港口拥挤、环境复杂、条件较差，费用较高，出口清关难度大，且对方不愿办理货运保险手续。

6. 中国山东某公司以 FOB 威海（成山头）与香港 Y 公司成交 20 公吨优质淡干海带，港商采取“链式销售”方式，背对背地以“CFR 釜山”条件转售给韩国 J 公司。港商开来信用证条件为 FOB 威海（成山头），要求货运釜山，但要在提单上表明“Freight Prepaid”（运费预付）。这单贸易正常吗？照道理货到釜山的运费谁出？出口商应如何处理？

7. 远大空调公司从日本钢管（株）进口 17 公吨直径为 38mm 不锈钢管，按 CFR 黄埔条件成交。日商通过一家香港二船东（即“租船船东”：以租船舶履行运输合同的人）装运这批钢管。该船舶在运输途中加油时被船东的债权人扣押，所载钢管滞留在中途港仓库。在远大公司的催促下，日商又垫付了一笔运费，另行租船将货物运到目的港。事后日商起诉二船东，指控其没有完成运输任务。试分析本案中，出口商是否有义务再去租船将货物运到目的港？类似问题应如何防范？

8. 我国内地拟从营口出口一批滑石块到香港，于2003年7月向香港客商报价USD80/MT CIF HK。港商回电同意我国内地价格，但要求我国内地贸易术语改为FOB HK，单价不变，即要求USD80/MT FOB HK。

（1）单价不变对我国内地有利还是不利？

（2）可能是美式FOB，还是链式销售？

（3）这一要求体现出FOB术语什么特性？

第 3 章

商品的品名、品质、数量、包装

课前准备

【学习目标】

认识商品的分类，熟悉货物属性，明确商品品名的意义和列明方法

【技能目标】

会在买卖合同中正确表达商品品质、数量与包装，留心各种对标的物的相关规定

【情感目标】

认清内外贸货物的相互交织关系，树立在货物贸易中诚信为本的意识

学习内容

【先行案例】

谁 之 错

2010 年 7 月佛山 F 喷涂厂与上海 S 公司签署合同，由 F 向 S 提供一批出口货物，品名为喷台和升降机，内贸合同报价为 300 000 人民币 EXW 佛山。付款方式为客户 S 先支付定金 40%，剩余部分在货物生产完毕通知客户时支付。

上海 S 公司的国外客户随即开来信用证，在 S 公司支付 120 000 人民币定金后，F 公司按合同和客户要求开始组织生产。但发现其中某些零件按客户提供的样品及图纸要求做不出来。由于客户订货的零件数量比较少，自行开发十分不合算。因此打算采用 OEM 外包形式从其他厂家购进。遗憾的是，一直无法找到该零件的合适供货商，而交货期一天天逼近。当上海 S 公司得知此情况后，立即要求取消所有的货物订单，并退还样品和赔偿双倍定金。S 公司的理由很充分，所订做的货物十分重要，不能缺少，因 F 公司没有按时完成合同，错过 S 公司

商业机会，必须承担外商索赔要求。F公司在无赖之下承担了此笔订单的全部损失。

（资料来源：S公司亲属2010－10－9提供）

第一节　商品及商品分类

一、商品定义

人们现实生活中花的每一分钱无不是在进行着商品的买卖。马克思在资本论开宗明义第一句话说“资本主义生产方式占统治地位的社会的财富，表现为‘庞大的商品堆积’，单个的商品表现为这种财富的元素形式。”① 商品是满足他人需求的通过交换而实现的客观存在。商品必须经过生产和销售二个环节才能实现。

二、商品分类

商品分类（Commodity classification）是指为了一定目的或需要，选择适当的商品属性或特征，将商品总体按照一定的原则和方法，逐级划分为不同类别（如门类、大类、中类、小类、品类或品目、种类、品种、细目等）并形成系统的过程。商品分类是商品管理现代化的先决条件。

表3－1　商品分类的类目及其应用实例

商品门类：按行业共性分门别类	化工产品	加工食品、饮料、烟草
商品大类：按生产和流通行业划分	日用化工品	加工食品
商品中类：按商品的属性划分	家用化学品	加工畜类食品
商品小类：按商品用途划分	洗涤用品	乳品或乳制品
商品品类（目）：按共同性质或特征划分	肥皂	乳制品
商品品种（子目）：按独特性质、成分特征划分	香皂	奶粉
商品细目：对商品品种的详细区分	茉莉香型香皂	净重453克中老年奶粉

目前世界上使用的商品分类表主要有两类，一类是本国独立实行的商品分类表，另一类是国际统一的商品分类表。《协调商品名称和编码制度》（The Harmonized Commodity Description and Coding System，简称HS，或《协调制度》）的国际商品分类制度已于1988年1月1日正式生效。HS代码主要用于商品与物资分类、宏观统计、货物贸易、海关实务、EDI报文等，是当今国际上使用最为广泛的物资与商品信息分类与代码体系。中国于1992年6月加入了《协调制度》。由于《中华人民共和国进出口关税条例》、《中华人民共和国海关统计制度》等的颁布实施，HS代码成为我国经贸领域内的一项强制性标准。

① 马克思．资本论：第1卷．北京：人民出版社，1975：47

（一）商品编码简介

商品编码是指用一组有序的符号（数字、字母或其他符号）组合，来标识不同类目商品的过程。这组有序的符号组合，称为商品代码。

商品编码的意义在于：（1）便于分类记忆、简化书写、提高效率；（2）有利于商品分类体系的通用化、标准化，为把握商品信息、运用计算机进行现代化科学管理创造了条件；（3）可避免商品的重复设计、制造、采购、储存、运输所造成的浪费，有效地促进商品流通和贸易方式的变革，加速资金周转，提高市场竞争力；（4）有利于商品的知识产权保护。《协调制度》是商品分类公认的标准"语言"，经HS编码的商品就有了该商品通用的"国际身份证"。

（二）《协调制度》商品编码的内涵

协调制度商品编码是具有特定含义的顺序号，前六位数码为国际通用，各国从实际出发，考虑进出口业务和海关统计需要，加增后位数码。《中华人民共和国海关进出口税则》采用8位数码，前6位数是HS国际标准编码，第7、8两位是根据我国关税、统计和贸易管理的需要加列的本国子目，同时，还根据代征税、暂定税率和贸易管制的需要对部分税号增设了第9、10位附加代码。例：

0207.1200
- Δ 02为《协调制度》第一类的第2章，即肉及食用杂碎
- Δ 02.07即品目02.07所列家禽的鲜、冷、冻肉及食用杂碎
- Δ 0207.1200——整只鸡，冻的

协调制度商品编码，前两位（一、二）表示商品所在章次，三、四位表示该商品在章里边的排列序次。例01为活动物；01.01为马、驴、骡；01.03为猪；01.05为家禽（即为鸡、鸭、鹅、火鸡及珍珠鸡）。通常将前四位数码叫做"项目号列"（也叫品目号列）。第五位数叫一级子目，表示它在所属项目（品目）中的顺序号；第六位数叫二级子目，是一级子目被进一步细分，它是一级子目所属中的顺序号。

《协调制度》的主要内容是品目和子目，即代表各种各样商品名称及其规格的列目，这些列目分布于21类、97章（其中第77章是空章）中。为使各个品目和子目之间界限分明，不发生交叉归类的情况，在许多"类"、"章"下加有注释，有的注释是专门针对某个子目的，叫子目注释。

从"类"来看，基本是按社会生产的分工（或称生产部类）分类的，将同一生产部类的产品归在同一类里，如农副业在第一、二类；化学工业在第六类；纺织工业在第十一类；冶金工业在第十五类；机电制造业在第十六类等。

从"章"来看，基本是按商品的属性或用途划分的。第一章至第八十三章（第六十四章至第六十六章除外）基本上是按商品的自然属性来分章，而每章的内容则是按照动物、植物、矿物性质的顺序来排列。一般方法为原料先于产品，粗加工的产品先于深加工的产品，列名具体的产品先于列名一般的产品等。

（三）《协调制度》的主要优点

《协调制度》最大特点就是通过协调，适合于与货物贸易有关的各个方面需要。《协调

制度》商品分类体现出以下四个特点，即：

（1）“完整”。它将目前世界上货物贸易主要品种都分类列出，适用于任何商品，即使是目前无法预计的新产品，都能在这个体系中找到自己适当的位置。

（2）“系统”。它的分类原则既遵循了一定的科学原理和规则，将商品按人们所了解的生产部类、自然属性和用途来分类排列；又照顾了商业习惯和实际操作的可行性，把一些进出口量较大而又难以分类的商品，如灯具、活动房屋等专门列目，因而容易理解、易于归类和方便查找，即使是门外汉也不难将其掌握。

（3）“通用”。一方面指它在国际上有相当大的影响，已为上百个国家和地区使用，这些国家和地区的海关税则及外贸统计商品目录的项目可以相互对应转换，具有可比性；另一方面，它既适于作海关税则目录，又适于作货物贸易统计目录，还可供国际运输、生产部门作为商品目录使用，其通用性超过以往任何一个商品分类目录。

（4）“准确”。它的各个项目范围清楚明了，绝不交叉重复。由于它的项目除了靠目录条文本身说明外，还有归类总规则、章注释、类注释和一系列的辅助刊物加以说明限定，使得其项目范围准确无误。

除了《协调制度》本身的优点外，它作为一个国际上政府间公约的附件，国际上有专门的机构、人员进行维护和管理，技术上的问题还可利用世界上各国专家的力量帮助解决，各国也可通过制定或修订《协调制度》，争取本国的经济利益，施加本国的影响。这些都不是一个国家的力量所能办到的，也是国际上采用的其他商品分类目录所难以比拟的。

【小资料】

为“旅客登机桥”领取国际通行证

世界上最大的登机桥生产企业之一、我国中集集团生产的“旅客登机桥”占世界贸易量40%以上。过去在实际出口过程中遭遇各国商品归类不统一带来通关困难、企业海外营销战略受到极大影响。将“旅客登机桥”增列子目是彻底解决该商品争议的有效途径。中国海关经过深入调研和周密准备，向世界海关组织提出了在《2012协调制度》修订中，增列“登机桥”子目条文，以统一归类、促进贸易的议题。经过多次会议讨论，终于成功通过。具有中国特色的“百合花”、“普洱茶”等我国具有竞争优势和贸易特色的产品也获得增列。

（四）WCO编制的《协调制度》简介

1987年，《协调制度》最初的缔约国仅有32个，截至2012年，实际采用《协调制度》的国家和地区已达到200多个，全球贸易总量98%以上的货物都是以《协调制度》进行分类。为适应国际贸易及商品的发展，世界海关组织（World Customs Organization，WCO）每4－6年对《协调制度》进行一次全面修订。目前《协调制度》已经历了1988年、1992年、1996年、2002年、2007年和2012年六个版本。这种健全的自我完善机制，使得《协调制度》能够不断适应科学技术的发展和贸易格局的改变，维护自身的权威性和科学性。《协调制度》最初的主要用途是征收关税和国际贸易统计，但由于其结构的合理性和内容的开放性，使得其最终成为一个多用途的商品分类目录，为其不断适应新领域的需要奠定了坚实的基础。

2012 年版《协调制度》在 2007 年版基础上进行了大范围的修订，涉及 54 个章的产品，共有 221 组修订。修订后，《协调制度》六位子目总数从 5 052 个增加到 5 216 个。

【案例 3－1】

2003 年，江苏泰兴某外贸出口企业出口汽车风扇，乍一看，汽车风扇应属于汽车配件，可归入 HS 编码第 87 章。但第 87 章章注规定：本税目包括品目 87.01 至 87.05 所列机动车辆的零件及配件，但它们必须同时符合下列两个条件，即必须是可确定为专用于或主要用于上述车辆的；必须是不列入第十七类注释二规定不包括的货品范围的。经查阅：汽车风扇应属于第 84 章。如果归入第 87 章，得出的 HS 编码不属于出口法定检验的范围，而根据第 84 章的归类规定得出的 HS 编码应属于出口法定检验的范围。对归类的不同理解，得出了完全不同的结果。由于企业人员理解错误，货物虽已到达上海港，却由于没有经过法定产地检验，结果无法在上海海关报关出口。货物延误了船期，造成了不小的本来不应有的损失和麻烦。（来源：出口企业应重视商品身份证 HS 编码. 纺织导报，2003－09－05）

【小资料】

海关商品编码速记指南

自然世界动植矿，一二五类在取样；三类四类口中物，矿产物料翻翻五；
化工原料挺复杂，打开六类仔细查；塑料制品放第七，橡胶聚合脂烷烯；
八类生皮合成革，箱包容套皮毛造；九类木秸草制品，框板柳条样样行；
十类木浆纤维素，报刊书籍纸品做；十一税则是大类，纺织原料服装堆；
鞋帽伞杖属十二，人发羽毛大半归；水泥石料写十三，玻璃石棉云母粘；
贵金珠宝十四见，硬币珍珠同类现；十五查找贱金属，金属陶瓷工具物；
电子设备不含表，机器电器十六找；光学仪器十八类，手表乐器别忘了；
武器弹药特别类，单记十九少劳累；杂项制品口袋相，家具文具灯具亮；
玩具游戏活动房，体育器械二十讲；二十一类物品贵，艺术收藏古物类；
余下运输工具栏，放在十七谈一谈；商品归类实在难，记住大类第一环。

（来源：中国进出口商品网_广交会进出口有限公司，2006－12－29）

【案例 3－2】

我大叔开有一家小公司。有一次客户要寄门禁卡到美国，那是一种普通的芯片卡，走的是 FEDEX（联邦快递）。报关填写 HS 编码时，公司根据客户给的商品品名套了一个 HS 编码上去，结果货到了美国后被征收了 400 美元的关税。事实上该包裹仅重 4 千克，价值还不到 100 美元，正常关税只有几美元。客户事后查出是 HS 编码给错了。至此以后每逢出货，客户都提醒大叔公司，要事先核对好品名和 HS 编码，以免造成不必要的损失。

（来源：该公司亲属 2010－10－9 提供）

三、商品条码

（一）商品条码的概念

商品条码（Bar code of commodity）又称商品代号、商品货号，是由一组规则排列的条、空及其对应字符组成的商品标识，是一种用光电扫描阅读设备识读并实现数据输入计算机的特殊符号。只要借助光电扫描阅读设备即可迅速将条码代表的诸如商品的生产国别、制造厂商、产地、名称、特性、价格、数量、生产日期等一系列商品信息，准确无误地输入电子计算机，并由计算机进行自动存储，分类排序、统计、打印或显示出来。这不仅实现售货、订货的自动化管理，而且通过产、供、销信息系统将销售信息及时提供给生产厂家，实现了产、供、销之间的现代化管理。

（二）商品条码的种类

1. 厂家条码

厂家条码是指生产厂家在生产过程中直接印在商品包装上的条码，它们不直接包括价格信息。目前，世界上应用的商品条码主要有欧洲商品条码（European article number，简称EAN码）和北美通用产品条码（Universal product code，简称UPC码）两种。EAN条形码与UPC条形码是兼容的，标准版商品条码结构由13位数字码及对应的条码符号组成。前缀码：由前三位数字组成（早期国际物品编码协会成员为二位数字），是用来标识国家或地区的代码。中国是690~695。制造商代码5位或4位；商品标记代码5位，检验码1位。按照国家标准《通用商品条码》的规定，制造厂商代码由中国物品编码中心统一分配、注册，确保制造厂商代码在我国的唯一、不重复。商品代码用来标识商品特征及属性或具体的商品项目。商品代码是由厂商自行编制使用，且必须确保商品代码在厂内标识的唯一性。即同种规格同种商品应对应同一个商品代码，同种商品不同规格、不同颜色、不同形状、不同包装等应编制不同的商品代码。UPC条形码为12位数，当UPC条形码进入EAN条码系统时，只要在前面补一个“0”就可以了。

EAN码具有以下特性：只能储存数字。可双向扫瞄处理，即条码可由左至右或由右至左扫瞄。必须有一检查码，以防读取资料的错误情形发生，位于EAN码中的最右边处。具有左护线、中线及右护线，以分隔条码上的不同部分、排除数字相互干扰。条码长度一定，经适当的管道，可使其通用于世界各国。

当商品或包装上没有足够的面积印刷EAN-13条形码时，可采用EAN-8条形码。EAN-8条形码的前3位为前缀码，第4位至第7位数字为厂商代码和商品项目代码，最后一位数字为校验码。凡需使用缩短版的各企业需将自己使用缩短版的商品目录报到中国物品编码中心，由中心统一分配，只有当商品条码印刷面积超过商品表面面积或者标签可印刷面积1/4（含1/4）时，方可申请使用缩短版商品条码。缩短码不能直接表示生产厂家，所以商品条码系统成员只有在不得已时才能使用缩短码。

【小技能】

商品条码的验算规则

以 EAN－13 代码为例。设 EAN－13 代码各位为：6 9 0 1 2 3 4 5 6 7 8 9 2

从右向左，标上位序号：13 12 11 10 9 8 7 6 5 4 3 2 1

第一步，从第二位开始，将所有偶序位的数值相加：9＋7＋5＋3＋1＋9＝34

第二步，将第一步得到的结果乘以 3：34×3＝102

第三步，从第三位开始，将各个奇序位的数值相加：8＋6＋4＋2＋0＋6＝26

第四步，将第二、三步得到的结果相加：102＋26＝128

第五步，选一个大于第四步的结果且为 10 的最小整数倍的数，减去第四步的结果，其差值即为校验码的数值：130－128＝2

EAN 条码系统的管理是由国际商品条码总会（International Article Numbering Association）负责各会员国的国家代表号码的分配与授权，再由各会员国的商品条码专责机构，对其国内的制造商、批发商、零售商等授予厂商代表号码。目前，EAN 会员已遍及六大洲的国家和地区，是国际上应用广泛的商品代码。1991 年 4 月，中国物品编码中心代表我国加入总会。自 1993 年开始，在欧洲市场上出售的所有进口商品都必须有条码，否则视为走私而处以 15% 的罚款。

我国根据物品编码协会的商品条码通用规则，制定了国家标准《通用商品条码》（GB 12904）。它的制定，为统一我国商品的标识，准确、有效地采集、处理、传递商品信息，满足我国出口商品的需要及实现商品在流通领域中的现代化管理提供了保障。商品采用条码，有助于提高商品信誉，使中国出口商品得以顺利打进国际市场，进入超级市场，为提高商品的竞争能力，也为今后及时获得商品信息奠定基础。

2. 商店条码

在自动扫描商店中，为便于 POS 系统（Point of sale systems）对商品的自动扫描结算，商店对没有商品条码或商品条码不能识读的商品，自行编码和印制条码，并只限在自己店内部使用。通常将这类条码称为商店条码，又叫店内码。

商品采用条码，便于商品企业对商品进行现代化管理和销售。如将有条码的商品移过装有激光扫描器的“窗口”或用光笔在条码上一划，电子计算机即自动阅读识别、判断代码及其所代表的商品，通过查询和数字处理，电脑便能够很快打印出商品清单和售价总金额。

第二节　商品的品质、数量和重量

一、商品的名称、品质

商品的名称（Name of commodity）是某种商品区别于其他商品的一种称呼，又称商品的品名，它代表合同指称的“标的物”。标的是指合同当事人之间存在的权利义务关系，标的物是指当事人双方权利义务指向的对象。构成标的物的条件是：（1）必须是卖方所合法占有的；（2）必须是法律允许买卖的，而且是不涉及第三者权益的；（3）必须是双方当事人一致同意的。

商品的品质（Quality of commodity），又称商品质量，是商品内在质量、外观质量、社会质量和经济质量等方面内容的综合体现。我国标准 GB/T 6583—1994《质量管理和质量保证术语》对质量下的定义是：商品质量可以界定为商品满足明确和隐含需要的能力的特性总和。商品质量有狭义和广义之分。狭义的商品质量即自然质量，广义的商品质量即市场质量。

自然质量是指产品与其规定标准技术条件的符合程度，它是以国家或国际有关法规、商品标准或订购合同中的有关规定作为最低技术条件，是商品质量的最低要求和合格的依据。包括货物的物理性能、机械性能、生物特征、化学成分等自然属性；货物的外形、色泽、款式、味觉和嗅觉等。

市场质量是指在一定条件下，评价商品体所具有的各种自然、经济、社会属性的综合及其满足消费者使用、需求的程度。它不仅是指商品的各种特性能够满足需要，而且包括价格实惠、交货准时、服务周到等内容。它是一个动态的、发展的、变化的、相对的概念。消费者对质量的评价受时间、地点、使用条件、使用对象、用途和社会环境以及市场竞争等因素的影响。

在货物买卖中，商品品质不仅受制于合同的品质条款，同时还受制于卖方的默示担保，即适销性担保、特定用途担保和权利担保。因此，不仅要从狭义角度，也要从广义角度满足消费者对品质的需求。

【案例 3-3】

有一家中国企业向美国出口吊床，顺利收回货款。但因为事先没有调查美国的产品责任法，也没有考虑使用对象的不同，而未采取相应的营销措施，结果一名美国顾客由于体重过重，晃断了吊床绳索，摔下地来受了伤，向美国法院提出控告，判决该吊床生产公司支付巨额赔偿。

二、商品品质的表示和商品名称的作用

品质是商品买卖最重要的因素之一。合同中的品质约定，是买卖双方交接货物的依据。通常表示品质的方法主要分为两大类：以实物表示和以文字说明表示。

（一）凭实物买卖的商品及其名称的作用

商品在成交时，可以凭实物来表示货物品质。这是一种比较原始的买卖方式，产品的名称不是特别重要，因此市场开拓的局限性比较大。以实物表示货物品质有两类方法：

一是看货买卖（Sales by actual quality），这种方法多用于拍卖、寄售和展卖业务中（请见第 11 章）。尤其适用于具有独特性质的商品，如珠宝、首饰、字画、特定工艺制品（牙雕、玉雕、微雕等）。

二是凭样品买卖（Sales by sample）。样品（Sample）是指从一批货物中抽出来的或由生产、使用部门设计、加工出来的，足以反映和代表整批货物质量的少量实物。如“凭卖方样品买卖”（Sale by seller's sample）；“凭买方样品买卖”（Sale by buyer's sample）。在实务中，买方样品一般应转换为“对等样品”（Counter sample，又称回样、确认样 Confirming sample），这样可掌握交货的主动权。样品一经双方确认便成为交接货物的品质依据，卖方承担货物品质与样品完全一致的责任。这是凭样品买卖的基本特点。为了避免双方在履约过程中产生品质争议，必要时可使用封样（Sealed sample，Keep sample）。质量基本稳定，容易掌握的产品可以采用凭样品成交，质量不稳定及交货品质无法与样品相同的产品，如木材、水产、蔬菜等天然品则不宜使用凭样品买卖。在这种眼见为实的买卖中，商品名称不能决定其品质，而只是标的物象征性的符号。

（二）凭文字说明买卖的商品及其名称的作用

商品在成交时，还可以文字说明表示商品品质。在这种情况下，商品的名称视文字说明的方式不同，商品名称在促销中的重要性不同。大致可以分为以下几种情况：

1. 凭规格买卖（Sale by specification）与商品名称的关系

规格是指合同中用以反映货物品质的主要指标，如化学成分、长短粗细、含量、纯度、大小、容量、性能等。这是很多初级商品在成交中用得很广的一种表示品质的方法。这类商品具有同质化的特点，只需界定了规格，就能界定商品优劣。因此买卖双方都不去注重商品的称呼。

例： White Rice，Long-Shaped 白籼米，Broken Grains（MAX）25% 碎粒（最高）25%；Admixture（MAX）0.25% 杂质（最高）0.25%；Moisture（MAX）15% 水分（最高）15%。

2. 凭等级买卖（Sale by grade）与商品名称的关系

等级是指同一类商品，按质地的差异或尺寸、形状、重量、成分、构造、效能等的不同，用文字、数字或符号所作的分类。如大、中、小；一、二、三；甲、乙、丙、丁等。

如有的手工制品，往往可以比较笼统地分出几个等级。有的商品不能用规格描述，或不能完整地用规格描述，特别是一些土特产品，比如茶叶、水果等，可用双方都认可的等级来表示品质。已经形成良好的信誉、在市场上有一定影响的商品，商品名称加等级可以区分商品内在的品质。

例：Silicon Metal 金属硅；　Size 粒度：　10～150 mm　90%　Min 最少

	Si（Min）	AL（Max）	Fe（Max）	Ca（Max）
Special grade 特级	99%	0.4%	0.4%	0.1%
First grade 一级	98.5%	0.5%	0.5%	0.3%

在货物贸易中，有些产品品质良莠不齐，既不像规格一般同质化，又不像等级一般好区分，习惯采用“良好平均品质”（Fair average quality，F. A. Q）和“上好可销品质”（Good merchantable quality，G. M. Q）来表示。前者是指同业公会或检验机构从一定时期或季节于某地装运出口的各批货物中抽取少量实物加以混合拌制、封存、保管，以此实物显示的平均品质水平，作为该季节同类商品质量的比较标准。习惯上称为“大路货”。后者是指卖方保证交付商品为上好的、适销的。这些方法比较笼统抽象，不代表实际、确切、具体的品质，

在执行中容易引起争执，因此应尽量少用。若需要采用，除注明 F. A. Q 字样及相关年份、季节、地点外，还应订明具体的主要规格指标。

例：① Chinese Groundnut, F. A. Q.; Moisture (Max.) 13%; Admixture (Max.) 5%; Oil Content (Min.) 44%; ② Brazilian Soybean 2008 New Crop. F. A. Q.（巴西大豆2008 年新产，F. A. Q.）

3. 凭地理标志买卖（Sale by Mark of Origin）与商品名称的关系

地理标志一般是由“地理名称”和“产品名称”组成；地理标志是标示某商品来源于某地区，并且该商品的特定质量、信誉或其他特征主要由该地区的自然因素或人文因素所决定的标志。地理商标经常用于各类农产品，也可以是某些传统人文因素决定的、具有特殊品质的产品，如“瑞士军刀”、“北京烤鸭”、“苏州丝绸”等等。

2005 年 7 月 15 日，国家质检总局颁布的《地理标志产品保护规定》正式实施。地理标志作为一种特色质量标记，是一项国家发展的战略体系，它已经名副其实地成为名特优产品走向市场的“护照”。地理商标虽然具有一定的知名度和美誉度，但不是某个机构或者个人刻意宣传的结果，而是由于地理气候、历史原因形成的，所以没有明确的产权主体，大量经营者共用一个品牌，每一家都不具有法律上排他性的独占权。一旦个别企业出问题，必然会使其他企业纷纷遭到“株连”。曾有媒体曝光重庆火锅店用石蜡做底料，会严重危害消费者健康，导致火锅行业上座率骤降三成，火锅店及其上下游企业遭受惨重损失。

4. 凭标准买卖（Sale by standard）与商品名称的关系

标准一般是由标准化组织、政府机关、行业团体、商品交易所等所制定和公布的，对某些商品等级及检验方法的标准化规定。如 ISO（国际标准化组织的标准）、IE（国际电工委员会的标准）等。产品技术标准除了具有产品规格、产品等级的自律属性外，还具有他律属性，它须有关方面协商一致，由主管机构批准，以特定形式发布，作为共同遵守的准则和依据。标准自身无约束力，但一经交易双方选用，就形成了约束，不得随意调整或改动。目前世界各国都有自己的标准，如 EN（欧盟）、BS（英）、ANSI（美）、NF（法）、DIN（德）、JIS（日）等，有些标准已世界通用，成为国际标准。如 UL（Underwriter Laboratories Inc. 美国保险人工会）等。我国商检部门已被授权在国内统一办理“UL”的检验与审理。我国有国家、专业、地方、企业四级标准。在对外贸易中，一般应争取以我国公布的标准作为交货的品质依据。如须接受外方标准，应充分考虑其标准内容及检验方法是否合理、可行。

凭标准买卖是使用某种标准作为说明和评价货物品质的依据，是规格和等级的标准化。要创造品牌、打响品牌，商品的买卖要上升到凭标准进行的高度。在这个层次上，才便于精细化加工和生产经营，商品的内在品质才有可能得到可靠保证。

产品技术标准有排他性。如同铁路轨距，我国的铁路轨距是 1 435 毫米，俄罗斯是 1 520 毫米，标准不统一，引起一系列麻烦。产品技术标准还具有动态性，表现在与时俱进。我国“十一五”末标准总体水平达到中等发达国家水平，采标比例达到 85% 以上；到 2020 年，我国标准的总体水平要求达到发达国家水平，采标比例达到 90% 以上。产品标准的引领性是指一旦标准成为市场游戏规则，人们只能跟随，很难超越。

5. 凭品牌或商标买卖（Sale by brand or trade mark）与商品名称的关系[①]

商标是品牌的法律名称，代表产品或公司已注册的独特设计图案。某些商品在市场上行销已久，品质优良稳定，知名度高，且品种单一，则往往可以其商标和品牌表示其品质。在很多情况下，凭商标买卖的产品，必须具有完整确切的品质指标或技术说明。如在农产品的凭地理标志买卖中，不可避免地出现一种“公共地悲剧”的现象，因而需要企业在地理商誉的基础上自创品牌，将自己的产品与其他产品进行区隔。在工业制成品的买卖中，有时买方在熟知卖方产品品质的情况下，常常要求在卖方的产品或包装上使用买方指定的牌名或商标，进行定牌加工。

6. 凭说明书和图样买卖（Sale by description and illustration）与商品名称的关系

对于结构性能复杂的工业产品，通常以说明书和图样加以完整地描述，以此作为买卖双方认定的品质标准。如，机器、电器、仪表、大型设备、交通工具等技术密集型产品，要规定其名称、商标牌号、型号，介绍该产品的构造、原材料、产品形状、性能、使用方法，附以图样、图片、设计图纸、性能分析表等来完整说明其品质特征。在此情况下，是多种方式表示产品质量，名称可能出现副品牌、子品牌。

有些凭说明书买卖的机、电、仪产品已经不仅仅是单纯的货物贸易，具有技术经济合作和服务贸易性质，除在合同中订有品质检验条款外，还订有品质保证条款、融资条款和技术服务条款，是产品自然质量和市场质量的综合体现。

综上所述，凡大路货的商品本来就没有什么与众不同，商品名称不能表示商品品质；凭实物买卖的商品与此没有本质上的不同；凭规格买卖和凭等级买卖的商品有取名的初始愿望，能否成为有一定影响力的品牌，不能让商品的买卖仅仅停留在名称上，要设法在品质上与众多竞争对手的产品区别开来，产品的名称乃至品牌才具有实际意义；凭地理标志买卖的商品，名称对商品品牌建设、特别是对农村脱贫致富的现实意义很大。可以在凭地理标志买卖的基础上，对已经具备了一定的市场声誉的产品实施品牌战略，凭品牌或商标买卖，提高商品的美誉度；可以在凭规格买卖和凭等级买卖的基础上，实施标准化战略，便于精细化加工和规模化生产经营。

三、合同中的品名和品质条款

（一）买卖合同中品名条款

无论商品如何分类、采用什么编码、什么表示方法，商品的名称总是少不了的。在货物买卖合同中，商品的名称并无统一的要求和格式，通常品名条款是由买卖双方协商确定。在“商品名称”下，列明交易双方成交商品的名称；或在合同的开头部分，列明交易双方同意买卖某种商品的文句。另外，有些商品还出现了品名和品质条款合并的情况。品名条款是合同中的主要条款，制定原则是：

（1）商品的品名必须做到内容明确具体。

（2）商品的品名必须实事求是、切实反映商品的实际情况；比如法国规定服装含毛率

① 翟江南．湖南农副产品品牌建设中的产品命名．湖南农业大学学报（社会科学版），2007（3）：54～56

只需达到85%以上就可以算作纯毛服装；而比利时规定含毛率必须达到97%；联邦德国则要求更高，含毛率必须达到99%时，才能称为纯毛服装。

（3）商品的品名要尽可能使用国际上通行的名称。如“红薯”是Sweet Potato，不能称“甜土豆、地瓜”之类。

（4）确定品名时，应注意有关国家的海关税则和进出口限制的有关规定，恰当地选择有利于降低关税和方便进出口的名称。如本属整地用的农机具（HS8432.80）；若被当成筑路机具类（HS8429.50），出口本无须商检变成需要商检了。

（5）确定品名时必须考虑其与运费的关系。如柠檬酸，既可以呈报为食品类（制作饮料的原料），也可以呈报为化工原料，这两种品名的运价有较大差别。

（6）对于那些必须采用样品成交，而难以做到货样一致或无法保证批量生产时质量稳定的产品，则在订立合同时规定一些弹性条款。例如，“质量与样品大致相同”（Quality to be about equal to the sample）或“质量与样品近似”（Quality to be similar to the sample）。

在品质条款中，若是凭样品买卖，品质栏目要列明货物的名称，样品的编号，寄送和确认日期。若是凭文字说明买卖，应明确规定货物的名称、规格、等级、标准、牌名、商标或产地名称等内容。若以图样和说明书表示货物品质，应列明图样、说明书的名称、份数等内容。

（二）买卖合同的品质条款基本内容

品质条款应尽量明确具体，避免笼统含糊。尽量不用“大约”、“左右”、“合理误差”等含意不清的用语。

1. 品质机动幅度

品质机动幅度是指对特定品质指标在一定幅度内可以机动。品质机动幅度主要适用于初级产品，以及某些品质指标有变动的工业制成品。规定品质机动幅度常用“交货品质与样品大体相等”或以下几种方法表示：

（1）规定范围。例如，棉布幅阔35/36″，而布的幅阔只要在35英寸到36英寸的范围内，都算符合要求。

（2）规定极限。对有些品质规格，标明上下极限的字样，如最大、最多、最高（Maximum或Max）和最小、最少、最低（Minimum或Min）。

（3）规定上下差异。例如，中国灰鸭绒，含绒量为70%，允许±2%。

对在机动幅度内的品质差异，一般均按合同单价计价，不再另作调整。但如果有些品质指标的变动，会给商品质量带来实质性的变化，为了体现按质论价。也可在合同中订立品质增减价条款。如出口大豆时规定含油率不低于20%，以20%为基础，含油率每增加1%，价格增加2%。

2. 品质公差（Quality Tolerance）

对工业制成品，可规定品质公差，如机械加工的零件尺寸。品质公差有些是国际公认的，有些则由买卖双方在合同中约定。交货品质在此范围内即可认为与合同相符。若无公认的“品质公差”，可规定双方认可的误差。

四、商品数量和重量的表示方法

（一）常见的度量衡制度

由于世界各国的度量衡制度不同，以致造成同一计量单位所表示的数量不一。在国际贸易中，以下度量衡制度在一定条件下并存：

1. 公制（The metric system）

始创于法国，1875 年 17 个国家的代表在法国巴黎开会议定的国际通用的计量制度。主要单位是：长度单位为米，质量单位为千克，容量单位为升。

2. 国际单位制（The International system，SI）

这是国际标准计量组织在公制基础上于 1960 年第 11 届国际计量大会制定公布的。以“米、千克、秒、安培、开尔文、摩尔、坎德拉”七个单位为体系，以“弧度、球面度”为辅助单位。工业比较发达的国家几乎全部采用了国际单位制。1984 年 2 月 27 日，国务院发布《关于在我国统一实行法定计量单位的命令》，规定 SI 制为我国法定计量单位，即公制不再是我国的基本计量制度了。

目前，除个别特殊领域外，或对出口商品，除照顾对方国家贸易习惯约定采用公制、英制或美制计量单位外，我国一般不许再使用非法定计量单位。我国进口的机器设备和仪器等应要求使用法定计量单位。否则，一般不许进口。如确有特殊需要，也必须经有关标准计量管理部门批准。

3. 英制（The british system）

基本单位为磅和码等。英制是一种使用于英国、其前殖民地和英联邦国家非正式标准化的单位制。从官方而言，现在美国、利比里亚和缅甸还在用。英国已于 1995 年完成了向国际单位制的转换。一些英制仍旧保留（如路标上的英里），但食品销售等已日趋普遍使用国际单位制。在中国香港，部分英制单位仍被广泛使用，如长度的“吋”（英寸）和“呎”（英尺）、重量的“磅”和“盎司”（Ounce）、容积的“加仑”，“码”等。受美国入口炊具的影响，夸脱（quart）也经常被使用。

4. 美制（The U. S. system）

基本单位和英制相同，为磅和码、但有个别派生单位不一致。如英制为长吨，等于 2 200 磅，而美制为短吨，等于 2 000 磅。此外容积单位加仑和蒲式耳，英美制名称相同，大小不同。美国在推行 SI 制单位时遇到的主要阻力据称是来自三大领域，即公路标志、天气预报和散装食品的包装。从全球范围看，日本压力单位不采用牛顿或帕斯卡，而采用公斤/平方厘米。开尔文是 SI 制温度的正式单位，但在欧洲、中国等地的天气预报至今使用的是℉和℃。在石油工业中的计量单位美国和其他国家一样，仍然是“桶”。美国的冷媒行业和承压设备行业是坚持英制单位的顽固堡垒。船运业仍然以英尺为基本单位，世界航空记录中用的高度计和空中交通管理部门仍采用英尺。

（二）货物贸易常用计量单位

国际贸易中用以表示商品数量的计量单位分成两类：一类是以度量衡制单位表示，包括重量、长度、面积、体积和容积等。另一类是以个数表示，包括约定俗成的一些个数单位，如打、罗、大罗以及订有国际标准的某些商品的包装单位，如桶（石油）、包（棉花）等。

1. 按重量（Weight）计算

按重量计算是当今国际贸易中广为使用的一种，例如，许多农副产品，矿产品和工业制成品，都按重量计量，按重量计量的单位有公吨（metric ton，M/T），长吨（L/T），短吨（S/T），千克（kilogram，kg），磅（pound，lb），盎司（ounce，oz），克（gram，g），克拉（carat，ct），毫克（milligram，mg）等等。根据一般商业习惯，计算重量的方法有以下几种：

（1）净重（Net Weight NW）和毛重（Gross Weight，GW）。净重是指商品本身的重量，按照国际惯例，如合同中对重量的计算没有其他规定，则应以净重计量。

有的商品需经包装后才能称量，所得重量为毛重。对价值较低的商品，可以在合同中规定以毛重计量，即所谓“以毛作净”（Gross for Net）。

（2）皮重（Tare）：如果需以净重计算，则必须从毛重中减去包装物的重量，即皮重。计算皮重主要有下列几种做法：① 实际皮重。即称量每件包装物的重量。② 平均皮重。在包装物比较划一的情况下，可从全部商品中抽取一定件数的包装物，加以称量，求出平均每件包装物的重量。③ 习惯皮重。适用于规范化的包装方式。包装的重量已为人所共知，无需称量。④ 约定皮重。双方事先约定的包装重量。

（3）公量（Conditioned Weight）。对干含水率不稳定的商品，如羊毛、生丝、棉花等，为准确计算这类商品的重量，国际上通常采用按公量计算的方法，即测定商品的实际回潮率（含水率）以计算商品干净重，再换算成公定回潮率的重量。计算公式如下：

$$\text{公量} = \text{干量} + \text{标准水分} = \text{干量} \times (1 + \text{标准回潮率})$$
$$= [\text{实际重量}/(1 + \text{实际回潮率})] \times (1 + \text{标准回潮率})$$

【案例 3-4】

某公司从澳大利亚进口羊毛 10M/T，合同中定明：Quantity 10M/T。货物进口后进行复验，从该批货物中取样 10KG，用科学方法除去所有水分后，得干量 7.5 KG，问澳方交付的羊毛实际回潮率为多少？是否吃了亏？（目前国际上公认羊毛、生丝的标准回潮率为 11%）。

（4）理论重量（Theoretical weight）。对一些具有固定规格尺寸的商品，每件重量基本一致，一般可从件数推算出总重量。

（5）法定重量（Legal weight）和实物净重（Net net weight，NNW）。法定重量是商品加上直接接触商品的包装物料，如销售包装等的重量，是海关征收货物从量税的基础；而除去销售包装这部分重量所表示出来的纯商品的重量，则称为实物净重。

2. 按数量（Number）计算

大多数工业制成品，尤其是日用消费品，轻工业品，机械产品以及一部分土特产品，均习惯于按数量进行买卖，所使用的计量单位有件/个/只/张（piece，pc.），辆（unit），头（head），听（tin or can），捆（bale or bdl.）双（pair，pr.），台/套/架/组（set，st.），打（dozen，doz.）、卷（roll，or coil），令（ream，rm.），罗（gross，gr.），大罗（great gross，g. gr.），袋（bag，b.），箱（case，c/s），纸箱（carton，ctn.），桶（barrel），包

(bale) 等。

3. 按长度 (Length) 计算

在金属绳索、丝绸、布匹等类商品的交易中，通常采用米 (metre, m)，英尺 (foot, ft)，码 (yard, yd) 等长度单位来计量。

4. 按面积 (Area) 计算

在玻璃板，地毯等商品的交易中，一般习惯于以面积作为计量单位，常用的有平方米 (square metre, SQ. M, m^2)、平方尺 (SQ. FT)、平方码 (SQ. YD) 等等。在对外贸易中，有以单位面积重量来考量织物质地的计量单位——姆米 (m/m)。m/m 代表每平方米克重 (克/米^2)，织物宽1英寸，长25码，重2/3日钱为1m/m (1日钱折合公制为3.75克)。

5. 按体积 (Volume) 计算

按体积成交的商品有限，仅用于木材、天然气和化学气体等。属于这方面的计量单位有立方米 (cubic meter, CU. M, m^3)，立方尺 (CU. FT)，立方码 (CU. YD)，板尺 (Board Foot, BF) 等等。板尺：是北美板材的体积单位。相当于1英尺长，1英尺宽，1英寸厚的板材的体积。打磨好的板材体积按打磨以前的体积计算。1MBF (千板尺) 是1 000个板尺的意思。通常情况下，对板材来讲：$1MBF = 2.36M^3$。

6. 按容积 (Capacity) 计算

各类谷物和液体货物，往往按容积计量。有升 (litre, L)，加仑 (gallon, gal)，蒲式耳 (bushel, bu) 等。其中，美国以蒲式耳 (Bushel) 作为各种谷物的计量单位。“升”、“加仑”则用于酒类、油类商品的计量。

五、合同中的数量条款

(一) 合同数量条款的作用

《联合国国际货物销售合同公约》规定：按约定数量交货是卖方的一项基本义务。如卖方交货数量大于约定的数量，买方可以拒收多交的部分，也可收取多交部分中的一部分或全部，但应按实际收取数量付款。如卖方交货数量少于约定的数量，卖方应在规定的交货期届满之前补交，且不得使买方遭受不合理的损失，买方可保留要求赔偿的权利。因而，正确订立合同中的数量条款，对买卖双方都是十分重要的。

(二) 数量机动幅度

在实际业务中，对于大宗散装商品，如农副产品和工矿产品，由于商品特点和运输装载的缘故，难以严格控制装运数量。此外，某些商品由于货源变化、加工条件限制等，往往在最后出货时，实际数量与合同规定数量有所不同。对于这类交易，为了便于卖方履行合同，通常可在合同中规定溢短装条款 (More or Less Clause)，即规定交货数量可在一定幅度内增减。常用的方式为规定允许溢短装的百分比。例如“20 000码布匹，卖方可溢短装5%” (Quantity: 20 000 YD with 5% more or less at seller's option)。

在以信用证支付方式成交时，按《跟单信用证统一惯例》(UCP600) 第30条b款的规定，以包装单位件数或货物自身件数的方式规定货物数量时，货物必须按实际数量提供；反之数量允许有5%的增减幅度，只要总支取金额不超过信用证金额；对于“大约”（about, circa, approximate, appr.）用于信用证金额或信用证规定的数量或单价时，应解释为允许有关金额或数量或单价有不超过10%的增减幅度。

对在机动幅度内多交或少交的数量，一般可按合同价格结算。如果双方考虑到交货时市场价格可能有较大变化，则可事先在合同中规定。对于溢短装部分按货物装船时的市价计算。

【案例3－5】

一公司向迪拜出口格力空调1 000台，L/C规定Partial Shipment Unallowed。但装货时，发现有32台被损坏，临时更换又来不及。为保证质量，发货人员根据《UCP600》第30条(b)款的规定：“在信用证未以包装单位件数或货物自身件数的方式规定货物数量时，货物数量允许有5%的增减幅度，只要总支取金额不超过信用证金额。”决定少交32台空调，即少3.2%。问是否可行？

（三）规定数量条款时应注意的事项

1. 正确掌握成交货物的数量

（1）对于出口商品数量的掌握，应考虑以下4点：

① 国外市场的供求情况。要正确运用市场供求变化规律，按照国外市场实际需要合理确定成交量，以保证我国出口商品卖得适当的价钱，对于我主销市场和常年稳定供货的地区与客商，应经常保持一定的成交量，防止因成交量过小，或供应不及时，使国外竞争者乘虚而入，而失去原来的市场和客户。

② 国内货源情况。在有生产能力和货源充足的情况下，可适当扩大成交量。反之，则不应盲目成交，以免给生产企业和履行合同带来困难。

③ 国际市场的价格动态。当价格看跌时，应多成交，快脱手；价格看涨时，不宜急于大量成交，应争取在有利时机出售。

④ 国外客户的资信状况和经营能力，对资信情况不了解和资信欠佳客户，不宜轻易签订成交数量较大的合同，对小客户也要适当控制成交数量，而大客户成交数量过小，将缺少吸引力。总之要根据客户的具体情况确定适当的成交数量。

（2）对进口商品数量掌握，要考虑以下3个因素：

① 国内的实际需要。应根据实际需要确定成交量，以免盲目成交。② 国内的支付能力。③ 市场行情的变化。当行情对我有利时，可适当扩大成交数量反之应适当控制成交数量。

2. 数量条款的各项内容应订得明确具体

在数量条款中，对计量单位的规定，以“吨”计量时，要订明是公吨还是长吨、短吨；以罗为单位时，要注明每“罗”的打数，力求避免使用含糊不清和笼统的字句，以免引起争议。对于“溢短装”和“约”量必须在合同中订明增减或伸缩幅度的具体百分比。

（四）货物贸易常用计量单位之间的换算

表3－2 长度换算

SI 制		英美制		
米	厘米	码	英尺	英寸
1	100	1.094	3.280 8	39.370 1
0.01	1	0.010 94	0.032 81	0.393 7
0.333 3	33.33	0.364 6	1.094	13.123
0.914 4	91.44	1	3	36
0.304 8	30.48	0.333 4	1	12
0.025 4	2.54	0.027 8	0.083 3	1

表3－3 重量换算

SI 制	英制	美制	港制
公吨	长吨	短吨	司马担
1	0.984 2	1.102 3	16.535
1.016	1	1.12	16.8
0.907 2	0.892 9	1	15
0.05	0.049 21	0.055 1	0.826 7
0.050 8	0.05	0.056	0.840 2
0.060 5	0.059 54	0.066 7	1

表3－4 面积换算

SI 制		英美制		
平方米	平方厘米	平方码	平方英尺	平方英寸
1	10 000	1.196	10.763 9	1 550
0.000 1	1	0.000 12	0.001 08	0.155
0.836 1	8 361	1	9	1 296
0.092 9	929	0.111 1	1	144
0.000 65	6.45	0.000 77	0.006 94	1
0.111	1 111	0.133	1.196	172.2

表3－5 容（体）积换算

SI 制	英制	美制
升	英加仑	美加仑
1	0.22	0.264
4.546	1	1.201
3.785	0.833	1

表 3－6　　粮谷重量容积换算

SI 制		英美制		
立方米	立方厘米	立方码	立方英尺	立方英寸
1	1 000 000	1.303	35.314 7	61 024
0.000 001	1	0.000 001 3	0.000 04	0.061 02
0.763 6	764 555	1	27	46 656
0.028 32	28 317	0.037	1	1 728
0.000 016	16.387	0.000 02	0.000 58	1
0.037	37 037	0.048 4	1.308	2 260

表 3－7　　粮谷重量容积换算

品名	一公吨折合	一蒲式耳折合	
	蒲式耳	磅	千克
小麦、大豆	36.743	60	27.216
玉米	39.368	56	25.402
大麦（英制）	44.092	50	22.68
大麦（美制）	45.931	48	21.773

表 3－8　　石（原）油重量、容积换算

国别	一公吨折合			
	千升	英制桶	英制加仑	美制加仑
美国、印度尼西亚	1.18	7.40	259.1	310.6
伊朗、沙特阿拉伯	1.19	7.49	261.8	314.5
日本	1.11	6.99	244.5	293.3
英国、科威特	1.16	7.31	255.8	306.7
委内瑞拉	1.09	6.84	239.2	287.4

第三节　商品的包装

一、商品包装的概念和作用

（一）商品包装的概念

根据国标《包装通用术语》定义，商品包装是指在流通过程中保护商品，方便运输，促进销售，按一定的技术方法而采用的容器、材料及辅助等的总体名称。也指为了上述目的而在采用容器材料和辅助物的过程中施加一定技术方法的操作活动。因此商品包装有二层含义，一方面是指盛装商品的容器而言，通常称作包装物，如箱、袋、捆、桶、听等；另一方面是指包扎商品的过程，如装箱、打包等。

商品包装一是商品的附属品，二是为实现商品价值和使用价值所采取的一种必不可少的手段，因此具有从属性和商品性的特性。

（二）商品包装的作用

1. 保护商品

科学合理的包装，能使商品在流通过程中抵抗各种外界因素的破坏，保证商品质量和数量的完好，从而保护商品的性能和价值。

2. 便于流通

在商品包装外面通常都印有各种标志，这样既有利于商品的分配调拨、清点计数，也有利于合理运用各种运输工具和仓容，提高运输、装卸、堆码效率和储运效果，加速商品流转。

3. 促进销售

包装既能提高商品的市场竞争力，又能以其新颖独特的艺术魅力吸引顾客、指导消费，成为促进消费者购买的主导因素，是商品的无声推销员。

4. 方便消费

销售包装便于消费者携带、保存和使用；方便消费者辨认，又介绍了商品的成分、性质、用途、使用和保管方法，起着方便与指导消费的作用。

5. 节约费用

合理的包装可以大大提高装载容量并方便装卸运输，节省运输费、仓储费等项费用。有的包装还可以回收利用，有利于降低成本，保护环境。

二、商品包装的分类

商品包装的分类是把商品包装作为一定范围的集合整体，按照一定的分类标志或特征，逐次归纳为若干概念更小、特征更趋一致的局部集合体，直至划分为最小的单元。商品包装分类是根据一定目的，满足某种需要而进行的。商品包装在生产、流通和消费领域中的作用不同，不同部门和行业对包装分类的要求也不同，分类的目的也不一样。商品包装种类繁多，常见的商品包装的分类和包装种类如下：

（一）按包装的用途分类

1. 销售包装

销售包装是指一个商品为一个销售单元的包装形式，或若干个单体商品组成一个小的整体的包装，亦称为个包装或小包装。销售包装又分为内销包装、出口包装和特殊包装。

常见的销售包装有：挂式包装、堆叠式包装、携带式包装、易开包装、喷雾包装、配套包装、礼品包装、复用包装，等。

2. 运输包装

运输包装是商品最外部的包装，又称外包装，或大包装。例如，纸箱、木箱、桶、集合包装（如集装箱、柔性集装袋、托盘包装）等。运输包装一般体积较大，外形尺寸标准化程度高，坚固耐用，广泛采用集合包装，表面印有明显的识别标志，主要功能是保护商品，方便运输、装卸和储存。

（二）按包装形状和材料分类

以包装材料作为分类标志，一般可分为纸板、木材、金属、塑料、玻璃和陶瓷、纤维织品、复合材料等包装。

1. 纸制包装

这是以纸与纸板为原料制成的包装。它包括纸箱、瓦楞纸箱、纸盒、纸袋、纸管、纸桶、蜂窝纸等。在现代商品包装中，纸制包装仍占有很重要的地位。从环境保护和资源回收利用的观点来看，纸制包装有广阔的发展前景。

2. 木制包装

这是以木材、木材制品和人造板材（如胶合板、纤维板等）制成的包装。主要有：木箱、木桶、胶合板箱、纤维板箱和桶、木制托盘等。

3. 金属包装

这是指以黑铁皮、白铁皮、马口铁、铝箔、铝合金等制成的各种包装。主要有：金属桶、金属盒、马口铁及铝罐头盒、油罐、钢瓶等。

4. 塑料包装

这是指以人工合成树脂为主要原料的高分子材料制成的包装。主要的塑料包装材料有聚乙烯（PE）、聚氯乙烯（PVC）、聚丙烯（PP）、聚苯乙烯（PS）、聚酯（PET）等。塑料包装主要有：全塑箱、钙塑箱、塑料桶、塑料盒、塑料瓶、塑料袋、塑料编织袋、可降解塑料袋等。

5. 玻璃与陶瓷包装

这是指以硅酸盐材料玻璃与陶瓷制成的包装。这类包装主要有：玻璃瓶、玻璃罐、陶瓷罐、陶瓷瓶、陶瓷坛、陶瓷缸等。

6. 纤维制品包装

这是指以棉、麻、丝、毛等天然纤维和以人造纤维、合成纤维的织品制成的包装。主要有麻袋、布袋、编织袋等。

7. 复合材料包装

这是指以两种或两种以上材料粘合制成的包装，亦称为复合包装。主要有纸与塑料、塑料与铝箔和纸、塑料与铝箔、塑料与木材、塑料与玻璃等材料制成的包装。

8. 其他材料类包装

（三）按防护技术方法分类

以包装技法为分类标志，商品包装可分为贴体、透明、托盘、开窗、收缩、提袋、易开、喷雾、蒸煮、真空、充气、防潮、防锈、防霉、防虫、无菌、防震、遮光、礼品、集合包装（如大礼包）等。

【小资料】

德国对我出口食品包装提出 3 大要求

2004 年 10 月，德国的企业对我国出口食品时使用的包装用瓦楞纸箱提出了 3 个新的要求：(1) 外箱不能有蜡纸或油质隔纸；(2) 尽可能用胶水封箱，不能用 PVC 或其他塑料胶带。如果不得不用塑料胶带，也要用不含 PE/PB 的胶带；(3) 外纸箱不能用任何金属塑料钉或夹，只能用胶水粘牢各面。这对我国食品出口到德国提出了更高德要求，从事食品包装经营的企业应引起高度重视。

（来源：国际进出口贸易网 2004－10－29）

三、运输包装的标志

商品运输包装标志是指在运输包装外部制作的特定记号或说明。包装好的货物只有依靠标志，才能进入现代的物流而成为现代运输包装。货物流动要经过多环节、多层次的运动和中转，要完成各种交接，这就需要依靠标志来识别货物；包装货物通常为密闭容器，经手人很难了解内装物是什么，更何况内装产品性质不同，形态不一，轻重有别，体积各异，保护要求就不一样。这就需要通过标志来了解内装产品，以便正确有效地进行装卸、运输、储存等。

运输包装标志主要是赋予运输包装件以传达功能。目的是：识别货物，实现货物的收发管理；明示物流中应采用的防护措施；识别危险货物，暗示应采用的防护措施，以保证物流安全。

运输包装的标志按其用途可分成运输标志（Shipping mark）、指示性标志（Indicative mark）、警告性标志（Warning mark）。

（一）运输标志

运输标志以唛头为主要内容，此外还包括重量体积标志和产地标志。

1. 唛头（Mark）

在运输包装上和相关单据上书写、压印、贴印刷制的图形、文字和符号。其作用是在装卸、运输、保管过程中，使有关部门便于识别货物，防止错发错运。为了保持单证一致，整齐划一，按国际标准化组织的建议，唛头包括四项内容（一般不使用几何图形）：

① 收货人或买方名称的英文缩写字母或简称；

② 参考号：如运单号、订单号和发票号等；

③ 目的地；

④ 件数号码。

运输标志在国际贸易中还有其特殊的作用。按《公约》规定，在商品特定化以前，风险不转移到买方承担。而商品特定化最常见的有效方式，是在商品外包装上，标明运输标志。此外，国际贸易主要采用的是凭单付款的方式，而主要的出口单据如发票、提单、保险单上，都必须显示出运输标志。商品以集装箱方式运输时，运输标志可被集装箱号码和封口号码取代。

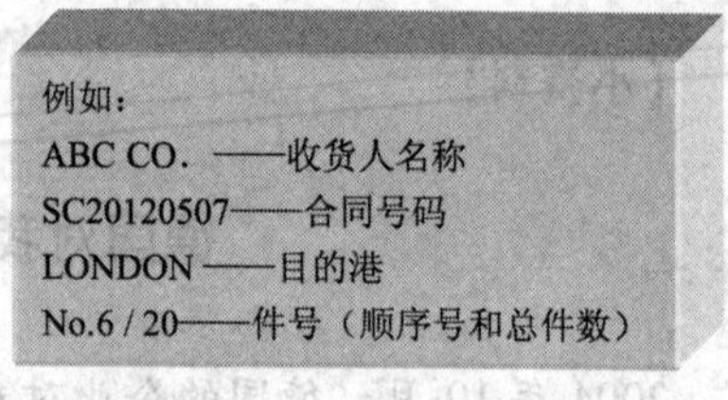

图 3 – 1　运输标志示例

2. 重量体积标志

运输包装外通常都标明包装的体积和毛重，以方便储运过程中安排装卸作业和舱位。

3. 产地标志

商品产地是海关统计和征税的重要依据，由产地证说明。但一般在内外包装上均注明产地，作为商品说明的一个重要内容。

（二）警告性标志

警告性标志（Warning mark）又称危险品标志，凡在运输包装内装有爆炸品、易燃物品、有毒物品、腐蚀物品、氧化剂和放射性物资等危险货物时，都必须在运输包装上标明该种危险的标志，以示警告，便于装卸、运输和保管人员按货物特性采取相应的防护措施，以保护物资和人身的安全。对危险性货物的包装储运，各国政府制订有专门的法规，应严格遵照执行。我国目前采用的是国家标准 GB 190。我国在出口危险品货物时，除刷写我国危险品标志外，还应刷写国际海运危险品标志。

危险货物包装标志是用来标明化学危险品的。这类标志为了能引起人们的特别警惕，采用特殊的彩色或黑白菱形图示。危险货物包装标志必须指出危险货物的类别及危险等级。这类标志有：

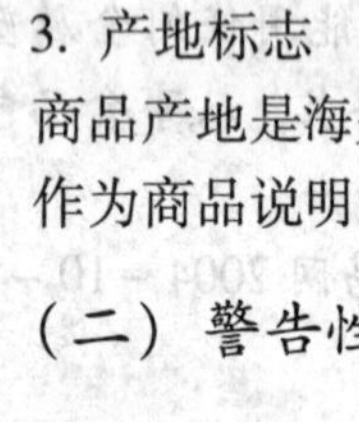

图 3 – 2　爆炸品标志（explosive）

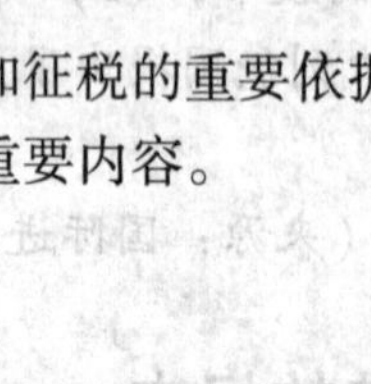

图 3 – 3　易燃气体标志（explosive）

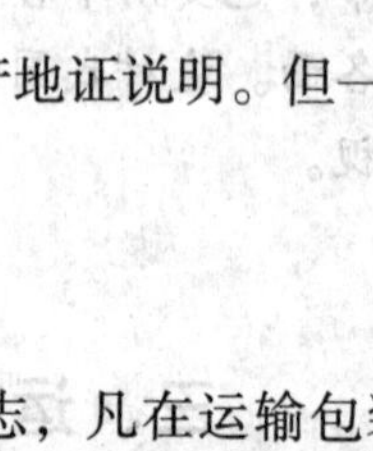

图 3 – 4　不燃压缩气体标志（non-inflammable compressed gas）

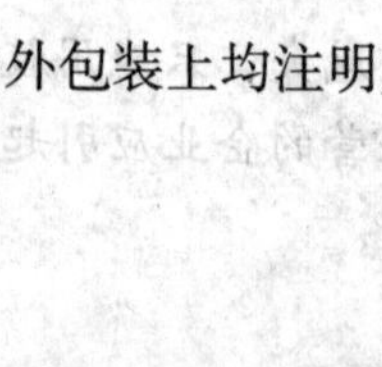

图 3 – 5　有毒气体标志（toxicgas）

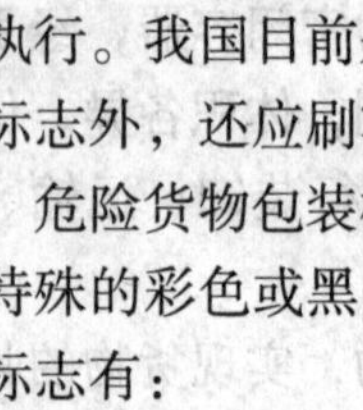

图 3 – 6　易燃液体标志（inflammable liquid）

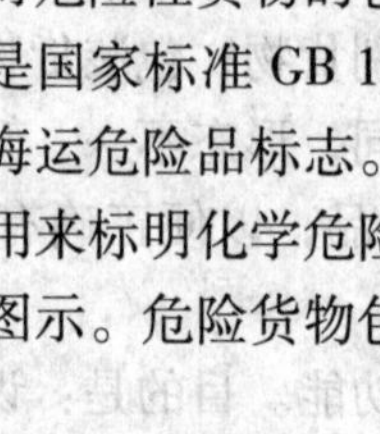

图 3 – 7　易燃固体标志（inflammable solid）

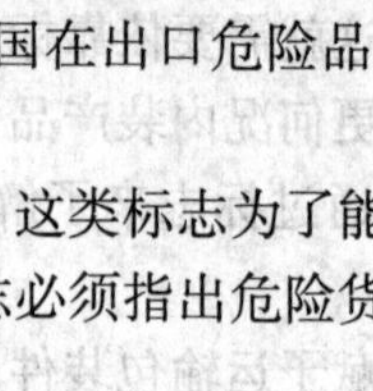

图 3 – 8　自燃物品标志（spontaneously combustible）

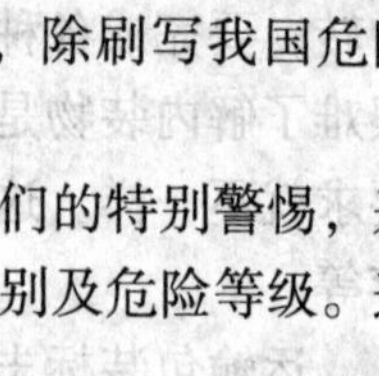

图 3 – 9　遇湿易燃标志（imflammable when wet）

图3－10 氧化剂标志（oxidizing agent）

图3－11 有机过氧化物标志（organic peroxide）

图3－12 有毒品标志（poison）

图3－13 剧毒品标志（drastictoxicant）

图3－14 有害品标志（忌近食品）（harmful stow away from foodstuffs）

图3－15 感染性物品（infections products）

图3－16 一级放射性物品标志（radioactive Ⅰ）

图3－17 二级放射性物品标志（radioactiveⅡ）

图3－18 三级放射性物品（radioactiveⅢ）

图3－19 腐蚀性物品（corrosive）

上述危险货物包装标志尺寸，按标准规定一般分为下列四种，见表3－9。1号适用于拴挂，2，3，4号适用于印刷或标志。特大或特小包装的货物标志大小，可不受此尺寸的限制。

表3－9 危险货物包装标志尺寸

号别	尺寸	
	长（mm）	宽（mm）
1	50	50
2	100	100
3	150	150
4	250	250

危险货物包装标志图形应按规定的颜色印刷或标打。用于粘贴的标志可单面印刷；用于拴挂的标志应双面印刷。印刷标志用纸，应采用厚度适当，有韧性的纸张。

危险货物包装标志使用时，对粘贴或拴挂的标志，箱状包装应位于包装两端或两侧的明显处；袋状、捆扎包装应位于包装明显的一面；桶形包装应位于桶盖或桶身；集装箱应粘贴四面。标志的粘贴应保证在货物储运期内不脱落。对钉附的标志，应用有标志的金属板或木板，钉在包装的两端或两侧的明显处。

（三）指示性标志

指示性标志（Indicaive mark），又称包装储运图示标志，一般都是以简单、醒目的图形和文字在包装上标出，提示人们在装卸、运输和保管过程中需要注意的事项，引起作业人员的注意，按图示标志的要领进行操作。此类标志我国目前采用的是国家标准 GB 191。

图 3-20　小心轻放标志
（handle with care）

图 3-21　向上标志
（this way up）

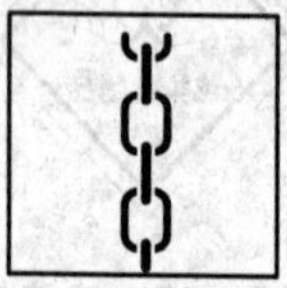
图 3-22　由此吊起
（lift here）

图 3-23　垂心点标志
（centre of gravity）

图 3-24　重心偏斜
（centre of gravity offset）

图 3-25　易于翻倒标志
（liable to tip）

图 3-26　怕湿标志
（keep away from moisture）

图 3-27　怕热
（keep away from heat）

图 3-28　怕冷
（keep away from cold）

图 3-29　堆码极限标志
（stacking limit）

图 3-30　温度极限
（temperature limit）

图 3-31　由此撕开标志
（tear off here）

图 3-32　由此开启标志
（open here）

图 3-33　禁止翻滚标志
（do no troll）

图 3-34　禁用手钩标志
（use no hooks）

上述包装储运图示标志尺寸，按标准规定一般分为下列三种，见表 3-10，包装体积特大或特小的货物，其标志幅面不受此尺寸限制。

表3-10　　包装储运图示标志尺寸

号　别	尺　寸	
	长（mm）	宽（mm）
1	105	74
2	148	105
3	210	148

包装储运标志图形应按图形规定的颜色印刷。涂打的标志，如因货物包装关系不宜按图规定的颜色涂打时，可根据各种包装物的底色，选配与其底色不同的符合明显要求的其他颜色。印刷时外框线及标志名称都要印上；涂打时外框线及标志名称可以省略。

包装储运图示标志使用时，对粘贴的标志，箱状包装应位于包装两端或两侧的明显处；袋、捆包装应位于包装明显的一面；桶形包装应位于桶盖或桶身。对涂打的标志，可用油漆、油墨或墨汁，以镂模、印模等方式按上述粘贴标志的位置涂打或者书写。对钉附的标志，应用涂打有标志的金属板或木板，钉在包装的两端或两侧的明显处。对于“由此起吊”和“重心点”两种标志，要求粘贴、涂打或钉附在货物包装的实际位置。

四、中性包装和定牌

（一）中性包装

中性包装（Neutral Packing）是指既不标明生产国别、地名和厂商名称，也不标明卖方商标或品牌的包装，也就是说，在出口商品包装的内外，都没有原产地和出口厂商的标记。中性包装包括无牌中性包装和定牌中性包装两种，前者，是指包装上既无生产国别和厂商名称，又无商标、品牌；后者，是指包装上仅有买方指定的商标或品牌，但无生产国别和厂商名称。

采用中性包装，是为了打破某些进口国家与地区的关税和非关税壁垒以及适应交易的特殊需要（如链式销售等），它是出口国家厂商加强对外竞销和扩大出口的一种手段。

（二）定牌

定牌加工（或称OEM，是Original equipment manufacturer“原始设备制造商”的缩写）是指按定作人的要求生产产品，使用定作人指定的商标，所生产的产品全部由定作人包销的生产活动。定牌加工是一面双刃剑，商品可能借此打开销路，也可能造成侵权或丢失自己创立品牌的市场机会。中国的OEM之路往往经过如下四个步骤：

1. 借船出海，苦练内功

在定牌生产的商品和/或包装上，只用外商所指定的商标或牌号，而不标明生产国别和出口厂商名称，这属于采用定牌中性包装的做法。

2. 既做OEM，又打产地广告

在定牌生产的商品和/或包装上，在采用买方所指定的商标或牌号的同时，在其商标或牌号下标示“中国制造”字样。

3. 既做品牌，又做 OEM

在定牌生产的商品和/或包装上，标明我国的商标或牌号，同时也加注国外商号名称或表示其商号的标记。这种做法为打响自有品牌创造了条件。

4. 提升 OEM 层次，逆转 OEM 方向

这种做法对打响自有品牌最为有利。做 OEM 只是手段，做品牌才是目的。企业在做 OEM 的同时还必须注意把握好自己的核心产品，树立和维护自己的品牌形象，充分利用 OEM 的各种有利因素，掌握先进技术，不断进行技术更新和产品开发，不断提高自己品牌的竞争力。不要把自己当作别人的生产机器和生产车间，应化被动为主动，不要仅仅为了生存而做 OEM，而应该不断提升 OEM 层次，实现企业的长期发展战略。

【案例 3 -6】

格兰仕走的就是从 OEM 到自创品牌的路线。开始，格兰仕通过“借船出海”，占 60% 的产品贴上他国的名牌，利用其效应来带动自身产品的出口。在合作中打通了产品销售通道，同时了解市场，了解竞争，了解网络，树立自己品牌的知名度和美誉度，成功走出了品牌输出的第一步。初步完成产品输出后，格兰仕始终没有放弃自身品牌的塑造。格兰仕深深明白，掌握核心技术才是企业立于不败之地的有力武器。因此，它将跨国公司最先进的生产线转移过来，买断日本微波炉的核心技术，每年投入 2 亿多元人民币进行技术开发，还形成了与微波炉相配套变压器的全球垄断。经过苦心经营，格兰仕使用“GALANZ”商标出口，在国际市场上确立了永久性的“户籍”，占据了国际微波炉市场 30% 的份额和国内 70% 的份额，品牌效应渐入人心。①

五、合同中的包装条款

包装条款包括商品的内外包装方式、包装数量、外包装上的装运标志、对包装的特殊要求（例如中性包装）、特殊包装费用（例如要求组装托盘）等内容。买方一般都会要求在合同中列出包装条款，卖方必须按规定执行。制订包装条款，一般应掌握以下原则：

（1）商检规定法定检验的商品，列有包装条件和规定的，在签订合同时应按法定检验规定办理，不属于法定检验的商品，其包装条款由双方商定。

（2）如由客户提供包装（如我方能够按质按量供应出口包装，应尽量说服客户采用我方包装而不用客供包装），应在合同中订明客户提供包装的最后到达日期（留有备货装箱的一段时间），以防物料迟到，影响备货包装。同时应订明如发生物料、标贴、辅料等延迟到达，对方应负担延期交货及仓租、利息等损失。

（3）如客户要求我出口商品使用其指定或提供的标贴牌号（即在商品和包装上标贴买方的商标、标记），为了防止涉嫌仿冒和侵权，应由买方事先提供“授权生产”等证明。

（4）如果双方按中性包装条款成交，则商品的内外包装上均不能有“中国制造”的中外文字样。由于各国对食品、药品和纺织品、服装均严格规定要标示原产地，这些商品的包

① 资料来源：营销师国家职业资格培训教程．高级营销师：国家职业资格一级/中国就业培训技术指导中心组织编写．北京：中央广播电视大学出版社，2006：125（经编辑）

装应按进口国产品标示法规进行标贴。

（5）装运标志的内容和式样通常由买方指定，如买方不予指定，也可由卖方确定并通知收货人。

（6）若买方开来的信用证只提出“Seaworthy Packing”（适合海上运输的包装），而未提出详细的包装条款，卖方应按照报价单和商品样本目录上所载的包装方式对商品进行包装，不得随意更改。

（7）如买方要求提供额外的特殊包装（包装费用一般包含在货价中，额外的包装指所需费用未包含在原来的货价中的包装），其费用和支付方式应在合同条款中规定。例如客户要求组装托盘，由于原来货价中不包括组装托盘项目，则可向客户说明，收取组装托盘人工费及托盘费，并应在合同中具体规定费用及支付方式。

本章小结

尽管商品丰富多彩、琳琅满目，但是它们可以被严格地区分开来。HS 编码就是一个能使各种商品不重复、不遗漏的分类体系。如果说 HS 编码是商品的身份证，商品条码则是快速准确验明身份的现代物流管理的最基本条件。现代贸易注重货物的整体质量，因此要全面把握货物品质的含义，熟悉货物的用途。货物品质的衡量有广义和狭义之分，表示品质的方法有以实物表示和以文字说明表示。货物数量目前常用的度量衡制度有公制（或米制）、英制、美制以及国际单位制。我国采用国际单位制为法定计量单位。货物包装是合同中的重要交易条件。包装分类中有运输包装和销售包装。运输标志不但具有方便运输的作用，也是商品特定化的标志之一。

技能实训

实训模块一　商品编码的正确选定

【实训目的】熟悉和了解商品的正确归类，能够将容易产生错误的商品编码在《协调制度》目录中找到正确的位置。

【实训要求】学会借鉴和查找资料，针对要解决的问题，自己找到解决的途径。

【实训内容】请根据下表，将商品正确的编码填入空格内。

№	商品名称	错误编码	错误原因分析	正确编码
1	不锈钢餐桌	94034000	误将此商品按家具归类	
2	尼龙绸折叠伞套（单独报验）	6603 –	误将伞套按伞零件归类	
3	复印机用碳粉	38029000	误将碳粉按类似油墨归类	
4	针织棉袜（婴儿用）	61151910	6115 为成人用袜子	

续表

№	商品名称	错误编码	错误原因分析	正确编码
5	微机用网卡	84733090	微机网卡已构成微机部件，不能按零件归类	
6	光电池	8506/8507	光电池是电子器件，不能作原电池或蓄电池归类	
7	木制帽模	44219090	不归44章木制品，其他章有具体列名	
8	铝制的易拉罐盖	76129010	误将罐盖作为易拉罐零件归类	
9	手动简易播种机	84323000	该商品不具备8432特征	
10	干椰子肉	08011100	榨油用，按含油子仁归类，不按水果归	

实训模块二　运输标志（唛头）制作

【实训目的】从众多信息中获取唛头制作所需的基本元素，动手制作唛头。

【背景资料】我国ABC公司与丹麦王国丹麦商业公司Danish Commerce Company签署出口滑雪手套2 880副，合同号：HN12－10－16－LT8，商业发票号：SC1250，成交数量：2 880副，目的港：哥本哈根（Copenhagen），包装条款：纸箱装，每副复合纸袋内衬聚乙烯袋包装，半打为一盒，每24盒装一纸箱。每纸箱尺寸为：56cm×40 cm×38 cm。

【实训要求】每个标志不得超过10行，每行最多17字节，字高5厘米以上。用大写拉丁字符、数字0~9、可用符号（。）、（——）、（（　））、（/）和（，）；不用符号（+）、（；）、（=）、（?）和（*）缝制唛头。

思考练习题

一、不定项选择题

1. 商品分类划分的基本方法有如下几类（　　）。
   A. 按功能、主要用途分　　B. 按其组成的原料分
   C. 按特殊成分分　　D. 按生产加工方法分
2. 《协调制度》的前（　　）位数码是国际通用的。
   A. 4　　B. 6　　C. 7　　D. 8
3. 国际物品编码协会用来标识中国的代码含有（　　）。
   A. 960　　B. 690　　C. 963　　D. 693
4. 商品的品质是商品（　　）方面内容的综合体现。
   A. 内在质量　　B. 外观质量　　C. 社会质量　　D. 经济质量
5. 通常表示品质的方法主要分为以（　　）几大类。
   A. 实物表示　　B. 文字说明表示　　C. 消费者认知　　D. 性价比

6. 产品技术标准除了具有自律属性外，还具有（　　）

A. 他律性　　B. 排他性　　C. 动态性　　D. 引领性

7. 非常可乐、大白兔奶糖是凭（　　）买卖。

A. 品牌或商标　B. 良好平均品质　C. 标准　D. 说明书和图样

8. 根据UCP600规定，对于“大约”用于信用证金额或信用证规定的数量或单价时，允许有关金额或数量或单价的增减幅度不超过（　　）。

A. 3%　　B. 5%　　C. 10%　　D. 15%

9. 在合同中如果未规定用何种方法计算重量和价格的，按照国际惯例应以（　　）计价。

A. 净重　　B. 理论重量　　C. 毛重　　D. 公量

10. 以下货物包装形式属于运输包装的有（　　）。

A. 携带式包装　　B. 集合包装

C. 托盘包装　　D. 复用包装

11. 运输包装的标志按其用途可分成（　　）。

A. 运输标志　B. 指示性标志　C. 运输公司标志　D. 警告性标志

12. 按照国际标准化组织的建议和推荐，标准运输标志的内容包括（　　）。

A. 收货人的英文缩写字母或简称　　B. 参考号

C. 目的地　　D. 件数号码

13. 为了提升OEM层次，自创品牌，如下哪些方法值得提倡。（　　）

A. 借船出海，苦练内功　　B. 既做OEM，又打产地广告

C. 既做品牌，又做OEM　　D. 提升OEM层次，逆转OEM方向

二、判断题（对的打√，错的打×，并改错）

（　　）1. 我国加入了国际物品编码协会，该协会采用的商品条码为UPC条码。

（　　）2. 某一EAN－13代码各位为：6 9 3 1 2 3 4 5 6 7 8 9 2。这一代码有问题。

（　　）3. 为了争取客户、达成交易，应尽量选择质量最好的样品请对方确认。

（　　）4. 凭文字说明买卖，又提供参考样品的，卖方所交货物的品质，既要完全符合文字说明，又要与样品完全一致。

（　　）5. 英制计量单位和表示方法已经被废弃使用。

（　　）6. 在报关单填制时，重量单位应使用“千克”，而不使用“公斤”。

（　　）7. 根据UCP600的规定，以包装单位计件数的方式规定货物数量时，货物数量允许有5%的增减幅度。

（　　）8. “公量”就是买卖货物可以参和水分的重量。

（　　）9. 重量体积标志和产地标志不属于唛头要表达的内容。

（　　）10. 采用定牌出口商品时，除另有规定，一般包装上要注明“中国制造”。

三、简答和案例分析题

1. 在凭买方样品洽谈业务时应注意哪些问题？

2. 中方某公司向日本一株式会社出口200公吨农产品，每公吨500美元CIF东京，合同规定每袋25千克，新麻袋包装，信用证方式付款。该公司出货后办妥收款结汇。事后对方来电称：中方所交货物扣除皮重后实际到货不足200公吨，要求按净重计算价格，退回因短

量多收的货款。我公司则以合同未规定按净重计价为由拒绝退款。请问该公司的做法是否合理？为什么？

3. 为什么要在货物买卖合同中规定数量机动幅度条款？数量机动幅度是如何规定的？

4. 我向阿联酋出口冻羊肉，合同规定数量可增减 10%，FCA 青岛每公吨 480 美元。国外按时开来信用证，证中规定总金额为 9120 美元，数量约 19 公吨。结果我按 20 公吨发货装运，持单到银行办理议付时遭到拒绝。请问原因何在？

5. 我某公司出口某种化工原料，共 500 公吨。合同规定以“单层新麻袋，每袋 50 千克”包装。但我方装船发货时发现新麻袋装的货物只够 450 公吨，剩余 50 公吨货物用一种更结实，价格也较麻袋贵的涂塑麻袋包装，问这样做有无问题？

6. 有一中东客商向我询购安全皮鞋，要求五层瓦楞纸箱包装，每箱装 12 双，每双装一纸盒，纸盒尺寸为 380×240×103 立方毫米，试计算纸箱外径尺寸。

7. 华北内地的某贸易公司与非洲的进口商洽谈一批白籼米的交易，签订的合同部分条款如下：中国白籼米，FAQ，袋装，碎粒 25%（最高）；杂质 0.25%（最高）；水分 15%（最高）；数量 100 公吨，以毛作净，CIP 法马哥斯塔（Famagusta，塞浦路斯）每千克 2.5 元人民币。请针对以上条件用英语写出正确完整的合同条款。

8. 某外商欲购我方“菊花”名牌电钻 1 500 台，但要求改用该方“鲨鱼”牌商标，并不得注明“Made in China”字样。问我方是否可以接受，应注意什么问题？

第 4 章

国际货物运输

课前准备

【学习目标】

掌握货物运输的类型和特点，熟悉承运人责任制度，了解国际和国内货物运输的联系和区别

【技能目标】

学会正确选用运输方式；对海运提单的性质和作用比较熟悉；能进行简单的海运费、空运费计算；能制定运输条款

【情感目标】

力求将国际贸易运输方式的成功做法移植到对内货物贸易实践中

学习内容

【先行案例】

扩大内需　服务内贸

世界经济不确定性正在加大，西方国家消费低迷，需求不振将持续很长一段时间。中国各港口通过创新虽然在集装箱吞吐量方面实现了逆势增长，但要保证持续增长，还需仔细思量。今后，中国经济的增长必将主要靠内需来拉动。不难看出，外贸低增长和内贸高增长将成为未来的趋势。

目前，国内不少港口还处于强烈的外贸惯性依赖上，相对于成熟的外贸集装箱业务，我国内贸运输货物集装箱化率仍然较低，内贸服务水平并没有跟上发展形势。下一步港口业务发展重点应该放在提高内贸的服务水平上。未来，在由传统的粗放式增长到转型发展平稳增

长的弧线上，中国港航业将以“内贸和外贸”双轮驱动，应对挑战，继续攀高走强。

（来源：人民日报．2011－12－19第10版，熊建，经编辑）

国际货物运输是货物作跨越国境的移动，它是实现国际货物买卖的一个重要环节；而国际货物运输与国内货物运输有千丝万缕的联系，两者的共性都是运输关系独立于货物买卖关系，都是紧随货物买卖成交后在货物运输各方关系人之间，因运输货物而发生的一种法律关系。两者的不同之处是国际货物运输涉及到许多国内运输所没有的、特殊的法律问题。

现代货物运输体系，主要由海洋运输（包括江河运输）、铁路运输、公路运输、航空运输、管道运输等五大运输体系组成，其中海上运输是最主要的国际货物运输体系。海上运输历史悠久，当代采用的许多有关国际贸易惯例和规则，都是在总结航海贸易的长期实践中产生的，如《海牙规则》（1924年制定，1931年6月2日正式生效）、《汉堡规则》（1978年制定，1992年11月生效）、《鹿特丹规则》（即2008年12月11日通过的《联合国全程或部分海上国际货物运输合同公约》，2009年9月23日于荷兰鹿特丹举行签字仪式，开放供成员国签署，尚未生效），我国的《海商法》主要依据较老的《海牙规则》制定。

以上几项国际贸易规则的焦点集中体现在对承运人和货方在海上货物运输过程中风险的分担，反映出海上货物运输法的价值取向。

《海牙规则》是第一部关于提单法律规定的国际公约，并确定承运人与托运人在海上货物运输中的权利和义务而制定的国际协议。《海牙规则》无论是对承运人义务的规定，还是免责事项，索赔诉讼，责任限制，均是体现着承运方的利益。在《海牙规则》制度下，航行和管船过失的免责，奠定了海牙规则关于承运人的不完全过失责任制的基础。承运人运用免责条款的频率很高。有人认为免责是承运人的一张“保护伞”。

《汉堡规则》建立了一种完全过失责任制度，取消了航海过失免责条款。当承运人在履行海运合同发生货物灭失和损坏时，除非承运人能证明其本人及受雇人和代理人为避免事故发生及后果已采取了一切所能且合理要求的措施，否则不能免责。

《汉堡规则》打破了《海牙规则》的责任制度。《鹿特丹规则》则是国际海运规则的进一步突破，它创新了承运人责任制度，使海运的责任阶段延伸至国际多式联运的适用范围。

我国海运业的发展离不开国内水运区段和国际海运区段的运输活动，两个区段水上运输是不可分割的。我国海运业崭露头角以来，海运过失免责规定也备受关注，这主要表现在《海商法》与其他国内法的冲突和协调上。我国《合同法》、《民用航空法》、《铁路法》以及《国内水路货物运输规则》等均采用严格责任制度，与《海商法》有关承运人责任制度的规定不同。我国的民商立法和海事公法与海商法存在不一致的地方，需要逐步通过修改与21世纪国际运输业发展的需求的国内法不适用部分来加以解决。[1]

---

① 陈宪民．论国际海运公约承运人责任制度变革——兼评我国《海商法》承运人责任制度．华东政法大学学报，2010（6）：124－130（经编辑）

第一节 货物运输基本知识

一、运 输 合 同

（1）运输合同（Transport contract）是指承运人收取运费，承诺将货物从一地运至另一地的合同；或在约定期间内分批装运约定总量货物的运输合同，此情况又称“批量合同”（Batch Contract），货物总量可以是最低数量、最高数量或者一定范围的数量。

（2）“货物”（Cargo，Goods，Commodity）是指承运人根据运输合同承运的任何种类的制品、商品和物件，包括不是由承运人或者不是以承运人名义提供的包装以及任何设备和集装箱。

（3）“运费”（Freight，Carriage）是指应向承运人支付的，根据运输合同运输货物的报酬。

二、运输合同中的关系方

1. 承运人（Carrier）

分有运输工具承运人和无运输工具（船）承运人。INCOTERMS 2000 的承运人包括了契约承运人与实际承运人两种身份。尽管如此，INCOTERMS 2010 在前言中的态度十分审慎，回归狭义的契约承运人定义：承运人是指与托运人订立合同，并承担运输义务的一方。删除了 INCOTERMS 2000 中“‘承运人’是指任何人，在运输合同中，承诺通过铁路、公路、空运、海运、内河运输或上述运输的联合方式履行运输或由他人履行运输”的内容，仅保留了后半段表述：“如果还使用接运的承运人将货物运至约定目的地，则风险自货物交给第一承运人时转移”，并补充规定：“如果当事方希望风险自货物交给最后承运人（例如海运承运人等）时转移，需要在买卖合同中另外约定。”①

在《鹿特丹规则》中，“承运人”是指与托运人订立运输合同的人。与 INCOTERMS 2010 的解释一致。

2. 货运代理人（Freight forwarder）

货运代理人简称货代，在《鹿特丹规则》中又称“履约方”，是指承运人以外的，履行或者承诺履行承运人在运输合同下有关货物接收、装载、操作、积载、运输、照料、卸载或者交付的任何义务的人，履约方直接或者间接受控于承运人，一般是指托运人、单证托运人、控制方或者收货人直接或者间接委托的任何人。

这主要有租船代理（Shipping broker）、船务代理（Shipping agent）、咨询代理（Consultative agent）等。更细划分还有货物装卸代理、货物报关代理、转运代理、理货代理、储存代理、集装箱代理等。

---

① 王淑敏．INCOTERMS 2010：自由穿梭于国际贸易与运输之间的新规则．中国海商法年刊，2011（1）：109－113

与《汉堡规则》相比，《鹿特丹规则》所创设的海运履约方的新概念更上一层楼，其外延远远大于实际承运人，囊括了实际承运人无法归入的港口经营人、码头装卸公司等中间合同人。

在货物运输关系方中货运代理人是特别活跃的因素。随着商品经济的不断发展，频繁的经济活动经常由于时间、空间、精力、知识技能等条件的限制，使当事人无法亲自完成全部的经济行为，代理行业便由此兴盛起来。

3. 货主（Cargo owner）

货主是指专门经营货物贸易的国内外市场的订约人。相对于“承运人”的关系，可以是货物运输中的托运人（Shipper），即与承运人订立运输合同的人；也可以是收货人（Consignee），即根据运输合同或者根据运输单证或者电子运输记录有提货权的人。

4. 单证托运人（Documents shipper）

单证托运人是指托运人以外的，同意在运输单证或者电子运输记录中记名为“托运人”的人。

5. 契约承运人与实际承运人的区别

契约承运人指以其本人或以其名义与托运人订立海上货物运输合同的任何人（由于他们一般并不拥有或掌握运输工具，只能通过与拥有运输工具的承运人订立运输合同，由他人实际完成运输），而实际承运人是指受承运人委托从事货物运输或部分货物运输的任何人，包括受托从事此项工作的任何其他人，是实际完成运输的承运人。

三、承运人的责任

（一）承运人的基本义务

（1）承运人应当按照运输合同的条款将货物运至目的地并交给收货人。

（2）承运人所承担的风险自承运人或者履约方为运输而接收货物时开始，至货物交付时终止。

（二）承运人的具体义务

（1）承运人应当妥善而谨慎地接收、装载、操作、积载、运输、保管、照料、卸载并交付货物。

（2）承运人必须在开航前、开航当时和海上航程中谨慎处理，使船舶处于且保持适航状态；由承运人提供的载货集装箱适于且能安全接收、运输和保管货物。

（3）如果货物已对人身、财产或者环境形成实际危险，承运人或者履约方可以拒绝接收或者装载货物，且可以采取包括将货物卸下、销毁或者使之不能致害等其他合理措施。

（三）承运人应当负的赔偿责任

承运人责任期间内发生的货物灭失、损坏或者迟延交付，应当负赔偿责任。

（四）承运人的免赔偿责任

（1）承运人在责任期间证明下列一种或者数种事件或者情形造成、促成了灭失、损坏或者迟延交付，可免除全部或者部分赔偿责任：

天灾；海域风险、危险和事故；战争、海盗、暴乱和民变；当局检疫限制；罢工、停工或劳动受限；船上发生火灾；托运人等相关人的作为或者不作为；货物固有缺陷、品质或者瑕疵而造成的数量或者重量损耗或者其他任何灭失或者损坏；非由承运人或者代其行事的人所做包装不良或者标志欠缺、不清；海上救助或者试图救助人命、救助财产的合理措施；避免或者试图避免对环境造成危害的合理措施，等等。

（2）承运人为任何履约方、船长或者船员、受雇人以及其他相关人的作为或者不作为违反对承运人规定的义务，承运人应当负赔偿责任。

四、履约方的选择和使用

（1）业务背景和合作态度：是建立和保持代理关系的基础。

（2）业务能力和工作质量：是按时、按质、按量完成代理业务的条件，仅有良好合作态度而缺乏业务能力的代理是无法担负委托任务的。

（3）资信和经营作风：是防止受骗上当的前提。

第二节　海 洋 运 输

海洋运输（Ocean Transportation）简称海运，是指利用商船在国内外港口之间通过一定的航区和航线进行货物运输的一种方式。目前，国际贸易总运量中的三分之二以上，我国进出口货运总量的90%都是利用海洋运输。

一、海洋运输的特点

1. 运量大，适应性强

船舶在海上航行，利用天然广阔海洋，通过能力大，载重量大，对货物适应性强，可运载体积大的货物，对超重、超长货物和特殊性货物，还可以根据不同货运需要设计多用途船和专业船舶，这是其他任何运输体系无法与之相比的。大宗货物如石油、煤炭、矿砂、粮谷、化肥等，大都采用海洋运输。

2. 运费低

海洋运输由于运量大，航程远，分摊于“每吨里”的成本低，运费相对低廉，它一般为铁路运费的1/5，公路汽车运费的1/10，航空运费的1/30。

3. 战略地位高

海洋运输是一种无形贸易，它提供的是货物运输的工具和劳务，很多国家以航运收入作为平衡外汇收入的重要手段之一。海洋运输还具有国防后备力量的重要作用。

但是，海洋运输也有它的缺点。首先是航行速度较慢，现在一艘大轮的时速为15～16海里，提速会使燃料急剧上升，成本极不合算。其次，随着船舶吨位大型化，深水泊位不足的矛盾日益尖锐，许多大型载重船往往因等待泊位装卸而延误船期，造成巨大的浪费。再次，受气候和自然条件的影响较大，河海分布、水文变化、季节气候等都将对其时空分布产生深刻的影响，如遇冬季结冰、台风、大风大浪、浓雾、峡谷时，都会影响到水的流速、流量及水位变化，形成浅滩、沙淤，最终导致停航。因此，海运风险较大，航期不易准确，遭受海难的可能性也较大。因而对于不宜经受较长时间运输、需求迫切和易受气候变化影响的货物，一般不宜采用海洋运输方式。

二、班轮运输业务

按照海洋运输经营方式不同，可分为班轮运输和租船运输。班轮运输（Liner Transport）是指通过公告或者类似方式向公众提供的，按照公布船期表使用船舶在特定港口之间定期运营的运输服务。其他水运方式都称为“非班轮运输”。

（一）班轮运输业务的特点

班轮运输具有航线固定、港口固定、船期固定和费率相对固定的“四大”基本特点。班轮运价内包括装卸费用，货物由承运人负责配载、装卸。承运人和托运人双方不计算滞期费和速遣费。

班轮承运人具有公共承运人的性质，承揽的货载以多个托运人为对象。装运的货物以零星件杂货为主，由于货物种类繁多，数量不拘，性质各异，包装尺寸不一，必须由船公司在码头统筹安排，轻重搭配，按积载图装舱。

在班轮运输下，托运人可直接向承运人或其代理人托运，也可经由承运人指定的揽货代理人托运；以签订装货单方式预定舱位。装船后，凭大副收据换取提单；承运人和托运人的权利、义务、责任、豁免以船公司签发的提单条款为依据。

（二）班轮运价

班轮运价由班轮运价表规定，包括基本运费和各种附加费。基本运费分成两大类：一类是传统的件杂货运费；另一类是集装箱包箱费率。

1. 传统的件杂货基本运费的计收标准

（1）按货物的毛重计收，在运价表中用字母“W”表示，即英文 Weight 的缩写。一般以每 1 公吨为计算单位，吨以下取两位小数，也有按长吨或短吨计算的。

（2）按货物的体积计收，在运价表中用字母“M”表示，即英文 Measurement 的缩写。一般以 1 立方米为计算单位，也有按 40 立方英尺计算，称为一尺码吨。

（3）按商品的价格计收，又称从价运费，在运价表中用“AV”或“Ad Val”表示，即拉丁文 Ad Valorem 的缩写。一般属于高值货物，按商品 FOB 货价的百分之几计算运费。

（4）按货物的毛重或体积以其较高者计收运费，在运价表中用“W/M”表示。按惯例凡一重量吨货物其体积超过 1 立方米或 40 立方英尺者，按体积收费；反之亦然。

（5）按货物的重量、体积或价值三者中选最高的一种计收运费，在运价表中用“W/M or AV”表示；若是“W/M plus AV”，表示按货物重量或体积计收，然后再加收一定百分比的从价运费。

（6）按货物的件数计收。如汽车、火车头按每辆（Per unit）计收；牛、羊等按每头

(Per Head) 计收；尚未达到运价表中规定的最低运费额时，则按每票（Per B/L）起码运费（Minimum rate）计收。

(7) 大宗低值货物按议价（Open rate）收费，采用船、货双方临时议定运价的办法，比按照等级计收的运费要低。大宗低值货物包括粮食、豆类、矿砂、煤炭等。

应当注意，如果不同商品混装于同一包装内（集装箱除外），托运人需按不同包装分列毛重及体积，才能分别计收运费，否则全部货物均按最高者收取运费。同一提单内有两种或两种以上不同货名者，应分列不同货名的毛重和体积，否则全部货物均接较高者收取运费。此外，对无商业价值的样品，凡体积不超过0.2立方米，重量不超过50千克时，可要求船方免费运送。

2. 附加费的种类

附加费是除基本费率外另行规定加收的，其名目繁多，常见的有：绕航附加费（Ration surcharge）、转船附加费（Transshipment surcharge）、直航附加费（Direct additional）、选卸港附加费（Additional for optional destination）、港口拥挤附加费（Port congestion surcharge）和港口附加费（Port surcharge）、超重超长附加费（Over weight，over length surcharge）、燃油附加费（Bunker adjustment factor or bunker surcharge，BAF or BS），以及货币贬值附加费（Currency adjustment factor，CAF）等。

值得注意的是，对运往非基本港的货物，一次托运的货量达到或超过船公司规定的货量时，可以安排直航卸货，直航附加费加收的费用一般比转船附加费的费用要低。港口拥挤附加费是由于港口拥挤，船舶需长时间等泊，为弥补船期损失而收取的附加费。该附加费会随港口拥挤程度的变化而调整。如港口恢复正常，该项附加费随即取消，所以，这种附加费的变动性很大。货币贬值附加费是为弥补收取运费的货币因贬值而造成船公司的经济损失而加收的一种附加费。

附加费虽名目繁多，但它的计算方法主要有两种。一种是用百分比表示，即在基本费率的基础上增加一个百分比；一种是用绝对数表示，即每吨运费增加一部分金额，可以与基本费率直接相加计算。

因此，班轮运价可用以下公式概括：

$$F = Fb \times (1 + \sum S) \times Q \qquad \text{式 } 4-1$$

式中F：班轮运费总额；Fb：基本运费率；$\sum S$：附加费率之和；Q：总货运量（重量或体积等）。

或 $$F = Fb' + \sum S' \qquad \text{式 } 4-2$$

式中F：同上；Fb'：基本运费额，$\sum S'$：附加费之和。基本运费额是所运货物的数量（重量或体积）与规定的基本费率的乘积。

【案例4-1】

某公司出口到澳大利亚悉尼港某商品100箱，每箱毛重30千克，体积0.035立方米，运费计算标准为W/M10级。查10级货直运悉尼港基本运费为280元人民币，加燃油附加费28%，再加港口拥挤费25%。求运费。

解：∵ W=0.03，M=0.035，M>W，按M计算，基本运费（率）：280元

∴ 根据式4-1：$280 \times (1 + 0.28 + 0.25) \times 0.035 \times 100 = 1\,499.40$（元）

三、租船运输业务

租船运输（Chartering）又称不定期船运输，船舶没有预订的船期表、航线、港口，船东将船舶出租给租船人使用，以完成特定的货运任务，租船人按商定的运价支付运费。在海洋运输中，一般谷物、矿砂、石油、化肥、水泥、木材等大宗低值货物采用租船运输。国际海上货物运输总量中，租船运输量约占五分之四，而运输货物的价值量则只占五分之一左右。

租船运输业务的特点为：（1）根据租船合同组织运输，租船合同条款由船东（Ship's Owner）和租船人（Charterer）双方共同商定；（2）一般由租船经纪人洽谈成交租船业务；（3）不定航线，不定船期；租金率或运费率根据租船市场行情决定；（4）租船双方的权利和义务、船舶营运中的有关费用在合同条款中订明；（5）各种租船合同均有相应的标准合同格式。

（一）定程租船

定程租船（Voyage Charter），简称程租船，是以航程为基础的租船方式，指由船舶所有人按双方事先议定的运价与条件向租船人提供船舶全部或部分舱位，在指定的港口之间进行一个或多个航次运输指定货物的租船业务。船方必须按租船合同规定的航程完成货物运输任务，并负责船舶的运营管理及其在航行中的各项费用开支。程租船的运费一般按货物装运数量计算，也有按航次包租金额计算。

1. 定程租船的分类

（1）单航次程租（Single voyage charter），指船舶所有人负责将指定货物由一港口运往另一港口，货物运到目的港卸货完毕后，合同即告终止。

（2）来回航次租船（Round trip charter），指洽租往返航次的租船。一艘船在完成一个单航次后，紧接着在上一航次的卸货港（或其附近港口）装货，驶返原装货港（或其附近港口）卸货，货物卸毕合同即告终止。来回航次可以是不同承租人。

（3）连续航次租船（Consecutive single voyage charter），指在同一去向的航次上连续完成规定的两个或两个以上的单航次运输，合同才告结束的租船方式。在这种方式下，要求完成若干个航次是连续的，中间不能中断。一程运货，一程空放，船东不能利用空船揽载其他货物，因此比较适合航程较短的近洋航线运输。

（4）包运合同（Contract of affreightment，COA）。它又称大合同。即只确定承运货物的数量及完成期限，不具体规定航次数和船舶艘数。

在程租船方式中，合同应明确船方是否负担货物在港口的装卸费用。如果船方不负担装卸，则应在合同中规定装卸期限或装卸率，以及与之相应的滞期费和速遣费。如租方未能在限期内完成装卸作业。为了补偿船方由此而造成延迟开航的损失，应向船方支付一定的罚金，即滞期费（Demurrage）。如租方提前完成装卸作业则由船方向租方支付一定的奖金，称为速遣费（Dispatch money）。通常速遣费为滞期费的一半。

2. 对装卸费责任方和装卸时间的规定

（1）程租船装卸费的责任方

在计算程租船运费时要注意程租船的装卸费由何方负担，从船方的角度看有以下四种规定方式：

① F. I. O（Free in and out）即船方不负责货物的装货费和卸货费。

② F. O.（Free out）即船方负责装货费，不负责卸货费。

③ F. I.（Free in）即船方负责卸货费，不负责装货费。

④ Gross terms or Liner terms 又称“班轮条件”，船方负责货物装卸费。

（2）装卸期限的规定

装卸期限是指货主将货物全部装入船舱或由船舱全部卸下所需要的时间。船东为了加速船舶的运转在合同中都要规定装卸期限，规定的方法通常有以下几种：

① 日（Days）或连续日（Running days），即按时钟连续走过24小时的日历天数算一天，不作节、假日和不良天气的任何扣除，这种方法对船东有利。

② 累计24小时晴天工作日（Weather working days of 24 hours），扣除因不良天气不能作业的时间，累计24小时算一天。例如，假设港口每天正常工作8小时，装卸作业的时间用了5天，其中下雨2整天，那么实际作业为一个“24小时工作日”。

③ 连续24小时晴天工作日（Working days of 24 hours of consecutive days），这种方法适合那些日夜作业的港口，是指在好天气条件下，连续工作24小时即算一天。如中间有坏天气、设备损坏或工人不足而不能作业的时间要扣除。这种规定比较明确合理，目前采用较多。

注意，为了避免引起争议，一般不采用“规定每一工作日或每个舱口装卸若干吨”；“规定固定的装卸天数”；和“规定按港口习惯快速装卸（Customary quick dispatch, C. Q. D）”等笼统方法。

（3）关于“工作日”的习惯规定

关于“工作日”，由于各港口习惯规定不同，还需进一步明确订明：

① 对“周末和节假日除外”（Weekend and holidays excepted）的规定，有“不用不算，用了要算”（Not to count unless used）或“不用不算，即使用了也不算”（Not to count even used）的补充说明。

② 至于周末或节假日前一工作日中午12点后和周末或节假日后一工作日8时前是否计算，也应明确规定。

③ 许可装卸时间的起止点在合同中也要明确规定。一般规定自船长递交“装卸准备就绪通知书”（Notice of readiness）后下一个工作日上午8点算起；终止时间一般规定以最后一件货物装上或卸下为准。

（二）定期租船

定期租船（Time charter），又称期租船，是按一定时间租用船舶进行运输的方式。在这期限内，承运人可以利用船舶的运载能力来安排货运。租期内的船舶燃料费，港口费用以及拖轮费用等营运费用，都由租船人负担，船东只负责船舶的维修，保险，配备船员和供给船员的给养和支付其他固定费用。期租船的租金在租期内不变，支付方法一般按船舶夏季载重线时的载重吨每吨每月若干货币单位计算，每30天（或每日每月），或每半月预付一次。承租人也可以将此“期租船”充作班轮或程租船使用。

航次期租（Time charter on trip basis or Voyage charter on time basis, TCT）是一种介于航

次租船和定期租船之间的一种租船方式。在这种租船方式下，租期不作明确规定，而只规定一个特定的航次，即以完成一个航次货运为目的。其他条件与期租船的做法一样，租金的支付是按完成航程的实际天数和事先约定的租金率计算。船舶的营运与管理由租船人负责。船、租双方不计算滞期费和速遣费。

（三）光船租船

光船租船（Demist or Bareboat charter），是一种比较特殊的租船方式，也是按一定的期限租船，但与期租不同的是船东不提供船员，一条光船交租船人使用，由租船人自行配备船员，负责船舶的经营管理和航行各项事宜。在租赁其间，租船人实际上对船舶有着支配权和占有权。

四、海运程序

第一，收集外运公司按月编制的船期表。

第二，办理托运。向班轮洽订部分舱位，称为订舱；或向船东洽租整船装运，称为租船。发货人在洽妥船舶或舱位后，按船方规定的时间将货物发运到港区指定的仓库或货场，便于后续运作和装货。

第三，领取装运凭证。若货物出口，需要持出口货物报关单、装货单、发票、装箱单、商检证等单据报关。只有经海关查验放行后，出口货物才能装船。

第四，装货、装船。在租船运输中，装船工作视合同规定而定。在班轮运输中，要求托运人先将货物运往装货港口的指定地点（通常是港口的码头仓库），办理货物的交接手续，待船舶到达港口再按次序装船，即“仓库收货，集中装船”。对于一些危险货物、重大件货物、鲜活货物、贵重商品等，通常由托运人将货物送到船边直接装船。对于在锚地或浮筒作业的船舶，托运人还应将货物用驳船驳至船边再进行货物的交接和装船作业。

第五，换取提单或海运单。如果保险由卖方办理，托运人需在船舶开航之前办理保险。如果保险由买方负责办理，发货人应在合同规定的时间内及时发出装船通知，以便买方能及时投保。

第三节 铁路运输

一、铁路运输的特点

铁路是主要的现代化运输工具。铁路运输（Rail transportation）具有安全程度高、运输速度快、运输距离长、运输能力大、运输成本低，运输的准确性和连续性强，并且具有污染小、潜能大、受气候因素影响较小等优点。铁路运输在我国国民经济中具有重要地位；在对外货物运输中，是一种仅次于海洋运输的主要运输体系。海洋运输的进出口货物，也大多是靠铁路进行货物的集中和疏散的。对于陆地毗邻的国家来说，铁路运输更是货物运输的理想方式。

目前，我国铁路运输正朝着牵引动力电气化和内燃化、铁路客运高速化、大宗散货运输重载化、信号技术电子化发展，从而使铁路运营工作逐步实现自动化。

二、铁路运输的工具简介

1. 机车

铁路机车是铁路运输的牵引动力。曾有蒸汽机车、内燃机车和电力机车三种类型，分别采用煤炭、燃油、电力作为驱动能源。目前我国已经淘汰蒸汽机车。内燃机车是以内燃机为原动力，它的热效率一般可达到 20% ~30%。适合于在缺水或水质不良的地区运行，便于多机牵引。其缺点是对环境有较大的污染。电力机车是从铁路沿线的接触网获取电能，产生的牵引力一般可达 2.5 ~3.5 万千克。愈是地形复杂、限坡值大的地段，电力机车优越性愈突出。

2. 铁轨

铁轨是承载机车并限制机车运行路线的工具。铁路轨距指线路上两段钢轨上部内侧的距离。对过境的联运货物，当各国的铁路轨距不同时，列车必须进行换车或更换轮对。

欧、亚大陆铁路轨距按其大小不同，可分为宽轨、标准轨和窄轨三种。标准轨的轨距为 1 435 毫米；大于标准轨的为宽轨，其轨距多为 1 524 毫米和 1 520 毫米；小于标准轨的为窄轨，其轨距多为 1 067 毫米和 1 000 毫米。我国铁路基本上采用标准轨距，但台湾和海南岛铁路轨距为 1 067 毫米，昆明铁路局的部分轨距为 1 000 毫米。

3. 货卡

货卡是由机车拖拽并在铁轨上承载货物的工具。我国的货卡可分为 20 吨以下、25 吨 ~40 吨、50 吨、60 吨、65 吨、75 吨、90 吨等各种不同的车辆。目前以制造 60 吨的货卡为主。

表 4－1 我国常用货卡的规格

种　类	载重	体积尺度（长×阔×高）	最大容积	适宜载运货物
棚车（或称密面货卡）	50 吨	13 米×2.8 米×2.7 米	80 立方米	一般货物及忌晒忌潮货物
	60 吨	15 米×2.8 米×2.7 米	100 立方米	
高边敞车	50 吨	12.5 米×2.65 米×2.8 米	75 立方米	重型机械、钢材、建筑材料、集装箱等
	60 吨			
平车	60 吨	12.5 米×2.9 米×2.8 米	109 立方米	同上
低边敞车	60 吨	12.5 米×2.8 米×2.8 米	94 立方米	同上

三、我国通往邻国的铁路干线及国境车站

如今，我国与地域相邻的俄罗斯、哈萨克斯坦、蒙古、朝鲜、越南等国家均有铁路相通。我国通往邻国的铁路干线，我国与邻国国境站站名、轨距，货物和车辆的交接及货物在

不同轨距的换装地点见表4－2。

表4－2　我国通往邻国的铁路干线、站名及轨距情况

交界边境	我国铁路干线	国境站名		轨距 mm		至国境站距离 Km	
		我国	邻国或地区	我国	邻国或地区	我国	邻国
中俄间	滨洲线	满洲里	后贝加尔	1 435	1 520	9.8	1.3
	滨绥线	绥汾河	格罗迭科沃	1 435	1 520	5.9	20.6
中蒙间	集二线	二连	扎门乌德	1 435	1 524	4.8	4.5
中朝间	沈丹线	丹东	新义洲	1 435	1 435	1.4	1.7
	长图线	图们	南阳	1 435	1 435	7.3	3.8
	梅集线	集安	满浦	1 435	1 435	2.1	1.3
中越间	湘桂线	凭祥	同登	1 435	1 000/1 435	13.2	4.6
	昆河线	老街	新铺	1 000	1 000	6.5	4.2
中哈间	兰新线	阿拉山口	德鲁日巴	1 435	1 520		
（深港间）	广深线	深圳（北）	九龙	1 435	1 435		

注：① 越南连接凭祥的一段线路，为准轨和米轨的混合轨，经由凭祥的联运货车可以相互过轨。② 我国昆明铁路局昆河线为米轨铁路。③ 独联体与蒙古铁路轨距相差4mm，货车可以直接过轨。

四、铁路货物运输费用的计算和核收

（一）国际铁路货物联运和国内铁路运输

国际铁路货物联运是使用一份统一的国际联运票据，通过铁路完成货物在两国或两国以上的全程运送，当由一国铁路向另一国移交货物时，不需要发货人和收货人参加的运输方式。国际铁路货物联运费的计算和核收，必须遵循《国际货协》、《国际铁路货物联运统一过境运价规程》（简称《统一货价》）和中华人民共和国铁道部制定的《铁路货物运价规则》的规定。

国内铁路运输是指仅在本国范围内按《国内铁路货物运输规程》的规定办理的货物运输。我国出口货物经铁路运至港口装船及进口货物卸船后经铁路运往各地，均属国内铁路运输的范畴。

（二）国际铁路货物联运运费

我国国内段运送费用按照我国《铁路货物运价规则》进行计算。铁路货物运输费用包括车站费用、运行费用、服务费用和额外占用铁路设备的费用等。铁路货物运输费用计算的程序如下：

（1）按货物运价里程表算出发站至到站的运价里程。

（2）根据货物运单上填写的货物名称查找“铁路货物运输品名分类与代码表”和《铁路货物运输品名检查表》，确定适用的运价号。

（3）整车、零担货物按货物适用的运价号，集装箱货物根据箱型，冷藏车货物根据车种分别在“货物运价率表”，中查出适用的发到基价和运行基价。

（4）货物适用的发到基价（基价 1：是每次发货每吨货物的基本价，不含里程）与按《铁路货物运输规则》确定的计费重量（集装箱为箱数）相乘，计算发到运费；运行基价（基价 2：是每吨货物每运一公里的价格）与货物的运价里程相乘之积再与按《铁路货物运输规则》确定的计费重量（集装箱为箱数）相乘计算运行运费。运费计算公式：

运费 = [（发到基价 + 运行基价）× 运价里程] × 计费重量

（5）杂费按《铁路货物运价规则》的规定计算。杂费包括铁路建设基金、铁路电气化附加费、过称费、表格费、材料费、冷却费、空车回送费、制冷费、清扫费等。

表 4－3　　中国铁路货物运价率表（2007 年 11 月 5 日公布）

办理类别	运价号	基价 1		基价 2	
		单位	水平	单位	水平
整车	1	元/吨	5.60	元/吨公里	0.0308
	2	元/吨	6.30	元/吨公里	0.034 9
	3	元/吨	7.40	元/吨公里	0.040 5
	4	元/吨	9.30	元/吨公里	0.045 4
	5	元/吨	10.20	元/吨公里	0.051 1
	6	元/吨	14.60	元/吨公里	0.072 4
	7			元/轴公里	0.226 5
	加冰冷藏车	元/吨	9.20	元/吨公里	0.052 6
	机械冷藏车	元/吨	11.20	元/吨公里	0.075 0
零担	21	元/10 千克	0.115	元/10 千克公里	0.000 52
	22	元/10 千克	0.165	元/10 千克公里	0.000 72
集装箱	1 吨箱	元/箱	10.00	元/箱公里	0.034 8
	10 吨箱	元/箱	118.50	元/箱公里	0.440 2
	20 英尺箱	元/箱	215.00	元/箱公里	0.967 4
	40 英尺箱	元/箱	423.00	元/箱公里	1.518 4

来源：http：//news.chineserailways.com/Html/9/200711/20071113153649.html，访问时间：2012－3－29

运费计算办法：

整车货物每吨运价 =（基价 1 + 基价 2）×运价公里

零担货物每 10 千克运价 =（基价 1 + 基价 2）×运价公里

集装箱货物每箱运价 =（基价 1 + 基价 2）×运价公里

* 整车农用化肥基价 1 为 4.20 元/吨、基价 2 为 0.027 7 元/吨公里。

第四节 航空运输

航空运输（Air transportation）是一种现代化的运输体系，它与海洋运输、铁路运输相比，具有运输速度较快、安全准确、货运质量高且不受地面条件的限制、运输可简化包装节省包装费用等优点。因此，它在运送急需物资、鲜活商品、精密仪器和贵重物品有其他运输无法比拟的优越性。

尽管航空运费一般较高，但对比重小的货物，采用空运反而有利。且空运计算运费的起点比海运低，运送快捷准点。所以小件货物、鲜活商品、季节性商品和贵重商品适宜采用航空运输。

一、航空运输的主要方式

航空运输方式主要有班机运输，包机运输，集中托运和航空快递业务。

1. 班机运输（Scheduled flights）

班机运输指具有固定开航时间、航线和停靠航站的空运。班机通常为客货混合型飞机，货舱容量较小，运价较贵，但由于航期固定，有利于客户安排鲜活商品或急需商品的运送。

2. 包机运输（Chartered carrier）

包机运输是指航空公司按照约定的条件和费率，将整架飞机租给一个或若干个包机人（包机人指发货人或航空货运代理公司），从一个或几个航空站装运货物至指定目的地。包机运输适合于大宗货物运输，费率低于班机，如果回程没有货运，运费可能比班机还贵，因此，包机运输必须考虑回程货的问题。包机运输还必须考虑运送周期问题，因要办理各种相关手续，所花时间比班机要长些。

3. 集中托运（Consolidation）

集中托运可以采用班机或包机运输方式，航空货运代理公司将若干批单独发运的货物集中成一批向航空公司办理托运，填写一份总运单送至同一目的地，然后由其委托当地的代理人负责分发给各个实际收货人。这种托运方式，可降低运费，是航空货运代理的主要业务之一。

4. 航空快递业务（Air express service）

航空快递业务是由快递公司与航空公司合作，向货主提供的快递服务，其业务包括：由快速公司派专人从发货人处提取货物后以最快航班将货物出运，飞抵目的地后，由专人接机提货，办妥进关手续后直接送达收货人，称为“桌到桌运输”（Desk to desk service）。这是一种最为快捷的运输方式，特别适合于各种急需物品和文件资料。

二、空运货物分类及运费计算方式

在计算货物空运费时要考虑三个因素：计费重量、运价种类和货物的声明价值。

（一）空运计费重量

飞机装载货物受“载重量”和“舱容”的限制，如全装重货则舱容有富裕，如全装轻货，载重量又不够。航空公司为了经济利益，对重量大、体积小的货物按货物的“实际毛重”作为计费重量，对体积大、重量轻的货物按货物的“体积重量”作为计费重量。

国内区别货物轻重的界限是：凡重量 1 千克、体积小于 6 000cm^3（国外个别地区为 7 000cm^3 或 427 立方英寸）的货物按实际重量计收运费，尾数不足 0.5 千克的按 0.5 千克计，超过 0.5 千克的按 1 千克计算。凡重量 1 千克、体积大于 6 000cm^3 的按体积重量计收。例如，一批货物总毛重为 500 千克，总体积为 3 817 800cm^3，其体积重量则为 636.3 千克。航空公司便按 636.5 千克计收运费，而不是按 500 千克、或 636.3 千克计收运费。

（二）航空运价的种类

1. 运价

承运人为运输货物按规定的重量单位（或体积）收取的费用为运价。运价指机场与机场间的空中费用，不包括提货、报关、接交、仓储以及承运人、代理人或机场收取的费用。

2. 运费

根据适用运价计得的发货人或收货人应当支付的每批货物的运输费用称为运费。

3. 航空公司按国际航空运输协会制定的三个区划费率收取国际航空运费

一区主要指南北美洲、格陵兰岛等；二区主要指欧洲、非洲和中东地区；三区主要指亚洲、澳大利亚和太平洋地区。

4. 运价通常都用当地货币公布以利填制运单

5. 航空货物运价分类

（1）特种货物运价（Specific commodity rates，SCR）。它指对一些特别的货物在特定的航线上（从特定始发站至特定的到达站之间）给予一个特别的运价。特别运价规定有起码重量（10 千克或 50 千克），它比普通货物运价要低。

（2）等级货物运价（Class rates or Commodity classification rates，CCR）。它仅适用于在指定的地区内少数货物的运输，通常是在“一般货物运价”的基础上加或减一定百分比。当某种货物没有“特种货物运价”可适用时，方可使用合适的等级运价，其起码重量规定为 5 千克。适用等级运价的主要货物有：

① 活动物、活动物的集装箱和笼子；贵重物品；尸体。这些物品的运价是在普通货物运价的基础上增加一定的百分比，一般为 100% ~200%。

② 报纸、杂志、书籍、商品目录、盲聋哑人专用设备；作为货物托运的行李。这些物品的运价是在普通货物运价的基础上减少一定的百分比，一般为 50%。

（3）一般货物运价（General cargo rates，GCR）。如果一批货物既没有可适用的等级运价，也没有特种货物运价，就适用一般货物运价。一般货物以 45 千克为划分点，大于 45 千克的一般货物运价较低，运价分类如下：

① N（Normal Rate）45 千克以下（或 100 磅以下）。

② Q（Quantity Rate）45 千克以上（含 45 千克）。

③ 45 千克以上，如 100、200、500 千克等。运价代号仍为 Q，如下表所示。

表 4－4　　**上海到波士顿空港运价表**　　（单价：元人民币/千克）

城市代码：BOS			城市：BOSTON		国家地区代码：MA US		
重量单位	M（起码运费）	N	45	100	300	500	1 000
单价	420.00	75.15	56.29	49.56	42.72	34.47	31.52

④ 起码运费（Minimum Charges，M）。它是航空公司承运一批货物所能接受的最低运费。当航空公司承运一批货物，不管该货使用哪一种运价，计算所得运费如果不足航空公司公布的起码运费时，则按起码运费计收。

例：从上海托运一件40千克重的货物到波士顿，按45千克以下的普通货物运价计算，运费为40×75.15=3 006元，而45千克重的货物运费为45×56.29=2 533.05元。二者比较取其低者，这件货物运费是2 533.05元（超过起码运费“420”元，见表4-4）。

（三）择优使用运价

首先，在发货前要根据GCR、CCR、SCR三种运价，择优使用航空运价。其次，运价是一机场到另一机场空中运费，运价不包括提货、报关、接交和仓储等费用，运价一般用当地货币公布，运价以千克或磅为单位。如遇两种运价均适用时，则首先应选用特种货物运价，其次是等级运价，最后是一般货物运价。这是选用运价的原则。

【案例4-2】

一批活热带鱼，毛重120千克，体积0.504立方米，从甲地运往乙地。现按三种运价计算比较如下：

按一般货物运价为：9.00元×120=1 080元

按等级货物运价为：16.7元×120=2 004元

按特种货物运价为：7.59元×120=910.8元（起码重量为100千克）

由上可见，这批活热带鱼空运，应按特种货物运价计算运费。当然也有例外。当一般货物运价所发生的运费低于特种货物运价时，就可使用等级运价或一般货物运价。

三、空运代理出口业务程序

（1）办理托运；（2）安排货舱；（3）装货、装机；（4）签发运单；（5）发出装运通知；（6）货到目的地后，收货人凭航空公司发出的到货通知书提货。

第五节　公路运输、管道运输和邮包运输

一、公路货物运输体系

（一）公路货物运输及其特点

公路运输（Road transportation）一般是指由公路和汽车两部分组成的运输方式。公路运输的发展速度空前，在所有运输方式中，公路运输可谓后来居上，它是现代五大主要运输体系的重要组成之一。当前世界公路总里程达2 100万公里，占整个运输线路总里程的2/3左右。

公路货物运输与其他运输方式相比较，具有以下特点：① 机动灵活、简捷方便、应急

性强，能深入到其他运输工具到达不了的地方。② 适用点多、面广、零星、季节性强的货物运输。③ 运距短、单程货多。④ 汽车投资少、收效快。⑤ 港口集散可争分夺秒，突击抢运任务，特别适用于短途货物集散运转。⑥ 是空运班机、船舶、铁路衔接运输不可缺少的运输形式。⑦ 随着公路现代化、车辆大型化，公路运输是实现集装箱在一定距离内“门到门”服务的最好的运输方式。⑧ 汽车的载重量小，不适宜装载重件、大件货物，车辆运输时震动较大，易造成货损事故，费用和成本也比海上运输和铁路运输高。

高速公路是公路运输的高级形式，它具有快速、安全、经济、高效等优点；其规模与质量又是衡量一个国家公路交通运输和汽车工业现代化的重要标志。因此，自20世纪20年代开始，一些国家相继推进高速公路的建设。目前全世界高速公路通车里程已逾20万公里。

（二）公路运费

1. 公路运送费用包括运费和其他费用

公路货物运费是指公路承运人在运输货物时依运输货物的种类、重量、距离而收取的费用。其他费用也称杂费，主要是指包括装卸费在内的公路货物运输中产生的相关费用。

公路运费均以“吨/公里”为计算单位，一般有两种计算标准，一是按货物等级规定基本运费费率，一是以路面等级规定基本运价。凡是一条运输路线包含两种或两种以上的等级公路时，则以实际行驶里程分别计算运价。特殊道路，如山岭、河床、原野地段，则由承托双方另行商定。公路运费费率分为整车（FCL）和零担（LCL）两种，后者一般比前者高30%～50%。

2. 公路货物运输运费计算

（1）整批货物运费计算公式

整批货物运费＝吨次费×计费重量＋整批货物运价×计费重量×计费里程＋货物运输其他费用

式中：“吨次费”是指在计算整批货物运输费用的同时，按货物重量加收的费用。

（2）零担货物运费计算公式

零担货物运费＝计费重量×计费里程×零担货物运价＋货物运输其他费用

（3）集装箱运费计算公式

重（空）集装箱运费＝重（空）箱运价×计费箱数×计费里程＋箱次费×计费箱数＋货物运输其他费用

式中：“箱次费”是指在计算汽车集装箱运输费用的同时，按不同箱型分别加收的费用。

（4）包车运费计算公式

包车运费＝包车运价×包用车辆吨位×计费时间＋货物运输其他费用

二、管道运输体系

管道运输（Pipeline transportation）是货物在管道内借高压媒体的推动向目的地输送的一种运输体系。它也是现代五大运输体系之一。与普通货物的运输形态完全不同的是，管道运输的运输工具是管道，是固定不动的，只是货物本身在管道内移动；而普通货物运输是货物随着运输工具同时移动。因此它是一种运输通道与运输工具合二为一的特殊运输方式。

1. 管道运输的特点

管道运输是一种理想的运输技术，把运输途径和运输工具集中在管道中，具有许多突出的优越性：① 它是一种连续运输技术，每天24时都可连续不断地运输，效率很高，永远是单方向运输，无回空运输问题；② 管道一般埋在地下，不受地理、气象等外界条件限制，可以穿山过河，跨沙漠越海洋，不怕炎热和冰冻；③ 投资少，管理方便；货物在管道内移动，货损货差小，无需包装，运费低，占地少，运输成本低；④ 运输过程安全；⑤ 环境效益好，封闭式地下运输不排放废气粉尘，不产生噪声，减少了环境污染。但是，管道运输具有专用性，它只能输送所设计的货物，不能改作它用。

2. 管道运输的种类

管道运输按运输对象可分为液体管道（Fluid pipeline）、气体管道（Gas pipeline）、水浆管道（Scurvy pipeline）和固体管道（Solid pipeline）。

管道运输按铺设工程可分为架空管道、地面管道和地下管道，其中以地下管道应用最为普遍。视地形情况，一条管道也可能三者兼而有之。

3. 管道运输的运费

管道运输由于管道路线和运输是固定的，所以运输费用计算比较简单。例如，按油类不同品种规格规定不同费率。其计算标准多数以桶为单位，有的以吨为单位。此外，一般均规定每批最低托运量。在优化条件下，管道运输的成本可以降到海洋运输的一半。

三、国际邮政运输体系

国际邮政运输（International parcel post transport）是国际贸易运输不可缺少的方式，但它并不属于世界五大运输体系之一，而是各种运输方式的综合运用。世界各国邮政之间订有协定和公约，使邮件包裹的传递四通八达，形成全球性的邮政运输网。各国邮政均兼办邮包运输业务。

邮政运输适宜于体小量轻的小商品的运输，手续简单方便，费用不高。

国际邮包运输具有国际多式联运和“门到门”运输的性质，我国同许多国家签订了邮政运输协议和邮包协定，为我国发展对外贸易货物的邮包运输提供了有利的条件。

1. 国际邮政运输的特征和作用

（1）广泛的国际性。国际邮政是在国与国之间进行的，在多数情况下，国际邮件需要经过一个或几个国家周转。

（2）具有国际多式联运的性质。国际邮政运输一般需要经过两个或两个以上的国家的邮政局，通过两种或两种以上不同的运输方式的联合作业来完成。邮件的运送、交接、保管、传递等事宜均由各国邮局负责办理；邮件运抵目的地，收件人凭邮局的到件通知和收据向邮局提取邮件。

（3）基本上实现“门到门”运输。世界各国邮局星罗棋布，托运人可就近在当地邮局办理；邮件包裹到达目的地后，收件人可在当地邮局就近提取。它为邮件托运人和收件人提供了极大的方便。

但是，国际邮政运输对邮件重量和体积均有限制，如每件包裹重量不得超过 20 千克，长度不得超过 1 米。所以邮政运输只适宜于重量轻、体积小的小商品，如精密仪器、机器零件、金银首饰、药品以及各种样品和零星物品等。这与国际贸易其他运输体系在运量上存在着明显差别。

2. 国际邮资

邮资是邮政局为提供邮递服务而收取的费用。各国对邮资采取不同的政策，有些国家把邮政收入作为国家外汇收入来源之一；有些国家要求邮政自给自足，收支大致相抵；有些国家对邮政实行补贴政策。从而形成不同的邮资水平。

国际邮资均按重量分级为其计算标准。邮资由基本邮资和特别邮资两部分组成。基本邮资是指邮件运往寄达国应付的邮资，也是特别邮资计算的基础。基本邮资费率是根据不同邮件种类和国家地区制订的，邮政局对每一邮件都要照章收取基本邮资。特别邮资是为某项附加手续或责任而收取的邮资，如挂号费、回执费、保价费、报关费等，是在基本邮资的基础上，按每件加收的，但是保价邮资须另按所保价值计收。

第六节　成组化运输、大陆桥运输和国际多式联合运输

一、成组化运输

成组化运输（Unitization transport）是把多件分散的货物或包装件组合起来，装成若干个大件并以大件为单位进行运输。它可以加速货物周转，减少货损货差，节省人力物力，提高运输效率，降低运输成本。可见，实现成组化运输，关键在于装卸的合理化与机械化，其首要的前提是要实现产品的标准化与规格化。目前主要有托盘（Pallet）运输和集装箱（Container）运输。

（一）托盘运输

托盘运输（Pallet transport）：以托盘为承载物，将包装件或产品堆码在托盘上，通过捆扎、裹包或胶粘等方法加以固定，形成一个搬运单元，以便用机械设备搬运。其优点是：① 提高运输效率一倍以上。② 减少货损货差，便于点数、理货、交接，减少货运事故。③ 投资少、所需设备简单。除必要的托盘、铲车、升降机外，无需其他特殊设备。

托盘运输的不足之处是：① 它仅改变了装卸方式，但并不能密封运输越过国境。② 托盘运输承运的货物范围有限，一般有最大载货量的规定，主要适宜运输包装件杂货物。性质

不同的危险货物，不得装在同一托盘上。③ 采用托盘运输，运费相应增加。同一托盘装载两种以上货物时，其费率按其中最高者计算。④ 托盘运输增加了托盘的重量和体积，相应地减少了货物的装载量。

托盘运输与传统的单件货物运输相比，向成组化运输已前进了一大步。特别是尚不具备条件开展集装箱运输的国家和地区，都在大力推广托盘运输。有些国家的港口当局甚至规定，只允许货物托盘化和成组化的船舶靠卸，或者优先给予泊位。有些船务公司为鼓励货主采用托盘运输，除免收托盘运费外，还给货主一定的托盘津贴。国际航运界规定，对于托盘本身免收运费。

（二）集装箱运输

1. 集装箱运输定义

集装箱运输（Container transport）是将货物装入一定规格的集装箱内，以集装箱为运送单位进行运输。

2. 集装箱（Container）

集装箱是一种大型的装货容器，一种流动性货舱，应满足下列要求：① 具有足够的强度，可长期反复使用；② 适于一种或多种运输方式运送，途中转运时，箱内货物不需换装；③ 具有快速装卸和搬运的装置，特别便于从一种运输方式转移到另一种运输方式；④ 便于货物装满和卸空；⑤ 具有 1 立方米及以上的容积。集装箱一词不包括车辆和传统包装。

3. 集装箱运输的特点

① 在货物的全程运输中无须开箱，即可将货物从一种运输工具换装到另一种运输工具上，因而受天气限制小。② 中途无须捣载，无须开箱检验，转运中无须换装，这些均可保护货物完整无缺，减少货损货差。③ 可实现“门到门”服务。托运人在发货地一次装箱托运，不需再办理其他手续，一票到底，运输途中凭原铅封放行，减少货物在途时间和资金占用。④ 集装箱结构坚固，从而货物的外包装可大大简化，节省包装材料，可以充分利用车船载重和容积，减少经营费用，增加运费收入。⑤ 机械化程度高，装卸速度快，装卸时间较普通货船可缩短 90%，提高效率 11 倍，大大提高了码头、车站等的使用率和吞吐能力。⑥ 可大大减轻装卸工人的劳动强度。⑦ 有利于环境保护。一般杂货集装箱具有水密性，可在一定程度上缓解、隔离或避免污染。正因为集装箱运输有上述优点，它成为实现货物成组化运输的最佳方式。

4. 集装箱的分类

为了适应不同货物运输的需要，集装箱有多种类型。如有固定式和折叠式的集装箱；有钢质、铝质和玻璃纤维集装箱（Flexible container，俗称强力集装袋）；有海陆、空陆集装箱；有干货集装箱、液体集装箱、散装集装箱、散装粉状货集装箱、牲畜集装箱、通风集装箱、冷藏集装箱、保温集装箱、平台（类似铁路平板车）集装箱、框架集装箱（没有箱顶和两侧）和开顶集装箱（箱顶可拆卸）等。

5. 集装箱的规格

集装箱的规格习惯上以长度为标准。ISO 研究制定了三个系列 13 种类型的通用集装箱标准规格。其中第一系列主要是大型集装箱，适于洲际运输。目前国际上通用的集装箱多为 IA 型（长 40 英尺，简称 40′柜）和 IC 型（长 20 英尺，简称 20′柜）。20′柜容积为 31 ~ 33 立方米，可载重 20 吨左右。40′柜容积为 63 ~ 68 立方米，可载重 30 吨左右。20′柜称为标箱，用 TEU（Twenty-foot equivalent unit）来表示，不同型号的集装箱一律折算成 TEU 加以计算。

目前，国际流行的集装箱规格主要有两种（见表 4 – 5）。

表 4 – 5　　国际流行的集装箱规格

集装箱	型号	外体积、内容积尺寸（毫米）	立方米	配货毛重
20 英尺	80 × 8 × 20	外 2 438(H) × 2 438(W) × 6 058(L)	36	24 000 kg（1C 型）
		内 2 261(H) × 2 354(W) × 5 937(L)	26.4	
	86 × 8 × 20	外 2 591(H) × 2 438(W) × 6 058(L)	38.2	24 000kg（1CC 型）
		内 2 390(H) × 2 354(W) × 5 937(L)	33.4	
40 英尺	80 × 8 × 40	外 2 438(H) × 2 438(W) × 12 192(L)	72.4	30 480kg（1A 型）
		内 2 263(H) × 2 354(W) × 12 061(L)	64.2	
	86 × 8 × 40	外 2 591(H) × 2 438(W) × 12 192(L)	77	30 480kg（1AA 型）
		内 2 390(H) × 2 354(W) × 12 061(L)	67.8	

6. 装箱方式

① 整箱（FCL，Full container load）：货主向承运人或租赁公司租用一个或数个集装箱。当货量达到一个集装箱容积的 75% 或负荷量的 95% 时，即视为整箱货。

② 拼箱（LCL，Less container load）：承运人在接受货主托运的数量不足整箱的小票货运后，根据货类性质、流向和重量进行分类整理，把去同一目的地的货集中拼装入箱。拼箱工作由集装箱码头承运人在集装箱货运站或内陆集装箱转运站进行。

7. 交接方式和相关服务内容

集装箱运输的交接方式及适宜的服务内容见表 4 – 6。

表 4 – 6　　集装箱的交接方式

货物交接方式	装箱人	拆箱人	交接地点	表达方式
整箱交整箱接（FCL/FCL）	货方	货方	门到门	Door to Door
拼箱交拆箱接（LCL/LCL）	承运人	承运人	场站到场站	CY to CY
整箱交拆箱接（FCL/LCL）	货方	承运人	门到场站	Door to CY
拼箱交整箱接（LCL/FCL）	承运人	货方	场站到门	CY to Door

注：“门”（Door）指发收货人工厂或仓库。“场”指港口的集装箱堆场（Container yard，CY）。“站”指港口的集装箱货运站（Container freight station，CFS）。

（三）集装箱班轮运价

集装箱运输的运费与传统班轮件杂货的运费的计算一样，也是根据货物的等级不同而费率不同。

1. 最低运费（Minimum freight）计算

集装箱的最低运费有拼箱货的最低运费和整箱货的最低运费之分。

（1）拼箱货的最低运费为在每一航线上，各规定一个最低运费额。任何一批货物的运输，运费不足于规定时，按最低运费金额计算。

（2）整箱货的最低运费与拼箱货的最低运费计收的规定不同，它是按规定运费吨计收。如运费不足于规定时，按最低运费标准计收。标准因各船公司而异。有的以绝对数表示，如规定20英尺标准干货箱重货的最低运费吨为17.5吨，尺码货为21.5立方米；有的以百分比计算方法计收。如重量货按集装箱载货净重量的95%计算，尺码货按集装箱的内容积的85%计算。

2. 最高运费（Maximum freight）的计算

为了鼓励托运人采用集装箱装运货物，最大限度利用集装箱的容积，各船公司规定了集装箱最高运费。如20英尺干货箱的最高运费吨为31立方米，40英尺干货箱的最高运费吨为67立方米。如果实际装载的尺码超过了规定时，班轮公司按最高运费吨计收运费，余出的尺码吨不收运费。最高运费按尺码吨计算是集装箱运输的一大特点。

3. 综合费率

综合费率又称FAK包箱费率（Freight for all kinds），很多班轮公司对集装箱运费规定一个综合费率，即不分货物种类，按每个集装箱收取的费率。

4. 等级包箱费率（Freight for class，FCS）

等级包箱费率即按货物等级制定的包箱费率。

5. FCB包箱费率（Freight for class & Basis，FCB）

FCB包箱费率即按货物等级及不同类型的计价标准制定的费率。

表4-7　中国一某国港口航线集装箱费率（FAK）（美元，in USD）

装港 Port of Loading	货物 Commodity	CFS/CFS W/M		CFS/CY 20′/40′	CY/CY 20′/40′
黄埔 Huangpu	general cargo（普通货）	47.50		830/1 510	750/1 350
	semi-hazardous cargo（半危货）	62.50		1 130/2 050	1 050/1 890
	hazardous cargo（全危货）	77.50		1 430/2 590	1 350/2 430
	refrigerated cargo（冷冻货）			2 080/3 460	2 000/3 300
	等级 Class	CFS/CFS W	 M	FS/CY 20′/40′	CY/CY 20′/40′
	1-7	81	57	1 370/2 490	1 250/2 250
	8-10	86	61	1 470/2 670	1 350/2 430
	11-15	92	64	1 570/2 850	1 450/2 610
	16-20	104	74	1 770/3 210	1 650/2 970
chemical non-hazardous（化学非危品）		92	65	1 570/2 850	1 450/2 610
semi-hazardous cargo（半危品）		98	70	1 670/3 030	1 550/2 790
hazardous cargo（全危品）					
refrigerated cargo（冷冻货）					

备注：CFS、CY含义见表4-6

二、国际多式联运

1. 国际多式联运（International multimodal transport，IMT）

国际多式联运是按照多式联运合同，以至少两种不同的运输方式，由多式联运经营人将货物从一国境内的接管地点运至另一国境内指定交付地点的货物运输。

2. 构成多式联运应具备的条件

（1）有一个多式联运合同，合同中明确规定多式联运经营人和托运人之间的权利、义务、责任和豁免。多式联运人负责按合同组织完成货物的全程运输，并一次收取全程运费。这是区别于一般传统运输的基本依据。

（2）必须是国际间两种或两种以上不同运输方式的连贯运输。值得注意的是，我国《海商法》还规定：必须至少一种运输方式是海运才构成国际多式联运。下列运输方式如海/海、铁/铁、空/空联运，虽为两程联运，但不属于多式联运的范畴。这是联运与多式联运的一个重要区别。为履行单一运输方式的合同而进行该合同所规定的货物接送业务，如用汽车为航空运输接送货物等，亦不属于多式联运。

（3）使用一份包括全程的多式联运单据，该单据一般由多式联运经营人签发，其作用与传统提单相同，是物权证书和有价证券。多式联运经营人对全程运输负总的责任。

（4）必须是全程单一运费率，其中包括全程各段运费的总和、经营管理费用和合理利润。

3. 国际多式联运的优点

（1）“五个一”。即一次托运，一个合同，一次运费，一份多式联运单据，一个承运人解决问题。（2）运输时间缩短，货运质量提高。（3）为传统的 FOB、CFR、CIF 方式推进到 FCA、CPT、CIP 方式提供了可能。（4）降低运输成本，加速货运周转。

4. 开展国际多式联运应注意的事项

（1）要考虑货价和货物性质是否适宜装集装箱。（2）要注意装运港和目的港有无集装箱航线，有无装卸及搬运集装箱的机械设备，铁路、公路沿途桥梁、隧道、涵洞的负荷能力如何。（3）装箱点和起运点能否办理海关手续。

三、大陆桥运输

大陆桥运输（Land bridge transport）是用横贯大陆的铁路或公路运输系统作为中间桥梁，将大陆两端的海洋运输连接起来的连贯运输方式。世界上的大陆桥有北美洲大陆桥（美国陆桥、加拿大陆桥）、亚欧大陆桥（西伯利亚陆桥和从中国至欧洲的陆桥）。大陆桥运输实质上属于国际多式联运。这种运输方式一般以集装箱为媒介。大陆桥运输可以缩短运输时间和距离，节省运输成本，同时集中国际多式联运“一票到底”和集装箱运输“货损货差少”的双重优势，有利于发货人的资金周转。

（一）北美大陆桥

1. 北美大陆桥

北美大陆桥由数条相互平行的横越北美大陆的铁路干线构成。加拿大境内有国家铁路

（鲁来特太子港至魁北克）和太平洋大铁路（温哥华至哈利法克斯）；美国境内有北太平洋铁路（西雅图至底特律）、联合太平洋铁路（奥克兰至纽约）、圣菲铁路（洛杉矶至巴尔的摩）和南太平洋铁路（洛杉矶至新奥尔良）；墨西哥境内有韦马铁路（马萨特兰至韦腊克鲁斯）。通过这些铁路可以实现从远东至北美东海岸的货物运输。

2. OCP（Overland common points，陆上公共点）运输

OCP 运输又称美国微型陆桥运输。美国以洛杉矶山脉为界，西部的太平洋沿岸及邻近 9 个州被称为“当地地区”；把北起北达科他州、南至新墨西哥州的落基山脉以东的地区划为 OCP 地区，占其国土面积的 2/3。加拿大也划有类似的 OCP 地区。

采用 OCP 运输方式时，在买卖合同、运输单据、保险单上作出相应注明，货运的最终目的地须属 OCP 地区，货物须经美国西海岸港口中转，提单中的卸货港应按合同规定，填美国西海岸港口，同时在备注栏内注明最终目的地为“OCP × × × 城市”。按 OCP 海运运费率支付运费。出口商负责把货物运至买方指定的美国西海岸港口，即完成合同责任。进口商委托其港口转运代理持海运提单向船务公司提货，并安排由港口至内陆公共点地区最终目的地的陆路运输，及享受 OCP 内陆运费优惠。全程货物使用一张提单，在目的地注明为 OCP。船务公司合并计算运费，负责内陆转运的装卸、仓租、码头费用以及内陆转运运费，同时还可增收内陆转船附加费。

（二）亚欧大陆桥

1. 西伯利亚大陆桥（亚欧大陆桥）

西伯利亚大陆桥全程 13 400 千米。远东国家和地区的货物，先海运至俄罗斯远东港口纳霍德卡，然后经过西伯利亚铁路，再运至西欧、北欧、巴尔干地区主要港口（或支线通往亚洲的伊朗、阿富汗等国），最后到荷兰鹿特丹港，以及相反方向的运输线。

2. 新亚欧大陆桥

新亚欧大陆桥全程 10 837 千米。东起我国连云港，经陇海、兰新、北疆铁路途经 11 个省、区，89 个地、市、州出阿拉山口与哈萨克斯坦的德鲁日巴接轨，然后经俄罗斯、波兰、德国等国家的铁路至荷兰的鹿特丹，辐射世界 30 多个国家和地区。以中国天津港至德国汉堡港为例，海上运输距离为 21 175 千米，而大陆桥运输距离仅为 10 155 千米，不及海上运输距离的一半，时间节约 25 天左右，运费减少 20% 以上。

第七节　国际货物运输主要单据

一、海运单据

（一）海运提单

提单（Bill of lading，B/L）是承运人或其代理人在收到货物后签发给托运人的一种证件，它体现了承运人与托运人之间的相互关系。

1. 海运提单的性质和作用

提单的性质和作用主要表现在下列四个方面：① 是承运人或其代理人出具的货物收据；② 是代表货物所有权的凭证；③ 是承运人和托运人双方订立的运输契约的证明；④ 是结汇单据。

班轮运输契约，又称件货运输契约，即托运人与承运人就件货运输达成的协议。班轮运输契约订立后，承运人即据此签发提单。事实上，就托运人与承运人的关系来说，除去后者发给托运人的提单外，班轮运输一般并无其他文件可用来证明双方存在的运输契约和能够作为确立双方权利义务的依据。在这种意义上，提单不只是托运人和承运人间存在运输契约最好的证据，同时也是确立双方权利义务关系最主要的根据。因此，签发提单后，无论是托运人与承运人，还是受货人或提单持有人之间的权利义务，以提单为准。

2. 提单的内容

海运提单包括班轮提单和租船合同项下的提单两种。这两种提单的格式不同，其内容也有很大差别。前者除提单正面列有托运人和承运人分别填写的有关货物与运费等记载事项外，背面还有印就的涉及承运人与货方之间的权利、义务与责任豁免的条款；后者仅在提单正面列有简单的记载事项，并表明“所有其他条款、条件和例外事项按某年某月某日租船合同办理”，而提单背面则无印就的条款。

3. 提单的分类

- 提单
  - （1）按货物是否装船
    - ① 已装船提单（Shipped or on board）
    - ② 备运提单（Received for shipment）
  - （2）按有无不良批注
    - ① 清洁提单（Clean B/L）指货物交运时外表状况良好，承运人未加有碍结汇批注
    - ② 不清洁提单（Unclean B/L）指承运人加注货物外表状况不良或存有缺陷等批注
  - （3）按收货人抬头
    - ① 记名抬头提单（Straight B/L）指在收货人栏内，具体填明收货人，不能背书，取货“认人可不认单”
    - ② 不记名提单（Blank B/L）指收货人一栏内不填写收货人名称，提单持有人可不作任何背书即可转让或提货，认单不认人
    - ③ 指示提单（Order B/L）指在收货人栏内只填写凭指示或凭某人指示字样，须背书转让，“认单不认人”
  - （4）按运输方式
    - ① 直达提单（Direct B/L）：中途不换船直接运到目的港的提单
    - ② 转船提单（Transshipment B/L）：承运人只负责第一程运输
    - ③ 联运提单（Through B/L）经两种或两种以上运输方式联运（其中必有一程海运），虽含全程运输，但签发提单的承运人只对自己运输的一段航程中所发生的货损负责
  - （5）按签发日期
    - ① 预借提单(Advanced B/L)：在货物未装船或未装船完毕签发的
    - ② 倒签提单(Anti-dated B/L)：在提单上签注的货物装船完毕的日期早于货物实际装船完毕的日期，是非法的和欺诈性的
    - ③ 过期提单(Stale B/L) 指出口商不按规定或法定的期限向银行交付的提单，或在提单签发日期后 21 天才提交的提单

图 4-1 提单的分类

（二）其他海运单据

1. 电子提单（Electronic bill of lading）。它是利用电子数据交换系统所传送的关于海上货物运输合同及转让货物所有权的一组电子数据。它具有如下特点：（1）可大大加快整个操作。（2）可让船东/承运人在交出货物前很容易查获谁是真正有权的收货人。

电子提单的运用困难是如何去建立一套可行的、完善的、并能被广泛接受的国际游戏规则与做法，去替代一二百年的现有的一套纸质提单做法。电子提单难以获得纸质提单物权凭证地位，尽管“电子识别”（Electronic authentication）比人手签字更可靠、更难冒充，但是电子提单背书、签字难。一旦有了争议，判断/裁决就要靠证据，“文件证据”（Documentary evidence）会优于“口头证据”（Oral evidence），也比较稳定。更重要是电子提单可以随意删改，而外人（除非是专家）无法知悉。这一来，涉及电子提单与相关文件，就存在如何去作为证据的做法、以及证据的份量如何的问题了。为了电子提单的推广使用，国际海事委员会于1990年6月29日专门制订了《国际海事委员会电子提单规则》。Incoterms 2010对电子单据及操作程序赋予纸质单据等作用，只要签约方在符合贸易惯例要求的情况下达成一致意见即可。

使用电子提单必须具备下述条件：① 硬件方面涉及到机型的配套和联网等一系列技术问题，计算机的应用须具有世界普遍性；② 软件方面涉及到人员培训。应有一批既懂国际贸易与运输，又懂计算机业务，并通晓外语及EDI（电子数据交换）操作规程的专门人才；③ 各国航运体制和管理水平必须臻于先进，为电子提单的采用开放绿灯。

在我国，电子提单尚无实践。我国作为航运大国，应注意其发展动向，及时研究如何运用及可能出现的困难，为电子提单在我国的运用推广创造有利条件。

2. 海运单（Sea way bill，SWB）

它是指用以证明海上货物运输合同和货物已由承运人接收或者装船，以及承运人保证向指定的收货人交付货物的单证。与记名提单相比，海运单的交货属于“认人不认单”的情况。电子海运单，其性质也是如此。海运单仅涉及托运人、承运人、收货人三方，程序简单，操作方便，有利于货物的转移。

使用海运单的好处：① 海运单是一种安全凭证，它不具有转让流通性，可避免单据遗失和伪造提单所产生的后果；② 提货便捷、及时、节省费用，收货人提货无须出示海运单，这既解决了近途海运货到而提单未到的常见问题，又避免了延期提货所产生的滞期费、仓储费等；③ 海运单不是物权凭证，扩大海运单的使用，可以为今后推行EDI电子提单提供实践的依据和可能。

二、其他运输体系单据

（一）铁路运输单据

铁路运单（Rail way bill）是铁路承运人收到货物后所签发的铁路运输单据。我国对外贸易铁路运输按营运方式分为国际铁路联运和国内铁路运输两种方式。前者使用国际货协铁路运单，后者使用承运货物收据。

1. 国际货协运单（International cargo agreement transportation）

国际货协运单是发货人与铁路之间缔结的运输契约，它规定了铁路与发、收货人在货物运送中的权利、义务和责任，对铁路和发、收货人都具有法律效力。国际货协运单使用正副本方式。运单正本随同货物从始发站到终点站交给收货人，作为铁路向收货人交付货物的凭证。运单副本在发货站加盖承运期戳记，成为货物已被承运的证明，发货人凭之向银行要求结汇。国际货协运单不能转让。

2. 承运货物收据（Cargo receipt）

承运货物收据是对港澳铁路运输时使用的一种结汇单据。该收据包括大陆段和港段两段运输，是代办运输的外运公司向出口人签发的货物收据，也是承运人与托运人之间的运输契约，同时还是出口人办理结汇手续的凭证。

添附文件是另一类铁路运输单据，由发货人向铁路承运人提交。我国出口货物必须添附“出口货物明细单”和“出口货物报关单”以及“出口外汇核销单”；另外根据规定和合同的要求还要添附出口许可证、品质证明书、商检证、卫生检疫证、动植物检验单以及装箱单、磅码单、化验单、产地证及发运清单等有关单证。

（二）航空运单

航空运单（Air way bill，AWB）是航空公司收到货物后出具的货物收据和运输凭证。它与海运提单不同，航空运单既不能转让，也不是代表货物所有权的物权凭证，是一种不可议付的单据。货到目的地后，收货人是凭航空公司发出的“到货通知”提取货物。所以航空运单不能背书转让，也不能作为有价证券流通。

（三）多式联运单据

多式联运单据（Multimodal transportation documents，MTD）是由多式联运承运人或其代理人在收到货物后，签发给托运人的单据，其作用与海运提单相似，既是货物收据也是运输契约的证明，在单据作成指示抬头或不记名抬头时，又可作为物权凭证，经背书可以转让。按照国际商会《联合运输单证统一规则》的规定，多式联运经营人负责货物的全程运输。多式联运单据与联运提单在形式上有相同之处，但两者的差别是：（1）提单的签发人不同；（2）签发人的责任不同；（3）运输方式不同；（4）已装载证明不同：多式联运提单可以不表明货物已装船，也无须载明具体的运输工具。联运提单必须是已装船提单。

第八节　贸易合同中的装运条款

在货物贸易中，交货分为两种情况：一种是象征性交货，在此交货下，装运与交货是一个概念；另一种交货情况是实际交货，在此交货下，装运不等于交货，因为装运的时间与交货的时间往往并不一致，有的相距甚长。无论采用哪种交货方式，买卖双方都要就装运方式、装运时间、装卸港口和货运单据（指在象征性交货的情况下）等方面的问题进行磋商，明确一致后，写入合同。

一、装运时间

装运时间又称装运期，它是装运条款中的一个重要内容，规定的方法通常有下述几种。

1. 明确规定具体装运期限

（1）规定在某月装运。如5月份装运，即在5月份任何一天均可装运。

（2）跨月装运。如2/3月份装运，即从2月1日至3月31日任何一天均可装运。

（3）规定在某月底前或某月某日以前装运。即在指定月最后一天或指定日（按《UCP600》的新解释before不包括该日）以前任何一天均可装运。

（4）规定在某月某日左右装运。如7月15日左右装运，即在7月15日的前后各5天这一期间装运，即从7月10日至20日共有11天的期限。

2. 规定在收到信用证后若干天装运

对外汇管理较严的国家和地区，或所成交的商品的规格、花色在其他市场无法销售的，可采取这种规定，以防客户不开证或不按时开证而给卖方造成损失。

3. 规定收到信汇、电汇、票汇后若干天装运

在卖方货已备齐随时可发运的情况下，也可作如此规定。其措词是“收到电汇后若干天装运”。（按《UCP600》的解释after不包括该日）

4.《UCP600》对于笼统规定的释义

根据《UCP600》第3条的释义，除非确需在单据中使用，银行对诸如“迅速”、“立即”、“尽快”之类词语将不予置理。对“于或约于”或类似措辞将被理解为一项约定，按此约定，某项事件将在所述日期前后各五天内发生，起迄日均包括在内。如果交单由数套运输单据构成，其中最晚的一个发运日将被视为发运日（第31条）。

二、分批装运与转运

1. 分批装运（Partial shipment）

货物需要分批装运的原因很多，既有来自买方的原因，也有来自卖方的原因，例如买方根据销售上的需要、买方资金周转有困难、卖方难以一次备齐货物、生产单位分批投产、车船紧张、港口装卸条件差等。因此按UCP600（31a）规定，允许分批装运。在合同或信用证上规定分批装运的方法有下述两种。

一是只规定“准许分运”，而不加其他任何限制。在这种情况下，并非必须分批装运。分批与否全由卖方决定，这对卖方来说较为主动。

二是规定分若干批装运，甚至规定每批的时间、数量、比例（指花色、规格）。凡订有这类规定的，卖方必须严格按规定装运。如其中任何一批未按规定办理，以后的各批均不能凭信用证向银行议付。

另外，凡在合同或信用证上未明确可否分批装运的，按照美国习惯，卖方可在装运期内，任意分批装运；按照英国习惯，如需分运，必须征得买方同意。为了防止日后争议，在签订合同时应明确分批装运问题。

《UCP600》第31条规定：表明使用同一运输工具并经由同次航程运输的数套运输单据

在同一次提交时，只要显示相同目的地，将不视为分批装运，即使运输单据上标明的发运日期不同或装卸港、接管地或发送地点不同。

2. 转运（Transshipment）

转运意指货物在信用证中规定的发运、接受监管或装载地点到最终目的地的运输过程中，从一个运输工具卸下并重新装载到另一个运输工具上（无论是否为不同运输方式）的运输。即使信用证禁止转运，只要同一运输单据包括运输全程，或只要提单上证实有关货物已由集装箱、拖车或子母船运输，银行都将接受注明转运将发生或可能发生的运输单据。

对于无直达船的目的港，或虽有直达船但无固定船期或航次稀少的目的港，则应在出口合同中规定“允许转船”。如买方要求指定中转港口或指定二程船及船公司的，一般不宜接受。因有关转船事宜均由第一承运人在中转港办理，发货人在装运港取得全程转船提单后便不再过问，承运人也无须征求发货人的意见。

三、装运港与目的港

1. 装运港

装运港一般是由卖方提出，经买方同意后确定。在出口实务中确定装运港时，通常应考虑以下一些问题：① 选择与货源集中地相邻近的港口；② 一般只规定一个港口，但在集中成交分口岸交货的情况下，应规定两个或两个以上港口；③ 在洽谈或成交时如装运港口一时难以确定，可暂定为“中国口岸”。

在进口业务中，确定装运港时应注意的问题是：① 不能接受我国与之没有贸易往来的一些国家的港口作为装运港；② 需选择有直达轮或有班轮停靠的港口；③ 应尽量避免使用“欧洲主要口岸”（E. M. P. ）或“非洲主要口岸”（A. M. P. ）字样；④ 要选择安全可靠、作业好、费用低的港口。

2. 目的港

目的港一般是由买方提出，经卖方同意后确定。在出口业务中确定目的港时通常应注意以下一些问题：① 不去与之没有贸易往来的一些国家港口。② 不去不安全的港口，如疫港、战区等。对于季节性港口，应避开冰冻期、雨季、风季等季节。例如，加拿大东岸除哈利法克斯和圣约翰斯两个港口外，每年 11 月至次年 4 月为冰冻期，欧洲北纬 59°22′以北的港口每年 12 月 15 日至次年 4 月 15 日，北纬 63°06′以北的港口每年 11 月 15 日至次年 5 月 5 日均为冰冻期。在非洲赤道附近国家如几内亚每年 6—8 月大雨连天，港口难以作业。索马里的港口每年 6 ~ 9 月，意大利西西里岛的港口如杰拉和辟洛罗每年 11 月至次年 3 月为季风季节，风大浪急，港口装卸困难。③ 对于偏僻港口应在合同中规定允许转运。④ 不要使用“欧洲主要港口”、“非洲主要港口”作为目的港，因国际上对此并无统一解释，且各洲的海岸线都特长，不同港口的装卸条件、运费、附加费相差悬殊。⑤ 在选港的情况下，所选港口不得超过 3 个，而且应该是在同一航线上的 3 个基本港口。在核算价格时，其中的运费应按 3 个港口中收费（包括运费和附加费）最高的计算。⑥ 对内陆国家，一般应选择距该国最近的、能安排船舶的港口。⑦ 对于重名的港口，应在其后注明国家或地区的名称。

本章小结

货物运输具有多样化的特征，它主要由海洋运输、铁路运输、公路运输、航空运输、邮政运输五大体系组成，无论是国际还是国内货物运输，承运人在整个体系中起着越来越重要的作用；国际货物运输更是借助集装箱运输方式将几大体系联系起来，组成了大陆桥运输和国际多式联运等多种方式。海洋运输是其中最主要的方式，海洋运输有班轮和租船运输。海运合同中的装运条款主要包括装运期和交货期、装运港和目的港、装运通知、分批装运和转运等内容。国际货物运输中所使用的单据各异，主要有海运提单、铁路提单、航空提单、邮包收据和多式联运单据等。海运提单可作为收货的凭证、货物所有权的凭证和运输协议的证明，以及议付货款的凭证之一。各种运输体系有自身的特点和独特的经营方式。熟悉运输各关系方，合理选择和正确利用各种运输方式，有着重要的意义。长期以来惯用的单一的海运方式和陆海联运方式，逐渐发展为“从起点到终点”包括海、陆、空多种运输方式的联合运输。

技能实训

实训模块一　班轮运输的货运流程

【实训目的】通过对本模块的学习，初步掌握货物海运出口的班轮运输流程。

【实训要求】在消化课程内容的基础上，进一步加深对货物实际出口所要经历的步骤的印象，熟悉 S/O、B/L 等重要单据的来龙去脉。

【实训内容】班轮货运及主要货运单证在装货港和卸货港流转过程如下图，请说出各个步骤的核心内容（有条件的地方，可以安排参观外运码头，并要求画出参观地的实际运输流程）。

实训模块二　班轮运费的计算方法

【实训目的】掌握班轮运费的计算。

【实训要求】对任意航线上件杂货物出口都能够知道运费计算的基本程序，善于利用已给条件或学会到相关实习的远洋运输公司自己寻找资料、基本数据，在给定运输条件下准确无误地计算出所需运费。

【实训内容】1. 先根据商品的英文名称在货物分级表中查出该商品所属等级及其计费标准。货物分级表是班轮运价表（liner's freight tariff）的组成部分，它有“货名”、“计算标准”和“等级”三个项目，比如下表所示。

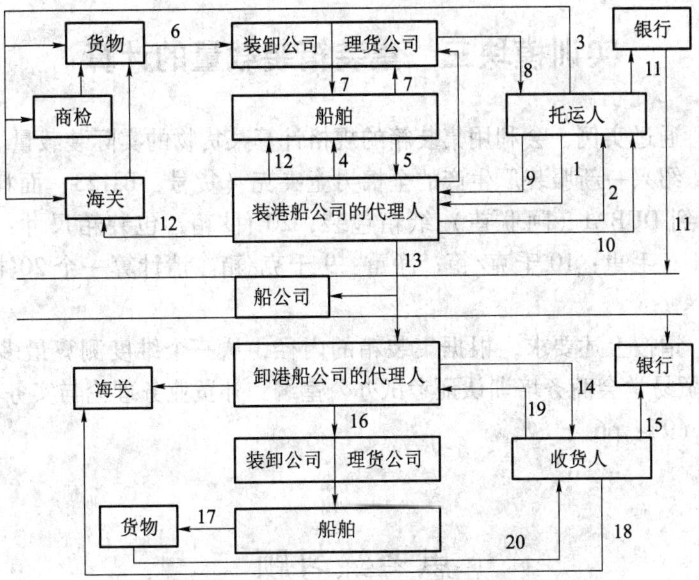

图 4－2　班轮货运及主要货运单证流转示意图

货物分级表

货　　名	计算标准	等　　级
农业机械（包括拖拉机）	W/M	9
棉布及棉织品	M	10
小五金及工具	W/M	10
玩具	M	20

以棉布及棉织品为例，货物等级为 10 级，计算标准为 M。

2. 根据商品的等级和计费标准，在航线费率中查出这一商品的基本费率。如棉布及棉织品到东非港口的费率为 443. 00 元人民币（详见下表）。

中国－东非航线等级费率表　（人民币：元）

等级	1	2	3	4	5	6	7	8	9	10	11	20	AV
费率	243	254	264	280	299	314	341	367	404	443	477	1 120	290

3. 查出该商品本身所经航线和港口的有关附加费率。

4. 商品的基本费率和附加费率之和即为该商品每一运费吨的单位运价。以该商品的计费重量和体积乘以单位运价即得总运费金额。

【实训练习】上海运往肯尼亚蒙巴萨港口“门锁”（小五金）一批计 100 箱。每箱体积为 20 厘米 ×30 厘米 ×40 厘米。每箱重量为 25 千克。当时燃油附加费为 40%。蒙巴萨港口拥挤附加费为 10%。基本港口：路易港（毛里求斯）、达累斯萨拉姆（坦桑尼亚）、蒙巴萨（肯尼亚）等，试计算该货物的运费。

实训模块三　集装箱装载量的计算

【实训目的】通过实例，会利用集装箱的规格计算某货物的实际装载量。

【实训要求】绍兴一新服装厂生产的全棉男童夹克（货号：BJ123；面料：全棉；里料：全涤纶）拟出口到 DUBAI（阿联酋）纸箱包装，20 件/箱，包装箱尺寸：57cm × 40cm × 40cm = 0.091 2rri^3；毛重：10 千克/箱；净重：9 千克/箱。请计算一个 20′柜能装载多少纸箱男童夹克。

【实训内容】请按上述要求，根据集装箱的内径，从三个维度测算最多能放多少纸箱。来源：中国国际贸易学会商务培训认证考试办公室编．外贸业务理论与实务．北京：中国商务出版社，2007（9）：66

思考练习题

一、不定项选择题

1. 货运代理人主要有（　　）等。

A. 无船承运人　B. 租船代理　C. 船务代理　D. 咨询代理

2. 海洋运输的特点体现在（　　）。

A. 运量大　B. 运费低　C. 战略地位高　D. 航行速度快

3. 班轮运输的件杂货基本运费的计收标准有（　　）等。

A. 重量吨“W”　B. 尺码吨“M”　C. 运费吨“W/M”　D. “W/M or AV”

4. 装运期的规定办法通常有（　　）。

A. 明确具体装运期限　B. 在收到信用证后若干天

C. 在某一天装运完毕　D. 近期、“迅速”、“尽快”装运

5. 下列（　　）表示“装船提单”的日期。

A. 货于 9 月 10 日送交船公司　B. 货于 9 月 15 日开始装船

C. 货于 9 月 20 日全部装完　D. 货于 10 月 5 日到达目的港

6. 在定程租船方式下，较为普遍的装卸费收取办法是（　　）。.

A. F. I. O（Free in and Out）　B. F. O.（Free Out）

C. F. I.（Free in）　D. L. T.（Liner Terms）

7. 按提单对货物表面状况有无不良批注，可分为（　　）。

A. 清洁提单　B. 不清洁提单　C. 记名提单　D. 不记名提单

8. 在进出口业务中，能够作为物权凭证的运输单据有（　　）。

A. 铁路运单　B. 海运提单　C. 航空运单　D. 邮包收据

9. 欧亚大陆国家的铁路轨距可分为（　　）。

A. 1 520 毫米　B. 1 435 毫米　C. 1 000 毫米　D. 2 000 毫米

10. 某出口商品每件净重 30 千克，毛重 34 千克，体积每件 40 厘米 × 30 厘米 × 20 厘米。如果班轮运价计费标准为 W/M10 级，则船公司计收运费时应按（　　）。

A. 毛重计收　B. 净重计收　C. 体积计收　D. 价值计收

11. 在货物贸易中，开展以集装箱运输的国际多式联运，有利于（　）。

A. 简化发运手续　B. 加快货运速度

C. 降低运输成本　D. 提高货运质量

二、判断题（对的打√，错的打×，并改错）

（　）1. 货运代理人与承运人对货主承担的责任和义务没有区别。

（　）2. 在运价表中“W/M”表示货物运价按重量与尺码数值比较取小的计算。

（　）3. 集装箱货物的费率级差设计有利于货主将价值高的实重货用集装箱运输。

（　）4. 包运合同是定期租船的一种形式。

（　）5. 一批由中国出口到美国旧金山的货物，信用证规定不准转船。我方提交银行的提单为直达提单，而船方因故在中途转船，进口人闻悉后通知开证行拒付货款，按规定开证行无权拒付。

（　）6. 如合同中规定装运条款为“2012 年 7/8 月份装运”，那么我出口公司必须将货物于 7 月、8 月两个月内，每月各装一批。

（　）7. 海运提单、铁路运单、航空运单都是物权凭证，都可通过背书转让。

（　）8. 凡装在同一航次及同一条船上的货物，即使装运时间与装运地点不同，也不作为分批装运论。

（　）9. 空白抬头、空白背书的提单是指既不填写收货人、又不要背书的提单。

（　）10. 联运和多式联运是同样的运输方式。

三、简答、计算题

1. 在什么情况下“装运”与“交货”的概念基本一致？

2. 我向坦桑尼亚出口一批货物，目的港为坦噶（TANGN）。国外来证未明确可否转船，而实际上从新港至坦噶无直达船。问是否需要国外改证？

3. 什么叫提单？提单的性质和作用如何？

4. 什么是航空运输的集中托运？它有何特点？

5. 什么叫分批装运？什么叫转运？《UCP600》对分批装运和转运有何规定？

6. 简述集装箱运输的优点。什么叫国际多式联运？多式联运有何条件？

7. 我成交绢花一批计 4 万余美元，分三批装运。先运出的两批均安全收汇，但到装最后一批时，信用证已到期，问我是否可以装船？对此应如何处理？

8. 来证规定：On or about 31 May 或 During the first half of May 或 at the end of May 或 After 31 May 或 before 31 May，请解释各时间规定的准确含义。

9. 我对澳大利亚出口 1 000 公吨大豆，来证规定：不允许分批装运。结果我分别在大连、新港各装 500 公吨于同一航次的同一船只上，问这是否违约？能否议付？

10. 某公司从天津港发运 100 箱茶叶到伦敦港，每箱重量为 80 千克，尺码为 0. 25 立方米，计费标准为 W/M 11 级。已知基本费率为每运费吨 160 美元，燃油附加费 15%，港口附加费为每运费吨 20 美元。该批货物的总运费是多少？

11. 某公司出口水果罐头 1 000 箱运往蒙巴萨，总尺码为 25. 974m^3，该货物按尺码吨收费，每吨为 95 美元，另加港口拥挤费 35%、燃油附加费 28%，中转费每运费单位加 40 美元，问该批货物的总运费为多少？

12. 从上海发往罗马尼亚棉织品一批48. 4公吨，用一辆50吨棚车装运，整车慢运。请计算该批棉织品的国内运费和过境俄罗斯后的运费。已知：棉织品的国内整车运价等级为3级，从上海至满洲里的运价里程为3 513千米，3级货物的运价率分别为发到运价人民币7. 40元，运行基价人民币0. 040 5元；过境运费按《统一货价》计算，棉织品运价等级为1等，过境俄罗斯的运价里程为8 003公里，1等运价率为3 731分（1瑞士法郎 = 100分）。分别计算该批货物的国内运费和过境运费。

13. 我国某公司与一加拿大商人按CIF MONTREAL成交出口商品一批，价值USD80 000，其中运费USD3 100。装运期为当年12月/翌年1月，付款方式为即期信用证，买方须于装运前25天开证至卖方。某公司在托运时，发现至来年4月已无船去MONTREAL，遂要求买方展装期至5月。买方称：展期时间太长，拒绝改证，建议改运温哥华，可协助安排温哥华至蒙特利尔的内陆运输。某公司照办，将卸货港改为温哥华，并出口结汇。数月后，对方通过银行寄来内陆运杂费USD 9 600，以跟单汇票向某公司托收。某公司方是否应照付，承担这一损失？

14. 我某公司向德国出口某冷冻商品1 500箱，合同规定1 ~5月按同等量装运，每月300箱，凭不可撤销即期信用证付款。客户按时开来信用证，我方1 - 3月份交货正常，顺利结汇，但在4月份时，由于船期延误，拖迟到5月6日才装运出口，而海运提单则倒签为4月30日，并送银行议付，议付行也未发现问题，后在5月10日，我公司又同船装运300箱运往目的地，开具的提单为5月10日。进口商取单时发现问题，拒绝收货。问：我方的失误在哪里？进口商拒付货款有无理由？如果我方没有倒签提单，进口商有无理由拒付货款？

第 5 章

货物运输保险

课前准备

【学习目标】

了解货物运输保险的意义和作用，熟悉保险的基本概念和原则；熟悉“中国保险条款”和“协会货物条款”保险险种和险别条款

【技能目标】

掌握保险费的计算，能正确选用险种和险别，制作保险单据，了解保险索赔程序

【情感目标】

树立道德观念，培养风险防范意识，遵循各项保险原则

学习内容

【先行案例】

货物带来的损失或损坏并不一定发生是保险前提

劳合社（Lloyd）1983 年第 122 号 Soya G. m. b. H. v White 案：案情是有关大豆从印尼以 CIF 价格运往安特卫普与鹿特丹。在第一艘船舶“Teviotbank”运载的 2 000 吨大豆发热受损后，被保险人对接下去的货物运输不敢怠慢，马上去保险市场加保了一种“受潮受热与自燃的风险”（heating，sweaming and spontaneous combustion，HSSC 险）。遗憾的是，在后继的两个航次中，第一批 5 500 吨大豆由“Corfu Island”船舶装运，货物的损坏是 12. 5%；第二批 3 200 吨大豆由“Welsh City”船舶装运，货物的损坏达到 45%，总共损失的金额高达 73 万美元。原因都是货物发热所致。保险人拒赔，其中一个最主要的理由就是依据 1906 年《英国海上保险法》第 55 章第（2）（C）款规定，保险人不承保货物内在缺陷或货物的本质

造成的损坏。而运输的大豆水分含量超出 14%、航程是 45 天、且装货时的温度是摄氏 30 度，在此种情况下，一定会造成这些货物损坏。这表明即使加保 HSSC 险，还是要求货物带来的损失或损坏并不一定发生。

在第一审，Lloyd 法官接受货方专家的意见，就是水份含量介于 12% ~14% 的话，属于灰色地带，即在运输途中可能会发热也可能不会发热。Lloyd 法官又根据所获得的样品证据证明，“Corfu Island”与“Welsh City”在装货时大豆水份含量低于 13%，预示运输途中的发热并不一定发生。所以，判保险人败诉。

虽然第一审的判决受到上诉庭与参议庭的支持，但是并不意味如果大豆水份高到发热现象一定会发生，还可获得赔付。①

第一节　保险的基本概念和原则

货物运输保险是指投保人根据合同约定，向保险人支付保险费，保险人对于合同约定的可能发生的事故因其发生而造成的财产损失承担赔偿保险金责任的商业保险行为。保险因风险而存在，货物运输保险因货物运输过程中有风险而产生。

一、风险和保险的含义

（1）风险（Risk；Hazard；Danger）是指某种事件发生的不确定性。某种结果发生的概率区间是 0 ~1 之间，0 表示肯定不发生，1 表示肯定发生。在这两种情况下，可以说没有风险；大多数情况介于其间，所以只要有两种以上的结果发生，就存在风险。风险都是未来的，现在还没有发生（潜在）的，它是预期与实际的差距，未来结果具有不确定性。从广义上讲，这种不确定性既包括盈利的不确定性，也包括损失发生的不确定性。从狭义讲，风险仅指损失的不确定性。货物运输保险考虑的是狭义风险的不确定性。

保险针对的风险是可保风险。在运输途中货物的损失或损坏可能发生，即使是可能性很大。反之，如果它一定会发生，那就根本不是保险了。可保风险是指符合保险人承保条件的特定风险，可以用“损失频率”——发生的机会有多大（%）、“损失程度”——会造成多大的损失（¥）来度量。

表 5 -1　　理想的可保风险应具备以下条件

№	可保风险应具备的条件	风险分析举例：偷窃风险
1	经济上具有可行性	偷窃风险时有发生，一旦发生经济后果严重
2	独立、同分布的大量风险标的	各种偷窃彼此之间没有影响，且数量大

① 2009 年协会货物条款（A）、（B）、（C）. http：//wenku. baidu. com/view/050ff42a915f804d2b16c1d5. html？from = related 访问时间：2012 -04 -04

续表

№	可保风险应具备的条件	风险分析举例：偷窃风险
3	损失的概率分布可以被确定	从历史偷窃记录可推测未来发生的概率
4	损失是可以确定和计量的	偷窃最大损失是货主的货物全损
5	损失的发生具有偶然性	窃贼可能偷到该货主的货，也可能没有偷到
6	特大灾难一般不会发生	一般不会航船上所有的货同时被偷窃

（2）损失（Lose）是偶然发生的、非预期的、非计划的经济价值的减少或灭失。导致损失的直接的或外在的原因是风险事故。风险事故是指造成生命财产损失的偶发事件，是损失的媒介物。风险只有通过风险事故的发生才能导致损失。风险事故意味着将风险的可能性转化为现实性。风险事故发生的根源主要有三种：即自然现象，社会经济的变动，人或物本身。

损失的发生具有意外性，它可用货币衡量。损失分为直接损失和间接损失。直接损失是由风险事故导致的财产本身的损失和人身的伤害，间接损失则是由直接损失引起的额外费用损失、收入损失、责任损失等。间接损失的金额有可能超过直接损失。

（3）保险（Insure）以集中起来的保险费建立保险基金，用于补偿各种原因造成的损失的一种经济补偿制度。保险只关心会给人们带来损失的风险，这种风险可能性小但后果可能很严重。

二、保险的基本原则

（一）保险利益原则（Insurance interests）

保险利益原则是指投保人对保险标的不具有保险利益的，保险合同无效。保险利益又称可保权益，是指投保人对保险标的具有法律上承认的利益。当保险标的安全到达时，被保险人就受益；当保险标的遭到损毁或灭失，被保险人就受到损害或负有经济责任。

在货物买卖中，要求被保险人在货物发生损失时必须具有保险利益。如以 FCA、FOB、CPT、CFR、CIP、CIF 条件达成的交易，很显然，货物在装上船或货交承运人之前，只有卖方有保险利益，而买方并无保险利益。如果硬性规定被保险人在投保时就必须有保险利益，则按这些条件达成的合同买方便无法在货物装船或货交承运人之前及时办理保险了。因此，实际业务中，保险人可视为买方具有预期的保险利益而允予承保。

（二）最大诚信原则（Utmost good faith）

最大诚信原则是指投保人和保险人在签订保险合同以及在合同有效期内，必须保持最大限度的诚意，各方都应恪守信用，互不欺骗隐瞒。保险作为一种特殊的民事活动，要求当事人所具有的诚信程度，要比其他民事活动更为严格，达到“最大诚信”。

任何一方当事人都应当善意地、全面地履行自己的义务。

（1）投保人的最大诚信规则：投保人对保险标的应当具有保险利益，订立保险合同时，投保人应当履行如实告知义务，自身有维护保险标的安全的义务。众所周知，保险事故发生的概率，既取决于保险标的的固有风险，也取决于人为风险。

（2）被保险人的最大诚信规则：维护保险标的安全义务；危险程度增加的通知义务；尽力防止或减少损失的义务。

（3）保险人的最大诚信规则：保险条款的“说明”与“明确说明”义务；赔偿或给付保险金的义务；保险合同解除权的行使及其限制。

【案例5-1】

一家出口公司出口一船货物去古巴，所租的船变了，原来的船龄为15年，后改为了20年的，出口商在船起运之前应及时通知保险公司，因为不同的船龄意味着风险不一样。如投保人未履行这一义务，将来如果货物出险，保险人以最大诚信原则为由解除合同，被保险人就不能得到赔偿。

（三）补偿原则（Complementing principle）

补偿原则又称损害赔偿原则，是指当保险标的遭受保险责任范围内的损失时，保险人应当履行赔偿义务。但保险人的赔偿金额不得超过保险单上的保险金额或实际损失。

（四）近因原则（Principle of proximate cause）

近因原则是指保险人处理保险赔案，或法庭审理有关赔偿的诉讼案件，在调查事件发生的起因、确认事件的责任所属时所遵循的原则。近因是指造成事件最直接而有效的原因，不一定是第一原因或最后原因，而是有支配力的或起决定作用的原因。保险人只对承保范围内的近因的损失负赔偿责任。

在运用上，当造成损失事故的原因有多个，其中兼有保险或非保险事故，当可以分解时，保险事故损失由保险人赔偿；当不可以分解时，保险人可免除赔偿责任。

【案例5-2】

在战争期间，某企业将投保一切险的出口商品运至码头仓库待运。此时，适逢敌机轰炸，引起仓库火灾，使该批商品受损。当被保险人要求保险公司赔偿时，保险公司予以拒绝。理由为，造成货物受损的原因有两个：投弹和火灾，而投弹是造成货损的直接原因。由于造成损失近因不属保险公司责任范围，因此，保险公司可予以拒赔。

（五）代位追偿（Subrogation）原则

代位追偿原则，是指保险人依照法律或保险合同约定，对被保险人所遭受的损失进行赔偿后，依法取得向财产损失负有责任的第三者进行追偿的权利或取得被保险人对保险标的的所有权。

“代位”是从保险人角度看问题，指的是保险人取代投保方的求偿权或对标的的所有权。从被保险人角度来说，称为“委付”（Abandonment）。委付就是被保险人表示愿意将保险标的的一切权利和义务转移给保险人，要求保险人按全部损失赔偿的一种行为。委付必须经保险人同意后方能生效，但保险人应当在合理的时间内将接受委付或不接受委付的决定通知被保险人。委付一经保险人接受，不得撤回。

第二节　海上货物保险的承保范围

海洋运输货物保险（Ocean marine cargo insurance）是指以海上运输的货物作为保险标的的保险。海上运输货物保险的承保范围包括承保的风险、承保的损失和承保的费用三方面。

一、承保的风险

承保的风险是指保险人（保险公司）承保哪些风险。海洋运输货物承保的风险可以归结为海上风险和外来风险两大类。

（1）海上风险（Perils of sea），又叫海难，是指船舶及货物在海洋运输过程中发生的或附随海上运输所发生的风险，它包括自然灾害（Natural calamities）和意外事故（Accidents）。

（2）外来风险（Extraneous risks），是指除自然灾害和意外事故以外的其他外来原因所造成风险，它包括一般外来风险和特殊外来风险，它不包括由货物自然属性或内在缺陷所造成的必然损失。

海上运输的风险
- 1. 海上风险
  - （1）自然灾害：仅指恶劣气候、雷电、洪水、流冰、地震、海啸等人力不可抗拒的灾害
  - （2）意外事故：具有明显海洋特征的重大意外事故（船舶搁浅、触礁、沉没、碰撞、失火、爆炸、失踪）
- 2. 外来风险
  - （1）一般外来风险：指偷窃、破碎、渗漏、沾污、受潮受热、串味、生锈、钩损、短量、淡水雨淋等
  - （2）特殊外来风险：指由军事、政治及行政法令等原因造成的风险（如：战争、罢工、拒收等）

图5－1　承保的风险

二、承保的损失

承保的损失是指保险人（保险公司）承保哪些性质的损失。海上货物运输保险承保的是海上损失。

海上损失（Maritime loss）是指被保险货物在海洋运输中由于发生海上风险所造成的损坏或灭失，又称为海损（Average）。按货物损失的程度，海损可分为全部损失与部分损失；全部损失（Total loss），简称“全损”，是指运输中的整批货物或不可分割的一批货物的全部损失。它可分为实际全损（Actual total loss）和推定全损（Constructive total loss）；部分损失（Partial loss）是指被保险货物的一部分毁损或灭失。按货物损失的性质又可分为共同海损（General average，G. A.）和单独海损（Particular average，P. A.）。

在部分损失中，特别值得注意的是共同海损问题。按保险条例，不论投保何种险种，由

- 海上损失
  - 1. 全部损失
    - （1）实际全损：指被保险货物全部灭失或指毁损后不能复原或完全丧失原有用途，已不具有任何使用价值；或指无法挽回地全部被海盗劫走等
    - （2）推定全损：被保险货物受损后，完全灭失已不可避免或修复、恢复受损货物的费用将超过货值；或继续运抵目的地的运费将超过残损货物的价值
  - 2. 部分损失
    - （1）共同海损：载货船舶在航行途中遇到威胁船货共同安全的自然灾害和意外事故，船长为了维护船货的共同安全或使航程得以继续完成，有意识地、合理地采取措施而造成的特殊损失或支出的额外费用
    - （2）单独海损：指货物由于遭受承保范围内的风险所造成非属共同海损的部分损失（备注：1982 年新的协会货物条款已不再使用单独海损这一术语，而以部分损失代之。）

图 5－2　承保的损失

于海上风险而造成的全部损失和共同海损均属保险人的承保范围。根据 2004 年国际海事委员会制定的《约克—安特卫普规则》的规定和可保利益原则，存在共同海损的分摊（GA Contribution）问题：共同海损的牺牲和费用均为使船舶、货物和运费免于遭受损失而支出的，因而，不论损失与费用大小，都应由船方、货主和付运费方按最后获救价值共同按比例分摊。

【案例 5－3】

一艘船在海上发生海难，牵涉到甲乙丙丁、船方、救助和运输等七方，遭受的损失情况和分摊费用如下表（表 5－2）所示（单位：万美元）：

表 5－2　　共同海损和费用分摊

	甲方	乙方	丙方	丁方	船方	救助方	运输方	总价	损失率
货价值	120	140	120	100	500		20	1 000	
损失	10	20	0	20	25	3	1	79	7.9%
分摊	9.48	11.06	9.48	7.9	39.5		1.58		

资料来源：吕红军．国际货物贸易实务．北京：中国对外经济贸易出版社，2002：156～157（经编辑）

单独海损和共同海损均属部分损失，但二者的性质、起因和补偿方法有较大的区别：共同海损是人为有意识造成的，而单独海损是承保风险所直接导致的损失；单独海损发生在前，随后引发共同海损；共同海损要由受益方按照受益大小的比例共同分摊，而单独海损由受损方自行承担损失。根据英国海上法，货物发生单独海损时，保险人应赔金额的计算，等于受损价值与完好价值之比乘以保险金。

【案例 5－4】

某货轮从上海港驶往新加坡，在航行中触礁，造成船底撞穿、海水涌入，部分货物遭水

浸，船长为避免船舶沉没，令船强行搁浅，又使船货发生损失，由于船舶受损严重，无法继续航行，于是船长决定雇用拖轮将货船拖往附近口修理，检修后重新驶往新加坡。事后调查，这次事件造成下列损失：(1) 1 000 箱货物由于船舶触礁而遭水渍；(2) 600 箱货物由于船舶搁浅而遭水渍；(3) 船底因触礁而受损；(4) 船底因搁浅而受损；(5) 拖船费用；(6) 额外增加的燃料和船长、船员工资。上述各项损失从性质上看，哪些属于共同海损？哪些属于单独海损？为什么？

三、承保的费用

承保的费用是指保险人（保险公司）在保险标的物因遭遇保险责任范围内的事故而产生的费用方面的损失给予的赔偿。它主要包括施救费用、救助费用：

1. 施救费用（Sue and Labor Expenses）

施救费用是指被保险货物在遭受承保责任范围内的灾害事故时，被保险人或其代理人或其受让人，为了避免或减少损失，采取各种抢救或防护措施而所支付的合理费用。此项费用由保险人补偿。

2. 救助费用（Salvage Charge）

救助费用是指被保险标的遭遇保险责任范围内的灾害事故时，由被保险人以外的第三者采取救助措施，被保险人向其支付的费用。国际上采用的是“无效果、无报酬”（No cure, No pay）的契约救助，但救助是否奏效确定起来并非易事。

按《约克—安特卫普规则》（2004 年）新规定，救助费用（包括利息和法律费用）应由付款方自行承担而不得认入共同海损。

第三节 海洋货物运输保险条款

一、海洋货物运输险种和险别的选择

货物运输保险条款是指保险人或保险公司在其保险单内所载明的，明确规定投保人与保险人之间权利与义务，即赔偿的责任范围、除外责任、保险期限及其他有关事项的条款。保险条款有不同的险种和险别。投保人在投保时，首先要确定投保的险种，然后再确定投保哪一种险别。

（一）海洋货物运输保险险种的确定

在国际货物运输保险业务中，目前世界上有 2/3 的国家直接采用英国伦敦保险协会条款（Institute cargo clause, ICC）。英国自 15 世纪起，水险市场开始出现保险单，从 1779 年 1 月 1 日开始使用“劳合社海上保险单”（Lloyd's S. G. Policy），长期以来许多国家都把 S. G. 保险单作为自己制订海运货物保险单的蓝本。由于 S. G. 保险单包含很多晦涩难懂的规定，伦敦保险协会“技术与条款委员会”自 1912 年起即开始了对 S. G. 条款进行整理，于 1963 年

6 月 1 日制订出一套完整的海上运输货物保险条款（简称“旧协会条款”，ICC（1963））。到 1982 年，协会货物保险条款（A）、（B）、（C）出台（ICC（1982）），实现了海上保险史上的重大变革。2008 年联合货物保险委员会（Joint Cargo Committee）对 1982 年协会货物保险条款再次修订。新条款于 2009 年 1 月 1 日起生效（简称“新协会条款”，ICC（2009））。新条款是各国法律法规和全球经济政治形势发展变化的产物。相对于 1982 年的版本，新条款只是对 1982 年条款作出了一些对被保险人有利或使条款含义更清楚的改变。

中国人民保险公司（The People's Insurance Company of China，PICC. “中人保”）于 1981 年 1 月 1 日开始生效的“中国保险条款”（China Insurance Clauses，CIC（1981））就是在 ICC（1963）旧协会条款的基础上制定的。我国海运货物保险 CIC（1981））条款吸收了国际保险市场的合理内容，结合了我国国情，基本达到自成体系的要求，但还需要逐步完善。该条款在成文和叙述上采用中国语言习惯，在内容上基本体现了与外国条款的一致性，扩大了保险责任范围，使其更利于参与国际竞争。尽管如此，CIC（1981））条款相对 ICC 协会新条款而言，内涵和外延都是逊色的。

除中人保外，目前我国各大保险公司均没有制定单独的保险条款。中国企业按 CIP 或 CIF 条件出口时，一般习惯采用 CIC（1981）投保。在很多情况下，如果客户要求按 ICC（2009）协会条款投保，根据我国保险业务实际运作情况一般可予接受。

限于篇幅，本章的后续部分主要从两大保险体系进行简单介绍，只在相关处适当引入 2009 年“新协会条款”内容。

（二）海洋货物运输保险险别的确定

货物运输保险的险种一般分为三大类，即基本险、附加险和专门险种。在基本险中又根据保险公司承保的风险、责任不同分为不同的保险险别条款。

1. 基本险

基本险是指可以独立投保的险种。协会货物条款称为标准条款，如 ICC（A）、ICC（B）和 ICC（C）险等；中国的海洋货运基本险分为平安险、水渍险和一切险。

2. 附加险

附加险是指在投保了基本险的基础上附加承保的险种。附加险是不能单独承保的，它必须是在投保了基本险的情况下才可以投保。在协会货物条款 ICC（2009）中，协会恶意损害条款是唯一的附加险。

我国的保险条款中附加险分为：（1）一般附加险；（2）特别附加险；（3）特殊附加险。实务中并没有将每一种险别单列，而是一起列在保险单背面，因此被保险人在投保时，必须注意要注明所投保是何种险别，以免事后引起争议。

3. 专门险

对于有些特殊货物，由于其属性不同于一般货物，需要有针对其特点的专门条款来承保。专门保险可以单独承保，不必附属于基本险项下。如专门运输保险有我国的海上运输冷藏货物保险、海上运输散装桐油保险；在协会货物条款 ICC（2009）中，按照国际商品类别也制定了各种协会专门条款，如煤炭、石油、生橡胶、黄麻、木材、冷冻品、日用品等专门险。

4. 卖方利益险（Contingency insurance-covers seller's interest only），是 CIC 海上货物运输

保险业务中的一种特殊险别，它以国外买方对货物遭受承保风险所致损害，既不付款赎单又拒绝支付货物受损部分的损失赔偿时，保险公司对卖方遭受的货物的损失或灭失负赔偿责任。这种保险是供我国出口企业按 FCA、FOB 或 CPT、CFR 条件成交出口并采用托收方式收款时，为保障自身利益而投保的独立险别。

二、“中国保险条款”（CIC（1981））基本内容

（一）CIC 的基本险别

根据中国现行的《海洋货物运输保险条款》的规定，在基本险别中包括平安险、水渍险和一切险三种。其中“一切险”相当于 ICC（A）；“水渍险”与 ICC（B）大体相同；“平安险”与 ICC（C）相似，但 ICC（C）承保的责任范围比平安险小得多。

1. 平安险（Free from particular average，FPA）

平安险直译是“单独海损不保”，多适用于大宗、低值的无包装货物的投保，如木材，矿砂等。其责任范围包括：

① 被保险的货物在运输途中由于恶劣气候、雷电、海啸、地震、洪水等自然灾害造成整批货物的全部损失或推定全损。

若被保险的货物用驳船运往或运离海轮时，则每一驳船所装的货物可视作一个整批。

② 由于运输工具遭受搁浅、触礁、沉没、互撞、与流冰或其他物体碰撞以及失火、爆炸等意外事故造成货物的全部或部分损失。

③ 在运输工具已经发生搁浅、触礁、沉没、焚毁意外事故的情况下，货物在此前后又在海上遭受恶劣气候、雷电、海啸等自然灾害造成的全部或部分损失。

④ 在装卸或转运时由于一件或数件整件货物落海造成的全部或部分损失。

⑤ 被保险人对遭受承保责任范围内危险的货物采取抢救，防止或减少货损措施支付的合理费用，但以不超过该批被救货物的保险金额为限。

⑥ 运输工具遭遇海难后，在避难港由于卸货所引起的损失，以及在中途港、避难港，由于卸货、存仓和运送货物所产生的特别费用。

⑦ 共同海损的牺牲、分摊费和救助费用。

⑧ 运输契约订有“船舶互撞责任”条款，根据该条款的规定应由货方偿还船方的损失。

2. 水渍险（With particular average，WPA）

水渍险直译是“负责单独海损”，其责任范围除包括上列“平安险”的各项责任外，还负责被保险货物由于恶劣气候、雷电、海啸、地震、洪水等自然灾害所造成的部分损失。与平安险相比，水渍险的责任范围要大得多，相应地，其保险费率也要高于平安险。

3. 一切险（All risks，AR）

一切险的责任范围除包括“平安险”和“水渍险”的所有责任外，还包括货物在运输过程中，因一般外来原因所造成的被保险货物的全损或部分损失，即水渍险外加一般附加险的责任范围。那些属于确定的、正常性的、本质性的损害仍不属于“一切险”的承保范围。由于其承保风险范围最广，在实践中，我国大多数货物运输都会选择此条款进行投保。

（二）CIC 的附加险别

海洋运输货物保险的附加险种类繁多，归纳起来，可分为一般附加险和特别附加险两类：

1. 一般附加险

一般附加险主要指一般外来风险造成的保险货物的损失，包括：偷窃提货不着险（Theft, pilferage and non-delivery, T. P. N. D）、淡水雨淋险（Fresh water rain damage, F. W. R. D.）、短量险（Risk of shortage）、混杂、沾污险（Risk of intermixture & contamination）、渗漏险（Risk of leakage）、碰损、破碎险（Risk of clash & breakage）、串味险（risk of odor）、受热、受潮险（Damage caused by heating & sweating）、钩损险（Hook damage）、包装破裂险（Loss for damage by breakage of packing）、锈损险（Risks of rust）。上述 11 种附加险，不能独立投保，它只能在投平安险或水渍险的基础上加保。但若投保"一切险"时，因上述险别均包括在内，故毋需加保。

2. 特别附加险

针对我国的出口货物在出口过程中可能遭到的某些特别损失，我国保险公司还开办了特别的保险险别业务，这些险别是：

（1）交货不到险（Failure to delivery risks）。本保险自货物装上船舶时开始，如货物超出预定到达日期六个月仍未到达时，保险人按全损予以赔付。

（2）进口关税险（Import duty risk）。被保险货物因遭受本保险单责任范围以内的损失，到达目的港后，若被保险人仍须按完好货物完税，保险人对该项货物损失部分的进口关税负赔偿责任。

（3）舱面险（On deck risk）。对存放舱面的被保险货物（集装箱货物除外），被抛弃或浪击落水，保险人负责赔偿。

（4）拒收险（Rejection risk）。遭受进口国政府有关当局拒绝进关或没收而发生的损失，按货物的保险价值负责赔偿。

（5）黄曲霉素险（Aflatoxin risk）。因黄曲霉素的含量超过规定标准而被拒关或被没收，或被强制改变用途所致损失。

（6）出口货物到香港（包括九龙在内）或澳门存仓火险责任扩展条款。保险责任从运输责任终止起 30 天或至港澳银行收回货款解除对货物的权益时终止，期间货存过户银行指定的仓库。30 天后，如仍需延长存放时间，则每月按一定费率（如 0.05%）计收，不满一月按月计。

3. 特殊附加险

中国人民保险公司承保的特殊附加险，包括战争险和罢工险，还包括战争险的附加费用险。

战争险（War risk）是指直接由于战争、类似战争行为和敌对行为、武装冲突或海盗行为所致的捕获、扣留、扣押、禁运等方面的损失。不包括：（1）因使用原子或热核武器导致的损失；（2）因遭执政者、当权者或其他武装集团的扣押、拘留而导致的损失。

罢工险（Strikes risk）包括因罢工、工人暴动、民众斗争等原因导致的损失，但对因劳动力短缺致使动力、燃料缺乏使被保货物受损而形成的间接损失，保险公司不负赔偿责任。

战争险和罢工险对共同海损的施救、分摊、牺牲费用都负赔偿责任。当同时投保罢工险与战争险时，一般对罢工险不另增收保费。

按 CIC（1981）的规定，附加险不能作为一个单独的项目投保，而只能在投保前述三种基本险别之一的基础上加保。

（三）保险期限

根据 CIC（1981）的规定，“平安险”、“水渍险”和“一切险”承保责任的起讫，均采用国际保险业中惯用的“仓至仓条款”（Warehouse to warehouse clauses，W/W Clauses）规定的办法处理，其条款与 ICC（1963）基本一致。

战争险的保险责任起讫不采取“仓至仓”条款，而是从货物装上海轮开始至货物运抵目的港卸离海轮为止，即只负责水面风险；若停放在海轮上，以到达目的港午夜起算 15 天止。

三、“协会货物条款”（ICC（2009））基本内容

（一）ICC 的六种险别及表达方式

1. 协会货物条款（A）：Institute Cargo Clauses（A），简称 ICC（A）；
2. 协会货物条款（B）：Institute Cargo Clauses（B），简称 ICC（B）；
3. 协会货物条款（C）：Institute Cargo Clauses（C），简称 ICC（C）；
4. 协会战争险条款（货物）：Institute War Clauses Cargo；
5. 协会罢工险条款（货物）：Institute Strikes Clauses Cargo；
6. 恶意损害险条款：Malicious Damage Clauses。

（二）协会货物条款承保范围

协会货物条款 ICC（A）、ICC（B）、ICC（C）的承保责任范围（Risks Covered）是由三个条款构成的，它们是承保风险条款、共同海损条款和船舶互撞责任条款。

1. 风险条款（Risks Clause）

（1）ICC（C）的承保风险

ICC（C）对承保风险的规定，采用的是列明风险方式。ICC（C）仅只承保重大意外事故而不承保自然灾害及非重大意外事故。ICC（C）承保的风险规定如下：

灭失或损害合理归因于下列原因者：① 火灾、爆炸；② 船舶或驳船触礁、搁浅、沉没或倾覆；③ 陆上运输工具倾覆或出轨；④ 船舶、驳船或运输工具同水以外的任何外界物体碰撞；⑤ 在避难港卸货。此类只需提供载货船舶发生灾害事故的证明。

灭失或损害由于下列原因造成者：① 共同海损牺牲；② 抛货。此类灾害事故同损失之间必须有直接的、严格的因果关系。

（2）ICC（B）的承保风险

ICC（B）对承保风险的规定，采用的也是列明风险方式。ICC（B）承保的风险具体如下：

灭失或损害合理归因于下列原因者：①~⑤ 同 ICC（C）；⑥ 地震、火山爆发或雷电。

灭失或损害由于下列原因造成者：① 共同海损牺牲；② 抛货或浪击落海；③ 海水、湖水或河水进入船舶、驳船、运输工具、集装箱、大型海运箱或储存处所；④ 货物在船舶或驳船装卸时落海或跌落造成任何整件的全损。

ICC（B）承保载货船舶在航行途中由于上述十项列明的自然灾害和意外事故的发生所造成的保险货物损失。在这里需要注意的是，对于"货物在船舶或驳船装卸时落海或跌落造成任何整件的全损"要求的是全部损失。

（3）ICC（A）的承保风险

ICC（A）关于承保风险的规定采用"一切险减除外责任"的概括说明方式，而不是采用列明风险的方式。因此，对 ICC（A）的全面理解有赖于对它的"除外责任"的理解（详细解释请参阅本节"除外责任"）。

如果将"一切险减除外责任"这一表述具体化，ICC（A）承保的风险具体包括以下几项：① ICC（B）承保的所有风险；② 海盗行为；③ 恶意损害行为；④ 外来风险造成的货物损失。为了便于理解，兹将 ICC（A）、ICC（B）及 ICC（C）三种险别中保险人承保的风险列表进行比较。

表 5-3　　ICC（A）、ICC（B）、ICC（C）的承保风险对照表

承保风险	ICC（A）	ICC（B）	ICC（C）
（1）火灾、爆炸	√	√	√
（2）船舶、驳船的触礁、搁浅、沉没、倾覆	√	√	√
（3）陆上运输工具的倾覆或出轨	√	√	√
（4）船舶、驳船或运输工具同除水以外的任何外界物体碰撞	√	√	√
（5）在避难港卸货	√	√	√
（6）地震、火山爆发或雷电	√	√	×
（7）共同海损牺牲	√	√	√
（8）投弃	√	√	√
（9）浪击落海	√	√	×
（10）海水、湖水或河水进入船舶、驳船、运输工具、集装箱、大型海运箱或贮存处所	√	√	×
（11）货物在船舶或驳船装卸时落海或跌落造成任何整件的全损	√	√	×
（12）海盗行为	√	×	×
（13）恶意损害行为	√	×	×
（14）由于一般外来原因所造成的损失	√	×	×

说明："√"代表"承保风险"；"×"代表"不承保风险"。

2. 共同海损条款（General average clause）

ICC 各险别条款中关于共同海损条款的规定是完全相同的。货物在海上运输途中发生的共同海损牺牲、共同海损费用、共同海损分摊以及救助费用，只要是保单承保风险造成的或

为了避免保单承保风险而产生的（如《约克—安特卫普规则》（2004年）），保险公司均负责赔偿。保险人承担的共同海损的确定应根据运输合同或有关的法律和惯例进行理算或决定。

3. 船舶互撞责任条款（Both to Blame Collision Clause）

这一条款也称互有过失碰撞责任条款。ICC各险别条款中关于船舶互撞责任条款的规定是完全相同的。如果载货承运人依据运输契约中的"船舶互撞责任条款"向本船货主（被保险人）提出偿还要求，被保险人必须及时通知保险人，以便保险人自负费用，以被保险人的名义对承运人的索赔进行抗辩，并有可能抗辩成功，而不必向载货承运人支付赔款。保险人承保这项责任一方面是为了对被保险人（货主）提供更加全面的保险保障，另一方面也是为了保障保险人的利益。

（三）协会货物条款除外责任

除外责任，又称"除外事项"或"不保事项"，是指保险人不予承保的风险，不予负责赔偿的损失、损害或费用。保险公司所承担的保险责任是依据"可保风险"原则，同一事件可能对某种货物构成危险并造成损失，而对另一种货物则可能根本算不上什么危险，也自然不会造成损失，没有必要对货物在海上运输过程中会遇到的全部可能的危险和损失予以保障。为了按保险合同规定履行确因保险事故造成货物损失的赔偿义务，同时促使货物运输合同的当事人和有关方各尽其责，保险人在保险合同中拟定除外责任条款是符合国际惯例的。[①] 除外责任条款的作用，在于进一步明确保险人承保的责任范围，从而避免保险责任主体的负担过重。

1. ICC（A）关于除外责任的规定

ICC（A）承保风险采用"一切险减除外责任"的概括说明方式。ICC（A）将除外责任分为四类，即一般除外责任、不适航与不适货除外责任、战争险除外责任、罢工险除外责任，以列举方式规定除外责任范围。

（1）一般除外责任（General exclusions clauses）

① 被保险人故意违法行为所致的灭失、损害或费用。

② 保险标的正常的漏损、重量或容量的正常减少或自然损耗。

③ 如果被保险人或其雇员实施的、或是在保险责任开始前实施的保险标的的包装准备不足或不当，不能经受所保运标的物通常的事故而引起的损失、损害或费用。

④ 由于保险标的的固有瑕疵或本质所引起的损害或费用。

⑤ 以迟延为近因的的损害或费用，尽管该延迟属于承保风险造成亦如此。

⑥ 因船舶的所有人、经理人、承租人或经营人的破产或经济困境产生的灭失、损害或费用，如果在保险标的装上船舶时，被保险人知道或在通常业务过程中应该知道，此种破产或经济困境或能阻止航次的正常进行；本款不适用于该保险契约已经转让给已买入或已同意买入这批被保险标的物善意受让的索赔者。

⑦ 任何使用原子或核子裂变或聚变或其他的同类反应，或由于使用放射能或放射性物质的武器而产生的灭失、损害和费用。

---

① 郭颂平．海上保险理论与实务．北京：中国金融出版社，1998：114

【案例 5－5】

一座巨大的电力变压器要从利物浦运到马来西亚，承保的是1982 年 ICC（A）险，途中由于遇到8级或以上风浪，导致机器的接合处受到损坏。由于此种风浪在该条航线尤其是冬季时并非是不可预见的风险，因此，该案 Moore-Bick 大法官认为，虽然该损坏不是必然会发生，但如果损失的发生是由于货物本身例如是包装不足以去面对这些一般性的与可以预见的运输风险而导致，保险人就无须对由此产生的损失予以赔付，即使其投保了一切险。[①]

（2）不适航与不适货除外责任（Un-seaworthiness and unfitness exclusion clauses）

ICC（A）、ICC（B）、ICC（C）关于不适航与不适货除外责任的规定是完全一致的。内容包括以下二项：① 保险货物在装船时，如被保险人或其雇用人员已经知道船舶不适航，以及船舶、驳船、运输工具、集装箱或起重运货车不适货，则由不适航与不适货而造成保险货物的灭失、损害或费用，保险人不负赔偿责任。② 只要被保险人或雇用人员知道船舶等运输工具的不适航、不适货，则保险人对因违反船舶适航性及适货性的默示保证造成的货物损失不承担赔偿责任。

（3）战争险除外责任条款（War exclusion clause）

战争险除外条款中的各项责任均为协会战争险条款承保的风险责任，鉴于有协会战争险条款承保战争风险，因此将战争险承保的各项责任列为标准条款即 ICC（A）、ICC（B）、ICC（C）的除外责任。

（4）罢工险除外责任条款（Strikes exclusion clause）

罢工险除外责任条款中的各项责任均为协会罢工险条款承保的风险责任，鉴于有协会罢工险条款承保罢工风险，因此，将罢工险承保的各项责任列为标准条款的除外责任。

2. ICC（B）和 ICC（C）关于除外责任的规定

ICC（B）和 ICC（C）关于除外责任的规定是完全相同的，而 ICC（B）、ICC（C）与 ICC（A）在除外责任的规定上只有以下两条是不完全相同的：

（1）由于任何人（们）的恶意行为而导致的保险标的的全部或部分的损害或被坏；

（2）海盗行为。

（四）保险期限

ICC（A）、ICC（B）、ICC（C）三个条款有关保险期限的规定是完全相同的，主要反映在“运输条款”、“运输契约终止条款”及“航程变更条款”等条款之中。

1. 运输条款（Transit clause）

2009 年的协会货物条款中的“运输条款”是由“仓至仓”条款和“扩展责任条款”构成的。

2. 仓至仓条款（Warehouse to warehouse clause）

在正常运输情况下，保险责任期限采用仓至仓条款。它的基本内容是：保险人对被保险货物所承担的保险责任，1982 年版的规定是从“为了开始运送货物而离开仓库或储存地”开始到以下三种情况中最早发生者终止，即货物保险从生效开始，经正常运输过程中的海

① 杨良宜，汪鹏南. 英国海上保险条款详论. 2 版. 大连：大连海事大学出版社，2009

上、陆上、内河和驳船运输，直至该项货物运到保险单所载明的目的港（地）收货人的最后仓库或储存处所，或被保险人用作分配、分派或非正常运输的其他储存处所，则以被保险货物在最后的卸载港全部卸离海轮后满 60 天为止。如在上述 60 天内将被保险货物转运到非保险单所载明的目的地时，则于货物开始转运时终止。2009 年新条款进一步规定货物仍装在运输工具中，且决定不继续进行运输时，保险合同就自动终止。

2009 年新条款将 1982 年条款保险责任期间向两端伸延至包括启运出库的装车、发运过程和抵达入库的卸车过程在内。即“从货物离开仓库的时候”，变为“从被保险货物在仓库或在储藏的地方首次被移动，为了把货物马上装上运输工具的时候”。新条款对保险责任期间的延伸即意味着对被保险人保障的扩大，对投保人从传统的 FOB、CFR、CIF 条件转向现代的 FCA、CPT、CIP 条件成交，无疑是有帮助的。新“仓至仓条款”亦被称之为“从仓库搁板到车后挡板”（from shelf to tailgate）条款。

值得补充的是，我国 CIC（1981）“仓至仓条款”规定目的地的仓库或储存处所是保险单载明目的地的“收货人的最后仓库或储存处所”，这“最后仓库”一说非常具有争议性。[①] 因为，如果载明的目的地是卸货港，而收货人在此没有自己的仓库，保险责任的终止时间在确定上就会出现分歧。

3. 扩展责任条款

这一条款规定在被保险人无法控制的情况下发生船舶绕航、运输迟延、被迫卸货、重新装载、转运或由于承运人行使运输契约所赋予的自由处置权而发生变更航程等情况，保险人扩展了保险的责任。在被保险人及时将获知的情况通知保险人并加交保险费情况下，保险人可继续承担责任。

4. 运输契约终止条款（Termination of contract of carriage clause）

“运输契约终止条款”主要规定：由于被保险人无法控制的原因，被保险货物在运抵保险单载明的目的地之前，运输契约即在其他港口或处所终止时，在被保险人立即通知保险人并在必要时加交一定保险费的条件下，保险继续有效，直到货物在这个卸载港口或处所卖出和送交之时为止，但最长时间以不超过货到达该港口或处所满 60 天为止。

5. 航程变更条款（Change of voyage clause）

“航程变更条款”主要规定：在保险责任开始之后，如果被保险人要求变更保险单所载明的目的地，则在立即通知保险人并另行确定保险费及保险条件的情况下，保险继续有效。

（五）协会货物条款的特点

ICC 协会货物条款与 CIC（1981）或 ICC（1963）相比较，具有下列几个突出的特点：

1. ICC（2009）具有自身的完整性和独立性

这样避免了被保险人及保险人查阅有关法律时所带来的复杂与繁琐。

2. ICC（2009）采用了简明易懂、标题统一的形式

ICC（2009）使用了标准的现代语言。在形式上，新修订的各种险别条款，除了作为附加险的“恶意损害险条款”之外，均按问题的性质统一分类排列，因而各种险别条款结构统一，清晰易懂。除恶意损害险之外，无论是 ICC（A）、ICC（B）、ICC（C）还是 ICC

① 曾众新．谈谈对海运货物保险“仓至仓”条款的正确理解．国际商务研究，2002（12）：40

（战争险）和 ICC（罢工险）条款，都包括下列八项内容：承保范围（Risks covered）；除外责任（Exclusions）；保险期间（Duration）；索赔（Claims）；保险受益（Benefit of insurance）；减少损失（Minimizing losses）；防止迟延（Avoidance of delay）；法律惯例（Law and practice）。

在以上八项内容中，除了前三项之外，其他五项在 ICC（A）、ICC（B）、ICC（C）以及 ICC（战争险）和 ICC（罢工险）都是完全相同的。ICC（A）、ICC（B）、ICC（C）是主险，可单独投保，其他三者是附加险，一般不能单独投保。在需要时，战争险、罢工险可独立投保。

3. 新条款的名称改用英文字母表示

新协会货物条款取消了旧条款使用的“FPA”、“WA”、“All Risks”等险别名称，而代之以 ICC（A）、ICC（B）及 ICC（C）。这一改变克服了旧条款的名称与承保责任范围内容不一致，易使人发生误解的弊病

4. 险别之间的差距扩大了

ICC（B）与 ICC（C）之间的承保风险的差别很大，ICC（C）只承保重大意外事故造成的损失；而 ICC（B）还在 ICC（C）的承保风险的基础上，增加了许多非重大意外事故及自然灾害造成的损失。

5. 新协会货物条款对保险人承担的损失责任，不再划分全部损失与部分损失

按照新协会货物条款，凡属承保责任范围内的损失，不论是全部损失还是部分损失，保险人均负赔偿责任，这一改变，简化了对保险人承保责任的规定，提高了对被保险人的保障程度。

6. 新协会货物条款引入很多与现代国际物流的变化和发展相适应的保险处理机制

新协会货物条款将海水、湖水、河水进入集装箱，或起重运货车造成的损害列为 ICC（A）、ICC（B）的承保责任。集装箱、起重运货车等都是现代国际物流中广泛使用的货运方式或包装方式，而在旧协会货物条款中却都没有相应的规定。又如 ICC（A）、ICC（B）、ICC（C）都规定承保陆上运输工具的倾覆和出轨，而采用陆上运输工具是当今国际联运中的普遍方式。

第四节　CIC（1981）其他运输方式下的货运保险

一、陆上运输货物保险

（一）陆运险（Overland transportation risks）的责任范围

被保险货物在运输途中遭受暴风、雷电、地震、洪水等自然灾害，或由于陆上运输工具（主要是指火车、汽车）遭受碰撞、倾覆或出轨。如在与陆运有关的水上驳运过程中，驳运工具搁浅、触礁、沉没或由于遭受隧道坍塌、崖崩或火灾、爆炸等意外事故所造成的全部损失或部分损失。由此可见，保险公司对陆运险的承保范围大致相当于海运货物保险中的“水渍险”。

（二）陆运一切险（Overland transportation all risks）的责任范围

保险公司除承担上述陆运险的责任外，还对由于一般外来原因造成的货物偷窃提货不着、淡水雨淋、短量、混杂沾污、渗漏、碰损破碎、串味、受热受潮、钩损、包装破裂、锈损等 11 种情况下的全部或部分损失予以赔偿。

陆运险和陆运一切险的保险责任期限与海洋运输货物险相同，也采用“仓至仓条款”。但是最长至被保险货物运抵卸载车站起满 60 天为止。

二、航空运输货物保险

航空运输险（Air transportation risks）的责任范围和航空运输一切险（Air transportation all risks）责任范围，分别同陆运险和陆运一切险基本相同。其保险责任期限也采用“仓至仓条款”，但是保险人的责任以被保险货物在最后卸离地卸离飞机后满 30 天为止。

三、邮包运输货物保险

（一）邮包运输险（Parcel post risks）的责任范围

由于邮包运输可能通过海、陆、空三种运输工具的情况，邮包险的承保责任范围是保险公司赔偿被保险邮包在运输途中，由于恶劣气候、雷电、地震、洪水等自然灾害，或由于运输工具搁浅、触礁、沉没、碰撞、倾覆、坠落、失踪、失火和爆炸等意外事故所造成的全部或部分损失，还包括海运途中共同海损的牺牲、分摊和救助费用。

（二）邮包一切险（Parcel post all risks）的责任范围

保险公司除承担上述邮包运输险的责任外，还对由于一般外来原因造成的货物偷窃提货不着、淡水雨淋等 11 种情况下的全部或部分损失予以赔偿。

邮包险和邮包一切险的承保责任期限是自保险货物离开保险单所载起运地点寄件人的处所运往邮局时开始生效，直至被保险邮包运达保险单所载明的目的地邮局，自邮局签发到货通知书当天午夜起算满 15 天为止，但在此期限内，邮包一经递交至收件人处所时，保险责任即行终止。

陆地、航空、邮包运输货物，除上述基本险别外，也可加保战争险、罢工险等特殊附加险。

就战争险的共同责任范围来说，此处各种战争险与海运战争险基本上是一致的。即对直接由于战争、类似战争行为以及武装冲突所导致的损失，如货物由于捕获、扣留、拘留、禁制和扣押等行为引起的损失应负责赔偿。陆运战争险保险责任以货物置于运输工具时为限，货物到达目的地的当日午夜满 48 小时为止，若中途转车，以货物到达中途站的当日午夜起满 10 天为止；航空战争险保险责任从飞机到达转运地的当日午夜满 15 天为止；邮包战争险保险责任是至邮包运达保险单所载明的目的地邮政机构送交收件人为止。战争险的起始点比“仓至仓条款”的起始点要推后，一般是从货物置于运输工具时生效。只有邮包战争险特殊，是自被保险邮包经邮政机构收讫后自储存处所开始运送时生效。

以上所述陆地、航空、邮包货物运输保险条款都是根据中国保险条款（CIC（1981））的规定。

表 5－4　　各种货物运输方式保险责任期限对照表

<table>
<tr><th colspan="2">运输方式</th><th>责任起讫</th><th>最长保险责任期限</th></tr>
<tr><td colspan="2">海运险</td><td>起运地发货人仓库至目的地收货人仓库</td><td>从目的港卸离海轮满 60 天</td></tr>
<tr><td colspan="2">海运冷藏险</td><td>起运地冷藏库至卸离海轮投入冷藏库</td><td>到目的港 30 天内卸离海轮，全部卸离起满 10 天</td></tr>
<tr><td colspan="2">陆运险</td><td>起运地发货人仓库至目的地收货人仓库</td><td>运抵最后卸货车站满 60 天</td></tr>
<tr><td colspan="2">陆运冷藏险</td><td>与海运冷藏相同</td><td>到达目的地车站起满 10 天</td></tr>
<tr><td colspan="2">空运险</td><td>起运地发货人仓库至目的地收货人仓库</td><td>从目的地卸离飞机满 30 天</td></tr>
<tr><td colspan="2">邮包险</td><td>从到起运地邮局前的寄件人处所至所载明的目的地邮局</td><td>邮局发出通知书给收货人的当日午夜起满 15 天</td></tr>
<tr><td rowspan="4">战争险</td><td>海运</td><td rowspan="3">装上运输工具至卸离运输工具（海运、空运在扩张期的 15 天内可以转存在该港口辖区，一俟续运，保险责任又重新开始）</td><td>到达目的港起满 15 天</td></tr>
<tr><td>陆运</td><td>火车到目的站午夜满 48 小时，到中途站午夜满 10 天</td></tr>
<tr><td>空运</td><td>到达目的港起满 15 天</td></tr>
<tr><td>邮包</td><td colspan="2">邮包开始运送起至送交收货人止</td></tr>
</table>

第五节　货物海洋运输保险实务

一、投　保

我国货物运输保险一般采取逐笔投保的办法。按 FCA、FOB 或 CPT、CFR 术语成交的出卖货物，卖方无办理投保的义务，但卖方在履行交货之前，货物自仓库到装船这一段时间内，仍承担货物可能遭受意外损失的风险，需要自行安排这段时间内的保险事宜。按 CIP 或 CIF 术语成交的出卖货物，卖方负有办理保险的责任，一般应在货物从装运仓库运往码头或车站之前办妥投保手续。我国进口货物大多采用预约保险的办法，需要进口货物的公司或其收货代理人同保险公司事先签有预约保险合同（Open Cover）。签订合同后，保险公司负有自动承保的责任。

二、保 险 单 据

在货物运输业务中，常用的保险单据主要有以下几种形式。

（一）要保书（Open policy）

要保书也称预约投保单，是投保人为订立保险合同而向保险人发出的标准化的书面要约。要保书一般由保险人事先统一印制、列出保险条款主要内容、留下空白供投保人填写。投保单经投保人依自己的意思如实填写并交保险人，即成为投保人向保险人发出的要约。投保单主要内容有投保人、被保险人的名称和住所、保险标的、保险期间和保险责任开始时间、保险价值、保险金额、保险险别。要保书具有两种书证作用，在其填写完毕交付保险人签字盖章之后，就从“要保书”形式确立为书面的保险合同（Open cover）形式，成为保险合同的一部分。要保书要求投保人和被保险人必须亲笔签字，某些特殊情况下盖章也有效。

（二）保险单（Insurance policy，Policy）

保险单俗称大保单，它是一种正规的、内容完善的保险合同，除载明上述投保单上所述各项内容外，还列有保险公司的责任范围以及保险公司与被保险人双方各自的权利、义务等方面的详细条款。保险单的内容与保险合同的基本条款大致相同，但两者仍有区别。从法律关系上讲，只要双方要约达成一致，保险合同即告成立，但此时保险单可能并未签发。因此，保险合同的成立与否并不取决于保险单的签发。保险单是被保险人向保险人索赔或对保险人上诉的正式文件，也是保险人理赔的主要依据。保险单作为有效的保险凭证，其效力较投保单强。保险单可转让，通常是被保险人向银行进行押汇的单证之一。

（三）暂保单（Binder/Cover note）

暂保单是保险经纪人或代理人在正式保险单签发以前出具的给被保险人的一种临时保险凭证。它表示保险经纪人或代理人已按被保险人的要求及所列项目办理了保险手续，等待保险人出具正式保单。暂保单的内容比较简单，有效期间也受限制。一般，其有效期间以 30 天为限，并于正式的保险单交付时自动失效。在信用证支付方式下，根据 UCP600 的规定，除非信用证内特别授权，银行一般不接受经纪人所签发的保险单。

（四）保险凭证（Insurance certificate）

保险凭证俗称“小保单”，是一种简化了的保险单，是保险人签发给被保险人证明合同已订立的凭证。保险凭证不印有保险条款，其内容以同一险种保险单的内容为准，与保险单具有同等效力。甚至当正式保险单上的条款与保险凭证上的特定条款有抵触，应以保险凭证的特定条款为准。但在信用证规定提交保险单时，一般不能以保险凭证的形式。目前，我国在国内货物运输保险中普遍使用。

三、海运货物保险费的计算

（一）保险金额（Insured amount）及其计算

（1）出卖货物的保险金额：指保险人承担赔偿或者给付保险金责任的最高限额。按照国际保险市场的习惯做法，保险金额不但包括买方进行这笔交易所付的费用，还包括预期利润，即标的金额和保险加成两部分。保险加成一般按 CIP 或 CIF 货价的 10% 计算。

出卖货物的保险金额 = CIP（或 CIF）价 ×（1 + 保险加成率）　　（式 5 - 1）

（2）受买货物的保险金额 = CIP（或 CIF）受买货价　　（式 5 - 2）

（二）保险费（Premium）的计算

保险费是根据保险费率表按保险金额计算，保险费率（Premium rate）是由保险公司根据一定时期、不同种类的货物的赔付率，按不同险别和目的地确定的。保险公司向企业收取保险费是按下列方法计算的：

（1）出卖方企业如按 CIF 和 CIP 条件成交的货物，可按两种办法向当地中国保险公司办理货物运输保险：一种是逐笔投保；另一种是按签订预约保险总合同办理。

出卖货物保险费 = 保险金额 × 保险费率

= CIP（或 CIF）价 ×（1 + 保险加成率）× 保险费率　　（式 5 - 3）

在已知 CPT（或 CFR）价的条件下，保险费还可按下列方法计算：

出卖货物保险费 = CIP 价 - CPT 价（或：I = CIF - CFR）　　（式 5 - 4）

由此，得出一个非常重要的贸易术语之间相互转换的计算公式：

∵　CIP 价 - CPT 价 = CIP 价 ×（1 + 保险加成率）× 保险费率

∴　CIP 价 = CPT 价/[1 -（1 + 保险加成率）× 保险费率]　　（式 5 - 5）

该式同样适应于 CIF 与 CFR 之间的换算。

（2）按 FCA、CPT 或 FOB、CFR 条件成交的受买货物，均由买方办理保险，保险金额按受买货物的 CIP（或 CIF）货值计算，不另加成（如投保人要求加成，保险公司也可接受）。为了简化投保手续和防止出现漏保或来不及办理投保等情况，我国进口货物一般采取预约保险的做法，即与保险公司共同议定平均运费率和平均保险费率，由此得出保险金额的计算公式（式 5 - 6 至式 5 - 9）：

保险金额 = FCA（或 FOB）价 ×（1 + 平均运费率 + 平均保险费率）　　（式 5 - 6）

保险金额 = CPT（或 CFR）受买货价 ×（1 + 平均保险费率）　　（式 5 - 7）

如果保费率按“特约费率表”规定的平均费率计算，则上述计算也可以采用如下公式：

$$\text{FCA（或 FOB）受买货物保险金额} = \frac{\text{FCA（或 FOB）价} \times (1 + \text{平均运费率})}{1 - \text{平均运费率}}$$

（式 5 - 8）

CPT(CFR)受买货物:保险金额 = CPT(CFR)/(1 - 平均保险费率)　　(式 5 - 9)

【案例 5 - 6】

我国某外贸公司进口成交一批价值为 CPT 12 000 美元的货物。现外商要求按 CIP 价格报价，投保一切险和战争险，加成为 10%。则计算如下:

解:(1)查保费率表得出一切险和战争险费率分别为 0.5% 和 0.04%，则总费率为:0.5% + 0.04% = 0.54%。

(2)将 CPT 价值转化为 CIP 价值，即:

CIP = 12 000/(1 - 0.54% × 1.1) = 12 072(美元)

(3)得出保险费为:CIP - CPT = 12 072 - 12 000 = 72(美元)

或:12 072 × (1 + 10%) × 0.54% = 72(美元)。

(三)赔付费用的计算

保险公司货物运输保险赔付费用 = 保险金额 × 损失率　　(式 5 - 10)

(四)免赔率的问题

保险公司认为某些易碎、易短量的商品在运输途中遭受一定比例的损失是不可避免的，故投保这类商品规定在某百分比范围的破碎或短量可以免赔，该百分比就是免赔率。

投保的商品实际损失比率超过了规定的免赔率时，保险公司只负赔偿超过的部分，这种赔偿的比率叫做绝对免赔率(Deductible);保险公司负责赔偿实际全部损失，这种赔偿的比率叫做相对免赔率(Franchise)。

绝对免赔率与相对免赔率的相同点是:如果损失不超过免赔率，均不赔偿;它们的区别是:如果损失数额超过免赔率，绝对免赔率扣除免赔率，只赔超过部分，而相对免赔率不扣除免赔率，全部予以赔偿。中国人民保险公司“CIC(1981)”采取的是绝对免赔率，若不计免赔率保险公司要加收保险费。协会货物条款“ICC(1982)”之后均采用的是不计免赔率(Irrespective of percentage，IOP)，不论损失程度均予赔偿。

第六节　买卖合同中的保险条款

一、保险条款中的基本约定

(一)投保人的约定

每笔交易的货运保险由谁办理，取决于双方约定的交货条件和使用的贸易术语。如，按 FCA、CPT 或 FOB、CFR 条件成交时，在保险条款中，一般只订明“保险由买方自理”。如买方要求卖方代办，则应订明卖方代理保险的有关事项，如险别、保险费和向买方提供的保险凭证等，条款如“由买方委托卖方按发票金额 × × ×% 代为投保 × × 险，保险费由买方负担”。

（二）保险公司和保险条款的约定

按 CIP 或 CIF 条件成交时，买方一般要求在合同中限定保险公司和采用的保险条款，以利日后保险索赔工作的顺利进行。我国按 CIP 或 CIF 条件出口时，合同中通常订明：“由卖方向中国人民保险公司投保，并按该公司的保险条款办理”。

（三）保险险别的约定

按 CIP 或 CIF 条件成交时，买卖双方约定的险别通常为 ICC（2009）根据货物特性和实际需要约定条款的具体险别，或按 CIC（1981）的平安险、水渍险、一切险三种基本险别中的一种，并也可以根据货物情况加保一种或若干种附加险。

在双方未约定险别的情况下，按惯例，卖方可按最低的险别予以投保，货价中一般不包括加保战争险等特殊附加险的费用。如双方约定，由卖方投保战争险并由其负担保险费时，卖方为了避免承担战争险费率上涨的风险，可规定：“货物出运时，如保险公司增加战争险费率，则其增加的部分保险费，应由买方负担。”

（四）保险金额的约定

按 CIF 或 CIP 条件成交时，根据保险习惯做法，习惯上是按 CIF 价或 CIP 价的 110% 投保。如买方要求保险加成率超过 10% 时，卖方也可酌情接受。如买方要求保险加成率过高，则卖方应与保险公司商妥后方可接受。

二、保险条款应注意的问题

（1）应尊重对方的意见和要求。有些国家规定，其进口货物必须由其本国保险，这些国家有 40 多个。如朝鲜、缅甸、印度尼西亚、伊拉克、巴基斯坦、加纳、也门、苏丹、叙利亚、伊朗、墨西哥、阿根廷、巴西、秘鲁、索马里、利比亚、约旦、阿尔及利亚、扎伊尔、尼日利亚、埃塞俄比亚、肯尼亚、冈比亚、刚果、蒙古、罗马尼亚、卢旺达、毛里坦尼亚等。对这些国家的出口，若对方坚持本国投保，则不宜按 CIP（或 CIF）价格报价成交。

（2）与上述不宜按 CIP（或 CIF）价格报价不同的是，经托收方式收汇的出口业务，成交价应争取用 CIP（或 CIF）价格条件成交，以减少风险损失。因为在卖方交货后，如货物出现损坏或灭失，买方拒绝付款赎单，卖方本国保险人可以负责赔偿，并由保险人取得代位权后委派其驻外办事处向买方追索赔偿。

本章小结

国际货物运输保险包括海上货运保险、陆地货运保险（铁路货运保险和公路货运保险）、航空货运保险、邮包货运保险等多种形式。其中海上货运保险是最为主要的，其他形式运输保险都是在它的基础上派生的。英国伦敦保险协会制定的“协会货物保险条款”（ICC（2009））对世界各国有着广泛的影响；目前，我国海运货物保险主要采用“中国保险条款”（CIC（1981）），险别包括基本险和附加险，其中，基本险又分为平安险、水渍险和一切险；附加险分为一般附加险和特殊附加险等。因此，对两者都必须熟悉了解，以利于订好保险条款和正确处理有关货运保险事宜。

技能实训

实训模块一 “海盗”风险的承保

【实训目的】 通过对本案例的分析，加强对中人保 CIC（1981）条款和伦敦 ICC（2009）条款两个险种的学习和比较，提高实际操作能力。

【实训要求】 建立严谨的风险防范意识和投保意识，认识正确选择险种的重要性。同时就本案例提出的问题，开展小组讨论。

【案情简介】 每年随着阿拉伯海阿曼湾季风季节的结束，就到了索马里海盗频繁出动的时机。据联合国统计，海盗活动每年造成全球经济损失达 130 亿至 160 亿美元。海盗已成为国际公害之一。肯尼亚船舶代理商协会官员大卫·麦凯说，频繁且范围愈加扩大的海盗活动增加了航运的危险程度，航道更加受限，海上货运成本已较之前增长 15%。目前驶经索马里海域的船只大约需多支付 4 亿美元作为额外保险费，每航次平均由 2007 年的 900 美元涨为 2 万美元。为了保护货运船只的安全，航运公司还不得不雇用护航船只，使额外费用进一步增加。

数据显示，若一艘载重 10 万吨的 9 600 箱集装箱船绕道好望角，将每天增加大约 2 万至 3 万美元的燃油成本，而且航程将延长一星期。

海盗风险给国际航运、海上贸易和海上安全环境带来了严重的影响。相应地，海上保险的投保人要对所投保的险别中是否包括海盗风险这一问题给予注意。中人保 CIC（1981）条款“一切险”并不承保海盗险。要投保海盗险，则需要另外投保 CIC（1981）货物战争险条款：“……直接由于战争、类似战争行为和敌对行为、武装冲突或海盗行为所致的损失”。协会保险条款（A）则在战争除外责任中排除了“海盗行为”，这意味着（A）险对海盗风险所产生的损失承担赔偿责任。由此，投保人如果要对海盗行为进行保险，按中人保的“一切险”投保，需要加保战争险，而若投保协会货物保险（A）则不用进行加保。此外，无论是中人保的 CIC（1981）条款还是伦敦 ICC（2009）条款，都没有对“海盗”风险进行定义，由于此处的规定空白，导致发生事故时，保险双方在相关事故是否属于“海盗”风险方面产生诸多争议。①

【实训内容】 请回答下述问题：

进行小组案例讨论，交流学习心得。收集 CIC（1981）条款和 ICC（2009）条款的各种资料，回答在何种情况下采用何种保险条款合适。

---

① 参考北京商报“海盗年吞噬全球经济 160 亿美元”（2010－06－22）及网上有关报道，并编辑

实训模块二　为什么货物投了保却无法获得保障？

【实训目的】请认真阅读以下案例，结合本章相关内容，了解保险的基本原则。

【实训要求】通过寻找相关知识点的过程，达到提高综合分析水平的能力。

【案情简介】买卖双方签订了一份 FCA 合同，保险事宜由买方办妥后，货物在从卖方仓库运往码头的途中，因意外事故而致损 10%。事后卖方以保险单含有仓至仓条款，要求保险公司赔偿，但遭到保险公司拒绝。之后，卖方又请求买方以买方的名义凭保险单向保险公司提赔，还是遭到保险公司拒绝。试分析在上述情况下，保险公司有无拒赔的权利？若其他条件不变，而贸易条件为 CIP 时，保险公司能否拒赔？该案例有何启示？

【实训内容】请回答下述问题：

1. 请列出关于此案例的所有相关知识点，并说明理由。

2. 为什么对于已经投保了的货物，出了保险责任范围内的风险损失，买方和卖方都得不到利益补偿？

实训模块三　货物运输过程中保险索赔

【实训目的】买卖双方都不愿意看见货物在运输过程中发生损失，一旦发生这种事情该如何处理，既是摆在双方面前棘手的问题，也是需要掌握的基本技能之一。

【实训要求】进出口货物在运输途中遭受损失，被保险人（投保人或保险单受让人）可向保险人提出索赔要求。按《2010 年通则》所包含的各种贸易术语成交的合同，列出各种情况下应该由何方办理保险？在保险责任范围内由何方主张索赔？熟悉保险索赔主要程序。

索赔主要程序如下：

1. 损失通知：被保险人获悉货损后，应立即通知保险公司或保险单上指明的代理人，并尽可能保留现场。

2. 向承运人等有关方面提出索赔，被保险人除向保险公司报损外，还应向承运人及有关责任方（如海关、理货公司等）索取货损货差证明，如系属承运人等方面责任的，应及时以书面方式提出索赔。

3. 采取合理的施救、整理措施，被保险人应采取必要的措施以防止损失的扩大，保险公司对此提出处理意见的，应按保险公司的要求办理。所支出的费用可由保险公司负责，但以与理赔金额之和不超过该批货物的保险金额为限。

4. 属于保险责任的，备妥索赔清单，连同提单副本、装箱单、保险单正本、检验单、修理配置费凭证、第三者责任方的签证或商务记录以及向第三者责任方索赔的来往函件等向保险人索赔。被保险人在获得保险补偿的同时，须将受损货物的有关权益委付给保险公司，以便保险公司取得代位追偿权。

5. 索赔应当在保险有效期内提出并办理，否则保险公司可以不予办理。根据国际保险业的惯例，保险索赔或诉讼的时效为自货物在最后卸货地卸离运输工具时起算，最多不超过两年。

【实训内容】

开展小组讨论，按实训要求列出讨论结果。

思考练习题

一、不定项选择题

1. 在保险人所承保的海上风险中，恶劣气候、地震属于（ ）。
   A. 自然灾害 B. 意外事物 C. 一般外来风险 D. 特殊外来风险
2. 在保险人所承保的海上风险中，搁浅、触礁属于（ ）。
   A. 自然灾害 B. 意外事故 C. 一般外来风险 D. 特殊外来风险
3. 在海运过程中，被保险物茶叶经水浸已不能饮用，这种海损可能属于（ ）。
   A. 实际全损 B. 推定全损 C. 共同海损 D. 单独海损
4. 在海上保险业务中，构成被保险货物"实际全损"的情况有（ ）。
   A. 保险标的物丧失已无法挽回
   B. 保险标的物发生变质，失去原有使用价值
   C. 船舶失踪到达一定时期
   D. 收回保险标的物所有权花费的费用将超过收回后的标的价值
5. ICC（A）（B）（C）条款的内容大体分别与 CIC 条款中的（ ）相当。
   A. 平安险、水渍险、一切险 B. 一切险、水渍险、平安险
   C. 水渍险、一切险、平安险 D. 水渍险、平安险、一切险
6. 战争、罢工、恐怖行为风险属于（ ）。
   A. 自然灾害 B. 意外事故 C. 一般外来风险 D. 特殊外来风险
7. 在国际货物运输保险中，按 CIC（1981）条款，不能单独投保的险别是（ ）。
   A. 平安险 B. 水渍险 C. 战争险 D. 一切险
8. 根据 ICC（2009）条款的规定，承保范围最小的基本险别是（ ）。
   A. ICC（A） B. ICC（B） C. ICC（C） D. ICC（D）
9. 若按 CIF 条件出货，如保下列险作为保险条款，哪个不妥当（ ）。
   A. 一切险、淡水雨淋险 B. 水渍险、受潮受热险
   C. 偷窃险、战争险、罢工险 D. 平安险、偷窃险、战争险
10. 根据"协会货物条款"规定，ICC（A）险的除外责任包括（ ）。
    A. 一般除外责任 B. 不适航、不适货除外责任
    C. 战争除外责任 D. 罢工除外责任
11. 承保范围大致相当于海运险中的水渍险的是（ ）。
    A. 陆运险 B. 陆运一切险
    C. 航空运输险 D. 航空运输一切险
    E. 航空运输货物战争险

12. 某公司以 CIP 条件与国外客户达成一笔出口业务，由该公司负责投保，按照《2010 年通则》应投保（ ）。

A. 一切险　B. 水渍险　C. 平安险

D. ICC（A）　E. ICC（C）

二、判断题（对的打√，错的打×，并改错）

（　）1. 间接损失的金额有可能超过直接损失的金额。

（　）2. 共同海损的损失是由受益各方根据获救利益大小按比例分摊。

（　）3. 在发生保险责任内事故时，由保险人或被保险人以外的第三者采取救助行为而花费的费用叫施救费用。

（　）4. 被保险货物由于自然灾害所造成的部分损失，在任何情况下平安险都不保。

（　）5. 水渍险指保险人仅对货物遭受海水水渍的损失负责。

（　）6. 出口玻璃器皿，因其在运输途中容易破碎，所以在投保一切险的基础上，还应加保破损破碎险。

（　）7. 向保险公司投保"一切险"后，在运输途中由于任何外来原因所造成的一切货损，均可向保险公司索赔。

（　）8. 一般附加险和特殊附加险可以单独投保。

（　）9. 按 ICC（2009）条款的规定，战争险不可以单独投保。

（　）10. 战争险的责任起讫和三个基本险的责任起讫相同，都采用仓至仓条款。

三、简答计算题

1. 在海运货物保险中，保险公司承保哪些风险、损失和费用？

2. 什么是实际全损？什么是推定全损？请举例说明。

3. 采用 CIF 条件成交时，按贸易惯例，保险金额如何确定？并予以说明。

4. 构成共同海损应具备哪些条件？

5. 在货运保险业务中所使用的"仓至仓"（W/W）条款是什么意思？

6. 若投保平安险，请判断下列各题是否赔偿，怎么赔偿？

（1）运输货物的船舶在运输途中触礁，海水涌进船舱，将甲商人的 500 公吨货物浸泡 200 公吨。

（2）货物在运输途中遭遇恶劣天气，海水涌进船舱，将乙商人 600 公吨货物浸泡 300 公吨。

（3）货物运输途中遭遇恶劣天气，海水涌进船舱，将丙商人 600 公吨货物全部浸泡。

（4）货物运输途中遭遇恶劣天气，海水涌进船舱，将丁商人的 600 公吨货物，浸泡 300 公吨之后又触礁，海水涌进船舱，货物又被浸泡 100 公吨。

（5）货物运输途中，自来水管破裂，将戊商人的 8 000 公吨货物浸泡 3 000 公吨。

7. 某公司按 CIP 贸易术语对外发盘，若按下列险别作为保险条款提出是否妥当？为什么？

（1）All Risks. TPND Taint of Odour Damage Risk.

（2）F. P. A；All Risks；Sweating & Heating Risks. War and Strike Risks.

（3）W. A Clash & Breakage Risks.

（4）T. P. N. D. Hook Damage Risk，War and Strike Risks.

（5）All Risks of Air Transportation，Fresh Water or Rain Damage Risks.

8. 天津港保税区某公司出口一批货物 CFR 价为 7 800 美元，现国外客户来电要求按 CIF 价加 20% 投保海上一切险，我方照办，如保险费率为 1% 时，我方应向客户补收保险费若干？

9. 已知出口到欧洲的某商品成本价为人民币 2 400 元，运费为人民币 100 元，保险费率为每百元 0.85 元，后客户要求加一成投保，试计算保险费是多少？

10. 国内某外贸公司与中保财产保险公司订有进口预约保险合同，约定保险费率为 0.27%，平均运费率为 10%，该外贸公司 2012 年 1 月份以 FOB 价进口的货物折合人民币 832 700 元，以 CFR 价进口的货物折合人民币 568 300 元。问此月该外贸公司的进口商品的总保险金额为多少？保险费为多少？

11. 中国 A 公司对外出售货物一批，合同规定：数量 100 公吨，单价每公吨 1 000 英镑 CIF 伦敦，卖方按发票金额加一成投保水渍险和短量险，保险费率分别为 0.3% 和 0.2%。试计算 A 公司的投保金额是多少？应支付多少保险费？

12. 我国某外贸公司原来以每公吨 1 000 英镑 CIF 伦敦（按 CIC（1981）条款投保，投保加一成，险种为一切险和战争险；保险费率为 1%），向英商报盘出售一批轻工业产品。后来，该外商拟自行按 ICC（2009）投保，因此要求我公司改报 CFR 价，问 CFR 价格为多少，出口人应从 CIF 价中扣除多少保险费？

13. 我国某公司出口一批面粉，双方签订了一份 CIP 合同，装运前按合同规定已向保险公司投保水渍险，货物装妥后顺利开航。载货船舶启航后不久在海上遭受暴风雨，海水涌入舱内，致使部分面粉遭到水渍，损失价值达 2 000 美元；数日后，又发现部分面粉袋包装破裂，损失达 2 500 美元。根据中国人民保险公司《海洋运输货物保险条款》，请问这些损失应由谁承担？为什么？

第 6 章

商品价格

课前准备

【学习目标】

了解宏观和中观环境对商品价格形成的影响，熟悉微观环境对商品报价的制约因素

【技能目标】

会商品报价的成本核算，会佣金与折扣的计算及运用；熟悉商品作价的办法，会制订价格条款

【情感目标】

认识隐藏在“中国卖什么什么便宜、买什么什么贵”的原因

学习内容

【先行案例】

粮价受哪些因素影响①

俄罗斯一纸粮食出口禁令就让全球小麦价格涨了10%。仅仅两年前，粮价飞涨曾让埃及、菲律宾等国出过大乱子。而今，人们又对粮价捏把汗了：在东京，超市做好了市民抢购面粉的准备；在欧洲，谷物饲料价格成倍疯涨；一些产粮国的农民则开始“待价而沽”。可令人费解的是，来自多方的权威数据都显示，世界离“粮荒”还远着呢。“谷贵伤民，谷贱伤农”，到底是谁总让全世界为粮价受伤？几位外国专家摆了这样的事实：绰号“ABCD”的四大跨国粮商控制着全球80%的粮食交易。显而易见的是，粮食定价并非市场机制在说

---

① 陈晓航．谁掐着世界粮价的命门．环球时报 2010－08－11，第7版（经编辑）

话，在事实之后往往可见跨国粮商和国际炒家在趁机乱套，拨弄着国际粮价敏感和脆弱的神经。

先看日本。由于本国粮食自给率不到40%，几乎每次全球性“粮价波动”都会让日本成为“惊弓之鸟”。日本媒体7月中旬还在报道“今年水稻基本上丰收在望”的“利好”消息，但在俄罗斯出台包括小麦在内的谷物出口禁令消息传出后，商家闻风而动，东京市民就等着到超市抢购面粉。

埃及是小麦进口大国，每年进口约600万公吨小麦，其中约一半来自俄罗斯。为避免粮价上涨引发社会骚乱，埃及政府调整了小麦进口港口装卸作业权限，允许更多港口从法国等更多国家进口小麦。

尽管俄罗斯并不是小麦主要出口地，但由于干旱影响俄罗斯和乌克兰的粮食产量，一些产粮地的农民卖粮积极性不高，“待价而沽”，都等着价格涨上去再卖。

伦敦的国际谷物理事会资深经济学家艾米·朗纳德在接受记者采访时谈了自己的观点。朗纳德认为，国际粮价因为自然灾害出现飞涨并不令人意外，但人们习惯把粮价飞涨和全球粮食短缺画上等号。早在18世纪，英国经济学家格雷戈里曾得出粮食减产与粮价上升的关系：粮食减产一成粮价上升30%，减产二成上升80%，减产三成上升160%……有网民担心，现代信息传播之快，投机热钱流入之猛，加上粮食垄断者炒作，这种粮价上升效应更大。

日本粮食问题专家认为，国际粮食投机和农业大国经济政策调整是粮价不能反映实际供求关系的最主要原因。如2007年美国玉米大丰收，但日本进口玉米的价格却涨了70%，原因是美国开发生物燃料使用了大量玉米。国际炒家钻了空子，使玉米价格大幅攀升。据统计，世界粮食交易量的80%被拥有百年历史的四大跨国粮商“ABCD”所控制，即美国ADM、邦吉（Bunge）、嘉吉（Cargill）和法国路易·达孚（Louis Dreyfus）。美国芝加哥商品交易所多年来成为确定全球粮食价格的中枢，交易所的交易情况可以影响南美阿根廷等产粮国种或不种什么。

第一节　商品价格的种类和影响因素

一、国际市场商品价格的种类

（一）世界“自由市场”价格（Free market price）

这是指在国际间不受商品垄断或国家垄断力量干扰的条件下，由独立经营的受买人和出卖人之间进行货物交易的价格。国际供求关系是这种价格形成的客观基础。

（二）世界“封闭市场”价格（Self-enclosed price）

这是指买卖双方在一定的约束关系下形成的价格。商品在国际间的供求关系，不会对它产生实质性的影响。主要有以下几种：

（1）转移价格——又称转移定价、调拨价格、内部价格等，是跨国公司内部母公司与子公司、子公司与子公司之间相互约定的出口和采购商品、劳务及技术时使用的一种价格。

（2）国际垄断价格——是发达资本主义国家垄断组织保证国际垄断利润的一种国际市场价格，包括向经济落后国家出售商品时规定的垄断高价和向他们购买商品时支付的垄断低价；也包括国家对商品实行的垄断和干预价格，多出现在农产品价格方面。

垄断组织在国际间采用垄断价格时主要考虑的问题是：某一部门相竞争的公司数量、产品的价格需求弹性、替代弹性的大小以及国际经济和政治形势等。

（3）区域性经济贸易集团内部的价格——如欧盟内部成员国之间的交换价格。

（4）国家间的协定价格——为了维护价格的稳定和双方的利益，进口国和出口国之间在一段时期内签订的商品价格。

二、影响国际市场商品价格的宏观因素

商品的国际市场价格通常是指一定时期内国际市场上占绝大多数的商品自由成交的有代表性的价格，它是由国际市场上的供求关系决定的，是国际价值及国际使用价值的货币表现。世界市场价格的形成与下列因素有关：

（1）参加交易国的贸易量。

① 国际价值量受劳动生产率的影响，劳动生产率越高，单位时间内生产的商品越多，生产单位商品所需要的社会必要劳动时间越少，单位商品的价值量便越小；反之亦然。国际价值也间接地受到劳动者的熟练程度、生产资料、生产工具装备水平、科技等因素的影响。

② 国际价值量受劳动强度的影响，劳动强度与国际价值量成正比例关系。

③ 国际价值量受国际分工和世界市场联系的广度和深度的影响。

前苏联经济学家沃明斯基曾把“众数原则”应用于国际价值的确定，提出了由主要供货国的生产条件确定国际社会必要劳动时间和国际价值的观点。即一种商品的国际价值受主要供应国的影响。[①]

表6-1　**参加国贸易量对国际价格形成的影响**

典型情况	1	2	3
参加国的贸易量	生产商品条件相当	供大于求的市场	求大于供的卖方市场
国际价格的决定	各国的加权平均	量大国家的业绩	供方是主导
示例	如一般建材等	如服装、家电等	如垄断产品、新产品

（2）国际供求关系及其变动。价值规律要求商品交换按照商品的价值进行，但这并不是等于要求每一次商品交换的国际价格都与国际价值相一致。因为商品的价格最终是由供求关系决定的。

（3）竞争、垄断、经济发展周期、各国政府采取的政策和措施的影响。

（4）商品的质量、包装及销售中的有关因素。

（5）自然灾害、政治动乱、战争及投机等非经济因素。

① 陈宪，韦金鸾，等．国际贸易理论与实务．2版．北京：高等教育出版社，2004：43

三、商品价格形成的中观操作技术

（一）商品定价

在“自由市场”领域，无论是内销商品或出口商品价格都符合市场营销学的三条定价原理，即成本导向定价、需求导向定价和竞争导向定价。在内销市场中，被商家广泛使用的边际成本定价法，即将销售价格降到总成本之下、但高于变动成本，用积累的边际收益逐步弥补不计固定成本产生的亏空，这在国际市场上常常被认为是不正当竞争行为，而被严格限制使用。

在国际贸易实务中，特别是在反倾销措施制约下，商品价格要以市场经济条件下的完全成本作为核算依据。在“充分竞争”的国内外市场，进出口商品的价格之间有着越来越透明的联系，谁能够充分获取信息，谁就有可能让利润的天平向己方倾斜。以下是内外两个市场的销售商品定价有机联系方式：

1. 产品的连续加成法

该法用于出口产品的成本加成定价，它与内销商品销售定价相似，只不过需要把应加成的环节都考虑到（见表 6 – 2）。①

表 6 – 2 确定出口销售价格的参考方法（顺推法）

项目（按单位产品计算）	金额（美元）
（1）甲商品生产商的生产和国内销售成本	2（最终把关值）
生产商的利润率 30%	0.60
（2）FCA（或 FOB）报价	2.60
保险费和运费	0.40
（3）到岸价（付关税前的完税价）	3
基于到岸价的关税税率 5%	0.15
（4）已付关税价格（收增值税前的完税价）	3.15
基于已付关税的增值税税率 17%	0.54
（5）进口代理商进货成本	3.69
进口代理商基于进货成本的利润率 5%	0.18
（6）批发商进货成本	3.87
批发商基于转售价格的利润率 10%	0.39
（7）零售商进货成本	4.26
零售商基于零售价格的利润率 40%	1.70
（8）市场价格或最终零售价	5.96

① 《出口销售学》编写组. 出口销售学. 北京：对外贸易出版社，1989：351

2. 销售减成法（成本加成法的逆推法）

表6-3　确定出口销售价格的参考方法（逆推法）

项目（按单位产品计算）	已知值（美元）	推算原值（美元）
（1）乙商品市场价格	11.43	X
零售商一般利润率25%	X = 11.43/（1 + 25%）	
（2）批发商转售价格		9.14
批发商利润率15%	Y = 9.14/（1 + 15%）	
（3）进口代理商转售价格		7.95
进口代理商利润率25%	Z = 7.95/（1 + 25%）	
（4）进口代理商进货价格		6.36
进口增值税率17%	S = 6.36/（1 + 17%）	
（5）进口已付关税价格		5.44
进口关税税率5%	T = 5.44/（1 + 5%）	
（6）CIP（或CIF）指定目的地价格		5.18
海运费与保险费	0.57	
（7）FCA（或FOB）“离岸”价格		4.61

（二）商品进出口价格条件

除成本外，买卖双方的贸易条件、佣金折扣也是影响价格的主要因素。常见的传统进出口商品价格条件有：FOB、CFR、CIF；而其他形式的价格条件，如EXW、FCA、CPT、CIP、FAS、DAT、DAP、和DDP等也在得到越来越多运用。

（三）正确贯彻商品作价原则

在确定进出口商品价格时，必须遵循下列三项原则：

1. 参考国际市场价格水平作价

国际市场价格水平是商品在国际市场上买卖的价格依据，这些信息可以通过下面多种途径获得：① 国外商品交易场所的价格；② 国际组织或国际公司、著名网站在媒体上、网页上公布的价格；③ 各国的外贸、海关统计的价格；④ 驻外商务参赞提供的价格；⑤ 货比三家后的外商报价，等等。

2. 要结合国别、地区政策作价

在参照国际市场价格水平的同时，还应结合我国的宏观经济政策、外交政策，时刻注意进出口关税的变化，恰当地运用国别、地区政策作价。

3. 要适当利用需求导向定价方法，结合购销意图作价

进出口商品价格在国际市场价格水平的基础上，可根据购销意图、要货的缓急、服务内容的多少，来确定成交价格的大致水平，可略高或略低于国际市场价格。

第二节　进出口环节商品的有关税费

一、关税的含义和分类

（一）关税的含义和作用

关税（Customs duty or tariff）是指进出口商品经过一国关境时，由政府所设置的海关向进出口商征收的税收。关税往往构成商品价格中的一个重要部分，也是国家财政收入的重要来源之一。外贸产品与内贸产品的价格组成不同之一体现在关税上。在对外贸易中，守法经营，依法进口主要体现在关税的支付方面。选低税率的税号，一经查出即可能定为走私罪。选高税率的税号，要多交关税，进口单位有损失。税号选错，与实际货品不符，则无法通关，产生一系列麻烦。

1. 进口税（Import duty）

进口税是进口国家的海关在外国商品输入时，对本国进口商所征收的关税。进口税在外国商品直接进入关境或国境时由海关征收，或者外国商品由自由港、自由贸易区或海关保税仓库等提出，运往进口国国内市场销售时征收。

2. 出口税（Export duty）

出口税是出口国家的海关对本国商品输往国外时，对出口商所征收的关税。目前，大多数国家对绝大多数出口商品都不征收出口税，因为征收这种税势必会提高本国商品在国外市场上的销售价格，降低出口商品的竞争能力，不利于出口的扩大。但有时为了调节产业政策或达到某特殊目的，一些国家尤其是发展中国家也征收出口税。

3. 过境税（Transit duty）

过境税又称通过税，是一国对于通过其关境的外国货物所征收的关税。目前大部分国家不再征收过境税，只征收少量的准许费，印花费等。

综上所述，在大多数情况下所说的关税指的是进口关税。进口关税分正税和进口附加税；正税又分为普遍税、特惠税和普遍优惠税。进口附加税主要包括反补贴税和反倾销税。

（二）进口关税的分类

1. 进口关税的正税

一国的进口关税的正税体现在海关关税税则中。海关关税税则（Customs tariff）是一国对进出口商品计征关税的规章和对进出口的应税和免税商品加以系统分类的一览表，它是海关执法的依据。根据各国的海关税则，对进出口商品计征关税有一种税率至多种税率。一个税目只有一种税率，称单式税则，适用于来自任何国家的商品。在一个税目下订两个以上的税率，称复式税则，对来自不同国家的商品使用不同的税率。还有一种是协定税则：指一国与其他国家和地区通过贸易和关税谈判，以贸易条约或协定的方式确定的关税率。

（1）最惠国关税（Most-Favored-Nation duty）。最惠国关税是按照最惠国待遇（MFN treatment）征收的一种优惠关税。最惠国待遇规定缔约国双方相互间现在和将来所给予任何第三国的优惠待遇，同样适用于对方。最惠国税率是互惠的且比普通税率低，有时甚至差别很大。例如，美国对进口玩具征税的普通税率为70%，而最惠国税率仅为6.8%。由于世界上大多数国家都加入了签订有多边最惠国待遇条约的世界贸易组织，或者通过个别谈判签订了双边最惠国待遇条约，因而这种关税税率实际上已成为正常的关税率。

（2）特惠税（Preferential duty），又称优惠税。它是指对某国或地区进口的商品给予特别优惠的低关税或免税待遇。它不适用于从非受惠国家或地区进口的商品，非受惠国家不能援引最惠国待遇条款来要求享受特惠税待遇。

（3）普遍优惠制（Generalized system of preferences，GSP），简称普惠制。它是发达国家对从发展中国家或地区输入的商品，特别是制成品和半制成品，给予普遍的、非歧视的和非互惠的优惠关税待遇。实行该税率要求发达国家非歧视地对来自不同发展中国家或地区出口的制成品和半制成品、无例外地给予普惠制的待遇，并且发达国家应单方面给予发展中国家或地区关税优惠，而不要求发展中国家或地区提供反向优惠。

在寻求“普惠制”关税待遇时，要注意对受惠国或地区的规定、对受惠商品的规定、对受惠商品的减税幅度的规定、对给惠国的保护措施的规定和对原产地的规定。

【小资料】

巧用“普惠制”

许多时候，订约人熟悉并灵活运用普惠制，可以从中受益。

① 酌情加价。深圳某外贸公司出口几种合成香料，最惠国税率平均为12% ~16%，普惠制税率为免税。当公司认为这些商品已打开销路，利用这一税率差，即使适当提价，也不致影响销售时，就断然决定平均提价10%。买方也接受了。公司仅利用关税优惠提价，就多收入10余万美元。

② 减免关税。按照给惠国的规定，出国展品不受受惠产品范围的限制，只要在普惠制产地证书上注明是展品，就可享受优惠待遇。江苏省曾组织进出口企业参加在德国汉堡举办的国际博览会，有关公司对参展品都申领了普惠制产地证书，在德国报关时都获得了关税减免。

③ 加速国产化。深圳中华自行车有限公司在深圳检验检疫局的帮助下，从原来进口零部件，改从江苏、广东、浙江的几家工厂采购十多种零部件，并在深圳建成了三角架、前叉的生产线，使产品的国产成分超过了50%，将不符合普惠制原产地标准的自行车，变为符合原产地标准的自行车，获得了普惠制优惠待遇。

④ 欧盟规定针对我国的一些产品实施“毕业”。作为出口企业，应积极提高高科技产品的国产化程度，促进高科技产品对给惠国的出口。随着我国国民经济的发展，一些产品生产正在逐渐以劳动密集型的初级产品向资金技术密集型的高科技产品过渡发展，如计算机部件、集成电路、激光音响视听设备及精密仪表仪器等，属于非毕业产品。然而，这些高科技产品往往进口成分较高，不能作为中国原产产品享受给惠国的普惠制待遇。所以，企业要想方设法提高其国产化程度，利用普惠制打入给惠国市场，可以成为出口企业的又一战术。有些国家的关税削减幅度较大，原产地标准相对较为宽松，对我国利用普惠制扩大出口较为有利。

（来源：康玉燕．中国海关．2002年04期，经编辑）

（4）协定税率（Agreed rate of duty）是一国根据其与别国签订的贸易条约或协定而制订的关税税率，它是相对于固定税率而言的，它低于相应的最惠国税率。如中国 2005 年 7 月 20 日后，对东盟六国全面实施自由贸易区协定税率，六国平均关税税率为 8.1%，与最惠国平均税率水平 9.9% 相比低 1.8 个百分点。

2. 进口关税的常见附加税

进口附加税（Import surtaxes）是指对进口商品除征收一般关税外，再增加额外的关税，称进口附加税，是限制商品进口的重要手段。海关常用的进口附加税有：

（1）反补贴税（Countervailing duty）

它又称抵消税或补偿税，它是对于直接或间接地接受任何奖金或补贴的外国商品进口所征收的一种进口附加税。在当代国际贸易中，补贴常被用来作为促进出口的一种手段。但通过补贴降低出口商品价格而加强其竞争能力，会对进口国的同类产业构成损害，从而违反公平贸易原则，因此常被作为不正当的贸易行为对待。反补贴税不得超过已查明的补贴数额。

（2）反倾销税（Anti-Dumping duty）

它是对于实行倾销的进口商品所征收的一种进口附加税，其目的是抵制进口商品低价倾销，以保护本国产品和本国市场。

所谓倾销，是指进口商品以低于正常价值的价格向另一国销售的行为。确定正常价格有三种方法：① 采用国内价格，即相同产品在出口国用于国内消费时在正常情况下的可比价格；② 采用第三国价格，即相同产品在正常贸易情况下向第三国出口的最高可比价格；③ 采用构成价格，即该产品在原产国的生产成本加合理的推销费用和利润。这三种确定正常价格的方法是依次采用的，若能确定国内价格，就不使用第三国价格或构成价格，依此类推。

对某种进口商品征收反倾销税有三个必要条件：按关贸总协定《反倾销守则》规定，它们一是倾销存在；二是倾销对进口国国内已建立的某项工业造成重大损害或产生重大威胁，或者对某一国内工业的新建产生严重阻碍；三是倾销进口商品与所称损害之间存在因果关系。

反倾销税的征收额度：所征的税额不得超过经调查确认的倾销差额，即正常价格与出口价格的差额。

反倾销税的征收期限：不得超过为抵消倾销所造成的损害必需的期限。一旦损害得到弥补，进口国应立即停止征收反倾销税。对临时反倾销措施，一般征收临时反倾销税；也可以要求提供相应数额的保证金或担保函。通常进口方主管机构在反倾销案件正式立案调查 60 天后才能采取以上措施。期限一般 4 ~9 个月，而最终反倾销措施期限可高达 5 年。

（3）报复关税（Retaliatory tariff）

它是指一国为报复他国对本国商品、船舶、企业、投资或知识产权等方面的不公正待遇，对从该国进口的商品所课征的进口附加税。通常在对方取消不公正待遇时，报复关税也会相应取消。然而，报复关税也像惩罚关税一样易引起他国的反报复，最终导致关税战。

根据我国进出口关税条例的规定，如果某个国家或者地区对进口的原产于我国的货物征收歧视性关税或者给予其他的歧视性待遇，我国海关可以对原产于该国家或者地区的进口货物征收特别关税（包括反倾销税和反补贴税）。

二、由海关代征的其他重要税费

随着各国关税的日益减低，一些并不属于关税、但由海关代征的有关税费在商品价格组成中的比例凸显。这些税费不但涉及货物贸易，也涉及服务贸易、技术贸易。其中对商品价格影响很大的是增值税和消费税。

（一）增值税（Value added tax）

增值税是以法定增值额为计税依据征收的一种税。所谓增值额，是指企业或个人在生产经营过程中新创造的那部分价值，即相当于商品价值扣除在生产上消耗的生产资料的转移价值之后的余额，它主要包括工资、利润、利息、租金和其他属于增值性的费用。

增值税在进口和出口方面都起着举足轻重的作用。增值税在实际出口退税政策上具有彻底性。根据国际上通行的做法，为鼓励出口，对出口产品实行零税率，即产品报关出口后退还全部增值税款，这可以使出口商品以不含税的价格进入国际市场，从而加强本国出口商品在国际市场上的竞争能力。

（二）消费税（Excise tax）

消费税亦称货物税，是以消费品或消费行为的流转额作为课税对象的税种。由于以所得税为主体的直接税税制体系的发展，消费税占各国税收收入的比重已经下降，但因其具有独特的调节作用，仍然受到各国的普遍重视。

从通关的角度来看，多数国家实行选择性消费税，即海关只对某些消费品或消费行为征收消费税。例如，对低价格弹性的品种、对奢侈品征收消费税；此外，对那些危害人体健康和对社会秩序、自然环境造成不利影响的商品（如香烟、鞭炮等）、不可再生和替代的石油类消费品（例如汽油、柴油）征消费税，等等。

三、征收关税的一般方法

（一）海关税则的主要内容

海关税则分成两个部分：一是海关课征关税的规章条例及说明；二是关税税率表。关税税率表包含三个部分：税则号列、货物分类目录、税率。我国海关税则以“HS 编码”为编排体系（见第3章）。对某些特殊的货物，海关予以关税减免。如有关国际协定中规定的货品、无商业价值的样品等其他货品，共计18类。

（二）海关征税方法

1. 从量税（Specific duty）

从量税又称固定税（Fixed duty），是指以课税对象的数量、重量、容积、面积、体积或长度等为计税标准计征的税种，每一单位征收一定金额的关税。从量税适用于规格品种简单、计量容易、同一种商品规格价差比较少、且经常性大宗进口的商品。当一国的货币在按国际货币基金组织的有关规定认可下贬值达20%时，可以调整从量税税率。

（1）从量税的优点：每一种进口商品的单位应税额固定，不受该商品进口价格的影响，征收手续比较简便，通关手续快捷；当物价下跌时，保护作用增大，故能起到抑制低廉商品或故意低瞒报价商品进口的作用。

（2）从量税的缺点：同种类的货物不论等级高下，均课以同税率的关税，使得课税有失公平。税率固定，没有弹性，税额不能随物价涨落而增减，失去市场的价格机能。当物价上涨时，保护作用减小。

表6-4　从量关税商品关税税率和计量单位换算表

税则号列	商品名称	优惠税率	普通税率	计量单位换算标准
22030000	啤酒	3.5元/升	7.5元/升	1公吨=988升

备注：汽油1公吨=1 388升；黄酒1公吨=962升

2. 从价税（Ad valorem duty）

从价税以商品价格的一定百分比为标准征收的关税。如何确定进口商品的完税价格是征收从价税的一个关键。按国际惯例，从价税的完税价格采用“到岸价”作为征收基础。根据《中华人民共和国进出口关税条例》第9条规定：进口货物以海关审定的正常成交价格为基础的到岸价格作为完税价格。到岸价格包括货价，加上货物运抵中国关境内输入地点起卸前的包装费、运费、保险费和其他劳务费等费用。这是我国海关估价对进口货物完税价格所规定的定义。

（1）从价税的优点：合理性强：相对进口商品价格的高低，其税额也相应有高低。由于从价税随着商品价格的升降而变化，所以在价格上升时，税额增加，保护作用大，价格下降时，税额减少，保护作用小。

（2）从价税的缺点：不同品种、规格、质量的同一货物价格有很大差异，海关估价有一定难度，因此计征关税的手续也较繁杂。例如：当某一种进口商品的国际价格大幅度下跌时，或人为故意低瞒报进口商品价格和低价倾销时，从价税不能有效地起到保护国内相关工业或防止逃漏税款的作用。

3. 复合税（Compound duty）

复合税即从价税、从量税同时征收。征收的方法又分为三种情况，如（1）：日本对进口6 000日元以下的手表，征收15%从价税，150日元从量税；又如（2），“彩色电视机：1 000台内，5%和20元/台；1 001—10 000台，7%和25元/台”；再如（3），“针织羊毛服装：37.5美分/磅，另加30%（不超过5美元/磅）；或37.5美分/磅（超过5美元/磅）”，均属于此类。

复合税既发挥从量税抑制低价进口商品的特点，又可发挥从价税税负合理、稳定的特点。我国对录（放）像机和摄像机等商品在1997年7月1日后实行复合关税。

4. 选择税（Alternative duty）

选择税是指在税则的同一税目中，同时订有从量和从价两种税率，征税时由海关选择其中一种计税。海关一般是选择税额较高的一种税率征收。实行选择税多根据产品价格高低而定。在物价上涨时，使用从价税；在物价下跌时，使用从量税。有时，为了鼓励某种商品的进口，或给某出口国以优惠待遇，也有选择税额较低的一种税率征收关税的。如我国对进口天然橡胶实行选择税，即在20%从价税和2 600元/吨从量税两者中，从低计征关税。

5. 滑动税（Sliding scale duty）

滑动税又称滑准税，就是根据同一种商品进口价格的不同，分别实施不同档次的税率，价格高的税率低，价格低的税率高，其目的是使商品的税后价格能够保持稳定。滑动税的优点在于它能平衡物价，保护国内产业发展。缺点是使交易流于投机。当市价昂贵时，为平衡物价，供应消费，必然降低进口税率，进口人往往会借机囤积居奇，促使物价上涨，以图暴利。

6. 综合税（Mix duty）

综合税并非一种独立的税种，是针对进口商缴税计算方便而言的。指在进口货物到岸价格基础上，把要交的关税和增值税看成一个整体的税（见式6-11）。

（三）关税征收的计算

1. 进口关税和进口环节税

在进口环节，一般税费的征收顺序是关税（从价税或从量税、或复合税）、消费税（如果有的话），最后是增值税。其中每一个税的完税价格是以前手税费为基础的，越到后面完税价格越高，比如增值税的完税价格是其前面所有税征完时的总和。

（1）关税额=关税完税价格×进口关税税率 （式6-1）

从价税额=完税价格×进口从价税率 （式6-2）

从量关税税额=商品进口数量×从量关税税率(单位税额) （式6-3）

复合关税税额=商品进口数量×从量关税税率+完税价格×从价关税税率 （式6-4）

特别关税额=关税完税价格×特别关税税率 （式6-5）

（2）从价消费税完税价格=（“到岸”价格+关税+特别关税)/(1-消费税税率) （式6-6）

从价消费税税额=消费税完税价格×进口环节消费税税率 （式6-7）

从量消费税税额=应税消费品数量×消费税单位税额 （式6-8）

（3）进口环节增值税完税价格=“到岸”价格+关税+特别关税+进口环节消费税 （式6-9）

进口环节增值税额=进口环节增值税完税价格×进口环节增值税税率
=（“到岸”价格+关税额+特别关税额+消费税额）×增值税税率 （式6-10）

有时，为了一次计算到位，可以将以上关税和增值税税率一并考虑，按下式得到一个综合税税率。例如，综合税税率为（不考虑消费税、特别关税）：

综合税税率=进口关税税率+增值税税率+进口关税税率×增值税税率（式6-11）

有消费税时，计税项数过多、式子太长，反而不如一步步计算简便。

2. 出口关税

出口关税税额=[离岸价格/(1+出口关税税率)]×出口关税税率 （式6-12）

【案例 6－1】

某贸易公司从荷兰进口了 3 000 箱“喜力”牌啤酒，规格为 24 支 ×330ml/箱，申报价格为 FCA 鹿特丹 HKD50/箱。发票列明：运费为 HKD20 000，保险费率为 3%，买方要求投保加一成。经海关审查属实，该啤酒的优惠税率为 3.5 元/升、消费税税额为 220 元/吨（1 吨 =988 升），增值税税率为 17%，外汇牌价为 100 港币 =99 元人民币。该批啤酒的关税、消费税和增值税分别为多少？

① 从量关税税额 =(0.33×24×3 000)×3.5 =83 160（人民币元）

② 商品进口数量 =(0.33×24×3 000)/988 =24.048 6（MT）

进口环节消费税额 =24.048 6×220 =5 290.69（人民币元）

③ 进口环节完税价格(以 CIP 价计) =(3 000×50 +20 000)/[1－3%×(1 +10%)]

=175 801.45（港币）=174 043.44（人民币元）

进口环节增值税额 =(83 160 +5 290.69 +174 043.44)×17%

=44 624.00(人民币元)

（四）出口环节退税及退税额的计算

1. 出口货物退税的办法和原则

目前，我国出口货物退税采用“先征后退”和“免、抵、退”税的办法。“先征后退”是指生产企业自营出口或委托代理出口的货物，一律先按照增值税暂行条例规定的征税率征税，然后由主管出口退税业务的税务机关在国家出口退税计划内按规定的退税率审批退税。

“免、抵、退”中的“免”是指：出口销售不计提销项税额即对出口货物免征增值税；“抵”是指：进项税额准予抵扣的部分在内销货物的应纳税额中抵扣；“退”是指：应抵的进项税额大于应纳税额，对未抵完的部分予以退税。

我国从 1985 年 4 月 1 日起开始实行对出口产品退税政策，即产品加工后在出口时，不同行业的产品可以按照政策，按照一定比例退还当时缴纳的增值税。为了抵御金融风暴，从 2008 年 8 月份起，经过 7 次调整，中国综合退税率从 9.8% 提高到逾 13.5%。出口退税往往是商品出口价格比内贸还便宜的原因之一。

2. 生产企业出口货物“免、抵、退”税额的计算

（1）用国内料件生产出口产品：

免、抵税额 = 出口货物离岸价×银行外汇买入价×退税率－已退税额 （式 6－13）

（2）以进料加工的方式出口货物的

免、抵税额 =（出口货物离岸价×银行外汇买入价－海关核销免税进口料件组成的计税价格）×退税率－已退税额 （式 6－14）

【案例 6－2】

某鞋厂 2008 年 4 月出口鞋 30 000 打，其中：（1）28 000 打以 FCA 价成交，每打 230 美元；（2）2 000 打以 CIP 价格成交，每打 262 美元，并每打支付运费 20 美元、保险费 10 美元、佣金 2 美元，4 月 10 日结汇，人民币外汇牌价中间价为 1：6.992 0 元（人民币兑美元汇率首度“破 7”日，银行美元买入～卖出价为 6.957 0～7.027 0）。当期实现内销鞋 19 400 打，销

售收入34 920 000元，销项增值税为17%，税额为5 936 400元，当月可予抵扣的进项税额为10 800 000元，当时鞋的退税率为11%。用“先征后退”方法计算应交税额和应退税额。

① 计算出口自产货物销售收入：

出口自产货物销售收入 = 离岸价格 × 银行外汇买入价 +（到岸价格 − 运输费 − 保险费 − 佣金）× 银行外汇买入价

= 28 000 × 230 × 6.957 0 + 2 000 ×（262 − 20 − 10 − 2）× 6.957 0

= 48 003 300.00（元）

② 当期应纳税额 = 当期内销货物的销项税额 + 当期出口货物离岸价格 × 银行外汇买入价 × 征税率 − 当期全部进项税额

= 5 936 400 + 48 003 300 × 17% − 10 800 000

= 3 296 961.00（元）

③ 当期应退税额 = 当期出口货物离岸价格 × 银行外汇买入价 × 退税税率

= 48 003 300 × 11%

= 5 280 363.00（元）

（3）退税额计算公式：

退增值税的计税依据为出口货物的离岸价FCA或FOB。

∵ 发票金额(即出口商品含税价) = 本金 + 税金

税金 = 本金 × 增值税率

本金 = 发票金额/(1 + 增值税率)

∴ 退税额 = 本金 × 退税率

= [发票金额/(1 + 增值税率)] × 退税率　　（式6 − 15）

生产企业自营出口或委托外贸企业代理出口的消费税应税货物，依据其实际出口收入或数量予以免征消费税。

【案例6 − 3】

某公司出口陶瓷茶杯，每套进货成本人民币90元（包括17%的增值税），退税率为8%，实际成本核算如下：

计算公式：实际成本 = 进货成本 − 退税金额

退税额 = [90/(1 + 17%)] × 8% = 6.15(元)

实际成本 = 90 − 6.15 = 83.85（元）

陶瓷茶杯的实际成本为每套83.85元。

【小资料】

出口退税走到十字路口①

1985年4月中国开始实行对出口产品退税政策。到2009年中国出口第一次超过德国，

① 胡红伟. 出口退税25年走到十字路口. 新京报，2010 − 05 − 05（经编辑）

成为全球第一大出口国。作为最大规模的“世界工厂”，中国每天都在源源不断地向世界各地输送着“MADE IN CHINA”（中国制造）的产品。

实行了20多年的出口退税政策，曾经很有效地促进了中国的出口，继而拉动了中国经济增长。但出口退税政策也被认为是双刃剑，出口退税政策存在负面作用，到了该调整的时候。

不少企业主和专家认为，企业能够低价出口的一个重要原因是出口退税政策。越来越多的中国本土消费者，加入出境购买大军。除了购买因中国关税较高的奢侈品外，还在大量进行“复进口”，将原属“中国制造”的衣服、日用品、本子、笔、电脑等购回国，因为在国内的价格普遍高于在国外的售价。

国家开发银行顾问刘克崮认为，“我们在出口退税的问题上有一些误区，比如说认为维持出口商品不含流转税是国际惯例。错了，国际惯例说可以不含税，没有说必须不含税。”

中国世界工厂在进行日复一日的生产，将物美价廉的中国制造商品，出口美国等发达国家，中国因此产生了大量的外汇储备。而中国人还把钱借给美国人消费，反过来美国还指责中国经济失衡。这些“中国制造”与其更为低廉地卖到国外，为什么不能在国内销售呢？这种价格机制下，国内的企业为什么还坚持出口呢？在不少企业主和专家看来，企业能够低价出口的一个重要原因，是中国的出口制度设计，即出口退税政策。

四、贸易中的佣金和折扣问题

（一）佣金

1. 佣金（Commission）

佣金是卖方或买方付给中间商作为其代买代卖的酬金。通常在1% ~5%之间。佣金有明佣和暗佣两种形式。佣金有时按成交商品的数量来计算，如：每公吨佣金20美元；在更多情况下，按成交金额约定的百分比计算，如：“每公吨500美元CIP纽约包括2%佣金（或CIPC2%纽约）”（USD500. 00 m/t CIP N. Y. Including Commission 2%）。

2. 佣金的计算方法

在按发票百分比来计算时：

∵　佣金 = 含佣价 × 佣金率　（式6-16）

又有：佣金 = 含佣价 - 净价　（式6-17）

∴　含佣价 = 净价/(1 - 佣金率)　（式6-18）

【贸易视野】

按国税局计算退税额的方式计算佣金额

企业计算付给佣金商佣金时，也常采用以下方式说服佣金商：

∵　含佣价 = 净价 + 佣金

又有：佣金 = 净价 × 佣金率

含佣价 = 净价 ×(1 + 佣金率)

∴ 佣金 = [含佣价/(1 + 佣金率)] × 佣金率 （式6-19）

例如，在实际交易过程中，我方对某一产品报3%的含佣价为10 000美元，如按书上的公式（式6-18）计算支付佣金为：

佣金 = 10 000美元 ×3% = 300（美元）

如按本处公式计算则为：

佣金 = [10 000美元/(1 + 3%)] ×3% = 291.26（美元）

通过比较可知，前者的应付佣金额比后者多出8.74美元，其原因就是根据前者的方法计算，佣金本身也被抽取了佣金。因此，笔者（见下）认为后者的计算方法更为科学、合理，且容易被理解及运用。

——摘自：王善论．国际经贸探索．2001年第四期

备注：为了与目前大多数文献上的计算统一，本书还是采用过去沿袭下来的传统方法（式6-17）。

（1）佣金以FCA（或FOB）净价为基数计算，符合贸易惯例。

在按成交金额计算佣金时，有的以发票总金额作为计算佣金的基数，有的则以FCA总值为基数来计算佣金。如按CIP成交，而以FCA值为基数计算佣金时，则应从CIP中减去运费和保险费，求出FCA值，然后以FCA值乘以佣金率，即得出佣金额。根据INCOTERMS 2010的规定，CIP贸易术语项下买卖双方的货物风险划分点在装运港的船上，因而卖方在此后的运输与保险是为了买方的利益而行事，即CIP价中的运输与保险费成本并非卖方的既得利益，是为了买方的利益而分别支付给船公司和保险公司的，所以卖方不应就运输与保险费部分抽取佣金给买方，而应从CIP价中扣除运输与保险费用后，以货物的FCA价作为计算支付对方佣金的基数。

如一批出口商品的成交金额按FCA条件为200 000美元，佣金率为3%，则佣金为：200 000 ×3% = 6 000（美元）

显然，采用FCA（或FOB）净价为基数计算时，如果成交金额分别是CPT、CIP（或CFR、CIF），则需将其转化为FCA（或FOB）净价，再计算佣金。

① 采用CPT（或CFR）价格条件的成交金额。

佣金 = (CPT(或CFR)成交金额 - 运费) × 佣金率 （式6-20）

如采用CPT（或CFR）成交的出口货物金额为100万美元，运费占发票金额的10%，佣金率为5%，那么以FCA净价为基数计算出来的佣金应为：

佣金 = (100 - 100 ×10%) ×5% = 4.5（万美元）

② 采用CIP（或CIF）价格条件的成交金额。

佣金 = (CIP(或CIF)成交金额 - 保险费 - 运费) × 佣金率 （式6-21）

如采用CIP价格条件成交的金额为100万美元，其中运费占总金额的10%，保险费占5%，佣金为3%，则以FCA净价为基数计算的佣金应为：

佣金 = [100 - 100 × (10% + 5%)] × 3% = 85 × 3% = 2.55（万美元）

(2) 以买卖双方的成交金额为基数计算。

如买卖双方以 CIP 价成交，金额为 12 000 美元，佣金率为 3%，则

佣金 = 12 000 × 3% = 360（美元）

【案例 6-4】

某商品的净价为每打 740 美元，CIP 香港，佣金为 3%，求含佣价。

解： 含佣价 = 740/(1 - 3%) = 762.89（美元）

3. 佣金的支付方法

佣金的支付一般有两种做法：一种是明佣，由中间代理商直接从货价中扣除佣金；另一种是暗佣，在委托人收清货款之后，再按事先约定的期限和佣金比率，另行付给中间代理商。在支付佣金时，应坚持在买卖合同履行完后再支付佣金给中间商。坚持这一做法的目的在于将中间商的利益与该合同的履行状况融为一体，使得中间商努力促使交易各方更好地履约，以得到佣金。特别是当买卖双方初次交易出现误解和纠纷时，中间商的沟通及调解作用显得尤为重要。

在支付佣金时，要防止错付、漏付和重付等事故发生。

（二）折扣

1. 折扣（Discount）：是指卖方按原价给予买方一定百分比的减让，即在价格上给予适当的优惠。凡在价格条款中明确规定折扣率的，叫做“明扣”；凡交易双方就折扣问题已达成协议，而在价格条款中都不明示折扣率的，叫做“暗扣”。

折扣可以用绝对数表示，如：每公吨折扣 6 美元；也可以用百分比方法表示，如：进口某商品每公吨 300 美元 FCA 伦敦，折扣 3%（USD300.00 m/t FCA London Less 3% Discount）。

2. 折扣的计算方法

折扣直接关系到商品的价格，货价中是否包括折扣和折扣率的大小，都影响商品价格，折扣率越高，则价格越低。

折扣通常是以成交额或发票金额为基础计算出来的。其计算方法如下：

单位货物折扣额 = 原价（或含折扣价）× 折扣率　　（式 6-22）

卖方实际净收入 = 原价（1 - 折扣率）　　（式 6-23）

3. 折扣的支付方法

折扣一般是在买方支付货款时预先予以扣除。也有的折扣金额不直接从货价中扣除，而按暗中达成的协议另行支付给买方，这种做法通常在给“暗扣”或“回扣”时采用。

这里需要注意的一点是，对于买方付给我方企业的正常回扣，应从完税价格中加以扣除。如果企业在一笔交易中获取了 1 万美元的回扣，但因企业不了解上项扣除，在关税税率为 10% 的情况下，企业将并不情愿地为国家作出 1 000 美元以上的贡献（因为除了关税多交外，多交的部分还要收增值税）。

第三节 货物的价格核算

一、货物的价格构成

1. 成本（Cost）

是贸易商向供货商采购商品的价格，也称进货成本、采购成本。

2. 费用（Expenses/Charges）

（1）包装费（Packing charges），除EXW条件外，一般包括在进货成本中。

（2）仓储费（Warehousing charges），提前采购或另外存仓的费用。

（3）国内运输费（Inland transport charges），如卡车、内河运输费、路桥费、过境费及装卸费等。

（4）认证费（Certification charges），办理出口许可、配额、产地证及其他证明所支付的费用。

（5）港区港杂费（Port charges），货物装运前在港区码头支付的费用。

（6）商检费（Inspection charges），出口商检机构检验货物的费用。

（7）捐税（Duties and taxes），国家对出口商品征收、代收或退还的有关税费，有出口关税、增值税等。

（8）垫款利息（Interest），出口商买进原料卖出货物期间垫付资金支付的利息。

（9）业务费用（Operating charges），出口商经营过程中发生的有关费用，也称经营管理费，如：通讯费、交通费、交际费等。出口商还可根据商品、经营、市场等情况确定一个费用率，这个比率为5%～15%不等，一般是在进货成本基础上核定。

定额费用＝进货价×费用定额率　　　　（式6－24）

（10）银行费用（Banking charges），出口商委托银行向外商收取货款、进行资信调查等支出的费用。

（11）出口运费（Freight charges），出口商支付的海运、陆运、空运及多式联运费用。

（12）保险费（Insurance premium），出口商购买货运保险或信用保险支付的费用。

（13）佣金（Commission），出口商向中间商支付的报酬。

3. 利润（Expected profit）

二、出口货物的价格核算

（一）出口商品成本核算

出口商品成本价对买方而言实际即为FCA（或FOB）价，它不仅仅包括卖方采购成本，还包括其费用和利润。在卖方采购成本中，对于可退税商品要按照出口退税比例将退税款从采购成本中予以扣除，得出实际成本。

（二）外汇收入核算

出口商品一般换回来的是外汇，外汇要通过银行汇兑成本国货币，称为结汇（Settlement of exchange）。结汇按照到汇日当日银行外汇汇率将外汇兑换成人民币。汇率（Exchange rate）是用一个国家的货币折算成另一个国家的货币的比率。汇率的折算有直接标价与间接标价两种方法，我国采用直接标价法，即用本国货币来表示外国货币的价格（外币是常数，本币是变量）。银行实行贱买贵卖的原则，卖出价是买卖价中较大的数，反之亦然。我国自2006年1月4日起，中国人民银行授权中国外汇交易中心于每个工作日上午9时15分对外公布当日人民币对美元、欧元、日元和港币汇率中间价。我国自2012年4月16日起银行间即期外汇市场人民币兑美元交易价浮动幅度由5‰扩大至1%，即每日银行间即期外汇市场人民币兑美元的交易价可在中国外汇交易中心对外公布的当日人民币兑美元中间价上下1%的幅度内浮动，即最高卖出价与最低买入价限定扩大至2%。①

外汇牌价一般指的是中间价，并非银行买卖价。例如2012年4月1日人民币与美元的汇率中间价是：100美元=629.43元人民币，银行当日100美元现汇买入价为627.97元，现汇卖出价为630.48元人民币。企业出口得到美元，要"卖"给银行兑换成人民币，则银行用"买入"价；若企业进口需要美元，则银行用"卖出"价。中间差价作为银行的手续费和经营费。

1. 出口所获外币换成本币，银行用买入价：

外币=本币/[汇率(买入价)/100]　　（式6-25）

例：某公司2012年4月1日到汇一笔7 962.17美元，银行按当日外汇汇率的买入价，付给该公司人民币：7 962.17×(627.97/100)=50 000（元）。

2. 进口所需外币换成本币，银行用卖出价：

本币=外币×[汇率(卖出价)/100]　　（式6-26）

例：该公司于同日因进口一批价值40 000美元的铜器，银行按当日外汇汇率的卖出价，需要该公司支付人民币：40 000×[(630.48/100]=25 219 200.00（元）。

3. 一种外币折成另一种外币

出口报价或一种外币成交改以另一种外币支付时，一般根据下述三原则运用买入价或卖出价：（1）本币折外币应用买入价折算；（2）外币折本币应用卖出价折算；（3）外汇市场所在国家的货币视为本币。

一种外汇（币）向另一种外汇（币）的转换又称之为套汇（Arbitrage）。套汇的原则是通过人民币核算；即对收入的一种外币按买入价折成人民币结汇买卖，然后将折合的人民币按另一种外币的卖出价折算出另一种外汇，然后间接地算出两种外币的兑换率。

（三）盈亏核算

1. 出口盈（亏）额（Profit and loss ratio of export commodity）

出口盈（亏）额是出口销售人民币净收入与出口总成本的差额，净收入大于总成本为

① 中国人民银行.2012-04-12公布

盈利；反之为亏损。公式为（单位：人民币）：

出口盈(亏)额 =(出口销售外汇净收入 × 外汇买入价) - 出口总成本　　（式6-27）

出口盈(亏)率 = 出口盈(亏)额/出口总成本　　（式6-28）

出口总成本是指实际成本加上出口前的一切费用和税金。出口销售外汇净收入是指出口商品按FCA价（或FOB价）出售所得外汇净收入。

2. 换汇成本（Exchange cost of export commodity）

换汇成本是出口商品获得每一单位外币的成本，即出口净收入1单位外币所耗费的人民币数额。换汇成本高于外汇牌价，出口为亏损；反之则为盈利。公式为（单位：人民币/外汇）：

$$换汇成本 = \frac{出口总成本(人民币)}{出口销售外汇净收入(美元)}$$　（式6-29）

3. 出口创汇率（Export ratio）

$$出口创汇率 = \frac{出口销售外汇净收入 - 原料外汇成本}{原料外汇成本} \times 100\%$$　（式6-30）

【案例6-5】

出口麻底鞋36 000双，出口价每双0.72美元CIP格丁尼亚（波兰），CIP总价25 920美元，其中海运费4 200美元，保险费192美元。进货成本每双人民币4.5元，共计人民币162 000元（含17%增值税），出口退税率13%，费用定额率12%。当日（2006年5月15日，人民币兑美元汇率首度“破8”日，中间价达到1美元兑7.998 2元人民币）银行美元买入价为1美元=7.986 3元人民币。求麻底鞋盈利额、出口盈利率及换汇成本。

出口总成本 = 进货成本 + 定额费用 - 退税额

= 162 000 ×(1 + 12%) - [162 000/(1 + 17%)] × 13%

= 181 440 - 18 000 = 163 440（元人民币）

出口销售外汇净收入 =(25 920 - 4 200 - 192) × 7.986 3

= 21 528 × 7.986 3 = 171 929.07（元人民币）

出口盈(亏)额 = 171 929.07 - 163 440 = 8 489.07（元人民币）

出口盈(亏)率 = 8 489.07/163 440 = 5.19%

换汇成本 = 163 440/21 528 = 7.59（元人民币/美元）

第四节　买卖合同的价格条款

一、货物价格概述

（一）货物的价格表述

货物的价格，一般包括两项内容：一是货物单价（Unit price），二是货物总值（Total

amount）。一个完整的商品单价必须包括四项内容：货币名称、单价金额、计量单位、贸易术语。例：USD1 000. 00/dozen CIP London. 。总值是指单价同成交商品数量的乘积，即一笔交易的货款总金额。

（二）货物的作价原则和注意事项

（1）合理确定商品的单价，根据商品质量和档次定价，防止作价偏高或偏低。

（2）根据经营意图和实际情况，在权衡利弊的基础上选用适当的贸易术语。

（3）根据价格术语与风险之间的关系，找准平衡点，学会价格术语的相互转换。

（4）如包装材料和包装费另行计价时，对其计价办法也应一并规定。

（5）如交货品质和数量约定有一定的机动幅度，则对该部分的作价也应一并规定。

（6）争取选择有利的计价货币，以免遭受币值变动带来的风险，如出口采用不利的计价货币时，根据汇率浮动情况制定保值条款。① 软币计价，硬币保值；② 软币计价，市场黄金保值。

（7）根据时间差调整定价，根据成交数量调整定价，根据付款方式调整定价。

（8）密切关注市场价格动态，灵活运用各种不同的作价办法，以避免价格变动的风险。

（9）参照贸易惯例，注意佣金和折扣的合理运用。

（10）单价中涉及的计量单位、计价货币、单价金额、贸易术语及装卸地名称，必须书写正确、清楚，以利合同的履行。

（三）货物的计价货币

是指合同中规定的用来计算价格的货币。这些货币可以是出口国或进口国的货币，也可以是第三国的货币，但必须是自由兑换货币。出口贸易中，计价和结汇争取使用硬币（Hard Currency）即币值稳定或具有一定上浮趋势的货币；进口贸易中，计价和付汇力争使用软币（Soft Currency）即币值不够稳定且具有下浮趋势的货币。

二、货物的作价方法

（一）固定价格

在国际货物买卖中，进出口商通常采用固定作价方法。因此，在交易磋商过程中，买卖双方将价格确定下来之后，任何一方不得擅自改动。

如：500 M/T，gross for net，6% more Or less. Unit Price：US $ 1 000 per metric ton CIP Singapore. Total Price：US $ 500 000.（500 公吨，以毛作净，6% 上下。单价：每公吨 1 000 美元 CIP 新加坡。总值：500 000 美元。）

如：Exchange risks，if any，for buyer's account．如有任何汇率风险，则由买方承担。

如：USD2 130. 00/Mt FCA Dalian including 5% commission. The commission shall be payable only after seller has received the full amount of all payment due to seller. 每公吨 30 美元含 5% 佣金 FCA 大连，佣金以收付全部货款为条件。

（二）非固定价格

（1）具体价格待定：有两种做法，一是规定定价时间和定价方法（如：装运月份前15天，参照当地及国际市场价格，确定正式价格）；二是只规定作价时间。

（2）暂定价格：订立一个初步价格，作为开证和初步付款的依据，双方确定最后价格之后再进行清算，多退少补。

如：Remarks：The above is a provisional price，which shall be determined through negotiation between the buyer and seller 15 days before the month of Shipment.

备注：上列价格为暂定价，于装运月份15天前由买卖双方另行协商确定价格。

（3）部分固定价格，部分非固定价格。

（三）价格调整条款（Price adjustment clause）

在货物贸易中，对于某些交货周期长的商品，如成套设备、大型机械、大宗农矿产品等，从合同成立到履行完毕之间往往发生原材料、工资等变动，可利用价格调整条款来规避价格风险，保证合同的顺利履行。如：Seller reserves the right to adjust the contracted price，if prior to delivery，there is any variation in the cost of labor or raw material or component parts. 如果在交货前劳动力原材料成本或其组成部分发生任何变化，卖方有权调整合同价格。

价格调整条款中见得比较多的是滑动价格（Sliding price）。滑动价格是指先在合同中规定一个基础价格（Basic Price），交货时或交货前一定时间，按工资、原材料价格变动的指数作相应调整，以确定最后价格。最后价格与初步价格之间的差额不超过约定的范围（如5%），初步价格可不作调整。调整公式如下：

$$P_1 = Po(a + b \times Mi/Mo + c\ Wi/Wo) \quad \text{（式6-31）}$$

式中：P_1——调整后的最后价格；Po——订约时的基础价格；a——管理费用，基础价格的固定部分；b——原材料成本，基础价格的可变部分；c——工资成本，基础价格的可变部分；Mi——若干月后交货时的原材料批发价指数；Mo——订约时原材料批发价指数。

本章小结

商品价格历来是买卖双方利益的集中体现。在货物交易中，价格有没有谈的余地，必须对价格行情有洞察力，对影响价格的因素了如指掌，特别是对对方底价的把握往往可以出奇制胜。在国内外市场上，成本导向定价法都是制定商品价格的基础，国外市场除了国内市场影响成本的因素（如佣金、折扣）之外，还有进出口关税问题、退税问题、外汇汇兑问题，因此有必要对这些问题加以认知，并学会价格核算。在报价方式上，对外贸易商品价格的完整表达形式和买卖合同的价格条款的制定是值得国内贸易借鉴和学习的。

技能实训

实训模块一　帮进口商偷逃税出口商哑巴吃黄连

【实训目的】通过本案例学习，从侧面进一步加深认识关税在货价中举足轻重的作用，一些投机取巧的商人不惜冒风险来逃避通关费用，不讲文明诚信经商，结局犹如本案哑巴吃黄连。

【实训材料】2000 年 9 月 20 日，甲贸易公司与日本 K 公司签订了销售合同书，K 公司向甲贸易公司购买新鲜香菇，价格分别为每千克 3. 75 美元和每千克 3. 72 美元，总价值为 22 105. 24 美元。乙海运公司承运了该批货物，将货物装入一个冷藏集装箱内，为该批货物签发了提单，载明托运人甲贸易公司，收货人为 K 公司。货物运抵日本后，日本海事鉴定协会应 K 公司的请求对货物作了检验。根据日本海事鉴定协会的检验报告，由于冷藏集装箱在运输途中发生故障致箱内温度升高，而冷藏集装箱内的温度升高正是货损的原因。该货损发生在承运人的责任期间。之后，K 公司拒付货款，甲贸易公司起诉乙海运公司，索赔货损 22 105. 24 美元。此时，乙海运公司也提供了甲贸易公司出具的另一套发票，显示货物价格为每千克 1. 88 美元和每千克 1. 78 美元，涉案货物价值为 10 803. 12 美元。两组发票对货物的数量、规格等记载一致，仅因单价不同而致总价亦不同。双方当事人均无法否定对方证据及其所示内容的真实性。对乙海运公司出示的证据，甲贸易公司对证据的真实性无异议，但说明该发票是应收货人 K 公司要求，为其逃避关税而作，不能反映真实货价。

法院审理后认为：（1）涉案货损发生在承运人乙海运公司的责任期间，所以被告乙海运公司负有赔偿责任。（2）因为双方当事人的证据相互矛盾，且都还不足以否定对方证据的真实性，使有关货物价值的事实处于不确定状态。但各方对货物至少价值 10 803. 12 美元并无争议，故货物的实际价值损失应以此为基础。据此，判决乙海运公司赔偿甲贸易公司 10 803. 12 美元。

（来源：中国出口精英网 . 2004 - 11 - 27）

【实训内容】根据所提供的案例，请查找《关于民事诉讼证据的若干规定》第 2 条第 2 款对此案例审理判决的法律依据的有关条文。甲贸易公司付出的是什么代价？可以从哪些方面防范本不应该造成的损失？

实训模块二　THC 是否属于运费范畴案

【实训目的】在货物贸易中，商品价格的核算要留有一定的余地。特别是对于国际贸易，价格要弄得准确是很困难的，有时还牵涉到不同法律问题。在与国外客户签订贸易合同，向客户报价时，必须对运输条款的卖方责任和应付的各项费用十分清楚，以便选用合适的价格条款。下面的例子就是一个注脚。

【实训要求】一方面可以向当地或装运港的货运代理公司或船公司多方了解，比较价格和服务。再有，运费、附加费和杂费变动频繁应经常保持更新，以便在谈判中获得有利地位。另一方面学会拿起法律武器保卫自己，请查阅我国价格法第十四条和《联合国班轮公会行动守则公约》第十六条以及《国际海运条例》、《国际海运条例实施细则》相关规定。

【实训材料】2005 年 12 月 06 日，我司从厦门港以 CIP 价格条件配载马士基航运有限公司（总部设在丹麦）的船，装运货物出口至匈牙利布达佩斯，运输条款为 CY-DOOR，全程运费已经预付。出航前，马士基等几个承运人半年时间内在厦门港不合理地将原本 10 元人民币的每个集装箱铅封费（指集装箱在起运前用金属材料封闭集装箱的费用）提升至 45 元人民币。马士基的做法被认为是“霸王收费”。货抵德国汉堡后，马士基船公司通知国外客户收取 THC150 欧元及进口费 30 欧元（THC 是“码头作业费”，请见第 4 章）。为了及时提货客户已交清上述费用，但对此提出疑问，要求从货款中扣除未预计的上述费用。

【实训内容】请问：1. THC 是否属于运费范畴？上述费用（包括铅封费）收取是否合理？2. 应当从什么角度切入来解决这一问题？

思考练习题

一、不定项选择题

1. 国际粮食商品价格的变化比较复杂，受很多因素影响，这些因素有（　　）。

A. 自然灾难　　B. 供货商待价而沽
C. 供求信息失真　　D. 国际寡头垄断
E. 政府政策　　F. 投机热钱炒作

2. 世界“封闭市场”价格包括（　　）。

A. 转移价格　　B. 国际垄断价格
C. 集团内部的价格　　D. 国家间的协定价格

3. 关税具有（　　）等特征。

A. 强制性　　B. 无偿性
C. 预定性　　D. 征税的主体是进出口商人

4. （　　）是一国对通过其关境的外国货物所征收的关税。

A. 进口税　　B. 出口税　　C. 过境税　　D. 转口税

5. 按照征税的计算方法分类，可将关税分为（　　）。

A. 从量税　　B. 从价税　　C. 混合税　　D. 选择税
E. 附加税

6. 在物价上涨时，征收从量税，其保护作用（　　）。

A. 变大　　B. 变小　　C. 不变　　D. 前三种情况都可能

7. 出口某一货物，价格条款的正确写法是（　　）。

A. 每件 3. 50 元 CIF 香港　　B. 每件 3. 50 美元 CIF
C. 每件 3. 50 欧元 CIFC 伦敦　　D. 每件 3. 50 美元 CIF C 2% 伦敦

8. 下列单价条款中对佣金描述正确的是（　　）。

A. 每公吨 150 美元 CIP 上海包括 20% 的佣金

B. 每公吨 150 美元 CIP 上海，每公吨付佣金 3 美元

C. 每公吨 150 美元 CIPC2% 上海

D. 每公吨 150 美元 CIP 上海，包含佣金

E. 每公吨 150 美元 CIP 上海

9. 合同中的单价条款包括（　）。

A. 总值　B. 计量单位　C. 单位价格

D. 计价货币　E. 贸易术语

10. 合同中注明："上列价格为暂定价，于装运月份 15 天前由买卖双方按期货市场行情另行协商确定现货价格，两者差别不超过 ±5%"，这是（　）。

A. 规定定价时间和定价方法　B. 只规定作价时间

C. 部分固定价格，部分非固定价格　D. 价格调整条款

二、判断题

（　）1. 在同一距离内成交的同一商品，按 CIF 条件成交与按 CIP 条件成交，其价格应当有所不同。

（　）2. 确定进口商品价格时，一般应采用未来有贬值倾向的货币（软币）成交。

（　）3. 计价和支付货币可采用进口国或出口国的货币，也可采用第三国货币。

（　）4. "高档婴儿奶粉不是价格敏感的产品，消费者对于婴儿奶粉的品牌忠诚度很高，即使涨价了，他们也不会不买。"

（　）5. 在物价上涨的情况下，征收从量税，其保护作用变小。

（　）6. 某种进口商品征收到岸价 10%，另加每公吨 10 美元，这种税叫选择税。

（　）7. 我国银行实行贵买贱卖的原则，订约人将人民币折成欧元时用银行卖出价。

（　）8. 反倾销税所征的税额为正常价格与出口价格的差额。

（　）9. 佣金和折扣都是在收到全部货款之后再支付的。

（　）10. 对于受补贴的倾销商品，进口国可以既征收反倾销税又征收反补贴税。

三、简答题

1. "关税能为政府带来收入并且能为国内产业提供保护，因此，关税税率越高，政府的收入越多，且对国内产业保护越好"。请对此观点进行分析。

2. 请用"升值"、"贬值"、"增加"、"减少"、"上升"、"降低"填入下表空白：

项目 条件	人民币币值	外国商品在国内的售价	进口量	本国商品在国外的售价	出口量
汇率升高					
汇率降低					

3. 我国某公司业务员出口商品对外报价，试分析下列交易对外发盘中所列价格条款的写法是否正确？如有错误或不完整，试予更正或补充。

（1）每公吨 3 800 元 CIP C 香港。

（2）每套 420 欧元 FCA 净价德国减 3% 佣金。

（3）每双 25. 5 美元 FCA 纽约。

（4）每打 25 欧元 FCA 净价。

（5）6 000 日元 CPT 上海包括折扣 3%。

4. 一印度进口商来账单催要佣金，账单上的佣金是用货物总价值（含佣价）直接乘以佣金率得出来的，在我公司向其解释了佣金本身也需付佣的做法不合理时，该印度商人最后接受了我方的解释，为此，我司“少”付了对方 4 000 美元的佣金。设佣金率高达 5%，请你计算出该笔货款含佣价是多少？

5. 为什么一定要坚持在买卖合同履行完后才能支付佣金给中间商。

6. 某商品 FCA 价为 US $ 5.00/DOZ，至国外某港口的运费为 US $ 1.2/DOZ，保险费率为 1.04%，投保加成 10%，佣金率 5%，求 CIPC5%。

7. 我某出口商品每公吨 1 000 美元 CPT C 3% 科威特，试计算 CPT 净价和佣金各多少？如对方要求佣金增加到 4%，我可同意，但出口净收入不能变，试问 CPT C4% 应报何价？

8. 某出口公司与西欧某中间商达成一笔交易，合同规定我方出口某商品 25 000 千克，每千克 15 美元，CPT C2% 汉堡。海运运费为每千克 0.15 美元。出口收汇后出口公司向国外中间商汇付佣金。计算：（1）该出口公司向中国银行购买支付佣金的美元共需多少人民币？（2）该出口公司的外汇净收入为多少美元（按当时中国银行牌价：100 美元 = 627.97/630.48 人民币元）？

9. 我某公司出售一批货物至伦敦，出口总价为 66 800 美元 CIPC5% 伦敦，以中国口岸到伦敦的运费和保险费占 10%，这批货物的国内购进价为人民币 351 000 元（含增值税 17%），该公司的费用定额率为 5%，退税率为 9%（结汇时银行外牌价：100 美元 = 627.97/630.48 人民币元）。试计算这笔出口交易的换汇成本和盈亏率。

10. 请分析我国产品出口屡遭反倾销、反补贴的原因及对策。

11. 我国向日本出口某机电产品一批，在合同中双方订有价格调整条款，规定每台机电产品初步价款为 8 000 美元，双方约定管理费和利润、原材料、工资在价格中的比重分别为 30%、50%、20%。签订合同时原材料物价指数、工资指数均为 100，交货时原材料物价指数、工资指数分别上升至 120、110。假设双方约定按原材料物价指数和工资指数调整价款，那么该合同每台机电设备最终价格应为多少？

第 7 章

贸易政策和措施

课前准备

【学习目标】

掌握非关税措施的特点、类型，熟悉技术贸易壁垒、绿色壁垒的主要表现及对实体产品企业的影响

【技能目标】

能主动熟悉国内外相关贸易政策的变化，养成按国家政策办事的良好贸易习惯

【情感目标】

树立顺势而为，有所为有所不为的权变思想，培养维护正确贸易政策的情操

学习内容

【先行案例】

期待公平的外贸环境①

十年来，中国每年平均进口 7 500 亿美元的商品，相当于为贸易伙伴创造 1 400 多万个就业岗位；由于进口中国商品，美国消费者过去 10 年共节省开支 6 000 多亿美元，欧盟每个家庭每年可以节省开支 300 欧元。

"'配额'曾经是束缚我们这些民营纺织服装企业出口的一道绳索，争取配额的故事讲起来有一匹布长。"广州文华羽绒制品有限公司副总经理道出了他对外贸配额的深刻记忆。在 10 多年前，如同多数中国纺织企业一样，该公司曾被出口配额逼到绝境，那时出口配额

① 李刚．感受入世 10 周年：期待公平的外贸环境．人民日报，2011.12.09，第 10 版

真是一道难以逾越的沟壑。长期以来，纺织品配额制不仅严重压制了一些具有生产能力国家的产能和出口能力，也严重扭曲了全球纺织品服装贸易的发展。

在出口配额时期，我国的纺织品出口配额大都掌握在具有出口经营权的国有外贸公司或一些大型纺织服装企业手中，像文华这种中小民营企业没有出口经营权，自然也就没有出口配额指标。企业要作出口，一是向上级争取配额，二是高价购买出口指标。那时一件普通的羽绒服出口到欧盟及美国等市场的配额价格在 1 美元左右，但配额紧张时甚至飙升到 7—8 美元。而当时最好的鹅绒产品出口交货价也就 20—30 美元。当时企业每年需要 100 多万美元购买五花八门的配额，而企业每年的利润不过几百万人民币。即便如此，企业每年都要全力以赴跑“配额”，因为没有配额，像他们这样的外贸加工企业就要关门。

2005 年起，世贸组织要求各成员之间“完全施行自由纺织品服装贸易”。我国纺织服装业由此全面融入全球经济的大潮。2009 年 1 月 1 日，美国、欧盟全面取消对我国纺织品的出口配额限制。统计显示，从 2005 年起，中国物美价廉的纺织服装获准自由进入大多数国家，生产能力得到充分释放。2001 年中国纺织服装出口总额为 2 065 亿美元，约占全球出口份额的 16%，2010 年增至 33%。如今文华工人们可能对“配额”一无所知，但该厂迎来了羽绒服快速发展的黄金期，出口量十年增长了 10 倍。

“有形的‘配额’没有了，但形形色色的外贸壁垒依然存在，特别是 2008 年国际金融危机以来，一些针对中国的反倾销、反补贴调查等在增加”。很多外向型企业（包括文华公司）感觉做外贸不但利润薄，而且环境变差。为了企业的长远发展，在期待更加公平的国际贸易环境的同时，开始在当地政府支持下探索内销之路。

毋庸置疑，国际贸易价值的实现既体现在交易双方的商业利益上，也融汇到交易双方国家利益中。国家利益通过贸易政策或隐或现、或急或缓地反映出来，势必或早或迟渗入到贸易实务的操作层面。事实上，每一个国家一方面希望通过调整贸易政策求得经济均衡发展，另一方面又诉求不断改革创新，获得新的经济增长点，打破旧的平衡，创建有利于自身发展的新平衡。尽管在维系政府意图问题上关税政策功不可没，但它却日益受到关注和限制。越来越多的国家越来越注重从非关税措施的制定上着手，达到保护国内产业的目的。

第一节　非关税壁垒简介

一、非关税壁垒的含义和特点

1. 非关税壁垒（Non-tariff barriers，NTBs）

非关税壁垒是指除关税措施以外的一切限制进口的措施，它和关税壁垒一起充当政府干预贸易的政策工具。迄今全球在削减关税方面作出了卓有成效的努力，但关税的减弱并不意味着贸易限制的放宽。各国政府之所以愿意削减其关税，是因为它们清楚，很多关税壁垒完全可以用一些非关税壁垒来替代。

2. 非关税贸易壁垒的特点

（1）具有很大的灵活性、针对性和多样性。实施非关税壁垒措施，通常手续简便，制定得快，伸缩性大，见效迅速，易于达到有效保护国内市场和生产企业的目的。

（2）具有隐蔽性和歧视性。一般说来，“海关税则”是公开的，而非关税壁垒措施往往不透明，或者规定极为繁琐复杂的标准和手续，令订约人应接不暇。同时，或以劳工标准、非市场经济地位等为由头，或用高科技技术标准为手段实施歧视性和差别性对待。

（3）易于直接达到限制进口的目的。关税壁垒在面对商品倾销和出口补贴措施上显得乏力。然而，非关税壁垒对进口的限制有时是绝对的。

二、非关税壁垒的作用

1. 非关税壁垒对世界贸易的消极影响

（1）西方发达国家将其作为防御性武器限制外国商品进口，用以保护国内陷入结构性危机的生产部门及农业部门，或者保障国内垄断资本获得更高额的利润；

（2）充当贸易谈判中的砝码，逼迫经济弱小的对方妥协让步，以争夺贸易市场；

（3）用作实行贸易歧视的手段，继续维护不平等交换的市场格局，甚至作为实现政治利益的手段。

2. 非关税壁垒对发展中国家维护自身权益的积极影响

（1）限制非必需品进口，节省外汇；

（2）限制外国进口品的强大竞争力，以保护民族工业和幼稚工业；

（3）发展民族经济，以摆脱某些发达国家刻意对本国的经济上或/和政治上的控制，或维护经济的平衡发展。

由于发展中国家的经济发展水平与发达国家比相距甚远，完全不在同一条起跑线上，因而设置非关税壁垒有其合理性和正当性。为此，关贸总协定曾在“肯尼迪回合”中新增了“贸易和发展”部分，并陆续给予发展中国家以更大的灵活性，允许其为维持基本需求和谋求优先发展而采取相应的贸易措施。

三、非关税壁垒的分类

各国政府目前采用的非关税壁垒措施名目繁多，内容复杂。从其限制进口的方法来看，非关税贸易壁垒措施可以分为直接方法和间接方法两大类。

（1）直接的方法，是指进口国直接规定商品进口的数量或金额，或者通过施加压力迫使出口国自己限制商品的出口，如进口配额制、“自动”限制出口、进出口许可证、市场秩序协定等。

（2）间接的方法，是指进口国利用行政机制，对进口商品制定苛刻的条例和技术标准，从而间接限制进口，如外汇管制，进口押金制、专断的海关估价制、进口最低限价、进出口国家垄断经营、歧视性政府采购政策，以及有关健康、卫生、安全、环境、包装要求、标签规定等过于苛刻繁复的标准等。

第二节　非关税壁垒的主要措施

一、数量限制

（一）进口配额

进口配额（Import quotas system）是一国政府在一定时期（如一季度、半年或一年）之内，对某些商品的进口数量或金额加以直接的限制。超过配额征收高额关税或罚款后才能进口。我国根据加入 WTO 的承诺，取消了对粮食、棉花、食糖等主要农产品进口的非关税措施，实行关税配额管理。关税配额管理成为目前我国调控主要农产品进口的基本措施。

进口配额制主要有以下两种形式：

1. 绝对配额（Absolute quotas）

绝对配额是指超过规定数额便不准进口，它又分为：

（1）全球配额（Global quotas）全球配额不作国别或地区分配，而是世界范围分配。按照加入 WTO 的谈判条件，我国一方面要减少受配额、许可证管理的货物范围，另一方面又要尽可能用进口关税配额取代过去的多种保护，并使用全球配额方式。

（2）国别配额（Country quotas）在总配额内按国别和地区分配给固定的配额。进口商必须提交原产地证明书。在国别配额中又分为：① 自主配额（进口国单方面施行的强制规定）；② 协议配额（进出口国政府或民间团体之间协定的配额）；③ 进口商配额（在进口商手中掌握的配额）。

2. 关税配额（Tariff quotas）

对商品进口的绝对数额不加限制，而对在一定时期内，在规定配额以内的进口商品，给予低税、减税或免税待遇；对超过配额的进口商品则征收较高的关税，或征收附加税或罚款。

发达国家使用进口配额的目的主要是实施进攻性的保护贸易措施，用提供配额、扩大配额或缩小配额作为向对方施加压力的手段。大多数发展中国家也实行进口配额制，其目的是限制非必需品及与本国产品相竞争的工业品的输入，节约外汇开支，发展民族经济。随着全球一体化进程的加速，一些发达国家的某些商品的进口配额在逐步取消，一些发展中国家在逐步实行对外开放政策，对某些商品的进口配额已有所放宽或取消。

（二）“自动”出口配额

1. “自动”出口配额的含义和种类

（1）“自动出口限制”（Voluntary export restraints，VERS）：又称为“自动”出口配额，是出口国在进口国的要求或压力下，“自动”规定在某一时期内对该进口国出口某种商品的最高限额，在限额内出口国自行控制出口，超过配额即禁止出口。无独有偶，进口国则有“自动进口许可管理”。如我国对植物油、铁矿石实行这种管理，没有数量和价格的限制，进口渠道是畅通的。

（2）非协定式的“自动”出口限制：由出口国单方面自行规定的，以避免进口国的报复性惩罚。

（3）协定的“自动”出口限制：进出口国谈判签订“自限协定”或“有秩序销售协定”（Orderly market arrangements，OMA）而规定的出口配额。

2. “自动”出口协定的一般内容

（1）配额水平；（2）自限商品的分类；（3）留用额、预用额和调用额的规定；（4）保护条款的规定；（5）出口管理规定；（6）协定的有效期限。

（三）进口许可证制

1. 进口许可证制的含义和作用

进口许可证制（Import license system，ILS）是指进口国家对有数量限制和其他限制的商品进口必须事先领取许可证，否则一律不准进口的制度。实行进口许可证的国家一般在每年年底公布须领取进口许可证的商品目录。

鉴于国际贸易中许可证尚有如下作用，比如复杂的申领制度可阻隔进口、可调整进货频率、外国供方在进口商申报前就得把价格谈妥，这样有利于进口商压低价格、可有效实施数量控制，在这些问题上尚难以找到其他更好的办法，因而进口许可证制度有着存在的理由，目前要完全取消进口许可证是不现实的。

2. 进口许可证的类别

（1）与进口配额配套

① 定额许可证：把配额和许可证结合起来使用的一种方法。实际上是发给进口配额的证明。

② 无定额许可证：进口国不公布进口配额，也没有公开标准，隐蔽性很强。

（2）按许可程度分类

① 公开一般许可证（Open general license，OGL），又称自动进口许可证，它对进口国或地区没有限制，在任何情况下，只要申请，一律予以批准并签发。自动进口许可证通常用于统计目的，有时也用于监督目的，为政府提供可能损害国内工业的大量重要产品的进口情况。

② 特种许可证（Specific import license，SL），又称非自动进口许可证，多数都指定进口国或地区，进口商必须向政府有关部门提出申请，经逐笔审查批准后才能进口。对于特种许可证下的商品，各国一般总少不了烟、酒、军火武器、麻醉品等。

目前发达国家进口许可证使用的范围较小，只对竞争激烈的敏感性商品使用。发展中国家则比较普遍实行进口许可证制度，以此限制某些工业品和高档消费品的进口，达到维护自身权益的目的。

为了防止不恰当的使用进口许可程序阻碍国际贸易流量，在关贸总协定东京回合上达成了《进口许可证程序协议》，对进口许可证的定义及适用规则作了明确的规定。该协议强调那些仍保留着进口许可证的缔约方，在申请自动和非自动许可证的程序方面所作的任何变化，都必须在实施这些程序变化之前至少21天公布；对于发放非自动许可证的程序必须加强旨在为实施这些程序而制定的措施，除非绝对必要，不得在行政上增加任何不便；进口许可证申请人应与无需申请进口许可证的企业一样可以得到支付所需的外汇；进口许可证的申请，只能由一个行政机构归口管理，最多不得超过三个行政机构；接受或加入该协议的各政府应保证在本协议生效前使其国内有关立法和规则与本协议规定相一致。

为了减少进口许可证申领的经济租，中国政府从 2003 年 1 月 1 日起，在全国推广使用企业网上申领许可证系统。

二、外 汇 管 制

外汇管制（Foreign exchange control）是一国政府通过法令对国际结算和外汇买卖实行限制来控制商品进口的一种制度。一般说来，实行外汇管制的国家，大都规定出口商须将其出口所得外汇收入按官方汇率（Official exchange rate）结售给外汇管理机构，而进口商也必须向外汇管理机构申请进口用汇。本国货币禁止自由买卖，对携出入国境也受到数额限制。

外汇管制有以下形式：(1) 数量性外汇管制，是指国家外汇管理机构对外汇买卖的数量直接进行限制和分配。(2) 成本性外汇管制：是指国家外汇管理机构对外汇买卖实行复汇率制度（System of multiple exchange rate），利用汇率的差别来限制和鼓励某些商品进口或出口。如要求进口商获得外国提供的出口信贷；提高或降低开出信用证的押金额等，都可划入此类。(3) 混合性外汇管制：同时采用数量性和成本性的外汇管制。(4) 利润汇出限制，即国家对外国公司在本国经营获得的利润汇出加以管制。例如，德国对美国石油公司在德国赚钱后汇给其母公司的利润按累进税制征税，高达 60%。又比如有的国家通过拖延批准利润汇出时间表来限制利润汇出。

一国外汇管制的松紧，主要取决于该国的经济、贸易、金融及国际收支状况。一般情况是，发达国家外汇管制较松，发展中国家的外汇管制则松紧不一，从紧者居多。

世界贸易组织对外汇管制问题的态度是：一国实施外汇管制应遵循适度、透明和公正的原则。各成员实行外汇管制，不得通过控制外汇使用来限制商品的进口数量、种类和国别，从而妨碍自由贸易。

三、国家直接参与进出口经营

（一）进出口国家垄断

进出口国家垄断（State monopoly of import and export）是规定某些或全部商品进出口由国家机构直接经营，或者把进出口垄断权给予某些垄断组织经营，也称国营贸易（State trade）。

各国国家垄断的进出口商品主要有五大类。第一类是烟酒。第二类是大宗农产品。这在欧美国家最为突出。如美国农产品信贷公司，是世界上最大的农产品贸易垄断企业，它高价收购国内“剩余”农产品，以维持价格水平，然后，以低价向国外市场大量倾销，或者“援助”缺粮国家。第三类是石油。第四类是尖端科技产品。第五类是武器军火等战略物资。除此以外，另有许多商品进口，虽未明文规定由国家垄断，但由国营企业经营或私人垄断组织经营，别的私营企业难以插手，因此实际上起着垄断进口的作用。

（二）歧视性政府采购政策

歧视性政府采购政策（Discriminatory government procurement policy）指国家通过法令和

政策明文规定政府机构在采购商品时必须优先购买本国货。有的国家虽未明文规定，但优先采购本国产品已成惯例。这种政策实际上是歧视外国产品，起到了限制进口的作用。如很多国家的电话、电报、发电送电、航空和铁道产业都由政府拥有，并且只能向本国公司购买产品，这等于向外国出口商关闭了一块很大的市场。日本也有相关规定，政府机构需用的办公设备、汽车、计算机、电缆、导线、机床等不得采购外国产品。我国的一些地方政府却恰恰相反，在招标书中明文规定非外国产品不用，形成极大反差。

（三）进口押金制

进口押金制（Importdeposit，Advanceddeposit）是指进口商在进口商品时，必须预先按进口总金额的一定比率和规定的时间，在指定银行无息存放一笔进口担保现金的制度。这无形中增加了进口商的资金负担，提高了进口成本。进口押金制与外汇管制比较，虽然都是对本国进口商的外汇使用添加障碍，但是如果进口商以押款收据作担保，在货币市场上获得优惠利率贷款，或者国外出口商为了保证销路而愿意为进口商分担押金金额时，进口押金制对进口的限制要被削弱很多。

（四）汇率低估

汇率低估（Exchange rate undervalued）是指低估本币价值，有意识地使本国货币对外币贬值。一国货币对外贬值，势必使该国进出口商品价格发生变动，用本国货币表示的进口商品价格提高，用外国货币表示的出口商品价格下降，因此提高了进口产品的价格。其经济效应类似于对进口产品征收了相应的关税，起着限制进口、保护本国民族工业发展的作用。但是，汇价低估对进口的限制是隐蔽的和无选择性的，它在限制了本国需要限制的产品（如高档消费品等最终产品）进口的同时，也限制了本国急需进口的技术设备和原材料，妨碍本国经济的发展。

四、海关通关措施

（一）歧视性的国内税

歧视性的国内税（Discriminatory internal taxes）是指用征收高于国内产品的各种国内税的办法来限制外国商品进口。例如，美国、瑞士和日本进口酒精饮料的消费税都高于本国制品。国内税与关税不同，它的制定与执行是属于本国政府机构，有的甚至是属于地方政府机构的权限，通常不受贸易条约与协定的限制和约束。因此，国内税是比关税更灵活、更隐蔽的一种贸易限制措施。

【案例7-1】

法国曾对引擎为5匹马力的汽车每年征收养路税12.15美元，对于引擎为16匹马力的汽车每年征收养路税高达30美元，当时法国生产的最大型汽车为12匹马力。因此，实行这种税率的目的在于抵制进口汽车。

（二）海关通关程序

在海关通关程序（Customs procedures）中，进口国利用进出口商办理海关手续的机会，通过各种手段增加进口商品的交易成本和风险，从而达到限制进口的目的。

1. 专断的海关估价

这是指有些国家海关蓄意对进口货物采用不符合商业实际的高估价格的方法，然后征从价税，以提高进口商品的关税负担，达到限制和阻碍商品进口的目的，因而形成一种贸易壁垒。

国际社会为了防止滥用海关估价，在乌拉圭回合达成了《海关估价协议》。它规定了主要以商品的成交价格为海关完税价格的新估价制度。其目的在于为各成员的海关提供一个公正、统一、中性的货物估价制度，不使海关估价成为国际贸易发展的障碍。根据协议的第一条规定，成交价格（Transaction value）依下列次序确定：其一是"商品销售出口运往进口国的实际已付或应付的价格"。其二是"采用相同商品成交价格（Transaction value of identical goods）"。其三是采用"类似商品的成交价格"（Transaction Ualue of similar goods）。其四是采用"倒扣法"，即是以进口商品，或同类或类似进口商品在国内的销售价格为基础减去有关的税费后所得的价格。其倒扣的项目包括代销佣金、销售的利润和一般费用，进口国内的运费、保险金、进口关税和国内税等，倒扣法主要适用于寄售、代销性质的进口商品。其五是采用"计算价格"（Computed value），即以制造该种进口商品的原材料、部件的成本、生产费用、运输和保险费用等成本费以及销售进口商品所发生的利润和一般费用为基础进行估算的完税价格。如果上述各种办法都不奏效，海关可以根据情况具体规定。

2. 歧视性的产品归类

进口商品的税负取决于价格大小和税率高低。若海关税率和海关估价不成问题，税负的大小还可能受产品归类影响，海关将进口商品归在哪一税号下具有一定的灵活性。进口商品的具体税号必须在海关现场决定，在税率上一般就高不就低。这就增加进口商品的税收负担和不确定性，起到限制进口的作用。例如，美国海关在对日本产卡车的驾驶室和底盘进行分类时，把它从"部件"类归到"装配车辆"类，其进口税率就相应地从4%提高到25%。不过，由于大多数国家采用国际通用的税则目录，一般产品该在哪个税则下规定得比较清楚，因此，利用产品分类来限制进口的作用是有限的。

3. 繁琐的通关手续

海关通关手续是指进口货物通过由海关把持的申报、征税、查验及放行的四个环节。海关查验货物主要有两个目的：一是看单据是否相符，即报关单是否与合同批文、进口许可证、发票、装箱单等单证相符；二是看单据和货物是否相符，即所报关的内容是否与实际进口货物相符。但通过滥用海关权利却可以起到歧视和限制进口的作用，拖延进口报关时间。

【案例7-2】

进口通关检查离港口几百英里、手续繁杂[1]

1982年10月，为了限制日本等主要出口国向法国出口录像机，法国政府规定所有录像机进口必须到普瓦蒂埃海关接收检查，同时还规定了特别繁杂的海关手续，对所有伴随文件都要彻底检查，每个包装箱都要打开，录像机是否所报原产地生产、其序号都要校对，说明

① 王涛生，吴建功，翟江南. 国际贸易学. 长沙：中南大学出版社，2003：241

书都要有法文等等。普瓦蒂埃是个距法国北部港口几百英里的内地小镇，海关人员少，仓库狭小，难以对付大量堆积如山的待进口的录像机。原先一卡车录像机一个上午就可以检查完，而在普瓦蒂埃却要花2~3个月，结果严重地限制了录像机进入法国市场。进口量从原来的每月6.4万多台下降至每月不足1万台。

4. 进口最低限价和禁止进口

（1）进口最低限价（Floor price）：一国政府规定某种进口商品的最低价格，凡是进口商品低于规定的最低价格，即征收附加税或禁止进口。进口国往往将最低限价订得很高，使进口商按最低限价进口时，无利可图；而低于限价进口，则又要加征进口附加税，致使商品无法进口。

例如，欧盟为保护其农产品而制定的“闸门价（Sluice gate price）”是一种最低限价。它规定了外国农产品进入欧盟的最低限价。如果外国产品的进口价低于闸门价，就要征收附加税，使之不低于闸门价，然后在此基础上再征收调节税。

（2）禁止进口（Prohibitive import）：是进口限制的极端措施。当一些国家感到实行进口数量和价格限制已不足以解决经济与贸易困难时，往往颁布法令，在一定时期内禁止某些商品的进口。一般而言，在正常的经贸活动中，禁止进口的极端措施不宜贸然采用，因为这极可能引发对方国家的相应报复，从而酿成愈演愈烈的贸易战，这对双方的贸易发展都无好处。

【案例7-3】

有来有往①

美国参议院2005年9月20日通过两项类似的法案，继续维持对日本牛肉的进口禁令，以报复日本以担心疯牛病为由拒绝取消对美国牛肉的进口禁令。日本曾是美国牛肉最大的进口国，2003年进口的美国牛肉达15亿美元以上。但自从约2004年美国确认发现首例疯牛病案例以来，日本一直拒绝进口美国牛肉。美国2005年6月确认了第二起疯牛病病例。与此形成鲜明对比的是，日本到2005年为止已发现了20起疯牛病病例。日本的食品安全小组发布的初步报告认为，由于美国在20世纪80和90年代对饲料的管理不严，美国牛只染上疯牛病的危险比日本牛要高。

五、进口商品的技术性规定

（一）技术性贸易壁垒

技术性贸易壁垒（Technical barriers to trade，TBT）是指在国际贸易中，一国以维护国家安全、保障人类及动植物的生命和健康、保护生态环境、防止欺诈行为、保证产品质量等

① 晓星．美国参议院通过法案继续禁止进口日本牛肉．央视国际，2005-09-21

为由，所采取的与其他国家相比高标准的一些技术性措施，如技术法规、标准、合格评定程序以及标签、标志制度等，由于这些技术要求的制定或实施不当，在主观或客观上成为其他国家产品自由进入该国市场的障碍。WTO“TBT 协议”规定各成员政府有权在包括“保障国家安全、防止欺诈行为、保护人身健康或安全、保护动物植物的生命和健康、保护环境”这些方面，制定强制性的技术法规，但应保证技术法规的制定、采用或实施在目的或效果上不会给国际贸易制造不必要的障碍。

TBT 是非关税壁垒中一种间接限制进口的措施。资料表明，20 世纪 70 年代在影响国际贸易的非关税壁垒中，只有 10% ~30% 是技术性贸易壁垒，当前这一比例提高到了 80%。近年来，中国有 60% 的出口企业不同程度地遭到了国外技术性贸易壁垒，影响了中国出口总额的 25%。TBT 措施具体表现在如下几个方面：

（1）技术标准（Technical standard）——主要适用于工业制成品。发达国家普遍规定了严格、繁杂的技术标准，不符合标准的商品不得进口。

【案例 7 -4】

苏北一家生产某种小型机械的工厂，连续十几年，对欧美的出口一直保持旺盛势头，最多时年出口突破 1 000 万美元。但从 2002 年开始，这家工厂在国际市场遭遇了“滑铁卢”。原因既不是这家工厂的产品质量下降了，也不是原来的合作伙伴不用这种产品了，而是因为美国新出版的 UL558 标准，内容比旧标准增加了两倍，涉及电线、电池、塑料、插头等，要求更加严格。

（2）卫生检疫标准（Health and sanitary regulation）——主要适用于农副产品及其制品。随着国际贸易战的加剧，各国在卫生检疫方面的规定越来越严，对要求卫生检疫的商品也越来越多。例如，欧盟从 2000 年 7 月起，提高了进口茶叶的安全及卫生标准，对其中的农药残留检查极其严格，比原标准高出 100 ~200 倍。

（3）商品包装和标签的规定（Packing and labeling regulation）适用范围很广。许多国家对在本国市场销售的商品订立了种种包装和标签的条例，这些规定内容繁杂、手续麻烦，而且不断变换，使外国商品难以适应。出口商为了符合这些规定，不得不按规定重新包装和改换标签，费时费工，增加商品的成本削弱了商品的竞争力。

【案例 7 -5】

1994 年 10 月，法国宣布了关于鲜贝区别性标签的新规定。根据新规定，进口鲜贝不能再用“Coquilles St. Jacques”（扇贝）而只能用“Petoncle”（扇贝）的标签。秘鲁和智利政府认为其出口的鲜贝大小、外观和口味都与法国鲜贝相同，因此应当允许使用相同的标签。Petoncle 在消费者心目中是低挡的鲜贝，智利每年出口鲜贝的三分之一到法国，新规定对秘鲁和智利显然是不利的。

由于技术壁垒都是发达国家以保护其环境和人民健康为理由，以标准为基础而提高进口产品的门槛，实际受到影响的都是发展中国家。因而，难免会遭到发展中国家的反感与反对，认为它实际上是贸易保护主义的再现，本质上是歧视性的。然而有专家做过统计，在过去的几年里，在国际贸易中出现了 8 000 多件新法规新标准，经 WTO 审议后最后被确定为有歧视性的仅有 50 件，而被取消的只有 12 件。[①] 这说明绝大部分“技术壁垒”是符合 WTO 游戏规则的。即使“技术壁垒”的实施有贸易保护主义和歧视性色彩，但现实是客观存在的，无论从广度和深度看，TBT 正在成为影响国际贸易发展，尤其是发展中国家出口贸易的最重要的贸易壁垒。

（二）绿色技术壁垒

绿色技术壁垒（Green trade barriers）是指一国以保护有限资源、生态环境和人类健康为名，通过制定极严格的环境保护标准，直接或间接采取的限制甚至禁止国外产品进口的措施。绿色贸易壁垒与技术性贸易壁垒有着天然联系，一般把涉及保护环境或以保护环境名义采取的非常技术措施就称为绿色技术壁垒。绿色贸易壁垒以其外表的合理性及内在的隐蔽性成为继关税之后，国际上广泛采用的一种新兴的非关税壁垒措施。

1. 绿色技术标准

绿色壁垒的形成虽然只是近 10 年的事，但目前已日趋普遍，并呈加快发展的态势。20 世纪 90 年代以来，发达国家陆续制订了一系列“绿色标准”，例如欧、美、日等发达国家，以保护环境为由，实施 ISO14001 环境管理体系认证，使我国每年约 74 亿美元商品的出口受到影响。

2. 绿色环境标志制度

即由政府管理部门或民间团体按严格的程序和环境标准颁发“绿色通行证”，并要求印于产品包装上，以向消费者表明，该产品从研制开发到生产使用，直至回收利用的整个过程均符合生态环境要求。

【案例 7-6】

被称作“双绿指令”的欧盟废弃电子电气设备指令（WEEE）和电子电气产品危害物质限用指令（RoHS），分别于 2005 年 8 月 13 日和 2006 年 7 月 1 日施行。前者要求电子电气设备报废后，生产者和经销商须承担回收处理责任，并为此付费；后者则要求电子设备中不包含铅、汞、镉、六价铬、聚溴二苯醚和聚溴联苯共六种有害物质。如果达不到指令要求，我国出口机电产品将被排斥出欧盟市场。由于中国近几年出口欧盟的电子电气产品才快速增加，此前出口量很少，因此历史责任由目前的制造商按市场比例分别承担不合理。而且，欧盟提出的 80% 回收率标准也非常苛刻，日本对相关产品的回收率规定在 50% ~60%。

3. 绿色包装制度

要求包装必须节约资源，减少废弃物，使用后利于回收再利用或易于自然分解。例如，丹麦要求所有进口啤酒、矿泉水、软饮料一律使用可再灌装容器。1998 年，美、加、英、欧盟等相继以天牛虫问题为由，禁止中国所有未经熏蒸处理的木制包装进入其境内，增加包装成本 20%，影响中国对上述地区出口总额的三分之一强。

绿色贸易壁垒一经出现便在全球范围迅速蔓延。发达国家依仗其较高的科技水平、先进

---

① 李朝鲜主编．内外贸一体化大趋势．北京：经济科学出版社，2005：107

设备和制定极其苛刻的环境标准的话语权，使发展中国家的产品难以“达标”而被拒于发达国家的“门槛”之外。目前，绿色壁垒已成了中国出口贸易的“拦路虎”，其影响程度已超过了“反倾销”案件对中国外贸出口的影响。

绿色技术性壁垒既是障碍，也是激励。通过外力的促进，既有利于我国企业产品创新把握准市场要求，也有利于企业增强环保意识，提高预防和治理污染的能力。现在的受阻可以看作为今后发展所上的一堂必修课，我国中小企业要坚决扭转靠低质低价挤占国际市场的习惯，及时掌握贸易伙伴国新的技术要求和贸易政策，加大技术攻关力度，不使用有毒有害物质，同时加强国际间的技术合作与交流，树立长远可持续发展的观念，最终跨越绿色贸易壁垒。

（三）动物福利贸易壁垒

动物福利（Animal welfare）是指动物协调一致的精神和生理完全健康的状态，表现在动物的五大权利和自由，即：① 不受饥渴；② 生活舒适；③ 不受痛苦伤害和疾病威胁；④ 生活无恐惧；⑤ 表达天性。一言以蔽之，人类要善待活着的动物，减少动物死亡的痛苦。

动物福利的提出是一种观念的进步，它是基于保护动物的尊严及其内在价值的考虑，体现了人类的情感，是人类进步的表现。动物长期生活在痛苦、恐惧之中，体内会分泌出一种毒素，对食用者身体健康造成危害；在饲养、运输、屠宰等过程中注重动物福利能提高动物的生产性能，提升其自然品质，既是保证人类食肉安全的需要，也是基于本国的贸易利益的考虑。

世界上有100多个国家有关于动物福利方面的立法，不但在动物饲养、运输和屠宰过程中，要求执行动物福利标准，而且，对于进口的动物产品也要求符合动物福利法规方面的技术指标，构建了各自的“进口门槛”——动物福利壁垒。

【案例7-7】

鹅肝酱引发法德外交战①

2011年7月30日法国政府官员正式向德国提出抗议，希望对科隆国际食品博览会组织方施压，允许“法国国粹”重返即将在10月份举办的科隆食品博览会。事件起因是“反灌胃协会”等动物保护组织认为，法国鹅肝虽然美味，但是厂家为获得鹅体内超过正常状态10倍的“巨大肝脏”，饲养方法使用了“虐待动物”的手段。在动物保护组织的压力下，本届食品展的组织方决定抵制鹅肝制品。

此举引发法国上下的一致抗议。法国每年生产约2.3万吨鹅肝酱，约占全世界总产量的75%。法国人把“鹅肝”作为美食文化的代表广为宣传，形成了一个价值17亿欧元的庞大产业，为3万人提供了就业机会。法国从民间组织到政治家都站出来维护“法国美食的精髓”。鹅肝酱的制造商表示其饲养工艺完全按照标准程序。法国政府负责外贸事务的国务秘

① 董铭. 鹅肝酱引发法德外交战. 环球时报，2011-08-01，第5版（经编辑）

书特别召见德国驻法大使，要求德国政府遵守欧盟内部“商品自由流通”和“非歧视”的法令，允许法国鹅肝重返会场。

(四) 碳关税

碳关税（Carbon tariff）是指对高耗能产品进口征收特别的二氧化碳排放关税。随着发达国家技术的发展，经济结构的优化，世界经济格局在变化，碳高排放的制造业转移到发展中国家，发展中国家成为碳高排放的主角。一些发达国家为了维护自己的经济利益，凭借自身先进的环保技术，利用国际社会对环保问题的广泛关注和人们环境意识的日益增强，刻意以“碳关税”相要挟，阻碍他国产品进入本国市场，保护和维持本国工业产业的产出效益和发展，使其不受外来同类商品的损害。传统的贸易保护措施在WTO框架内难以找到合法的依据，而“碳关税”则可以称作是一种创新贸易保护。

事实上，人类排放的二氧化碳80%左右是发达国家在1950年以前工业化进程当中所排放的。过去发达国家在成长过程中大量排放二氧化碳的时候，并没受到任何约束。现在那些高能耗、高排放的企业转向了发展中国家，然而对这类产品的消费并没有减少，甚至与日俱增。根据美国能源信息管理局的计算，中国人均排放二氧化碳为0.74吨，美国则是5.44吨，两者相差接近8倍。我国对欧美国家出口的商品不仅量大，且以机电产品、家具玩具和纺织品及原料为主，这些出口产品大多是高耗能、高含碳而低附加值的产品，极易成为“碳关税”的课税对象。我国有些大宗贸易产品虽不属于传统的高耗能产品，但它们的单位附加值的载能量非常高，如蓄电池、集装箱、电动机等，这些产品的出口不仅仅是带来额外的能耗，还会诱发上游高耗能产业产能的扩张。所有这些产品最终更多出口到发达国家，碳排放问题却留在了发展中国家。如今发达国家一边在消费碳排放量高的产品，一边反过来还要对发展中国家征收“碳关税”，这是很不公平的。

更有甚者，欧盟、美国一方面在WTO状告中国限制20种资源型产品出口使他们走出金融危机更加困难，要求中国敞开来卖这些资源型产品，而它们大多都属于高碳排放产品，如黄磷、焦炭、镁盐、稀土等；另一方面又鼓噪要征收高额碳税，这非但谈不上公平，已经是不合逻辑的了。

因此“碳关税”不仅不可能真正抑制碳排放，反而是在增加新贸易壁垒，中国政府明确表示反对碳关税，并在采取积极应对措施。如转变外贸增长方式，推动中国绿色贸易发展，国内开征碳税，建立绿色政策法规体系；积极开展“环境外交”，利用《京都议定书》第十二条确定的清洁发展机制（Clean development mechanism，CDM），争取节能减排资金和技术。CDM是发达国家通过提供资金和技术的方式，与发展中国家开展项目级的合作，通过项目所实现的“经核证的减排量”，用于发达国家缔约方实现减少本国温室气体排放的承诺。

六、社会责任标准

1997年，总部设在美国的社会责任国际（Social accountability international，SAI）发起并联合欧美跨国公司和其他国际组织，制定了SA8000社会责任国际标准，建立了SA8000社会责任管理体系认证制度。

SA8000 标准的宗旨是企业在经营过程中要与其合作伙伴一起承担保护环境和劳工权利的责任，以促进环境与社会的协调发展。SA8000 的主要内容包括：不使用童工，不得强迫劳动，提供安全与健康的工作环境，不得对劳工采取惩戒性措施，遵守工作时间规定，保证达到当地的最低工资标准，制定有关社会责任和劳动条件的政策。

从表面上看，这一认证标准是维护劳工权利的。在发达国家，这一标准的实施不成为难题。我国法律的内容要高于这个标准，法律支持体系也不成为问题。问题是在像我国这样的发展中国家，企业对 SA8000 的达标自觉意识不强，要获得认证的费用不菲。“中国制造”是与“廉价劳动力”紧密地联系在一起的，我国在仅仅依靠这一“比较优势”竞争力的背后，隐藏着很多外向型企业工作环境恶劣、工资低和无休止的加班等事实，并且引起了跨国采购商、非政府组织的强烈关注。“SA8000”好比给企业戴上了一个紧箍咒。虽然很多工厂还缺乏自我改善的内在动力，但为了获得订单，只能顺应潮流。

SA8000 标准不是法律，对出口企业来说有理解为贸易壁垒的，而对广大劳动者来说有助于维护自身权益。随着工人自身维权意识的提高，企业对社会责任的诉求成为国际趋势。目前，欧洲推行 SA8000 走在前列，美国紧随其后。

第三节　对外贸易政策和世贸组织原则

对外贸易政策是指一国政府在一定阶段内所规定的外贸发展目标以及为实现这一目标所采取的政策和措施。透过国家的对外贸易措施或“壁垒”，不难领悟到一个国家（地区）实行的是进口替代战略还是出口导向战略抑或后发优势、自主创新战略。订约人只有根据贸易政策调整实务重点和方向，才能取得持久的发展。

一、出口鼓励政策

许多国家除了利用关税和非关税措施限制与调节外国商品进口外，还采取各种鼓励出口的措施，开拓和扩大商品的国外市场。各国鼓励出口的做法很多，归纳起来有如下几类：

（一）出口信贷

出口信贷（Export credit）是一个国家的银行为了鼓励商品出口，加强商品的竞争能力，对本国出口厂商或国外进口厂商提供的贷款，它是一国的出口厂商利用本国银行的贷款扩大商品出口，特别是金额较大、期限较长如成套设备、船舶等出口的一种重要手段。出口信贷的利息率一般低于相同条件资金贷放的市场利率，其中的利差由国家补贴，并与国家信贷担保相结合。出口信贷是在 WTO 框架下合理使用的一种鼓励出口的手段，因而为各国普遍采用。出口信贷按借贷关系可分为如下两类：

1. 卖方信贷（Supplier's credit）

卖方信贷是出口方银行向本国出口厂商（即卖方）提供的贷款。这种贷款协议由出口厂商与银行之间签订。出口厂商付给银行的利息、费用有的包括在货价内，有的在货价外另加，转嫁给进口厂商负担。因此，卖方信贷是银行直接资助本国出口厂商向外国进口厂商提供延期付款，以促进商品出口的一种方式。

2. 买方信贷（Buyer's credit）

买方信贷是出口方银行直接向进口厂商（即买方）或进口方银行提供的贷款，其附带条件就是此贷款必须用于购买债权国的商品，因而起到促进商品出口的作用，这就是所谓的约束性贷款（Tied loan）。

出口信贷按时间长短又可分为：（1）短期信贷（Short-term credit）。通常指180天以内的信贷，有的国家规定信贷期限为一年。原料、消费品及小型机器设备的出口适用短期信贷。（2）中期信贷（Medium-term credit）。通常指为期1～5年的信贷。中型机器设备多利用中期信贷。（3）长期信贷（Long-term credit）。通常是5～10年，甚至更长时期的信贷。大型成套设备与船舶等需长期信贷。

（二）出口信用保险

1. 出口信用保险（Export credit insurance）

出口信用保险是由国家出口信贷机构因进口商的商业风险或政治风险而给本国出口商造成的收不到货款的损失，而提供的保险。承保风险类别包括商业风险和政治风险。其中商业风险来自于买家，如：买方破产或无力偿还债务；买方单方面解除合同；买方恶意变更合同；买方拒绝付款。政治风险即国家风险包括：买方所在国家或地区颁布法令或采取行政措施，禁止或限制汇兑货款、禁止货物进口或撤销进口许可证等等。经济风险的承保金额一般为合同金额的70%～80%，政治风险的承保金额一般为合同金额的85%～95%。

2. 承保条件

货物或服务从中国出口；出口产品属于机电产品、成套设备、高新技术，或带有机电设备出口的对外劳务合作。产品价值中的中国成分不低于70%，船舶不低于50%；合同金额在100万美元以上，其中预付定金不低于15%；支付方式为：按工程或服务进度分期付款，最长付款间隔不超过1年。付款期限一般在180天以内，亦可扩展到360天；有明确的出口贸易合同，合同执行期不超过3年。

3. 承保费用

一般说来，出口信用保险服务费用还是比较高，索赔手续比较繁琐、耗时，要求的条件也比较苛刻。保费及其他费用的收取包括保险承担费和保单费。一般来说，进口国风险越高、放账期越长，保险费率就越高。如果客户选择的赔偿比例较低，则费率相应得到下调。

（三）出口补贴

出口补贴（Export subsidies）是指国家政府或同业公会对某商品的出口商所给予的现金补贴或财政上的优惠待遇，其目的在于降低出口商品的价格，加强其在国外市场的竞争能力。

出口补贴方式有直接补贴和间接补贴两种：

1. 直接补贴（Direct subsidies）

它是一国政府或同业公会对本国或本行业的出口商在出口某项商品时，直接付给出口商的现金补贴。有时为了鼓励某种商品出口，补贴金额甚至大大超过实际差价。

2. 间接补贴（Indirect subsidies）

间接补贴指政府对某些出口商品给予财政上的优惠。如政府退还或减免出口商品的直接税、超额退还间接税、提供比在国内销售货物更优惠的运费、免征出口税、延期付税付息等。

（四）商品倾销

商品倾销（Dumping）是指出口商在国际市场上，以低于国内市场价格甚至低于成本的价格向国外市场抛售商品，以打击竞争者并占领市场。显然，它是一种价格歧视。

倾销商品可能会使倾销企业利润暂时减少甚至亏本。将商品采用倾销方式进入其他市场，一般有以下前提作保障：（1）国外损失国内补。在贸易壁垒的保护下，用维持国内市场上的垄断高价获取高额利润，以补偿出口亏损。（2）企业损失国家补。国家提供出口补贴以补偿该企业倾销时的亏损。（3）现在损失将来补。在国外市场进行倾销，垄断国外市场后，再抬高价格，弥补过去的损失。

（五）外汇倾销

外汇倾销（Exchange dumping）指出口企业利用本国货币对外贬值的机会，争夺国外市场的一种特殊手段。当一国货币贬值后，出口商品以外国货币表示的价格降低，提高了该商品的竞争能力，从而扩大了出口。

外汇倾销不能无限制和无条件地进行，只有具备以下条件才能奏效：

（1）货币贬值的程度要大于国内物价上涨的程度。货币贬值有引起一国国内物价上涨的趋势，但这要有一个过程，其间国内企业可获得外汇倾销的利益。

（2）对方国家不采取同等程度的货币贬值或其他报复性措施。

（3）商品不再复进口到本国市场。

（六）促进出口的行政组织措施

（1）设立专门组织。

（2）建立商业情报网。

（3）组织贸易中心和贸易展览会。例如意大利对外贸易协会对它发起的展出支付80%的费用，对参加其他国际贸易展览会的公司也给予其费用30%~35%的补贴。

（4）组织贸易代表团出访和接待来访。例如加拿大政府组织的代表团出访，政府支付大部分费用。

（5）组织出口商的评奖活动。例如美国设立了总统“优良”勋章和“优良”星字勋章，得奖厂商可以把奖章样式印在它们公司的文件、包装和广告上。日本政府把每年6月28日定为贸易纪念日，每年在贸易纪念日，由通商产业大臣向出口贸易成绩卓著的厂商和出口商社颁发奖状。

（七）其他方面的措施

（1）利用金融方面的措施促进出口。

（2）利用法律等手段维持出口秩序。

（3）加强出口检查，提高出口商品竞争力。

（4）通过对外援助促进出口。

(5) 在引进外国直接投资时注意鼓励扩大出口。
(6) 利用补偿贸易促进出口。
(7) 出口国政府通过资本输出来带动本国出口贸易的发展。
(8) 直接提供或资助各种出口促进服务。
(9) 实施“国家出口战略”。

二、进出口管制措施

(一) 进出口管制及其目的

进出口管制措施(Measurement for import & export control)是一国以保护本国的政治、经济、安全利益为由制定进出口管制法令,限制某些商品的进出口,以达到一定的政治、军事和经济目的。尽管西方经济学家们对“管制(Regulation)”持不赞成观点,为了使市场更加有效地运转,自由签约是最重要的,只要交易双方的协议不形成对第三方的损害,管制就没有必要出现;然而当代国际市场中普遍存在的不完全竞争和不对称信息所决定的市场不完善性,以及由于普遍存在的国家利益,使得在促进国际贸易中“不偏不倚”的政府根本不存在,国家作为公众利益的代表,在使用管制的手段时没有一个是含糊的。

1. 国家安全和经济可持续发展的需要

例如,我国商务部2005年第105号《加工贸易禁止类目录》将禁止进出口商品分为禁止进口、禁止出口和禁止进出口三类。禁止进口的主要是国际公约禁止进口的、加工环节污染较为严重的商品。禁止出口的主要是用于深加工的初级原材料,加工贸易企业进口这些原料商品仍可享受保税待遇;禁止进出口的主要是加工层次低的、高耗能、高污染的商品。

2. 加强环保的需要

加强环保是中国当前重要课题。2005年10月中国开始禁止木炭出口的举措,之后相继出台对木材等资源进行出口限制的措施,进一步说明对资源出口的限制只会加强而不会削弱。

3. 实施以质取胜战略,实现出口贸易增长方式的转变

进入新世纪以后,主要发达国家的经济虽然有所复苏,但居民可支配收入的增长仍然缓慢,从中长期来看,其市场需求总量难以有明显的扩张,这对我国出口贸易的持续增长是一个大的制约,使我国面向传统市场的出口贸易规模进一步扩大的难度越来越大。目前我国具有比较优势的劳动密集型产品在发达国家的占有率已经相当高,我国已成为美国贸易逆差最大的来源国。由于我国出口长期是靠数量扩张型增长,一些国家频繁利用技术壁垒、环境壁垒、绿色壁垒等手段对我商品进口设限,我国商品受到反倾销调查的案例呈现出不断上升的趋势,这一方面说明国际市场对我国一般性低价出口商品的需求接近于饱和,另一方面反映出我国的出口促进政策需要作出系统性、战略性调整。这一调整的核心是要进一步提高我国产品和企业的国际竞争力,努力实现从“贸易大国”向“贸易强国”的转变,实现从“扩大出口”规模导向到“提高卖价”效益导向的转变。

(二) 出口管制的商品

一国实施出口管制时,往往实行歧视性的国别政策,对不同的国家实行不同程度的

管制。

出口管制的商品大致有以下几类：（1）战略物资及尖端技术产品；（2）国内生产所需要的重要产品、重要原材料、半成品及国内市场供应不足的某些商品；（3）出口国“自动”控制出口的商品；（4）对某个国家制裁或禁运的商品；（5）历史文物和艺术珍品，黄金、白银等特殊商品；（6）被出口国垄断的某些商品控制其出口，目的在于保持垄断商品的垄断高价。

（三）出口管制的方式

（1）单方面出口管制，是指一个国家根据本国的出口管制法案，设立专门的执行机构，独立对本国某些商品的出口进行审批和颁发出口许可证，实行出口管制。例如美国政府根据国会通过的有关出口管制法等在美国商务部设立贸易管制局，专门办理出口管制的具体事务，美国绝大部分受出口管制的商品的出口许可证都在该局办理。

（2）多边出口管制，是指几个国家政府为了共同的政治与经济目的，通过一定方式建立国际性的多边出口管制机构，协调彼此的出口管制政策和措施。

三、发展中国家的对外贸易战略模式简介

发展中国家的对外贸易战略是指一国政府把本国的对外经贸事务与本国的宏观经济发展结合起来规划和运行的种种模式。常见的模式有以下三类：

1. 初级产品出口鼓励战略

该战略是指处于工业化以前的经济落后国家积极发展初级产品生产，鼓励初级产品出口，进口国内生产和生活所需要的工业制成品，逐渐建立适合本国条件的民族工业。

2. 进口替代战略

人们常把进口替代（Import substitution）称作内向型战略。该战略是指一国适当进口国外先进的技术设备用来提高本国的生产力水平，发展和完善本国的工业化体系，以国产品替代进口产品。在这个过程中实行保护贸易政策，以扶植民族工业的成长，纠正贸易逆差，平衡国际收支。这种战略的目的，是以发展进口替代品工业来带动整个国民经济的增长。

3. 出口导向战略

人们常把出口导向（Export promotion）称作外向型战略。该战略是指一国经济全面参与国际市场竞争，使本国的工业生产面向世界市场，并以制成品和半制成品出口逐步代替过去的初级产品出口，积极参加国际分工和国际贸易，实行自由贸易政策，让外国竞争者较广泛地进入本国市场，并努力把自己的企业推向国际市场。这种战略的目的，是利用扩大出口来积累资金，以出口工业的发展来推动整体经济的增长。

客观地说，上述几种外贸战略各有利弊，政府经济发展理念是与时俱进的，处于不同发展阶段会采取不同的战略、实施不同的配套政策。我国应逐步树立起大国思维，单纯出口导向的重商主义立国模式并不适合现实需要，更重要的是应以国内市场发展为本。在此情况下，政府应该逐步建立重视消费、刺激消费的基本政策，同时不断优化供给结构，改革资源价格机制等，最终实现以消费增长来主、投资和出口增长为辅来实现经济高增长。

四、世界贸易组织的基本原则

(一) 非歧视原则

非歧视原则（Principle of non-discrimination），是世界贸易组织及其法律制度的一项首要的基本原则，也是现在国际贸易关系中最基本的准则。它是国际法上国家主权平等原则在经贸关系中的延伸。其基本含义为：任何成员在实施某种限制或禁止措施、或实施某些贸易优惠或豁免时，必须适用于任何成员，不得有歧视或区别对待。非歧视原则主要是通过互惠贸易原则、最惠国待遇原则和国民待遇原则予以具体体现。

1. 互惠贸易原则（Principle of mutually beneficial trade）

互惠贸易原则是指成员在互惠互利的基础上进行关税减让，相互给予特权、利益和豁免，而不仅仅是单方面的。互惠贸易原则的目的是维持成员之间的利益平衡，谋求全球贸易自由化。

2. 最惠国待遇（Most-favoured-nation treatment）

最惠国待遇是关税与贸易总协定的基石。其基本含义为：成员方现在和将来给予另一方的优惠、特权和豁免，都不应低于其给予任何第三方的优惠、特权和豁免。在国际贸易实践中，最惠国待遇一旦通过双边或多边条约规定，成员方在贸易、关税、航运、公民法律地位和投资等方面给予任何另一方优惠、特权和豁免，其他成员也可以要求得到相同的待遇。最惠国待遇其目的是使除本国之外任何其他成员之间在本国市场上进行公平竞争。当然，在具体适用最惠国待遇时会有一些例外规定。

3. 国民待遇（National treatment）

国民待遇是指根据条约，成员方之间相互保证给予另一方的自然人、法人、产品、投资、船舶和税收等在本国境内享有与本国的自然人、法人、产品、投资、船舶和税收等方面的同样待遇。实行国民待遇的目的是为了保证外国进口产品等在进口国市场上取得与该进口国的本国产品等具有同样的地位、条件和待遇，防止进口国利用国内有关法律、法规等作为贸易保护的手段。当然，国民待遇也是相对的。

(二) 关税保护原则

关税保护原则（Princinle of customs duties as means of protection）是指肯定关税保护是合法的手段，禁止、取消或限制各种非关税壁垒措施，同时要求在互惠的基础上，通过多边贸易谈判削减各缔约方关税。世界贸易组织之所以确立关税保护原则，是因为：与非关税措施相比，关税措施具有较高的透明度，便于其他成员和贸易经营者辨析保护的程度，同时关税措施对贸易竞争不构成绝对的威胁。

(三) 透明度原则

透明度原则（Principle of transparency）要求成员方对外公开贸易上的政策、措施和规则，非经正式公布不得实施。其目的是防止成员方之间进行不公开的贸易，从而造成歧视性的存在。透明度原则规定：各成员方应将其有效实施的关于海关对进出口商品的分类或估价，关于税捐和其他费用征收率，关于对进出口货物及其支付转账的规定、限制和禁止，以及关于影响进出口商品的销售、分配、运输、保险、存仓、检验、加工、混合或使用的各种法律、规章、司法判决和行政裁决，均应迅速公布，以便各成员政府和贸易经营者了解。

（四）公平贸易原则

公平贸易原则（Principle of fair trade）是指成员方之间在进行国际贸易交往中，不得采取不正当的贸易手段进行国际贸易竞争或扭曲国际贸易竞争。该原则要求各成员方为了创立和维持公平竞争的国际贸易环境，不得实施出口补贴、产品倾销等不正当的竞争方式来损害其他成员方的合法利益。

（五）优惠待遇原则

优惠待遇原则（Principle of preferential treatment）又称为“非互惠待遇原则”。首先，《建立世界贸易组织协议》的序言明确规定，应确保发展中国家与其经济发展相适应的国际贸易增长的份额，从而将优惠待遇原则融入世界贸易组织的宗旨之中。其次，世界贸易组织谈判的一系列单独文件不仅在各自的序言部分强调对发展中成员优惠待遇的重要性和必要性，而且无一例外地在正文中用专门条文加以规定。最后，《服务贸易总协议》和其他几个与贸易相关领域的文件均确立了优惠待遇原则。这表明：世界贸易组织的这一原则不仅适用于传统的货物贸易，而且在新兴的服务贸易和与贸易有关的其他领域也具有普遍的指导意义。

（六）市场准入原则

市场准入原则（Principle of market access）是指成员方通过实施各种法律和规章制度，对其他成员方参与本国市场竞争的宏观掌握和控制要适度。通常成员方以条约的方式通过互惠允许其他成员方的货物、投资、服务等参与本国市场竞争的程度既要符合本国国情又不违背全球贸易自由化的要求。市场准入原则要求通过增强各成员方对外贸易体制的透明度，减少和取消关税以及各种限制市场进入的非关税壁垒措施，并通过各成员方对开放特定市场所作出的具体承诺，切实改善各成员方市场准入的条件，使各成员方在一定的期限内逐步放宽市场开放的领域，加深开放市场的程度，从而达到促进世界贸易的增长，保证各成员方的货物、投资、服务等可以在世界市场上公平自由竞争的目的，最终实现全球贸易自由化。

（七）公平解决争端原则

公平解决争端原则（Principle of fair settlement of disputes）是指成员方之间一旦出现国际贸易争端，应通过公正、客观、平等和友好的方式使有关贸易争端得到妥善的解决。

本章小结

与关税壁垒相比，非关税壁垒具有很强的灵活性、有效性、隐蔽性和歧视性，因而日渐成为贸易保护主义的主要手段，成为各国尤其是发达国家政府干预对外贸易的重要政策工具。进口配额是政府对进口产品数量的限制。“自动”出口限制的形成是进口国与出口国在特定条件下的一种妥协，它作为灰色区域措施的一种主要形式而迅速蔓延。各国鼓励出口的措施很多，主要有出口信贷、出口信贷国家担保制、出口补贴、商品倾销、外汇倾销、出口免税退税以及各种具体组织措施。出口管制是国家出于某些政治、军事和经济上的考虑，通过法令和行政措施，对本国出口贸易实行管理和控制。一国的发展和所制定的贸易政策不能违背世贸组织原则。在世贸组织原则中一项首要的基本原则是非歧视原则。

技能实训

实训模块一　香水、化妆品等或免税

【实训目的】认识国家政策能够掌握企业命脉，也在影响着消费需求。学会审时度势，加深对国家制定的一系列货物贸易政策的认识和学习的自觉性。

【实训材料】财政部正对奢侈品关税税率调研　香水、化妆品等或免税①

中国财政部关税司已针对奢侈品综合税率调研两个多月，准备在十一前出台奢侈品关税指导条例，具体措施包括：拉开关税税率层级；征税品牌具体化；取消某类产品如香水、化妆品税率等。让消费者对奢侈品价格调整有预期，把这部分消费者留在国内，因为接下来就是圣诞节、元旦、春节连续的购物高峰。

此前商务部新闻发言人曾表示，中国将进一步降低进口关税，包括部分中高档商品的关税，这是大势所趋，各个部门对此有共识。知情人士介绍，化妆品、奶粉、钟表、服装类产品、进口箱包、鞋帽等产品，都有降税或免税空间，一个庞大的购物回流高潮可期。

中国已是继美国和日本之后全球第三大奢侈品市场，随着中国居民收入迅速提高，人民币升值及消费信贷推广等，中国消费者对奢侈品的需求增速远高于欧美等发达国家。截止到2010 年底，全球奢侈品市场规模达到 1 720 亿欧元，其中中国约占全球的 15%。而里昂证券预测，至 2020 年，中国的奢侈品消费量有望跃升至 44%。未来 10 年内中国将为全球奢侈品行业增长贡献 50%。

【实训要求】讨论我国企业，特别是中小微企业如何抓住国家宏观调控的机会，在经济一体化的大环境下，顺势而为；作为企业的销售人员，如何寻求内外两个市场的需求，看清大势，开拓个人发展空间。

实训模块二　焦点访谈：小螺钉的大官司②

【实训目的】通过本案例学习，增强我国商品走向世界频遭反倾销的防范意识，敢于和善于运用世贸组织规则维护自身权益。

---

① 路透 2011 - 06 - 20 http：//cn. reuters. com/article/chinaNews/idCNCHINA-4471720110619 访问时间：2012 - 04 - 04（经编辑）

② 焦点访谈：小螺钉的大官司. http：//news. cntv. cn/china/20110809/118381. shtml 访问时间：2011 - 08 - 09

【实训材料】这几年，人们经常在关于中欧贸易争端的新闻报道中听到“紧固件”这个词，“紧固件”就是无处不在的螺丝螺钉螺栓等，它们常被称为“工业之米”，是中国出口欧盟的重要产品。中国是世界上最大的碳钢紧固件生产国，2009 年之前整个行业每年都保持着 15% 以上的增长速度，欧盟是这一产品的主要出口市场。正是这种“紧固件”，几年来引发中欧连续不断的贸易争端，使我国很多“紧固件”出口企业陷入困境。

中国紧固件产业的迅猛发展和出口量的增加，让欧盟部分企业感觉到了压力，2007 年，欧盟委员会应本国个别企业要求，立案对中国出口到欧盟的部分紧固件进行反倾销调查。出于市场利益之争，欧盟针对中国产品的歧视性反倾销措施由来已久，这一次也不例外。

上海标五高强度紧固件有限公司是国内最大的紧固件出口企业，欧盟是这家公司重要的国外市场之一。2007 年这家公司受到了来自欧盟的反倾销调查。他们的产品出口价格约一万元人民币一吨，内贸价格约 9 000 多元人民币一吨，相差大概 5% 以上，欧盟反倾销完全没有道理。如果不到欧盟应诉，就要被迫承担高额的反倾销税。

中国人素来不喜欢打官司，但这一次，120 多家企业在协会的组织下先后 4 次前往欧盟进行抗辩，但是没有获得欧盟认同。2009 年 1 月，欧盟决定对中国出口的部分碳钢紧固件征收 26. 5% 至 85% 的反倾销税。这一裁定，使得上海标五高强度紧固件有限公司出口欧盟的产品要承受高达 69. 5% 的反倾销税，完全失去了在欧洲市场上的竞争力。这次反倾销对他们来说是毁灭性的打击。这一影响迅速蔓延到全行业，整个行业出口额下降 40% 多，1 800 多家紧固件出口企业中有三分之一企业倒闭，几十万员工下岗。

像紧固件行业遇到的这种不公平待遇，中国很多出口企业也都曾遇到过，但是，仅仅通过双边的交涉难以解决这样的贸易争端。2009 年 7 月，中国政府就欧盟对中国紧固件采取的反倾销措施正式启动世贸组织争端解决程序。同年 10 月，世贸组织争端解决机构正式设立专家组审理此案，这场贸易争端从企业层面上升到了国家层面。

为了这一诉讼，商务部会同行业协会、律师做了大量准备。他们从欧盟《反倾销基本条例》的法律中发现破绽，其第 9 条第 5 款规定对来自中国的产品给一个非常高的统一反倾销税率，这就是欧盟向中国紧固件企业征收高额反倾销税的法律基础。这一法律不符合世贸组织要求的对每一个出口商计算出单独税率的规则，具有明显的歧视。经过一年半准备、申诉，最终于 2010 年 12 月，世界贸易组织专家组发布裁决报告，支持中国在单独税率问题上的全部主张。几十年双边解决不了的问题在世贸组织解决了。这不但是中国的胜利，也是世贸组织规则的一个胜利。

【实训内容】开展小组讨论，认识对世贸组织规则更加全面的掌握以及更多实践经验的积累的意义，讨论如何才能在未来的世界贸易之路上更加顺利地前行。

思考练习题

一、不定项选择题

1. 与关税壁垒相比，非关税壁垒具有很强的（　　）。因而日渐成为各国尤其是发达国家政府干预对外贸易的重要政策工具。

A. 灵活性　　B. 有效性　　C. 隐蔽性　　D. 歧视性

2. 海关估价作为一种非关税壁垒措施是因为它（　　）。

A. 估价公正　　B. 估价客观　　C. 估价严格　　D. 估价专断

3. 实行进口押金制这种措施的目的是（　　）。

A. 将所需资金预存银行，以便有款可付

B. 银行可以更多地吸收存款

C. 政府到时提供付款保证

D. 增加进口资金负担，起限制进口作用

4. 进出口许可证制度是一种（　　）的措施。

A. 关税壁垒　　B. 鼓励出口　　C. 政府管制　　D. 海关统计

5. 各种国内税，作为一种限制进口的措施，它的特点是（　　）。

A. 高于关税　　B. 比关税更灵活、更隐蔽

C. 低于关税　　D. 可重复征收

6. 关税配额属于（　　）的一种形式。

A. 进口配额制　　B. “自动”出口配额制

C. 直接非关税壁垒　　D. 间接非关税壁垒

7. 外汇管制属于（　　）。

A. 关税壁垒措施　　B. 非关税壁垒措施

C. 直接非关税壁垒　　D. 间接非关税壁垒

8. “绿色贸易壁垒”是指对进口商品的（　　）提出更高要求。

A. 技术质量标准　　B. 环境保护标准

9. 出口补贴中的间接补贴采用以下几种方式（　　）。

A. 退还或减免国内税　　B. 免税或退还已缴进口税

C. 免征出口税　　D. 延期付税付息

10. 商品倾销按照具体目的和时间的不同可分为以下几种方式（　　）。

A. 季节性倾销　　B. 偶然性倾销

C. 掠夺性倾销　　D. 持续性倾销

11. 非歧视原则主要是通过（　　）予以具体体现的。

A. 互惠贸易原则　　B. 最惠国待遇原则

C. 国民待遇原则　　D. 公平解决争端原则

二、判断题（对的打√，错的打×，并改错）

（　　）1. 商品倾销对进口国没有任何好处，是费力不讨好的事情，应坚决摒弃。

（　　）2. 本章“最低限价”是一国政府对本国某出口商品规定最低价格。

（　　）3. 在 TBT 中，工业制成品出口受技术标准影响大，而农副产品出口受卫生检疫标准影响大。

（　　）4. 对商品包装和标签的规定也可以构成技术性贸易壁垒的范畴。

（　　）5. 出口退税是一国政府在商品出口时给予出口商的补贴。

（　　）6. 长期性倾销的策略是以暂时的倾销损失换来长久的超额垄断利润。

（　　）7. 对劳动密集型产品出口较多的国家，社会责任标准问题更容易受到非难。

（　　）8. 在国外市场上低价抛售国内较难出售的“剩余物资”，是掠夺性倾销。

（　　）9. 买方信贷是出口国银行或金融机构向本国出口厂商提供的出口信贷。

（　　）10. 我国在加大进口的同时，注意优化产品出口结构，力图从出口创汇向出口创利（润）、出口创（品）牌方面转变。

（　　）11. 在世界贸易组织原则中，“非互惠待遇原则”和“互惠贸易原则”是相互矛盾的。

三、简答题

1. 试述非关税壁垒的主要特点。
2. 非关税壁垒的形成和日益盛行的原因是什么？
3. 什么是进口配额制？其主要类别有哪些？
4. 自动出口限制的含义是什么？它和其他的贸易壁垒有什么不同？
5. 进口许可证主要分为哪几类？
6. 外汇管制有几种？它如何起到限制进口的作用？
7. 技术性贸易壁垒的主要类型有哪些？
8. 国家如何利用技术标准达到限制进口的目的？
9. 什么是企业社会责任标准？我国企业应如何应对？
10. 什么是出口信贷？出口信贷的主要特点是什么？它有哪些类型？
11. 什么是出口补贴？它有哪些具体的方式？
12. 什么是商品倾销？认定“倾销”必须具备哪些前提条件？

第 8 章

货款支付

课前准备

【学习目标】

熟悉货款支付工具，熟悉不同结算方法的特点和运用条件

【技能目标】

掌握汇付、托收和信用证一般程序，熟悉合同支付条款的要求，对各种结算方式的综合运用有基本了解

【情感目标】

养成重信用、守合同的行为准则，培养诚实守信的社会氛围

学习内容

【先行案例】

付款保证函瑕疵带来的隐患

国内丙公司与加拿大J公司签订价值5万美元的服装出口合同，付款方式为D/P即期。因加拿大对纺织品进口有一定的限制，双方在合同中约定，丙公司要全力配合J公司办理进口许可证。丙公司按照合同约定出运货物后，收到J公司来电，称由于加拿大海关实施新的规定，办理纺织品进口许可证时要提供提单、发票等全部贸易单证的原件。因此，J公司希望以预付25%货款的条件取得全套正本单据，待申领到进口许可证后再结清75%的余款。在这种情况下，为了有效控制风险，丙公司委托中国出口信用保险公司介入，必要时进行海外追讨。

保险公司向加拿大有关管理机关核实纺织品进口许可证的相关规定，发现J公司的说法

与事实不符。J公司作为中间商，目前资金紧张，存在资金融通的需求。鉴于上述情况，保险公司建议丙公司作好退运和转卖货物的准备。不久，货物抵达目的港，J公司告知丙公司尚未办妥进口许可证，表示愿意先行支付2.3万美元，同时出具获得进口许可证后付清余款保证函，希望丙公司尽快放单。考虑到滞港、仓储及转卖等费用和时间的耗费，以及丙公司有保证函作为风险防范工具，丙公司同意在收到2.3万美元和保证函后放单。

获悉J公司已凭单提货后，丙公司多次催收余款，但J公司一直采取回避态度并迟迟不履行付款承诺。同时，在审核J公司的保函过程中，保险公司发现于2005年5月26日出具的该保证函原文如下："J公司同意在取得进口许可证后的14日内支付给丙公司2.7万美元。J公司承诺不会以质量问题为由拒付货款。"该保证函既未指明贸易合同和相应的发票编号，也未明确全部发票金额，这不但极易导致对保证函内容的理解分歧，更为日后的债务追讨留下了隐患。

当追偿渠道找到买家负责人时，对方矢口否认债务并拿出已支付2.3万美元的银行付款证明，声称早与丙公司达成口头协议，以2.3万美元了结全部债务；丙公司据此更改托收指示，同意J公司支付2.3万元并取得提单及货物。由于J公司出具的保证函确实存在严重的瑕疵，虽丙公司又补充了与J公司的全部往来函电，但仍然无法找到任何有利于丙公司的书面证据，进一步追讨债务的难度明显加大。

（张楠．国际商报，2006－06－29．经编辑）

货物贸易结算（Settlement of cargo trade）是由贸易原因而引起的货币收付，主要是货物交易、货物进出口、货物运输、货物运输保险等引起的货币结算行为，以结清不同当事人因上述经济贸易活动而发生的债权债务关系。货物贸易结算的工具有两种，即货币与票据。作为非商品零售交易的货物贸易，以货币清偿买卖双方的债权债务，不仅涉及到直接运送大量现金所引起的各种危险和不便，而且有资金周转缓慢、点数和识别真伪困难等问题。当经济发展到一定程度，作为货款支付与结算的货币形式更多地被票据形式所取代。在国际贸易中，以货币作为结算的方式已十分罕见，绝大多数是以票据作为支付工具进行非现金结算。而这种结算方式的最大特点是银行信用参与到货物贸易的结算之中，银行在货物贸易结算中的作用越来越重要。

在我国货物贸易中，人民币是法定结算工具。而在跨境的国际贸易中，对于货款支付的币种选择问题，大多是采用被世界各国公认在金融市场上能自由买卖、在国际结算中流通性强、可兑性与稳定性好的"自由外汇"。尽管自2009年6月中国央行推出跨境贸易人民币结算计划以来，已有越来越多的贸易商愿意采用人民币结算，但中国要逐步取消人民币跨境使用的政策障碍，使人民币发展成国际货币，还主要靠市场推动。

国际货物结算中究竟用何种货币支付，需在合同中协商确定。如果合同中的价格是用一种双方约定的货币表示的，则该货币既是计价货币，又是支付货币。如果双方国家订有贸易协定和支付协定，而交易本身属于上述协定的约束，贸易支付则必须按规定的货币清算。

按照国际上的一般做法，如果没有相反的规定，通常是按付款日货币的汇率，把一种货币表示的价款折成等值的另一种货币进行支付。随着我国国际地位的日益提高，经济实力不断增强，我国在进出口业务中逐步用人民币计价、结算，可以规避汇率变动带来的风险。

在支付行为的规范问题上，除了国际共同遵守的公约和惯例外，世界各国对货币与外汇、票据、银行等制度的立法都很重视，我国现行支付办法主要有《票据法》、《票据管理实施办法》、《支付结算办法》、《中国人民信用卡业务管理暂行办法》、《银行账户管理办法》、《异地托收承付结算办法》、《国内信用证结算办法》等。

第一节　票据的流通和作用

一、票据知识简介

现代经济是市场经济，其特征是平等市场主体之间的商品交换。信用的发展是商品市场交换和消费得以发展的动力，银行和企业构成现代商业文明的信用核心，因此市场经济也可以说是信用经济。在生产领域，企业需要通过外部融资或者贷款扩展规模；在销售领域，企业需要有赊销的行为，或者是预付的行为；在消费领域，有分期付款……企业的发展离不开"以信为本"，它是市场经济有效运转的基础。

在计划经济时期，商品生产和商品信用被严重扭曲，不允许企业之间有赊销的行为，不允许商业票据的存在。银行成为社会的机关，银行提供信用的同时还承担着企业风险。自《中华人民共和国票据法》颁布以后，商品票据市场步入发展的快车道。在当今市场经济活动中，商业票据大量运用。它们成为了促进经济发展不可缺少的润滑剂，同时也成为社会信用的主要载体。

商业票据在广义上泛指一定权利关系的书面凭证。例如汇票、本票、支票、提单、仓单、保单、记账凭证等；在狭义上商业票据仅指依照法定的格式，签发和流通的汇票、本票和支票三种票据。我国的票据法所规范的对象，仅为狭义的票据。

二、票据结算业务的工具和方法

1. 票据结算业务的含义

票据结算业务是指银行对支付一定金额为目的的可转让流通的有价证券，进行票面金额的支付结算。例如，在国际贸易中，卖方发货后，作为债权人开立汇票指示买方付款；或某债务人开立以银行为付款人的即期付款汇票，向债权人支付一定金额。在我国《票据法》和《支付结算办法》中规定，支付结算（Payment transaction & settlement）是指单位、个人在社会经济活动中使用票据、信用卡和汇兑、托收承付、委托收款等结算方式进行货币给付及其资金清算的行为，其主要功能是完成资金从一方当事人向另一方当事人的转移。

2. 票据结算业务的作用

（1）支付手段。票据可代替现金在国际、国内贸易中清偿债务。同城票据结算可处理人民币票据和外币票据业务。异地票据结算可通过中国银行系统电子汇兑结算网络和全国电子联行结算网络，处理人民币项上的异地汇兑业务。

（2）流通手段。票据可以经背书交付或仅凭交付自由转让给其他人，从而抵消或结清各种债务关系，既减少现金流通，又扩大了流通的范围。

（3）信用工具。银行可凭票据的信用作用从事票据买卖业务，从而起到融通资金扶持贸易发展的作用。

3. 票据结算工具和结算方式

在国际贸易货款结算中，主要结算工具为汇票、本票和支票；主要结算方式是汇付（电汇、信汇和票汇）、托收和信用证等。其中支票工具和票汇方式用得越来越少。

在国内贸易货款结算中，主要结算方式是电汇、信汇、托收承付、委托银行收款、信用卡等。主要结算工具是银行汇票、支票、银行本票、商业汇票等。银行本票用于同一票据交换区域内企业及个人间的资金结算；其他票据可用于境内的企业及个人间的人民币资金结算。商业汇票包括商业承兑汇票和商业本票，它们属企业信用。尽管票据法规定票据的使用必须具有真实的交易关系或债权关系，但在实际运作过程中，承兑汇票（特别是商业承兑汇票）引发了不少违法违规行为，立案侦查的伪造金融票据、违法票据承兑的犯罪案件层出不穷。因此，企业开出的票据要通过银行严格审查才能得到认可。现在我国真正能够流行、发展的还是银行承兑的商业汇票。

第二节　三种主要票据结算工具

一、汇　　票

（一）汇票的含义和基本内容

1. 汇票（Bill of exchange，Draft）

汇票是由出票人（Drawer）向另一人签发的书面无条件支付命令，要求对方（接受命令的人）即期或定期或在可以确定的将来时间，向某人或指定人或持票来人支付一定金额。远期汇票（Time draf）是指定在未来某一时间支付，而即期汇票（Sight draf）则是见票即付。

2. 汇票的要项

汇票必须载明法定事项，具备法定的形式要件，才能成为完整的汇票，才具有票据的效力。由于各国法律对于汇票的形式要求并不完全相同，以下拟以我国票据法规定为主，参照各国的法制及公约对汇票的记载事项，作一比较介绍。

（1）载明“汇票”（Bill of exchange，Draft）字样。

（2）一定的金额（A sum certain in money）：指汇票上所记载的金额必须确定。如果汇票上以“US＄1 000 or US＄500”或“US＄1 000 plus collection charges”记载，即属不合法，且无效。汇票金额的币别也应明示，否则不能说其金额为确定。汇票金额可以用文字与数字同时表示，也可以文字或数字单独表示。

（3）无条件支付的命令（Unconditional order to pay）：指付款人必须无条件地付款，如果汇票上规定受款人必须完成某种行为或承担某项义务后，付款人才予以付款，那就是有条件。

（4）出票日期（Date of bill）：联合国国际汇票和本票公约以出票日期为绝对必要记载事项之一，英美法则不以之为汇票必要记载的事项，载明出票日期与否，不影响其汇票的有效性。但依英美票据法，在出票日后定期付款的汇票，如无出票日期时，合法的执票人得以实际签发的日期，补填在汇票上。

（5）出票人的签名（Signature of drawer）：票据上的签名固然可以盖章来代替，但按贸易惯例，汇票上都要求由出票人亲自签名。

以上 1 ~ 5 项为绝对必要载明事项。当然，还有"付款人（Payer）"（通常是受买人或是其开户银行）、"受票人（Drawee）"（通常就是付款人）、"出票地点"、受款人（Payee）（通常就是出卖人或其转让人）等相对必要记载事项和其他一些可记载事项，这里从略。即期跟单信用证汇票票样如下（图 8 – 1）

Bill of Exchang

Drawn Under BANK OF FUKUOKALIMITED L/C NO. S100-108085

Date FEB.11,2012 Payable with interest @ ＊＊ % per annum

NO. 12J-020 Exchange for USD66,744.80 Hunan, China

At ＊＊ Sight of this of exchange

Pay to the order of BANK OF CHINA

The sum of SAY U.S.DOLLORS SIXTY SIX THOUSAND SEVEN HUNDRED AND FORTY FOUR CENTS EIGHTY ONLY

To BANK OF FUKUOKALIMITED TOKYO

CHANGSHA GUNGLAK FIRWORKS I/E CORP

×××

图 8 – 1 跟单信用证汇票样张

（二）汇票的种类

汇票
- 1. 按出票人
  - （1）银行汇票（Banker's draft）：出票人和付款人均为银行
  - （2）商业汇票（Commercial draft）：出票人为企业法人、公司或个人
- 2. 按单据配备
  - （1）光票（Clean bill）汇票：汇票本身不附带货运单据
  - （2）跟单汇票（Documentary bill）：需要附带单据才能付款
- 3. 按流通区域
  - （1）国内汇票
  - （2）国际汇票
- 4. 按付款时间
  - （1）即期汇票（Sight bill）
  - （2）远期汇票（Usance bill）
    - ① 注期汇票（见票后一定期间付款）（at…… days after sight）业务中最常见
    - ② 定期汇票（Fixed date）：到期日付款
    - ③ 计期汇票（出票日后一定期间付款）（at…… days after date，at …… days after date of bill of lading）
    - ④ 分期付款汇票：将票面金额划为几份，并分别指定到期日
- 5. 按交付方式
  - （1）付款交单汇票
  - （2）承兑交单汇票

图 8 – 2 汇票的分类

（三）汇票的票据行为

1. 出票（Issue/Draw）

它是指出票人签发汇票并将其交给收票人的行为。收票人抬头可以作成记名抬头、不记名抬头和指示抬头（含义同提单收货人抬头，请详见第5章第七节）。

2. 提示（Presentation）——是持票人向付款人出示汇票要求承兑或付款的行为。提示分为两种：（1）承兑提示：持远期汇票要求付款人承诺到期付款的提示。（2）付款提示：持即期汇票或到期的远期汇票要求付款人付款的提示。

3. 承兑（Acceptance）

它是远期汇票付款人在持票人作承兑提示时，明确表示同意按出票人的指示付款的行为。承兑可以分为两种：一是通常的承兑，是指承兑人对出票人的指示不加限制地同意认可。二是限制承兑，是指承兑时，附加条件或用明确措辞，改变承兑效果。限制承兑还可分有条件承兑、部分金额承兑、特定地点承兑、正常期限承兑和非全部付款人承兑。

4. 付款（Payment）

它是即期汇票的付款人和远期汇票的承兑人接到付款提示时，履行付款义务的行为。对即期汇票，在持票人提示汇票时，付款人应即付款；对远期汇票，付款人经过承兑后，在汇票到期日付款，付款后，汇票的一切债务即告终止。

5. 背书（Endorsement）

它是转让票据权利的一种法定手续，即持票人在票据（如汇票）背面签上自己的名字或再加上受让人的名字，并把票据（汇票）交给受让人的行为。背书的方式主要有三种：（1）限制性背书：即不可转让背书。（2）空白背书：也称不记名背书，票据背面只有背书人名称而无受让人签名。此类背书只凭交付即可转让。（3）记名背书：指汇票背面既有背书人签名，又有被背书人签名。这种背书受让人可继续背书将汇票转让。

汇票经过背书可以不断转让下去，对受让人来说，所有在他以前背书的人，都是他的前手。而对出让人来说，所有在他以后的受让人，都是他的后手。前手对后手有担保汇票必然会被承兑或付款的责任。

粘单是票据背书用纸的延长，根据《中华人民共和国票据法》第二十八条第二款有关“粘单上的第一记载人应当在汇票和粘单的粘接处签章”的规定，粘单的第一记载人未在粘单的骑缝线上签章，即应确认粘单不具票据上的效力。

6. 拒付（Dishonor）

它是持票人提示汇票要求承兑或付款时遭到拒绝承兑或付款的行为，付款人拒不见票、死亡或宣告破产等均称为拒付，也称退票。

7. 追索权（Right of recourse）

它是汇票遭到拒付时，持票人对背书人、出票人及其他票据债务人行使请求偿还汇票金额、利息及费用的权利。持票人为了行使追索权应及时作出拒付证书。行使追索权应具备以下条件：① 票据遭到拒付或拒绝承兑；② 持票人已在法定期限内向付款人提出承兑或提示付款；③ 在票据遭到拒付后的法定期限内（3 日）作成拒付证书，并通知前手。

【案例8－1】

犯罪分子是怎样利用承兑汇票频频设下“陷阱”的呢？

2001年7月5日，湖南株洲某公司因与珠海斗门某公司有一笔业务合作意向，双方约定采取承兑汇票结算方式。株洲公司将70万元现金存入株洲农行北都分理处，于当日办理两张共计70万元的银行承兑汇票；并应对方公司要求，立即将两张承兑汇票的原件传真给对方。同时，接受对方邀请，立即动身前往珠海洽谈业务，没想到，这一去却是赴了“鸿门宴”。

当株洲公司的代表到达珠海后，受到对方的盛情款待。但是他们殊不知已掉进对方设置的陷阱：原来，对方在接收到汇票传真件后，已按照汇票的式样，模仿票据的笔迹、印章模式，利用高科技手段扫描“克隆”了两张汇票。在一看一递之间，真票被早已“克隆”好的票据调包，返回到他们手中的是日期、金额、号码、章戳、钢印非常逼真的“克隆”汇票。珠海公司利用接待游玩的几天时间，将窃取的70万元真正银行承兑汇票到银行顺利兑付提现。待株洲客商因生意未谈成，回到原出票行退票时，被银行工作人员告知：两笔汇票于7月10日在珠海市斗门县农行营业部兑付，并于7月11日通过电子汇兑系统划付，他们捏在手里的只是两张一文不值的废纸。

（经济日报2005－4－6）

（四）汇票的贴现

贴现（Discount）是远期汇票承兑后，持票人在汇票到期前到银行兑换现款，银行从票面金额中扣除贴现利息后付给持票人余款的行为。这种以未到期的票据换取现金的做法，实际上是汇票的买卖。

贴现利息的计算实例：面额为10 000美元的见票后90天付款的汇票，5月15日得到付款人的承兑，该汇票应于8月13日到期，持票人于5月25日持汇票去银行要求贴现，银行核算计息天数（5月份6天、6月份30天，7月份31天，8月份13天，共计80天）。如果贴现年利率为10%，按欧美算法，一年按360天计算，则：

贴现利息＝汇票金额×贴现天数×年贴现率/360　　（式8－1）

(10 000×80×10%)/360＝222.22美元。

银行向持票人净付款＝汇票金额－贴现利息：

10 000－222.22＝9 777.78美元

银行受让汇票后，于8月13日向付款人提示，收取十足票款10 000美元。

二、本　票

本票（Promissory note）是一人向另一人签发的，保证于见票时或定期或在可以确定的将来的时间，由自己无条件支付给持票人一定金额的书面承诺。

本票又可分为商业本票和银行本票。商业本票是由工商企业或个人签发的本票，有即期和远期两种，一般不具备再贴现条件。对资信不好的企业或个人开出的远期本票，因信用保证不高，很难流通。出票人是银行的称为银行本票，银行本票都是即期的。在国际贸易结算中使用的本票大多是银行本票。

我国票据法规定，本票必须记载下列事项：标明“本票”字样；无条件的支付承诺；确定的金额；收款人的名称；出票日期；出票人签字。银行本票样如下：

Promissory Note

ASIA INTERNATIONAL BANK， LTD.
18 Queen's Road， Hong Kong
CASHIER'S ORDER
Hong Kong，Aug，8，2011， Pay to the order of Dockfield & Co
the sum of ：Hong Kong Dollars Eighty Thousand and Eight Hundred Only.
For Asia International Bank， Ltd.
HK$ 80，800.00
×××

图 8－3 本票样张之一

【票据视野】

“银行本票”已经全国分省运作

“银行本票”与汇票、支票、信用卡并列为国内四大主要的支付方式。由于信用度高，在现实中本票可以代替现金使用。单位和个人在购买大宗商品时，只要支付本票就可以直接提货；债权、债务双方也可以利用本票来结算债务。同时由于以票据形式进行支付，因此避免了携带大量现金的高风险和不方便。银行本票就是一张面值可以变化的钞票。

按照央行的统一要求，从 2008 年 5 月 8 日起，依托小额支付系统办理银行本票的业务正式在全国各商业银行同步上线，各大主要银行纷纷发布公告提示客户。相对于柜面汇款、网银、ATM 以及支票、通存通兑等个人跨行支付业务，银行本票实行见票即付，即使是跨行转账，也可以即时实现“票款两清”。它具备以下优点：（1）适合大额支付；（2）办理手续简单、手续费用低廉；（3）资金即时到账。

比如，某市民王先生要买一套住房，需从自己在光大银行的账户中付款给农行开户的某房产公司。通常的做法是用银行卡刷卡支付，或直接付现金。用银行卡支付，跨行支付手续费不菲；直接用现金，十来万元的首付款，携带、存取过程相当繁琐。采用银行本票，王先生的大额消费就显得轻松简洁。王先生可向光大银行申请签发一张收款人为该房地产公司的银行本票，支付 1 元手续费开出，开具带有密押的用压数机压印金额的银行本票，然后把本票交付给房地产公司，该房地产公司则可持票通过农行省分行即时收取房款。本票自出票日期两个月内均可择机支付，万一遗失还可以挂失。

三、支 票

（一）支票的定义和规定

1. 支票（Cheque，Check）

支票是出票人签发的，委托办理支票存款业务的银行或其他金融机构在见票时无条件支付确定的金额给收款人或持票人的票据。国内支票只有一种见票即付的付款方式。支票的出票人，为在经中国人民银行当地分行批准办理业务的银行机构开立可以使用支票的存款账户的单位和个人。出票人在签发支票后，应负票据上的责任和法律上的责任。前者是指出票人对收款人担保支票的付款；后者是指出票人签发支票时，应在付款银行存有不低于票面金额的存款。如存款不足，持票人提款会遭拒付，这种支票称为空头支票。

在实际操作中，有所谓“远期支票”，是指支票中所载的出票日较出票人实际签发日晚的支票，其“应付款日”只能视为支票的出票日。世界各国法律对远期支票的态度不尽相同，我国现行法律不允许签发远期支票。1989 年 4 月 1 日中国人民银行颁布实施的《银行票据结算办法》第 2 章第 19 条明文规定：单位和个人办理结算，必须严格遵守银行结算办法的规定。不准出租、出借账户；不准签发空头支票和远期支票；不准套取银行信用。

2. 支票的流通区域

单位和个人在同一票据交换地区的款项结算均可以使用支票。2006 年我国央行开发建设了全国支票影像交换系统，运用影像技术和支付密码等技术，将纸质支票转化为影像和电子信息，利用信息网络传递至出票人开户行进行提示付款，从而实现支票全国通用。

3. 支票的特点

（1）无金额起点的限制；（2）可支取现金或用于转账；（3）支票使用的有效期较短，持票人应当自出票日起 10 日内提示付款，到期日为节假日时依次顺延；异地使用的支票其提示付款的期限由中国人民银行另行规定。（4）转账支票可以背书转让；（5）可以挂失。

4. 支票必须记载的事项

我国票据法规定，支票必须记载下列事项：标明“支票”字样；无条件的支付委托；确定的金额；付款人的名称；出票日期；出票人签字。国外支票样例如图 8－4 所示：

Cheque for ￡1,000.00 London, 30th, Nov. 2011

Pay to the order of United Trading Co. The sum of TEN THOUSAND POUNDS

To: Midland Bank

London

For ABC Corporation

London

（Signed）

图 8－4 支票样张

（二）支票的种类

- 支票
  - 1. 按支付方式
    - ① 现金支票：亦称“开放支票”，可转账也可取现
    - ② 转账支票：只能用于通过银行或其他金融机构转账结算
  - 2. 按记名方式
    - ① 记名支票：在收款人栏中注明“付给某人或其指定人”须持票人背书才能转让，取款时须收款人在背面签字
    - ② 不记名支票：又称空白支票。抬头一栏注明“付给来人”无须背书即可转让，取款时也无须在背面签字
  - 3. 按使用形式
    - ① 划线支票：是在支票的左上角划有两条横跨票面的平行线持票人不能提取现金，只能委托银行收款入账。视需要，既可由出票人划线，也可由收款人或代收行划线
    - ② 保付支票：为了避免出票人开空头支票，收款人或持票人可以要求付款行在支票上加盖“保付”印记，以保证到款

图 8－5　支票的分类示意

【贸易视野】

因成本高致使用量锐减　英国银行打算废除支票[①]

据中国新闻网2009年11月报道，英国银行正打算废除用了一、两千年的支票，有不少中小企业和消费者反对，但是银行界似乎铁了心将在下个月开会决定正式废除支票。

支票据说在耶稣出生以前就有人用了，历史悠久，对促进商业活动有很大的贡献。但是，这些年电子货币盛行，而一笔支票交易成本要1英镑，是电子货币交易的4倍。

况且支票在过去20年使用量减少了三分之二，所以，银行界希望从2011年6月起废除支票保证卡，2018年以后全面废除支票制度。

英国消费者组织说，很多身体不方便的人或是老年人，没办法使用自动提款机领钱或是转账，买东西非常需要支票。他们坚决反对废掉支票。

（三）支票、汇票、本票之间的区别

表 8－1　汇票、本票、支票的区别

种类	汇　票	本　票	支　票
作用	支付、信用两种作用	支付、信用两种作用	仅有支付作用
性质	委托支付证券。出票人命令付款人无条件支付一定金额。二者之间不必先有资金关系	自付证券。出票人允诺由自己付款，是一种无条件付款承诺	委托支付证券。出票人与付款人之间先有资金关系，支票只是一种提款的证券

① 来源：中国新闻网 http：//www. chinanews. com. cn/gj/gj-xxsh/news/2009/11-23/1979753. shtml

续表

种类	汇　票	本　票	支　票
当事人	出票人（可与收款人为同一人）、收款人、付款人	出票人（付款人）、收款人	出票人、收款人、付款人
主债务人	承兑前是出票人，承兑后是承兑人	出票人（不变），自负到期偿付的义务	出票人
到期日	有即期（见票即付）和远期（定日付款、出票后或见票后定期付款）之分	商业本票同左（有即期、远期之分），银行本票都是即期	见票即付，只有即期
票据行为	有出票、背书、承兑、付款以及追索权，遭到退票，须做成拒绝证书	无须承兑，遭到退票，无须拒绝证书	无须承兑
付款人	承兑人、保证人、参加付款人	出票人	具有一定资格的银行或其他金融机构
出票人责任	担保承兑和付款	自负付款责任	担保付款
种类	商业汇票和银行汇票	商业本票（即期、远期，不可贴现）和银行本票（即期）	我国为即期，国外有出票日较事实晚的远期
份数	一套（一式两份或数份），有副本	一份正本，无副本	一份正本，无副本

第三节　货款结算的主要方式

一、汇　付

（一）汇付的定义和规定

1. 汇付（Remittance）又称汇款，是付款人委托银行采用某种支付工具，将款项汇交收款人的支付方式。在汇款方式下，结算工具（委托通知或汇票）的传送方向与资金的流动方向相同，因此称为顺汇。

2. 汇付方式的当事人

（1）汇款人（Remitter），即付款人，合同中的买方或其他经贸往来中的债务人。

（2）收款人（Payee，Beneficiary），有时也被称为受益人，合同中的卖方或其他经贸往来中的债权人。

（3）汇出行（Remitting bank），即汇出款项的银行。买方所在地银行，是接受汇款人的委托，代其汇出款项的银行。

（4）汇入行（Receiving bank），或称为解付行（Paying bank），汇出行的代理行，卖方所在地银行，是接受汇出行的委托，将款项付给收款人的银行。

3. 汇付方式

（1）电汇（Telegraphic transfer，T/T）是汇出行以电报、电传或SWIFT（全球银行金融电讯协会）等电讯手段向汇入行发出付款委托的一种汇款方式。

（2）信汇（Mail transfer，M/T）是以航空信函向汇入行发出付款委托的一种汇款方式。信汇委托书不能转让流通。业务中已经极少使用。

（3）票汇（Remittance by banker's demand draft，D/D）是以银行即期汇票作为支付工具的汇款方式。票汇与信汇、电汇不同的地方：票汇的汇入行无须通知收款人取款，而由收款人向汇入行取款。汇票背书后可以转让。

表8－2　三种汇付方式的比较

方式	操作方法	特点	
		优点	缺点
电汇（T/T）	委托汇出行以电报、电传等电讯手段发出付款委托通知书	安全、可靠、结算时间短、收款快	费用高
信汇（M/T）	委托汇出行以信件方式寄发信汇委托书或支付通知书	费用较低	结算时间长、收款时间慢
票汇（D/D）	以银行即期汇票为支付工具，由汇款人自行寄交收款人	①经收款人背书后，汇票可在市场上流通；②收款人可自行持票取款	

【案例8－2】

电汇支付来得快去得也快[①]

某省公司一位业务员与国外客户商定，货款结算使用美元电汇支付。货物发出后十余天，该公司业务员收到客户电汇付款的银行收据传真件，当即书面指示船公司将货物电放（凭提单正本影印件提货）给提单上的通知人，客户将货提走，货款却未到账。经查客户在银行办理了电汇付款手续后，取得银行收据，马上传真给卖方，并要求立即电放货物，在拿到卖方给船公司的电放指示附件后，即去银行撤销了这笔电汇付款，造成了该公司8万美金的损失。

（二）汇付的使用

利用汇付方式结算货款，银行只提供服务，不提供信用，货款能否结清，完全取决于买方的信用，因此它属于商业信用。

在货物贸易中，汇付方式通常用于预付货款（Payment in advance）、随订单付款、交货

① 刘文广．国际贸易实务．北京：中国高等教育出版社，2002

付现、记账赊销等业务。前两种对卖方来说，是“先结后出”（即先收款结汇后交货），资金不受积压；后两种对卖方来说，是“先出后结”，即货到付款（Payment after arrival of the goods）意味着资金积压。

现举例说明票汇的使用：假定深圳的进口商某甲自纽约的出口商某乙进口一批货物，价款1万美元，某甲为清偿此货款，将10 000美元等值的人民币63 000元（假定美元兑人民币的银行卖出价为1:6.30）缴交深圳的中国银行（汇出行），并请该银行签发一张10 000美元的即期汇票交付给某甲。某甲将汇票寄给纽约某乙，某乙收到汇票后即赴纽约银行（汇入行或解付行）兑取10 000美元。纽约银行如数付款后，乃寄借项通知签发汇票的深圳的银行，说明汇票已经兑付，并已借入其存款账户，全部程序至此结束。

二、托　收

（一）托收的定义和规定

1. 托收（Collection）

托收是委托代收的简称，即由一方（委托人）委托他方（受托人）向第三者收取某一种标的物的行为。按URC522第2条规定，托收是指由接受托收指示的银行依据所收到的指示，处理金融单据或商业单据以便取得付款或承兑，或凭付款或承兑交出商业单据或凭其他条款或条件交出单据。

“托收”虽一般通过银行进行，但银行并不提供信用。托收是由买卖双方根据贸易合同相互提供信用，因而同样属于商业信用。

2. 托收方式的当事人及其关系

（1）托收方式的当事人

委托人（Principal）是开出汇票委托银行向付款人收款的出票人（Drawer），通常是出卖方（Seller）。

托收银行（Remitting bank）是接受委托人的委托，办理托收业务的银行。通常为卖方所在地银行。

代收银行（Collecting bank）系指托收银行以外，处理托收指示书的所有银行。通常是托收银行的外地分行或代理行。

付款人（Payer，Drawee）即依托收指示书，而被提示有关单证的人，通常为受买人。

在托收业务中，如发生拒付，委托人可指定付款地的代理人代为料理货物存仓、转售、运回等事宜，称为“需要时的代理”。

（2）托收方式的当事人之间的关系。

委托人与付款人的关系——买卖关系，受买卖合同的约束。

委托人与托收银行的关系——委托代理关系，受委托申请书的约束。

托收银行与代收银行的关系——委托代理关系，受代理合同的约束。

代收银行与付款人的关系——不存在任何合同关系。

3. 托收的国际惯例

为确保国际商会规则符合不断变化的国际贸易做法，国际商会银行委员会于1995年5

月一致通过了经过多年反复修改的第522号出版物《托收统一规则》（简称为“URC522”），于1996年1月1日正式实施。托收结算方式在进出口交易中日益被各国广泛采用。

（二）托收的种类

托收
- 1. 光票托收
- 2. 跟单托收
  - （1）付款交单 Documents against payment，D/P
    - ① 即期付款交单D/P at sight：受买人见票付款领取货运单据
    - ② 远期付款交单
      - 1）在付款到期日之前提前付款续单，扣除提前付款日至原付款到期日之间的利息，作为买方享受的一种提前付款的现金折扣
      - 2）凭买方信托收据（Trust receipt）借单（D/P·T/R）
  - （2）承兑交单 Documents against acceptance，D/A：出卖人交单以受买人承兑为条件

图8-6　托收的分类

（三）跟单托收的程序

（1）出卖人发货后填写托收委托书（告知托收行如何处理该笔交易及发生问题时应采取的措施），连同货运单据一并交给托收行，委托其代收货款。

（2）托收行收到托收指示和单证后，检验单证与托收指令是否相符，确保单证没有遗失后，将托收委托书连同汇票、单据寄代收行，委托其代为收款。

（3）代收行收到汇票和单据后，及时向受买人提示，如果是即期汇票，受买人立即付款，取得单据；如果是远期汇票，受买人立即承兑，即可领取货运单据，待汇票到期时再付款。

（4）代收行收到货款后，拨付托收行。

（5）托收行收到货款转交出卖人。

（四）托收应注意的问题

1. 托收的性质为商业信用

银行有“三不管”：一是不负责审查单据；二是不负责买方是否付款；三是不负责货物的真实情况。因此跟单托收对出卖人有一定风险，但对受买人却很有利，他不但可以免去申请开立信用证的手续，不必预付银行押金，减少费用开支，而且有利于资金融通和周转。由于托收对买方有利，所以在出口业务中采用托收，有利于调动进口商采购货物的积极性，从而有利于促进成交和扩大出口，故出口商都把采用托收作为推销库存货物和加强对外竞销的手段。

2. 就出卖方而言，使用托收应注意的事项

（1）要切实了解买方的资信情况和经营作风，成交金额不宜超过其信用额度；（2）了解进口国家的贸易管制和外汇管制条例，以免货到目的地后，由于不准进口或收不到外汇而造成不应有的损失；（3）了解进口国家的商业惯例，以免由于当地习惯做法，影响安全迅速收汇；（4）应争取CIP或CIF条件成交，除办理货运保险外，还应投保卖方利益险；（5）对托收方式的交易，要建立健全管理制度，定期检查，及时催收清理，发现问题应迅

速采取措施，以避免或减少可能发生的损失。

三、信　用　证

国际贸易的买卖双方相距遥远，所用货币各异，不能像国内贸易那样方便地进行结算。从出卖人发运货物到受买人收到货物，中间有一个较长的过程。在这段时间一定有一方向另一方提供信用，不是进口商提供货款，就是出口商赊销货物。若没有强有力中介人担保，受买人怕付了款收不到货，出卖人怕发了货收不到款，这样货物贸易就难以顺利进行。后来银行参与国际贸易，作为买卖双方的中介人，开出信用证，一方面向出卖人担保，将货物运出，开出以银行为付款人的汇票，发到银行，银行保证付款，同时又向受买人担保，能及时收到他们所购进货物的单据，到港口提货。银行在开展信用证业务的同时，收取一定的押金或担保品，为银行利用资金提供便利。

（一）信用证的性质、特点和当事人

1. 信用证（Letter of credit，L/C）的性质

信用证是开证行根据申请人的请求，向受益人开立的有一定金额的在一定期限内凭规定单据在指定的地点支付的书面保证。

《跟单信用证统一惯例》（国际商会第600号出版物）（Uniform customs and practice for documentary credits，2007 revision，I. C. C. Publication No. 600），以下简称《UCP 600》，是有关国际信用证业务的惯例。该惯例经过多次修订，内容日益充实和完善，故其被当前大多数国家的银行采用。根据《UCP 600》的规定，信用证一经开出，即为不可撤销（Irrevocable）的，即在有效期内未经受益人及有关当事人同意，开证行不得单方面修改和撤销。只要受益人提供的单据符合信用证规定，开证行必须履行付款义务。

2. 信用证支付方式的特点

（1）开证行承担第一性付款责任。（2）信用证是一项独立的文件。信用证一经开出就成为独立于合同之外的另一种契约。开证银行只受信用证的约束而与该合同完全无关。（3）信用证是纯单据业务。信用证严格实行“单单一致”、“单证一致”原则，只强调单据表面相符，决定是否承担付款责任，而不过问货物、服务或其他行为。

3. 信用证方式的当事人

基本当事人有三个：开证申请人、开证行、受益人。此外还有通知行、保兑行、议付行、付款行、偿付行等。

（1）开证申请人（Applicant）。又称开证人（opener），一般是受买方。

（2）开证行（Opening bank；Issuing bank）。一般是进口地银行。

（3）通知行（Advising bank，Notifying bank）。受开证行委托，将信用证转递给受益人的银行，它只证明信用证的真实性，并不承担其他义务。一般是出口地银行。

（4）受益人（Beneficiary）。有权使用信用证的人，一般是出卖方。

（5）议付行（Negotiating bank）。根据开证行的授权买入或贴现受益人提交的符合信用证规定的票据的银行。

议付（Negotiating）意指被指定银行在其应获得偿付的银行日或在此之前，通过向受益

人预付或者同意向受益人预付款项的方式购买相符提示项下的汇票（汇票付款人为被指定银行以外的银行）及/或单据（《UCP600》第 2 条）。在新的定义中，明确了议付是对票据及单据的一种买入行为，并且明确是对受益人的融资——预付或承诺预付。同时也将议付行对受益人的融资纳入了受惯例保护的范围。

兑付（Honour）则是开证行、保兑行、指定银行在信用证项下除议付以外的一切与支付相关的行为。无论哪一种信用证，银行在其项下的义务是同一性质的。特别是兑付很有可能出现在将来的开证行给指定银行的指示条款中（SWIFT MT700 代码第 78 款）。需要各当事人在实务中加以注意，以判定开证行的承诺性质。

（6）付款行（Paying bank）。开证行的付款代理，代开证行验收单据，付款后，无权向受益人追索。

（7）偿付行（Reimbursement bank）。它也是开证行的付款代理，但它不负责审单，只是代替开证行偿还议付行垫款的第三国银行。

（8）保兑行（Confirming bank）。应开证行请求在信用证上加具保兑的银行，它具有与开证行相同的责任和地位。

（9）转让行（Transferring bank）。应受益人的委托，将信用证转让给信用证的受让人即第二受益人的银行。它一般为通知行、议付行、付款行或保兑行。

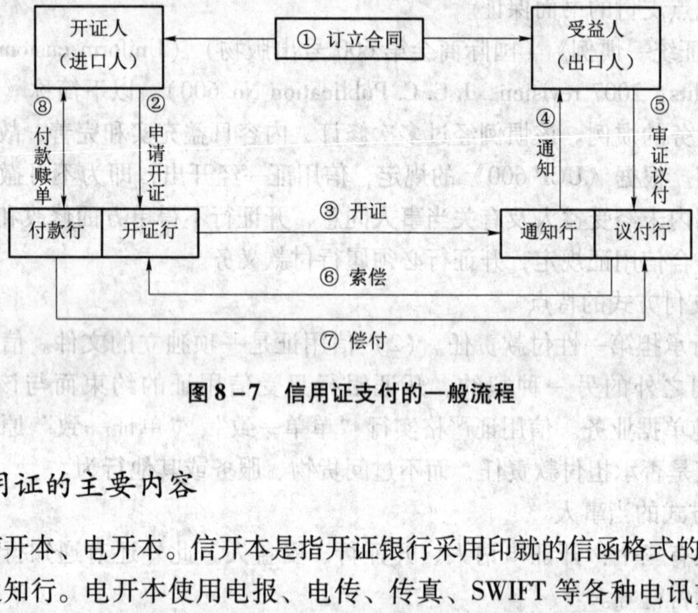

图 8－7　信用证支付的一般流程

（二）信用证的主要内容

信用证有信开本、电开本。信开本是指开证银行采用印就的信函格式的信用证，开证后以航空邮寄送通知行。电开本使用电报、电传、传真、SWIFT 等各种电讯方式将信用证条款传达给通知行。它们没有统一的格式，但基本项目相同，一般包含以下六个方面的内容：

（1）对信用证的本身说明。包括信用证的种类、性质、金额及其有效期和到期地点等。

（2）对货物的要求。包括货物的名称、品质规格、数量、包装、价格等。

（3）对运输的说明。包括装运的最迟期限、启运港（地）和目的港（地）、运输方式、可否分批装运和可否中途转船等。

（4）对单据的要求。包括单据的种类和份数。单据主要分为三类：① 货物的单据；② 运输单据；③ 保险单据。

（5）特殊要求。根据进口国政治、经济、贸易情况的变化或每一笔具体业务的需要，可能作出不同的规定。条款如：① 特别条款（Special condition）；② 开证行对议付行的指示；③ 背书议付金额条款；④ 索汇方法和寄单方法；⑤ 开证行付款保证。

(6) 责任文句。开证行对受益人及汇票持有人保证付款的责任条款，根据国际商会《跟单信用证统一惯例》开立的文句，开证行签字和密押等。开证行一般在信用证中都加注："本证根据 UCP600 规定办理（Subject to UCP 600 clause）。"

（三）信用证的种类

(1) 跟单信用证（Documentary credit）和光票信用证（Clean credit）。

(2) 保兑信用证（Confirmed L/C）和不保兑信用证（Unconfirmed L/C）。

保兑信用证是指开出的信用证，由另一家银行保证对符合信用证条款规定的单据履行付款义务。保兑行的付款责任，是以规定的单据到期日或以前向保兑行提交并符合信用证的条款为条件。保兑行通常是通知行，有时也可以是出口地的其他银行或第三国银行，与开证行一样承担第一性的付款责任。

不保兑信用证是开出的信用证没有经另一家银行保兑。

(3) 即期信用证（Sight L/C）、远期信用证（Usance L/C）和假远期信用证。

① 即期信用证对符合条件的单据立即付款。

② 远期信用证对收到符合规定的单据后，在规定期限内履行付款义务。远期信用证可分为以下两种：

A 承兑信用证（Acceptance L/C）：是以开证行作为远期汇票付款人的信用证。

B 延期付款信用证（Deferred payment L/C）。是指受益人不用开具汇票，开证行保证货物装船后或收单后若干天付款的信用证。

③ 假远期信用证（Usance L/C payable at sight）。这种信用证由出卖人开立远期汇票，但信用证明文规定按即期收汇，它实质是由开证银行或付款银行对受买人提供融通资金的便利，可以利用贴现市场或银行的资金，以较低的贴现息来融通资金，加速资金周转，所须支付的利息由受买人承担。对出卖人来讲承担汇票到期前被追索的风险。

(4) 可转让信用证（Transferable credit）和不可转让信用证（Non-transferable credit）。

可转让信用证意指经转让银行办理转让后可供第二受益人使用的信用证。信用证只能转让一次，但允许第二受益人将信用证重新转让给第一受益人。如果信用证不禁止分批装运，在总和不超过信用证金额的前提下，可分别按若干部分转让给多个第二受益人，该项转让的总和，将被认为只构成信用证的一次转让。信用证的转让并不等于买卖合同的转让。

不可转让信用证是受益人不能将使用信用证的权利转让给他人。凡信用证中未注明"可转让"的，就是不可转让信用证。

(5) 循环信用证（Revolving credit）是指信用证被全部或部分使用后，其金额又恢复到原金额，可再次使用，直至达到规定的次数或规定的金额为止。

按时间循环，是受益人在一定时间内可多次支取信用证规定的金额。

按金额循环，是指在信用证金额议付后，仍恢复到原金额可再使用，直至用完规定的总额为止。恢复原金额的具体做法有以下三种：一是自动式循环。受益人按规定期限装运货物交单议付一定金额后，信用证即自动恢复到原金额，可再次按原金额使用；二是非自动式循环。受益人按规定期限装运货物交单议付一定金额后，必须等待开证行的通知到达后，才能使信用证恢复到原金额，并可再次使用；三是半自动式循环。受益人每次装货交单议付后，在若干天内开证行未提出终止循环的通知，信用证即自动恢复至原金额，并可再次使用。

（6）对开信用证（Reciprocal credit）是两张信用证的开证申请人互以对方为受益人而开立的信用证。第一个证的受益人就是第二个证（回头证）的开证申请人。多用于易货交易或来料加工和补偿贸易业务。两证金额大致相等。

（7）对背信用证（Back to back credit）又称转开信用证，是指受益人要求原证的通知行或其他银行以原证为基础，另开一张内容相似的新信用证。通常是中间商转售他人货物，从中图利或两国不能直接办理进出口贸易时，通过第三者以此种方法来沟通贸易。

（8）预支信用证（Anticipatory credit，Red clause L/C）是指开证行授权代付行（通常是通知行），向受益人预付信用证金额的全部或一部分，由开证行保证偿还并负担利息。预支货款的条款常用红字打出，也称“红条款信用证”。

（9）付款信用证（Payment credit）、承兑信用证（Acceptance credit）

付款信用证是指定某一银行付款的信用证。一般不需要出具汇票，凭受益人提交的单据付款。承兑信用证是指定某一银行承兑的信用证，当受益人向指定银行开具远期汇票并提示时，指定银行即行承兑，并于汇票到期日付款。

（10）议付信用证（Negotiation credit）：开证行允许受益人向某一银行或任何银行交单议付的信用证。它包括公开议付和限制议付两种。公开议付信用证又称自由议付信用证，指开证行对愿意办理议付的任何银行作公开议付邀请和普遍付款承诺的信用证；限制议付信用证指开证行指定某一银行或开证行本身自己进行议付的信用证。公开议付信用证和限制议付信用证的到期地点都在议付行所在地，这种信用证经议付后如因故不能向开证行索得票款，议付行有权对受益人行使追索权。

（11）SWIFT 信用证。SWIFT 是 1973 年成立的“全球银行金融电讯协会”（Society for Worldwide interbank financial telecommunication.）的简称。目前全球大多数国家大多数银行已使用 SWIFT 系统。SWIFT 系统全球 24 小时服务，为银行的结算提供了安全、可靠、快捷、标准化、自动化的通讯服务，从而大大提高了银行的结算速度。SWIFT 特点：① SWIFT需要会员资格。我国的大多数专业银行都是其成员。② SWIFT 的费用较低。同样多的内容，SWIFT 的费用只有 TELEX（电传）的 18% 左右，只有 CABLE（电报）的 2.5% 左右。③ SWIFT 的安全性较高。SWIFT 的密押比电传的密押可靠性强、保密性高。

表 8-3　SWIFT 信用证的格式代号（MT700 和 MT701）

代码（Tag）	栏位名称（Field Name）	（必选√）
27	合计次序（Sequence of Total）	
20	信用证编号（Documentary Credit Number）	√
21	收报行编号（Receiver's Reference）	√
45B	货物描述与交易条件（Description of Goods and/or Services）	
46B	应具备单据（Documents Required）	
47B	附加条件（Additional Conditions）	
50	申请人（Application）	√

续表

代码（Tag）	栏位名称（Field Name）	（必选√）
59	受益人（Beneficiary）	√
31D	信用证有效期和有效地点（Date and Place of Expiry）	√
32B	币别代号、金额（Currency Code，Amount）	√
39A	信用证金额加减百分率（Percentage Credit Amount）	
39B	最高信用证金额（Maximum Credit Amount）	——39B 与 39A 不能同时出现
39C	可附加金额（Additional Amount Covered）	
40A	跟单信用证形式（Form of Documentary Credit）	√
41a	向……银行押汇，押汇方式为……（Available With... By...）	√
42C	汇票期限（Drafts at...）	——必须与 42a 同时出现
42a	付款人（Drawee）	——必须与 42C 同时出现
42M	混合付款指示（Mixed Payment Details）	
42P	延期付款指示（Deferred Payment Details）	
43P	分运（Partial Shipments）	——若该条未出现，则可以分批装运
43T	转运（Transhipment）	——若该条未出现，则可以转运
44A	由……装船/发送/接管（Loading on Board/Dispatch/Taking in Charge at /from...）	
44B	装运至……（For Transportation to...）	
44C	最后装船日（Latest Date of Shipment）	——44C 与 44D 不能同时出现
44D	装运期（Shipment Period）	——44C 与 44D 不能同时出现
45A	货物描述与交易条件（Description Goods and/or Services）	
46A	应具备单据（Documents Required）	
47A	附加条件（Additional Conditions）	
71B	费用（Charges）表明费用是否由受益人出，如果没有这一条，表示除了议付费、转让费以外，其他各种费用由开证申请人出。	
48	提示期间（Period for Presentation）表明开立运输单据后多少天内交单	
49	保兑指示（Confirmation Instructions）	√
53a	清算银行（Reimbursement Bank）	
78	对付款/承兑/让购银行之指示（Instructions to the Paying/Accepting/ Negotiation bank）	
57a	收讯银行以外的通知银行（"Advise Through" Bank）	
72	银行间的备注（Sender to Receiver Information）	

注：合计次序是本证的页次，例如"1/2"，其中 2 指本证共 2 页，"1"指本页为第 1 页。

（四）SWIFT 信用证示例

信用证示例
ZCZC BCC617 CPUA523 S1207152103160RN921882185 P3 CCBOC . ICUA TO：2102 19BKCHCNJLA84092188 FM：1552 16AIBKIE2DAXXX97778 AIBKIE2DXXX + AIB BANK + DUBLIN MT：700 02 27：SEQUENCE OF TOTAL：1/1 40A：FORM OF DOC. 20：DOC. CREDIT NUMBER：L/C67247 31C：DATEOFISSUE：20120715 31D：EXPIRY：DATE：20120930 PLACE：CHINA 51a：APPLICANT BANK：AIBKIE2D SX51：AIBKIE2DXXX + AIB BANK + DUBLIN 50：APPLICANT：BLACKTORN SHOES LTD.，COES ROAD， DUNDALK，CO. LOUTH，REPUBLIC OF IRELAND 59：BENEFICIARY：LILIN TRADING CO.，LTD. 18 CHANGJIANG ROAD，CHANGCHUN CHINA. 32B：AMOUNT：CURRENCY：USD AMOUNT：144000.00 41a：AVAILABLE WITH/BY：ANY BANK BY NEGOTIATION 42C：DRAFTS AT . . . ：SIGHT 42a：DRAWEE：AIBKIE2D SX42：AIBKIE2DXXX + AIB BANK + DUBLIN 43P：PARTIAL SHIPMENTS：ALLOWED 43T：TRANSSHIPMENT：ALLOWED 44A：LOADING IN CHARGE：CHANGCHUN，CHINA 44B：FOR TRANSPORT TO. . . ：DUBLIN 45A：SHIPMENT OF GOODS： 9600 PAIRS OF MENS WORKING BOOTS CIP DUBLIN. INCOTERMS 2010. 46A：DOCUMENTS REQUIRED： SIGNED INVOICES IN TRIPLICATE. FULL SET OF COMBINED TRANSPORT BILLS OF LADING CONSIGNED TO ORDER. BLANK ENDORSED. MARKED FREIGHT PREPAID AND NOTIFY APPLICANT. CHINESE INSURANCE POLICY/CERTIFICATE BLANK ENDORSED FOR THE FULL INVOICE VALUE PLUS 10 PER CENT COVERING ALL RISKS AND WAR RISKS AS PER OCEAN MARINE CARGO CLAUSES AND WAR RISKS（1. 1. 1981.）OF THE PEOPLES INSURANCE CO. OF CHINA. CERTIFICATE OF CHINESE ORIGIN，ISSUED BY COMPETENT AUTHORITY. PACKING LIST IN TRIPLICATE.

续表

信用证示例
47A：ADDITIONAL COND： 71B：DETAILS OF CHARGES：ALL CHARGES OUTSIDE IRELAND FOR ACCOUNT OF BENEFICIARY. 48：PRESENTATION PERIOD： 15 DAYS FROM DATE OF ISSUANCE OF TRANSPORT DOCUMENT. 49：CONFIRMATION：WITHOUT 78：INSTRUCTIONS： DISCREPANT DOCUMENTS. IF ACCEPTABLE WILL BE SUBJECT TO A DISCREPANCY HANDLING FEE OF IEP20. 00 OR EQUIVALENT WHICH WILL BE FOR ACCOUNT OF BENEFICIARY. 57a：ADVISE THROUGH：BANK OF CHINA，JILIN BRANCH. 10 B XIN MIN DAJIE，CHAOYANG QU. YINMAO DAXIA，1—6 LOV，CHANCCHUN. 130021 JILIN PROVINCE，CHINA. 72：BANK TO BANK INFO：THIS CREDIT IS ISSUED SUBJECT TO THE U. C. P. FOR DOCUMENTARY CREDITS. 2007 REVISION. I. C. C. PUBLICATIONS NO. 600. - MAC/4F7DA034 DLM SAC =04192107 NNNN

四、银行保函

（一）银行保函的性质、当事人和主要内容

1. 银行保函（Banker's letter of guarantee，L/G）的性质

银行保函是银行（担保行）开立的担保履行某项义务并承担经济赔偿责任的书面承诺文件，是银行以自己的信用代替客户的信用向受益人提供的担保。保函中最重要的是责任条款（即承诺条款），它说明担保行在何种条件下、凭何种单据或文件对受益人进行偿付。

2. 银行保函的当事人

最常见的有：（1）委托人（Applicant）——保函的申请人，即要求银行开立保证书的一方，一般是合同的债务人；（2）担保人（Guarantor bank）——保函的开立人，一般是银行；（3）受益人——通过保函向银行索偿的一方。

其他可能出现的当事人：（1）转递行。根据开立保证书的银行的要求，将保证书转递给受益人的银行。一般情况下，转递行对保证书只负责核对印鉴或密押，不负责任何经济责任。但按规定可收取一定的手续费。（2）保兑行。保兑行只有在保证人不按规定履行赔付义务时，才向受益人赔付。（3）转开行。指接受担保银行的要求，向受益人开出保函的银行。

3. 银行保证书的内容

根据《见索即付保函统一规则》（国际商会第458号出版物）（1992年）：银行保证书

的内容包括以下事项：① 有关当事人；② 开立保证书的依据；③ 担保金额和金额递减条款；④ 要求付款的条件；⑤ 保证书失效日期和失效事件。

（二）银行保函的种类

银行保函的种类繁多，在实际业务中使用范围很广，它不仅适用于货物的买卖，而且广泛使用于其他国际经济合作领域。

银行保函
- 1. 按用途分
  - （1）投标保函（Tender guarantee）：银行应投标人申请向招标人发出，担保投标人在开标前不撤销投标和片面修改投标条件、中标后保证签约和交付履约金。否则银行负责赔偿。
  - （2）履约保函（Performance guarantee）：银行应承包人申请向业主发出，担保申请人违约时由保证人在约定的金额限度内向受益人付款；或对受买人付款的保证、或对出卖人交货的保证。
  - （3）还款保函（Repayment guarantee）：进口方在支付订金前，要求出口方提供银行的还款保函，以担保出口方履行合约。否则，出口方银行负责将预付订金及利息退还给进口方。
- 2. 按索偿条件分
  - （1）见索即付：由银行、保险公司或其他组织或个人出具的，表示在交来符合保函条件的索赔书或保函中规定的其他文件时，承担付款责任的文件。
  - （2）有条件保函：只有在符合保函规定的条件下，保证人才予以付款。有条件保函的保证人承担的是第二性付款责任。

图 8－8　银行保函的分类示意

【案例 8－3】

一张保函挽回 8 亿美元的对外承包项目[①]

2008 年年初，中国水电顾问集团中南勘测设计研究院在利比亚签订 8.12 亿美元的大型房屋建设项目总承包合同。中行湖南省分行向该院推荐了“对外承包工程保函风险专项资金”项下保函业务。由于该院已向其他银行提出过开具保函申请，开始时没有接受这项服务。由于一般性保函开具周期长，取证资料多，到 3 月中旬，符合外方要求的保函仍未开出。而履约保函是与外方所签合同的生效条件，每拖延一天，废标的风险就增加一分。此时中南勘测设计研究院心急如焚，转而寻求中行专项保函业务。中行湖南省分行凭多次成功合作的经验，仅用 10 个工作日，为客户制订出海外工程承包中的风险因素及控制方案，成功为客户申请到“对外承包工程保函风险专项资金”4 000 万美元，并迅速对外开出 1 087.80 万欧元履约保函和 8 130 万欧元预付款保函。用 0.4 亿美元挽回约合 8 亿美元的对外承包项目。

① 黄清安．一张保函保住湘企境外最大工程．长沙晚报，2008－04－23，B2 版（经编辑）

五、备用信用证

（一）备用信用证的定义

备用信用证（Standby L/C），又称担保信用证或保证信用证，是开证行根据开证申请人的请求向受益人开立的承担某项义务的凭证。备用信用证属于银行信用，开证行保证在开证申请人未履行其义务时即由开证行付款。备用信用证是在有些国家禁止银行开立保函的情况下，开证申请人违约时受益人取得补偿的一种方式。

（二）备用信用证的适用

备用信用证一般用在投标、还款或履约保证、预付货款和赊销等业务中。

（三）备用信用证与跟单信用证的区别

（1）备用信用证经常是备而不用，只有在开证人不履行信用证所述责任时才发生作用。

（2）备用信用证更多的是用于货物买卖以外的各类交易，其使用范围比一般的跟单信用证更广。

（3）备用信用证是一种光票信用证，它不要求受益人提供货运单据，一般只凭受益人出具的说明开证申请人未能履约的证明文件，开证行即保证付款。

备用信用证虽然与一般跟单信用证有很大差异，但都遵循《UCP 600》规定。

第四节 其他结算方式

一、保 理

（一）保理的定义和优势

1. 保理的定义

保理（Factoring）是国际保理（International factoring）（即国际保付代理）的简称，是一项集贸易融资、商业资信调查、应收账款管理及信用风险担保于一体的新兴综合性金融服务。在保理机制保护下出卖人可采用放账（O/A）、承兑交单（D/A）等更利于受买人的支付方式。由于保理业务能够很好地解决赊销中出卖人面临的资金占压和受买人信用风险的问题，因而在内外货物贸易中发展迅速。

2. 保理的优势

保理业务能为出卖人和受买人带来增加营业额、风险保障、节约成本、简化手续、扩大利润等益处，如下表所示：

表 8－4　　保理对买卖双方的益处

益处	对出卖人	对受买人
增加营业额	对于新的或现有的客户提供更有竞争力的 O/A、D/A 付款条件，以拓展海外市场，增加营业额	利用 O/A、D/A 优惠付款条件，以有限的资本，购进更多货物，加快资金流动，扩大营业额
风险保障	进口商的信用风险转由保理商承担，出口商可以得到 100% 的收汇保障	纯因公司的信誉和良好的财务表现而获得出口商的信贷，无须抵押
节约成本	资信调查、账务管理和账款追收都由保理商负责，减轻业务负担，节约管理成本	省却了开立信用证和处理繁杂文件的费用
简化手续	免除了一般信用证交易的繁琐手续	在批准信用额度后，购买手续简化，进货快捷
扩大利润	由于出口额扩大、降低了管理成本、排除了信用风险和坏账损失，利润随之增加	由于加快了资金和货物的流动，生意更发达，从而增加了利润

（二）保理的运作流程和费用

1. 出口保理流程

出口商寻找到有合作前途的进口商，进口商提出融资要求，可以进入此流程操作：（1）出口商向出口保理商提出保理需求并要求为进口商核准信用额度；（2）出口保理商向进口保理商要求对进口商进行信用评估；（3）进口保理商为出口保理商核准信用额度；（4）出口保理商向出口商通知进口商信用额度；（5）买卖双方订立合同，用托收方式付款；（6）出口商开始供货，并将附有转让条款的发票寄送进口商；（7）出口商向出口保理商提交发票副本，如有融资需求，出口保理商付给出口商不超过发票金额 80% 的货款；（8）出口保理商向进口保理商通知有关发票详情；（9）进口保理商于发票到期日前若干天开始催收货款；（10）进口商于发票到期日向进口保理商付款；（11）进口保理商向出口保理商付款。如果进口商在发票到期日 90 天后仍未付款，进口保理商做担保付款；（12）出口保理商扣除融资本息（如有）及费用，将余额付出口商。

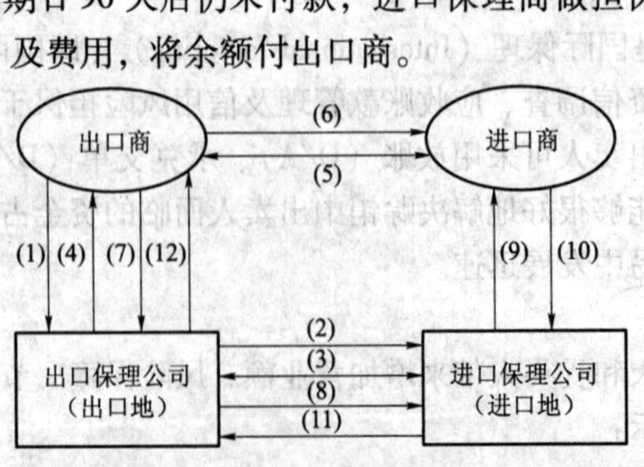

图 8－9　国际出口保理业务流程

2. 国内保理业务流程

可以参照国际保理业务流程。

3. 进口保理

它是指银行（进口保理商）受让国外出口商对国内企业的应收账款后及时向国内企业履行收款责任，并在保理额度内向国外出口商提供支付保证。

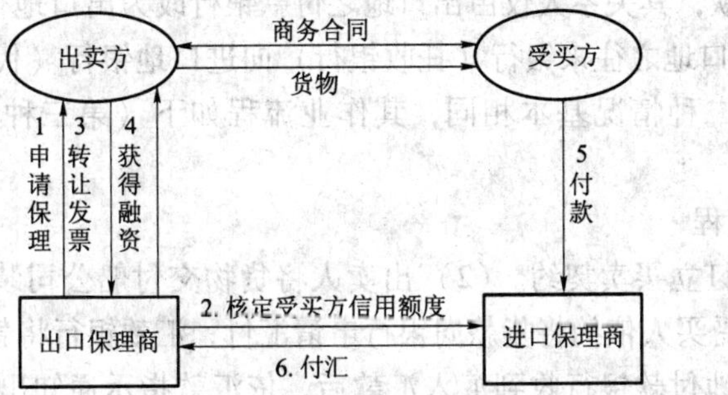

图8－10 进口保理业务流程

4. 保理业务费用

（1）国际保理业务：进出口保理商佣金，一般为发票金额的0.6%～1.2%；单据处理费：10美元/单；银行费用。

（2）国内保理业务：一般为发票金额的0.2%～1%。保理业务在国内贸易中提供的服务也是应收账款买断、应收账款收购及代收。

二、交单付现

（一）交单付现含义

交单付现（Cash against documents，CAD），属交货时付款的销售条件。出卖人在完成货物装运后，备妥运输单据，在装运地、目的地或第三地向受买人指定的银行或代理人提示单据并收取货款，受买人付款是出卖人交单的前提条件。使用这种结算方式有一定风险。首先是受买人是否履约付款取决于其商业信誉；其次，虽然银行有时接受这种方式，但做法不尽相同，有的银行以D/P方式处理单据，有的直接以CAD方式办理，一旦出现纠纷、诉诸法庭，目前尚无国际惯例可循。但是，“CAD（寄单地）”的结算方式实际上在跨国企业之间、跨国企业内部结算中普遍采用。当信誉不用担心时，它比L/C省钱省时省事，获得汇款主动快捷，手续比托收便宜。

CAD方式实际是出卖人给予受买人即期信用。但是在实务中信用期限往往被延长，如受买人采用见单30天、货到30天、提单日期后60天等远期形式，大多通过银行转变单据，表面看是将CAD转化为D/P远期，这种延长信用、无章可循的做法不宜提倡、更不宜采用。

（二）CAD 的操作分类和作业流程

1. CAD 的操作分类

以 CAD 为付款方式交易，根据其付款对象不同有三种操作方式，即① 出卖人在出口地向受买人指定之银行提示单据，收取货款；② 出卖人向受买人所指定出口地之代理人提示货运单据，请求付款，其关系人仅由出口地之付款银行改为出口地代理人（非银行）而已；③ 出卖人委托其出口地之往来银行（托收银行）向进口地银行（代收银行）提示单据请求代为收款。第一、二种情况基本相同，其作业流程如下（第三种情况类似托收，不再赘述）。

2. CAD 作业流程

（1）买卖双方订立买卖契约。（2）出卖人将货物交付船公司装运取得提单，并将装运事实通知受买人，受买人依约将货款向银行申请汇付，汇款银行将款项汇给出口地之指定付款银行。（3）出口地付款银行收到汇入汇款后，依汇款指示通知出卖人。（4）出卖人向出口地之指定付款银行提示货运单据，请求付款。（5）付款银行取得货运单据后付款。（6）付款银行将货运单据寄交进口地之汇款银行。（7）汇款银行收到寄达之货运单据后，通知受买人领取单据。（8）受买人凭货运单据向进口地之船务公司（出口地在进口地之船务代理）换取小提单（Delivery order）。（9）受买人凭小提单，及相关单据向海关报关，缴税后领取货物。

若以 CAD 为付款方式交易时，为使风险降至最低程度，建议如下：（1）宜先对买方之信用详加调查。（2）无论通过银行寄单与否，切不可放 1/3 正本提单给进口商。有的进口商可能找出种种理由，要求出口商同意不付款情况下放一份正本提单，一旦放给进口商一份正本提单，那么出口商的物权就丧失了。（3）买卖契约明确规定付款地及付款人（以著名之银行为妥）。（4）宜采出口地银行，或出口地代理人提示货运单据收款为宜。（5）买卖契约中使用本条件，其用语如下：Terms Payment：Net Cash Against Documents Payable at（出口地或进口地） ××× Bank。

（三）CAD 与 D/P 的比较

表 8-5　CAD 与 D/P 的比较

	CAD	D/P
相同点	商业信用	商业信用
	买方付款在先	买方付款在先
不同点	汇付范畴	托收范畴
	顺汇	逆汇
	不受 URC522 约束	受 URC522 约束
	无需汇票	需汇票
	交票的主动权在卖方	票、款由银行掌控

【小资料】

国际通行的企业征信等级[1]

国际通行的评级等级为“四等十级制”，具体等级分为：AAA、AA、A、BBB、BB、B、CCC、CC、C、D。从“AA”到“CCC”，等级间的每一级别可以用“+”或“-”号修正。

AAA 级：信用极好。企业的信用程度高。债务风险小。

AA 级：信用优良。企业的信用程度较高，债务风险较小。

A 级：信用较好。企业的信用程度良好，在正常情况下偿还债务没有问题。

BBB 级：信用一般。企业的信用程度一般，偿还债务的能力一般。

BB 级：信用欠佳。企业信用程度较差，偿债能力不足。

B 级：信用较差。企业的信用程度差，偿债能力较弱。

CCC 级：信用很差。企业信用很差，几乎没有偿债能力。

CC 级：信用极差。企业信用极差，没有偿债能力。

C 级：没有信用。企业无信用。

D 级：企业已濒临破产。

三、福费廷（包买票据）

（一）福费廷含义及特点

1. 福费廷（Forfaiting）的含义

福费廷是一种为出卖人贴现已经承兑的、通常由受买人方面的银行担保的远期票据的金融服务。它通过包买商（Forfaitor，通常是出卖方银行和金融机构）以无追索权的方式买断出卖人的远期债权，使出卖人不仅获得出货融资，而且消除了出卖人远期收汇风险以及汇率和利率等风险。按照中国加入世贸组织的承诺，外资银行已经抢滩中国市场，凭借其丰富的管理经验和优质多样的服务品种，纷纷开展福费廷业务，争夺中国国内的优质客户。我国内银行都在纷纷行动，而我国的贸易订约人的思路尚未跟上。

2. 福费廷业务特点和费用

福费廷业务的关键是出卖人出具并已经被受买人银行承兑的汇票。做包买票据业务后，出卖人必须放弃对所出售债权凭证的一切权益，将收取债款的权利、风险和责任转嫁给包买商，而银行作为包买商也必须放弃对出卖人的追索权。传统的福费廷业务，其票据的期限一般在 1～5 年，属中期贸易融资。但随着福费廷业务的发展，其融资期限扩充到 1 个月至 10 年不等，时间跨度很大。

福费廷的主要费用是出卖人支付银行利息，另外还包括宽限期及承担费（Commitment fee）。在承担期内，包买商因为对该项交易承担了融资责任而相应限制了他承做其他交易的

① 王玉．环球时报，2005-09-09

能力，以及承担了利率和汇价风险，所以要收取一定的费用。

（二）开展福费廷业务的意义和作用

由于银行拥有专业化的风险评估团队以及广泛的海外合作网络，可以将发生海外坏账的风险控制到最低。通过这种业务，出卖人再不用为催收账款担忧，使得在高风险国家进行贸易成为可能。同时，由于获得了银行的即期付款，出卖人的资金周转速度加快，竞争力得以提升。

福费廷的操作其实很简便，我国内银行能够根据特定需要迅速提供融资方案，在数日内提供有效承诺，并可根据合约面值提供高达100%的融资。即使没有银行授信额度的出卖人通过使用福费廷也能实现出货融资。

如果出卖人想通过福费廷来规避风险，最好在谈判阶段就向银行咨询。这样银行就可以给出卖人提供一个初步的报价使其可以将福费廷的费用转嫁给受买人。这种业务尤其适合对新兴市场国家的贸易。

四、国内货款特有结算方式

根据我国的《支付结算办法》，迄今国内贸易的支付结算办法分为四类，一是“汇兑”（即“汇付”）；二是“托收承付”；三是“委托收款”（即“托收”）；四是“信用卡”。在1977年11月6日《中国人民银行结算办法》颁布，其中提到的“国内信用证”，于1997年8月1日以《国内信用证结算办法》问世，目前国内实务中这项业务没有真正开展起来。另外，国内保理性质的业务实际也有很大市场。以下仅对“托收承付”、“信用卡”和“国内信用证”结算方式作简单介绍，其他不再赘述。

（一）托收承付

1. 托收承付的含义

托收承付亦称异地托收承付，是指根据购销合同由收款人发货后委托银行向异地付款人收取款项，由付款人向银行承诺付款的结算方式。这种结算方式有严格的适用范围，一般企业中用得不多，只有特定范围内企业的特定业务才可使用，一般是国有企业、供销合作社以及经营管理较好，并经开户银行审查同意的城乡集体所有制工业企业。

2. 托收承付业务的特点

（1）确定起点的结算金额，每笔的金额起点为1万元；（2）收付款人间必须签订符合《经济合同法》的购销合同；（3）有邮寄和电划两种收款方式供收款人选择；（4）有验单付款和验货付款两种付款方式供付款人选择；（5）付款人在限定的条件下有全部拒绝付款或部分拒绝付款的权力；（6）收款人遭无理拒绝付款时有重办托收的权力。

托收承付业务的独特处还在于，托收承付本来是商业间的收款和付款的行为，由于自律和约束机制不健全，过去往往变成了银行和企业之间的行为。特别是在计划经济时期，企业把银行当成社会机关，一切让银行提供信用。“托收承付”只是根据合同规定付款，并非银行信用，仍然是商业信用。购买方一个轻易理由，或者在银行没有款项，或银行信用差，所谓的“托收承付”就会落空。

（二）信用卡

（1）信用卡是指商业银行向个人和单位发行的，凭其向特约单位购物、消费和向银行存取现金，且具有消费信用的特制载体卡片。信用卡产生的结算关系一般涉及三方当事人：即银行、持卡人和商户。

商户向持卡人提供商品或服务的商业信用，然后向持卡人的发卡行收回货款或费用，再由发卡行或代办行向持卡人办理结算。信用卡的这种功能有利于减少现金货币的使用，节约流通费用，扩大银行转账结算范围，增加银行信贷资金来源，同时也方便购物消费，维护支付人的资金安全，并且还可简化收款手续，节约社会劳动。

（2）信用卡的种类。按发行信用卡的机构不同可分为零售信用卡、旅游娱乐卡和银行信用卡。按银行发行的信用卡的用途可分为：赊销卡、记账卡、ATM 卡和支票卡。

（3）信用卡的发行主体。发行信用卡的主体为银行和非银行金融机构，并须经过中国人民银行的批准。

【小资料】

银行征信系统已开通　个人信用将有据可查①

新华社电　中国人民银行征信管理局从 2004 年和 2005 年分别开始建设全国集中统一的征信系统个人数据库和企业数据库，到 2006 年 8 月已经有 1 200 多万家企业已经录入到企业数据库，有 5.8 亿自然人进入了个人数据库。2007 年 10 已正式开通。信用信息基础数据库的建设，建立了覆盖全国所有金融机构的信用信息网络，采集了企业和个人在信贷、产品质量、环保、法院等其他领域的信用信息，并将上述信息有效利用在信贷等企业和个人重要的经济金融活动中，有效建立了“守信受益，失信受罚”机制。

个人数据库信息每月更新 1 次，企业数据库信息每天更新 1 次。曾经欠款的记录即使还了也会保存在数据库里，至于保存多长时间，央行没有公布。

征信系统只客观记录履约行为，不作“是否恶意”的判断。对于因违约造成的负面记录，要看是什么原因造成的。如果经查是商业银行把数据报错了，应该由商业银行负责修改，征信中心本身没有权利修改数据。如果信息本身是正确的，但如果是因非本人的原因引起的问题，一经法院判决，那么可以通过商业银行删除。如果是其他情况，个人可以加注声明。如果确实是由于本人原因造成逾期，即使是后来偿还了，记录仍然保持在他的信用报告中。

（三）国内信用证

国内信用证（Domesticor local letter of credit，DL/C）是指开证行依照申请人的申请开出的，凭符合信用证条款的单据支付的付款承诺。DL/C 的颁布是为买卖双方在商业交易中提供信心与保障，充分发挥银行信用在商品交易中的支撑作用，与国际结算方式接轨的举措。

① 来源：北京青年报，2007－10－06（经编辑）

DL/C 可以帮助交易双方控制风险，进行资金融通，提高资金使用效益；同时对培植社会信用也有很大帮助。随着电子商务的蓬勃发展，DL/C 可以为第三方支付平台的结算提供有效解决办法。

《国内信用证结算办法》与旧版《跟单信用证统一惯例》（UCP500）中的规定内容一致。办理一笔 DL/C 结算业务经过的环节也是：买方申请开证，买方银行开立信用证，卖方银行通知、转递、保兑信用证，卖方银行议付、付款、承兑信用证项下的汇票或单据并索汇，买方银行偿付或付款，买方赎单提货。

表 8-6　国内信用证与银行承兑汇票比较

	银行承兑汇票	国内信用证
公平性	是一种未来确定的信用结算工具，一经开出便与贸易合同相分离，即物流与资金流相互独立，无论商品是否实质性交割，承兑商在未来负有固定金额的最终支付责任，买方并不能保证交易安全，相反卖方可得到未来确定的收款保证，并可持票申请融资。	是一种可能发生或者或有的信用结算工具，支付与否取决于卖方是否提交了合格单据。银行信用纳入贸易流程，交易方及银行都要受到信用证支付条款的约束。可以借助银行信用控制商品交易活动中买方收货不付款和卖方收款不发货的风险。
灵活性	结算金额为票面金额，最高金额受到法规的限制，且金额不能修改，贸易结算的余款只能由买卖双方通过其他结算工具或渠道了结，一次交易需要多个结算工具才能清结，缺乏足够的灵活性。	经利益相关方协商一致可修改包括开证金额在内的条款，开证金额也不受限制，一般可在信用证金额之内清结交易。在信用发达的市场和买方市场中往往被誉为货物贸易生命之血，占结算份额之首。

国内信用证在实际操作中使用不普遍的原因主要有：

（1）在引进消化移植《跟单信用证统一惯例》的过程中结合国情不够，在实施过程中未能紧跟国内贸易实务操作需要对国内信用证结算办法进行修订。

（2）国内信用证的指向性不明确，相关的配套政策、法律措施、操作细节跟不上，质检、卫生监督、运输等环节的配合监督不够，宣传推广力度不大，企业自觉运用 DL/C 的积极性不高。如韩国的国内信用证结算规则规定，国内信用证的申请人应已持有一份对应的国际信用证并为其受益人，或已持有一份具有法律效力的出口合同。这一规定界定了国内信用证主要起背对背信用证作用，将国际国内贸易两个市场有机结合起来，以此为契机，将 DL/C 推广到国内更多领域①。

（3）单据的物权凭证制度不完善、信用证过于复杂、结算时间过长、综合成本过高、计价币种只能是人民币带来的汇率风险等等技术性问题有待进一步解决。如银行没有对货物的优先索偿权，在议付信用证时面临的信用风险较大；买方如果没有获得代表货权的单据，也难确保交易安全。

① 张邯玥．中韩国内信用证结算业务发展比较．西安交通大学学报（社会科学版），2006（6）：11-16

第五节　选用结算方式和制定支付条款

一、不同结算方式的配合和选用

通常结算多采用一种方式。在实践中，在双方未能就某一种支付方式达成协议时，可将两种或多种结算方式结合使用，以促成交易。常见的办法有：

1. 信用证与汇付相结合

出口贸易中信用证与汇付结合使用，是指一笔出口合同金额的一部分由信用证支付，另一部分通过汇付（一般采用电汇，即 T/T）支付。信用证款额与汇付款额的比例是双方利益平衡点的体现。如 30% 为 L/C，70% 为后 T/T（先出后结），说明出卖人对受买人的信任度比较高。

2. 信用证与托收相结合

指部分货款用信用证支付，余数用托收方式结算。主要分为两种情况：

（1）信用证规定出卖人开立两张汇票，属于信用证部分的货款凭光票付款，而全套单据附在托收项下，按即期或远期付款交单方式托收。

（2）出卖人采用托收方式收款，同时要求受买人开立以卖方为受益人的备用信用证作为付款担保。一旦进口方拒付货款，出口方可凭进口方违约证明向开证行要求偿付。

3. 汇付、托收、信用证三者相结合

在成套设备、大型机械产品和交通工具的交易中，因为成交金额较大，产品生产周期较长，一般采用按工程进度和交货进度分若干期付清货款，即分期付款和延期付款结合的方式。采用此类付款方式时，往往将汇付、托收和信用证付款方式结合使用。

（1）分期付款（Progression payment）。是指买方预付部分定金，其余货款根据商品制造或交货进度分若干期支付，在交付完毕时付清货款。在分期付款中，产品投产前，买方可采用汇付方式，先交部分货款作为定金，付出定金之前，买方往往要求卖方提供银行保函以保证按时交货，否则双倍退还定金。其余货款，分期支付，买方开立不可撤销的信用证，即期付款。投产试运转合格，或验收后，出卖人用托收的方式将最后余款收回。

（2）延期付款（Deferred payment）。在成套设备和大宗交易的情况下，由于成交金额较大，买方一时难以付清全部货款，可通过汇付或托收的方式，由买方先预付部分定金，大部分货款在交货后相当长一段时间内，采用远期信用证或循环信用证分期支付。延期付款是卖方给予买方的信贷。

（3）分期付款和延期付款的区别（见表 8－7）。

表 8－7　分期付款和延期付款的比较

区别	货款交付	所有权转移	利息问题
分期付款	在交货时付清或者基本付清	只要付清最后一笔货款，所有权就转移	买方没有利用卖方资金，不存在利息问题

续表

区别	货款交付	所有权转移	利息问题
延期付款（货价较高）	大部分货款交货后一个相当长的时间内分期摊付	货物所有权一般在交货时即转移	买方利用了卖方的资金，所以就存在买方需要支付利息的问题

4. 非证结算的其他方式的结合使用

信用证作为一种综合性的金融产品，作用主要体现在控制风险和结算手段。这两项功能完全可以通过托收或电汇与如前所述的出口信用保险、保理方式结合等其他形式来实现；对风险较大的托收方式也可以结合定金方式降低收汇风险，方法如下：

（1）跟单托收与预付定金结合

受买人预付部分货款或一定比率的定金后，卖方发运货物，并从货款中扣除已收款项，将余额委托银行托收。如果受买人不付款，出卖人可将货物运回，并从已收款中扣除运费等损失费用。

（2）D/A 与即期 D/P 相结合

在加工装配业务中，有时来料、来件与成品分别作价，这时加工方进口料件，采用 D/A 付款；成品出口，采用即期 D/P 收款。

二、买卖合同中的支付条款

1. 汇付支付条款

（1）买方应不迟于 6 月 25 日将 100% 的货款用票汇预付至卖方（The buyers shall pay 100% of the sales proceeds in advance by Demand Draft to reach the sellers not later than June 25）。

（2）买方应于 4 月 20 日前将 30% 货款电汇至卖方，其余货款收到正本提单传真后 5 日内支付（The buyers shall pay 30% of the sales proceeds by telegraphic transfer . The remaining part will be paid to the sellers within 5 days after receipt of the fax concerning original B/L by the buyers）。

2. 托收支付条款

（1）买方根据卖方开具的即期跟单汇票，于见票时立即付款，付款后交单（Upon first presentation the buyers shall pay against documentary draft drawn by the sellers at sight. The shipping documents are to be delivered against payment only）。

（2）买方根据卖方开具的跟单汇票，于见票后 60 天付款，付款后交单（The buyers shall pay against documentary draft drawn by the sellers at 60days'sight, the shipping documents are to be delivered against payment only）。

3. 信用证支付条款

开立 100% 保兑的即期信用证，该证须于 5 月 20 日前开出（By confirmed L/C for100% invoice value available by sight draft, the L/C is to reach sellers not later than May, 20）。

（1）即期信用证支付条款

The buyer shall open and deliver sight L/C to the seller through the bank accepted ×× days before the month of shipment. This credit is valid for negotiation in China until the 15th day after shipment.

（2）远期信用证支付条款

The buyer shall open a confirmed（transferable）L/C available by draft at x days after sight（or ×× days after shipment）in the seller's favor through ×× bank before ×× date（or within ×× days after receipt of the seller's advice or signing the contract）. The valid date of negotiation for L/C is extended to 15 days after the above-mentioned shipment time in China.

（3）循环信用证支付条款

The buyer shall issue and deliver sight revolving credit to the buyer through the bank accepted ×× days before shipment month of the first lot. During 20××, the credit is available for up to the amount of ×× per month, and it will be validity for negotiation in Beijing, China until January, 15th, 20××.

4. 不同结算方式结合使用的支付条款

买方通过卖方接受的银行，于装船月份前20天开立并送达卖方即期信用证，规定50%发票金额凭即期光票支付，其余50%金额用即期跟单托收方式付款交单。全套货运单据附于托收项下，在买方付清发票的全部金额后交单。如买方不能付清全部发票金额，则货运单据须由开证行掌握，凭卖方指示处理（The buyers shall open through a bank acceptable to the sellers at sight letter of credit to reach the sellers 20 days before the month of shipment, stipulating that 50% of the invoice value available against clean draft at sight while the remaining 50% on documents against payment at sight on collection basis. The full set of shipping documents shall accompany the collection draft and shall only be released after full payment of the full invoice value, the shipping documents shall be held by the issuing bank at the seller's disposal）。

本章小结

票据是货物贸易中不可或缺的支付工具。货物贸易中大多采用各类金融票据来进行支付，其中主要有汇票、本票和支票。国际结算主要方式有汇付、托收、信用证、银行保函等。国内结算还有信用卡、国内信用证等多种方式。近年来，各类企业采用出口信用保险、保付代理、交单付现、福费廷的做法也越来越多，使支付结算方式越来越多样化。如何采用有利的结算方式，需要考虑商品、客户、市场、价格、双方各自承担风险的能力、安全收汇等诸多因素。为规避风险和降低交易成本，各种方式的结合使用逐渐受到人们的关注，同时也是进出口商支付方式理性选择的一种表现。支付条款是合同的主要条款，它涉及双方相互提供信用的程度及要价的高低，它主要包括付款金额、付款方式、时间、地点及方法。

技能实训

实训模块一　汇票制作

【实训目的】汇票是一线业务员接触得最多的一种票据，要会辨别、会制作。

【实训材料】2011 年 8 月，上海立新外贸公司章建设向伦敦 ABC 贸易有限公司出口皮革包一批，合同价值 32 000 美元。9 月 7 日，上海立新外贸公司收到英国米兰银行 9 月 5 日开出的、以其为受益人的第 11－208 号不可撤销信用证，其中汇票条款要求，受益人开具以米兰银行为付款人、金额为 100% 发票金额，即期付款的汇票。2011 年 9 月 11 日，该批货物装运完毕，9 月 27 日立新公司向中国银行上海分行交单议付。

出票时间：2011 年 9 月 26 日；出票人：上海立新外贸公司（Shanghai LiXin Foreign Trade Corporation）；付款人：英国米兰银行（Midland Bank of Britain）；受款人：上海立新外贸公司或凭其指定（中国银行或凭其指定）Bank of China Shanghai Branch；付款时间：即期付款；金额：（小写）32 000 美元，（大写）叁万贰仟美元整；出票条款：英国米兰银行开立的不可撤销信用证第 11－208 号，开证日期 2011 年 9 月 5 日。

【实训要求】请根据下面提供的汇票样张和上述资料制作一份汇票。

Bill of Exchange 汇票

Drawn under 凭：　　　　L/C No.信用证第　　　　号

Date 日期　　　　支取 Payable with interest 按________年息付款

No. 号码　　　　Exchange for 汇票金额

At ______ sight of this first of Exchange/second of exchange being unpaid/

Pay to the order of　　bank name　　见票　　日后（本汇票之副本未付）

付交　　　　银行 ________________金额

the sum of

Value received　款已收讫

To 此致

（落款）

图 8－11　汇票制作单

实训模块二　票据"圈钱"

【实训目的】通过本案例讨论，从一个侧面了解不法份子是如何破坏金融制度的正常运转，加深对票据知识的理解，以便在实际工作中，加强防范意识，提高识破诈骗伎俩的能力。

【实训材料】资金掮客们往往采用票据"圈钱"。据记者的调查，当前，在我国利用票据诈骗已向集团化、专业化发展，并且随着科学技术的发展，制假手段越来越高明，涉案金额也越来越大，诈骗的花样也越来越多。这一现象必须引起有关部门高度重视，否则，后果将不堪设想。有了票据，在他们的眼中，“天上掉下馅饼”似乎已不再是神话。资金掮客利用非法手段从一家银行申请办理承兑汇票，然后到另一家银行进行贴现。套取银行资金后，进入股市操作；或进行收购上市企业，再到股市上套取资金，轻而易举地完成“圈钱”过程。其主要做法是：首先与别的企业联手，伪造交易合同；然后采取反复使用同一张增值税发票原件，或非法购卖、借用别的企业贷款卡、财务专用章等资料，抑或是集团内部各公司之间对开增值税发票，骗取银行承兑汇票。这其中的“猫儿腻”很多：一是一些金融单位片面追求经济效益，盲目扩大业务；忽视安全防范，不严格按照查验手续和规定的程序办理，助长了犯罪分子铤而走险的侥幸心理。二是银行内部工作人员充当“家贼”，与犯罪分子串通一气，规避内部监管，违规办理承兑汇票。三是社会中介机构弄虚作假，一些社会中介机构（如会计师事务所，资产评估师事务所，公证处）滥用资信；违反职业道德和职业纪律，为了一己之利，出具虚假证照文件或材料，为犯罪活动提供了方便。

（资料来源：岳平、冯举高．《经济日报》2002－1－28，经编辑）

【实训要求】根据所提供的案例和实训目的，开展小组讨论。

实训模块三 因受益人拒受信用证修改引发的纠纷案

【实训目的】通过本案例讨论，熟悉 UCP 600 有关规定，养成办事严谨作风，学会如何维护自身合法权益。

【实训材料】2003 年 1 月 10 日，芝加哥 F 银行向 A 银行开立了一笔金额为 15 783 美元的即期信用证。该证装船期分别为 2 月 25 日和 3 月 8 日，受益人为 B 市某外贸公司，货物名称为铁钉。

2 月 12 日，A 银行收到该信用证项下第一次修改，要求将装船期分别提前至 2 月 15 日和 2 月 24 日，并修改货物描述等内容。A 银行立即与受益人联系，请求答复。受益人于 2 月 19 日向 A 银行发出书面确认，拒绝修改，A 银行即向 F 行发出同样内容的电报。3 月 3 日受益人交单，A 银行经审核无误后议付单据，并按开证行要求寄单索汇。A 银行编号为 BP011327/03。3 月 13 日，A 银行收到 F 银行电报，称该单据迟装并超过有效期，以此拒付并准备退单。

经查，此笔单据的装船日为 2 月 25 日，交单日为 3 月 3 日，完全符合修改前信用证的要求。据此，A 银行据理力争，反驳 F 银行提出的不符点。

此后，F 银行又多次来电坚持上述不符点，并两次将单据退回 A 银行，但 A 银行毫不退让，又两次将单据重寄开证行。由于 A 银行有理有力的反驳，F 银行最终于 4 月 25 日付款。

（资料来源：《中国招生考试论坛》2003－10－20）

【实训要求】根据所提供的案例和实训目的，开展小组讨论。

思考练习题

一、不定项选择题

1. 属于汇票必要项目的是（　　）。

A. 注明付一不付二　　B. 付款时间

C. 对价条款　　　　　　　　　　　D. 禁止转让的文字

2. 某银行签发一张汇票，以另一家银行为受票人，则这张汇票是（　）。

A. 商业汇票　B. 银行汇票　C. 商业承兑汇票　D. 银行承兑汇票

3. 在信用证结算方式下，汇票的受款人通常的抬头方式是（　）。

A. 限制性抬头　B. 指示性抬头　C. 持票人抬头　D. 来人抬头

4. 属于顺汇方法的支付方式是（　）。

A. 汇付　B. 托收　C. 信用证　D. 银行保函

5. 属于银行或金融机构信用的国际贸易支付方式是（　）。

A. 保理　B. 福费庭　C. 银行保函　D. 备用信用证

6. 国际保付代理是一项集（　）于一体的新兴综合性金融服务。

A. 贸易融资　B. 商业资信调查　C. 应收账款管理　D. 信用风险担保

7. 信用证的基础是货物买卖合同，但信用证又是开证行对出卖人的有条件的付款承诺，所以当信用证条款与买卖合同规定不一致时，受益人应要求（　）。

A. 开证行修改　　　　　　　　　B. 开证申请人修改

C. 通知行修改　　　　　　　　　D. 按合同规定

8. 按照《UCP600》规定，在议付信用证项下，汇票的付款人应是（　）。

A. 开证申请人　　　　　　　　　B. 开证行或其指定银行

C. 议付行　　　　　　　　　　　D. 通知行

9. 按索偿条件分，保函通常可分为（　）。

A. 投标保证书　B. 见索即付保函　C. 履约保证书　D. 有条件保函

10. 对于成套设备、大型机械产品和交通工具的交易，一般采用的清偿货款的方式是（　）。

A. 分期付款　B. 延期付款　C. 信用证　D. 托收

二、判断题（对的打√，错的打×，并改错）

（　）1. 汇票和票汇的区别是：前者是支付工具，后者是支付方式。

（　）2. 汇票、本票和支票都有即期的和远期的两种。

（　）3. 在 L/C 支付下，出口人开出的汇票如遭开证行拒付，议付行有追索权。

（　）4. 银行汇票和商业汇票的区别在于前者的付款人是银行，后者的付款人是商业企业。

（　）5. 即期汇票采用付款提示，远期汇票采用承兑提示，汇票到期再作付款提示。

（　）6. 采用 D/P 托收是安全收汇方式。因为对方不付款，银行就不交单。

（　）7. 《UCP 600》既适用于跟单信用证，也适用于备用信用证。

（　）8. 在信用证支付方式下，受益人只要在信用证规定的有效期里向银行提交符合信用证规定的全部单据，银行就必须履行付款义务。

（　）9. 保付代理业务只能用在国际贸易中，而不能够用于国内贸易。

（　）10. 买卖双方以 D/P · T/R 条件签约，货到目的港后，买方凭 T/R 向代收行借单提货，事后收不回货款，由卖方自行负担货物损失。

（　）11. 在对外贸易中，用人民币结算没有汇率风险。

（　）12. 在国内贸易中，用信用证的方式结算没有推广价值。

三、简答题

1. 跟单托收分为几种?

2. 为什么在出口业务中，采用跟单托收方式收取货款时，一般应争取按 CIF 或 CIP 条件订立合同？如争取不到，应如何处理?

3. 甲交给乙一张经付款银行承兑的期票，作为向乙订货的预付款，乙在票据上背书后转让给丙以偿还原欠丙的借款，丙于到期日向承兑银行提示取款，恰遇当地法院公告该行于当天起进行破产清理，因而被退票。丙随即向甲追索，甲以乙所交货物质次为由予以拒绝，并称已于 10 天前通知银行止付，止付通知及止付理由也同时通知了乙。在此情况下丙再向乙追索。乙以票据系甲开立为由推委不理。丙遂向法院起诉，被告为甲、乙与银行三方。你认为法院将如何依法判决？理由何在?

4. 简述信用证方式在国际贸易结算中的性质和作用。

5. 在信用证业务中，构成“议付”须具备哪些条件？它与“兑付”有何不同?

6. 对开信用证与对背信用证的作用有何不同?

7. SWIFT 是什么组织？用 SWIFT 网络系统开立或通知的信用证有什么特点?

8. 为什么说交单付现属于汇付性质而不属于托收?

9. 为什么在保理业务中，出口商采用何种结算方式已经不再那么重要?

10. 福费廷结算方式的基本前提是什么?

11. 简述背对背信用证的一般流程，所应注意的问题。

12. 试简述银行保证书与信用证的异同。试简述备用信用证与银行保证书的异同。

13. 试比较 CAD 与 D/P 的相同之处和不同之处。各自适合于什么情况下使用?

14. 分期付款与延期付款有何区别?

15. 用 50% 信用证和 50% D/P 托收出口，出口商的风险如何?

16. 日本某银行应当地客户的要求开立了一份不可撤销的自由议付 L/C，出口地为上海，证中规定单证相符后，议付行可向日本银行的纽约分行索偿。上海一家银行议付了该笔单据，并在规定工作期限内将单据交开证行，同时向其纽约分行索汇，顺利收回款项。收回款后第二天开证行提出单据有不符点，要求退款。议付行经落实，确定不符点成立，但此时从受益人处得知，开证申请人已通过其他途径（未用提单）将货提走。议付行可否以此为理由拒绝退款?

第 9 章

商检、索赔、不可抗力和仲裁

课前准备

【学习目标】

熟悉商品检验的基本知识，商检内容、商检机构、检验证书、商检条款；熟悉不可抗力的含义和免责条件；了解解决纠纷各种途径

【技能目标】

会制订商检条款、索赔条款和仲裁条款

【情感目标】

树立商品在检验前把好质量关的意识，杜绝蒙混过关、损人利己行为

学习内容

【先行案例】

十亿分之一照样显原形

随着人们自我保护意识不断增强，市场对食品的安全防线要求在不断提高，加强食品安全检测成为日益重要手段。作为农业大省，湖南在农产品检测方面进行大力投资，整合质量监（检）测机构各种技术资源，添置完善设备，建立健全共享机制和运行制度，形成了一个覆盖全省的农产品质量安全信息平台。

一种从市场上随机取样的果汁农药残留情况如何，经过该平台的气相色谱仪等设备的精密检测，两天就能获取结果。该平台所涉及检测指标/参数由原来268项扩大到报道期的636项，检测精度、检出限由ppm级（百万分之一）提高到ppb级（十亿分之一）。截至2011年10月，平台承接国家、省及地市相关职能部门委托的抽检任务30多次，检测对象

涵盖奶、果蔬、肉制品、油、转基因食品等35种（类），共计1 200多批次4 500多个样品。同时，该平台应用开发的食品风险评估与预警技术，对大米、桶装水、肉制品等18类高风险食品实施风险监测活动，收集食品加工环节监测信息2 313条。建立了农产品（食品）污染数据库和污染状况报告监测预警网络，累计发布相关监测预警信息2 900多条。

（资料来源：胡宇芬．湖南日报 2011－11－18 第6版，经编辑）

第一节　商品检验

我国经济已进入与世界经济全面接轨的新阶段，产品质量日益得到全社会和广大企业的关注和重视。商品检验是货物买卖中的一个重要环节，检验条款往往是买卖双方交接货物、结算货款、处理索赔和理赔的重要依据。

我国对产品质量及检验制订了一系列法规和文件，如2005年8月31日《中华人民共和国进出口商品检验法实施条例》（以下简称《商检条例》），并于同年12月1日开始实施，旨在进一步加强全民商品质量意识和加强社会、企业检验机构的建设和监督，保护好对外贸易有关各方的合法权益，在突破国外设置的不合理技术性贸易壁垒和坚决将不合格进口商品堵在国门之外方面有所作为。

一、商品检验检疫的意义和范围

《商检条例》根据世贸组织《技术性贸易壁垒协定》的五项原则，即保护人类健康和安全、保护动植物生命和健康、保护环境、防止欺诈、维护国家安全，由国家质量监督检验检疫总局（简称国家质检总局）制定、调整必须实施检验的《出入境检验检疫机构实施检验检疫的进出境商品目录》（以下简称《商品目录》）并公布实施，对列入目录的进出口商品以及法律、行政法规规定须经出入境检验检疫机构检验的其他进出口商品实施检验（简称法检）。凡未经检验的进口法检商品，不准销售、使用；凡未经检验合格的法检商品不准出口。

商品检验检疫（Quality inspection and quarantine of commodity）包括商品检验和动植物检疫、食品卫生监督检验等内容。

（1）商品检验（Commodity inspection），是指专门的进出口商品检验机构和其他指定的机构，依照法律、法规或进出口合同的规定，对货物的品质、规格、数量、包装、安全性能等进行各种分析和测量，并出具检验证书的活动。

（2）动植物检疫（Quarantine of animal and plant）是检验检疫机构依法对进境、出境、过境的动植物、动植物产品和其他检疫物；装载动植物、动植物产品和其他检疫物的容器、包装物、铺垫材料；来自疫区的运输工具；进境拆解的废旧船舶；有关法律、行政法规、国际条约规定或者贸易合同约定其他货物、物品实施检疫。

（3）食品卫生监督检验（Supervision of foodstuff hygiene）是检验检疫机构对进出口食品（包括饮料、酒类、糖类）、食品添加剂、食品容器、包装材料、食品用工具及设备依照国家卫生标准进行监督检验。

二、商品检验检疫工作的主要内容

第一，法定检验：对列入《商品目录》的进出口商品以及法律、行政法规规定须经出入境检验检疫机构检验的其他进出口商品实施检验；

第二，监督管理：对法定检验以外的进出口商品，根据国家规定实施抽查检验；对进出口商品检验工作实施监督管理。

第三，鉴定工作：接受对外贸易关系人或者外国检验机构的委托，办理进出口商品的鉴定业务。包括进出口商品的质量、数量、重量、包装鉴定、海损鉴定、集装箱检验、进出口商品的残损鉴定、出口商品的装运技术条件鉴定、货载衡量、产地证明、价值证明以及其他业务。出入境检验检疫机构依照有关法律、行政法规的规定，签发出口货物普惠制原产地证明、区域性优惠原产地证明、专用原产地证明。

【案例 9 -1】

内外贸交织在一起　哪一道环节没把好关?

2009 年 4 月 8 日《每日经济新闻》报道：德国某品牌婴儿爽身粉被曝含有一级致癌物石棉，国家质检总局已介入调查。调查重点国内销售的德国该品牌婴儿爽身粉是否存在问题？若有问题，究竟是出在进口原料上还是在国内的加工过程中？德国该品牌婴儿爽身粉系由苏州某婴童用品有限公司委托苏州某保健品厂原料分装后贴牌销售，经调查苏州出入境检验检疫局，其产品原料并未从苏州进口；而上海出入境检验检疫局透露，也未查到该品牌婴幼儿爽身粉的入境记录。业内人士认为，“这并不意味着市场上销售的这几款产品入境手续有问题，他们可以从国内其他省市入境，也可以使品牌在入境时以其他代理公司的名称报检，检查记录里就不会有品牌名称。”据了解，该产品原料是苏州市某进出口公司受委托从韩国进口，总重近 2 公吨。记者曾就此联系苏州市质监局，相关人士表示，目前国家质检总局在做相关检测，具体结果及企业日常的检测等详情可咨询国家总局和省质检局。

（资料来源：http：//msn. ynet. com/view. jsp？oid =50163395 每日经济新闻 2009 -04 -08，经编辑删减）

三、商品检验检疫的时间和地点

在货物贸易过程中，检验检疫货物的时间和地点，一般应在卖方交货、买方接货时进行检验，经检验符合合同规定，买方受领货物，物权及风险随即由卖方转移给买方。由于货物的特点、包装类型、交付方法、运输方式不同，或买卖双方对货物风险的承受能力和把握不同，采用的货物贸易术语有异，合同中检验检疫时间和地点要做相应规定。而无论采用哪种时间和地点检验检疫，都是委托独立的第三方检验机构进行。

（一）在卖方所在地检验检疫

这是指货在装运地委托第三方独立检验机构对装运前货物的品质、数量进行检验，其检验结果，作为交付货物的最后依据，货到目的地后，买方虽可对货物进行检验，但原则上无权提出异议。

1. 工厂（产地）检验检疫

采用这种方式买方承担的风险较大，货物既经检验，出厂后货物在运输途中或其他情况下出现的损失，出卖人不再负责。一般而言，在两种情况下可以考虑使用这种方式。一是采用 EXW 术语成交时，二是把握商品价值的关键是在出产时。

2. 装船前或装船时检验检疫

货物贸易中买方经常要求进行装运前检验（Pre-shipment inspection，PSI），主要是依据双方在贸易合同条款中的规定，委托或授权独立的第三方检验机构，在卖方装运前对待装运货物的性能、品质、数/重量、状况、包装及唛头进行检验核实。所出具的检验证明，作为确定交货品质和重量的最后依据，在国际贸易中该依据被称为“离岸品质和离岸重量”（Shipping quality and shipping weight）。

装船前检验采用这种方式既有国家行为也有企业行为。许多发展中国家要求进口企业与出口商签署装船前检验协议，目的在于防止资本外流、商业欺诈以及逃避海关关税等情况的发生，保护国内财政利益和弥补行政管理机构的不足。自“9·11 事件”后，发达国家为防患于未然，加强了对装船前检验的要求。企业采用装船前检验也有几种情况。一是订有货物数量/质量机动幅度条款时，货物最终成交情况只有在装船前/时确定；二是对成套设备或原材料等商品，买方往往有此要求。因货到后发现质量、数量等问题，已经酿成既成事实，即便是检验机构出具了到货商品索赔证，买方仍要花很多时间和精力与卖方协商谈判，而多数情况是卖方十赔十不足。

【小资料】

《2010 通则》关于装船前检验费用买方的支付义务

表 9－1

贸易条件	货物检验费用
EXW	买方必须支付任何强制性装船前检验费用，包括出口国有关机构强制进行的检验费用。
FCA、CPT、CIP FOB、CFR、CIF FAS、DAT、DAP	买方必须支付任何强制性装船前检验费用，但出口国有关机构强制进行的检验费用除外。
DDP	买方对卖方不承担任何进出口国有关机构装运前强制进行的检验费用的支付义务。

备注：出口国有关机构强制进行的检验费用包括法检商品费用。

（二）在买方所在地检验检疫

这是指在买方目的地卸货后进行的质量与数量的检验，包括目的港卸货时或用户所在地检验检疫。其检验证书对买卖双方都有约束力，如发现问题，买方凭检验证书向卖方索赔。

1. 目的港/地卸货时检验检疫

这种检验方式可以与在目的地"实际交货"的 DAT 贸易术语配合使用。这样确定的品质和重量，称为"到岸品质和到岸重量"（Landed quality and landed weight）。在这种方式下，货物在到达目的港/地之前出现的损失，受买人无须负责。

2. 用户所在地检验检疫

这种检验方式可以与 DAP、DDP 贸易术语成交方式配合使用，这都是为了使检验检疫与货物风险点转移保持相对一致性。

（三）出口国检验，进口国复验

这是我国目前用得最多的一种方式，也比较适合以各种贸易术语成交的方式。例如我国《商检条例》第 21 条规定，"对属于法定检验范围内的关系国计民生、价值较高、技术复杂的以及其他重要的进口商品和大型成套设备，应当按照对外贸易合同约定监造、装运前检验或者监装。收货人保留到货后最终检验和索赔的权利"，就是这种方式。

大多数国家的法律以及《联合国国际货物销售合同公约》（简称《公约》）等国际惯例都确认了买方对自己所购买货物的复验权。《公约》还规定了如果双方的检验结果有出入且在允许范围之内的争议解决办法，即按国际惯例取两者的平均值为最终结果，如果双方的检验结果超出允许范围，则可以仲裁方式解决争议。

值得注意的是，在复验时，合同中应对复验的期限与地点、复验费用以及复验机构作出明确的规定。复验结果可能产生异议时，还应当对双方的检验方法和/或仪器作出规定。

（四）装运港（地）检验重量，目的港检验质量

这样确定的重量和品质，称为"离岸重量和到岸品质"（Shipping weight and landed quality）。在容易发生短量的交易中或大宗商品交易中，为了调和交易双方在检验问题上的矛盾，可以采用这种较为折中的办法，即以装运港检验机构检验货物的重量，并出具重量证明作为一方面依据，以目的港检验机构检验货物品质，并出具品质证明作为另一方面依据。

四、商品检验检疫机构

在国际货物买卖中，交易双方除了自行对货物进行必要的检验外，还经常需要由某个检验检疫机构进行检验，经检验合格后方可出境或入境。国际上的商品检验检疫机构名称各异，有的称公证行（Authentic surveyor），宣誓衡量人（Sworn measurer），有的称实验室（Laboratory）等，归纳起来不外乎以下几类：

（一）官方的检验检疫机构

它是由国家或地方政府投资，按国家有关法律、法令对出入境商品实施强制性检验、检

疫和监督管理的机构。如我国国家质量监督检验检疫总局（General Administration of Quality Supervision, Inspection and Quarantine of the People's Republic of China, AQSIQ）、美国食品药物管理局（FDA），都是主管出入境卫生检疫、动植物检疫、商品检验、鉴定、认证和监督管理的行政执法机构。

（二）半官方的检验检疫机构

它是指一些有一定权威的，由国家政府授权、代表政府行使某项商品检验或某一方面检验管理工作的民间机构。如美国担保人实验室（UL）。中国检验认证集团（China Certification & Inspection Group Co., Ltd., CCIC）是以中国检验认证（集团）有限公司为母公司，由自愿参加的企业或机构共同组成的企业法人联合体。它是在原中国进出口商品检验总公司系统基础上改制重组、经国务院批准成立、国家质量监督检验检疫总局和国家认证认可监督管理委员会认可，以"中国"为字头的集"检验、鉴定、认证、测试"为一体的跨国检验认证机构。公司总部在北京，在全国三十一个省、直辖市、自治区及厦门、深圳、宁波、秦皇岛、满洲里等地共设有三十六家分（子）公司。而且，在美国、德国、荷兰、法国、英国、西班牙、日本、泰国、新加坡、菲律宾、澳大利亚、新西兰、俄罗斯、巴西等地设立了海外公司或代表处。

（三）非官方的检验检疫机构

它主要是由私人创办的，具有专业检验，鉴定技术能力的公证行或检验公司。目前在国际上比较有名望、有权威的民间商品检验机构有：① 瑞士日内瓦通用鉴定公司（Soeiete Generale de Surveillance S. A.，简称 SGS）；② 英国英之杰检验集团（ITS）；③ 日本海事检定协会（NKKK）；④ 新日本检定协会（SK）；⑤ 日本海外货物检查株式会社（OMIC）；⑥ 美国安全试验所（UL，即美国担保人实验室）；⑦ 美国材料与试验学会（ASTM）；⑧ 加拿大标准协会（CSA）；⑨ 国际羊毛局（IWS）；⑩ 中国检验认证集团（CCIC），等。

（四）生产制造厂商和用货单位或买方的检验检疫机构

根据我国《商检条例》第 39 条，在中华人民共和国境内设立从事进出口商品检验鉴定业务的检验机构，应当符合有关法律、行政法规、规章规定的注册资本、技术能力、人员资格等条件，经国家质检总局和有关主管部门审核批准，获得许可，并依法办理工商登记后，方可接受委托办理进出口商品检验鉴定业务。

五、检验检疫证书

检验证书（Certificate of inspection）是检验检疫机构验货后签发的、证明检验结果的证明文件，或鉴定货物后出具的证明文件。是对外贸易有关各方履行契约义务、处理索赔争议和仲裁、诉讼举证，具有法律依据的有效证件，也是海关验放、征收关税和优惠减免关税的必要证明。检验证书签发时间不迟于提单或规定单据签发日期。商检证书的种类主要有：

（1）品质检验证书（Inspection certificate of quality），是出口商品交货结汇和进口商品结算索赔的有效凭证。

（2）重量或数量检验证书（Inspection certificate of weight or quality），是出口商品交货结汇、签发提单和进口商品结算索赔的有效凭证。

（3）包装检验证书（Inspection certificate of packing）。

（4）兽医检验证书（Veterinary inspection certificate），是证明出口动物产品或食品经过检疫合格的证件。

（5）卫生检验证书（Sanitary inspection certificate），是证明可供人类食用的出口动物产品、食品等经过卫生检验或检疫合格的证件。

（6）消毒检验证书（Inspection certificate of disinfection），是证明出口动物产品经过消毒处理，保证安全卫生的证件。

（7）产地检验证书（Inspection certificate of origin），是出口商品在进口国通关输入和享受减免关税优惠待遇和证明商品产地的凭证。

（8）价值检验证书（Certificate of value），作为进口国管理外汇和征收关税的凭证，也是对外贸易关系人和司法、仲裁、验资等有关部门索赔、理赔、评估或裁判的重要依据。

（9）残损检验证书（Inspection certificate on damaged cargo），是证明进口商品残损情况的证件。

（10）集装箱检验证书。（Inspection certificate of container）。

（11）熏蒸证书（Inspection certificate of fumigation），是用于证明出口粮谷、油籽、豆类、皮张等商品，以及包装用木材与植物性填充物等，已经过熏蒸灭虫的证书。

（12）温度检验证书（Certificate of temperature）。

（13）船舱检验证书（Inspection certificate on tank/Hold），证明承运出口商品的船舱清洁、密固、冷藏效能及其他技术条件是否符合保护承载商品的质量和数量完整与安全的要求。

（14）积载衡量检验证书（Inspection certificate on cargo weight），是证明船方和集装箱装货部门正确配载积载货物的证书。

此外，有专用于生丝的生丝品级及公量检验证书，其作用相当于品质检验证书和重量/数量检验证书；有租船交船剩水/油重量鉴定证书，其作用可作为契约双方明确履约责任和处理费用清算的凭证；有货载衡量检验证书，其作用是证明进出口商品的重量、体积吨位，可作为计算运费和制订配载计划的依据；还有作为证明承运人履行契约义务，明确责任界限，便于处理货损货差责任事故的证明书，如舱口检视证书、监视装/卸载证书、舱口封识证书、油温空距证书、集装箱监装/拆证书等。

六、全面进口监管计划

全面进口监管计划（Comprehensive import supervision scheme，CISS），是指亚、非、拉各洲的一些发展中国家，为保护本国利益，通常由政府有关部门如中央银行、财政部、商业部和外贸部等颁布法令，指定一家或几家跨国公证检验机构，为该国进口货物实行强制性检验，并签发"清洁报告书"（Clean report of findings，CFR）作为出口国银行议付和进口国通关入境的有效凭证；由进口国的中央银行严格实施外汇管理和管制进口货物。这种计划的实施，决定着进口国家的进口货物均在出口国实施装船前检验。

CISS 业务的具体执行一般都是由少数几个跨国公证行垄断着。这些跨国公证行主要有 SGS、ITS、BV（法国船级社）、COTECNA 集团和 OMIC（日本海外货物检查株式会社）等。在瑞士通用公证行（SGS）与有关国家政府签订的协议中，明确规定该公司承担协议对方全部进口货物在出口国进行装船前检验的责任。SGS 介入的目的是协助全面进口监督计划（CISS）国家政府对海关和（或）外汇管理系统的管理。

SGS 是瑞士通用公证行的简称。该公证行是世界上最大的从事检验、实验和认证的检验机构，其总部设在日内瓦，在全世界 140 多个国家中有 35 000 多名雇员。SGS 不从事任何制造业和贸易，以公正性和独立性著称于国际贸易界。在我国 SGS 和隶属于国家技术监督局的中国标准技术开发公司（CSTC）共同投资建立了具有中国法人资格的合资企业——通标标准技术服务有限公司（SGS－CSTC），总部设在北京，在上海、天津、大连、青岛、厦门、广州、深圳、宁波、秦皇岛设立了分支机构，代表 SGS 集团在中国为客户提供装船前检验、认证服务。

中国检验认证集团（CCIC）是 CISS 业务在国内的总代理。为了使我国出口商品顺利进入实行 PSI 的国家，配合对这些国家的出口，CCIC 分别与 COTECNA 集团、OMIC、BV、ITS 等检验机构签署了委托代理协议，对我国输往有关实行 CISS 国家的货物实行装船前检验和价格比较，并出具清洁报告书。

【小资料】

亚洲发展中国家实行“CISS”制度的案例

孟加拉国政府于 2000 年 2 月 1 日起正式实行酝酿已久的装船前检验，其原因就是该国在 1999－2000 的财政审查时发现从 1999 年 7 月 1 日－12 月 31 日的财政收入出现大幅度滑坡，距目标值相差 93.31 亿塔卡，其中关税收入滑坡最为严重，与目标值相差 82.5 亿塔卡，占整个财政收入目标差的 88.40%。为此孟国政府下决心推行装船前检验，以此遏止逃避海关关税的现象。①

印度尼西亚从 1985 年开始委托 SGS 对输往印尼的货物实施装船前检验。到 1995 年已经支付了约 10 亿美元检验费。因成本费用过高，印尼政府改由 PT. Surveyor Indonesia（SI）代司其职。SI 公司系一家由印尼政府（76% 股权）、SGS 公司（20% 股权）及国营 Surofindo 公司（4% 股权）合资经营的公司，该公司已在世界各主要出口国设立办事处，以取代单纯由 SGS 公司从事装船前检验的工作。②

七、我国货物检验实务

（一）商品质量重在前馈控制

按《商检条例》规定，进出口商品检验不再是单一的检验和查验，对企业进行生产过

① 马军．中国加入 WTO 与进出口商品装船前检验．引进与咨询，2001（1）：26－27

② 因进口产品装船前检验成本太高 印尼将终止 SGS 检验．世界机电经贸信息，1995（23）：59

程的质量监督管理是今后进出口商品检验的主要手段，也是检验监管模式调整的重要内容。对企业进行分类管理，对货物实行多种形式的合格评定，在货物进出口时快验快放（验证放行）是今后商品检验监管的发展趋势。

（二）代理报检报验人的责任

按《商检条例》规定，代理人负有进口报检和出口报检的责任和应当承担与收货人或发货人一样的法律责任，如果违反了商检法的规定，是要被处罚的。代理报检以后落实有关检验检疫事宜仍然是代理人的责任。通关单不是最终放行的凭证，它是在实行“先报检，后报关”制度中用于报关的凭证。

（三）商检人员对商业秘密保密的义务

由于内外贸合同的货物价格不一致，出口企业担心泄漏商业秘密，一般不愿意提供外销合同。出入境检验检疫机构的责任是对外贸经营活动进行管理，报检人必须提交有效的外销合同。为货主保守商业秘密，是检验检疫机构义不容辞的责任。

（四）出口商品的检验

1. 办理报检

公司要取得所属检验检疫机构的登记备案号。公司是自理报检单位的话，可以由公司的报检员进行报检。如果不是的话，需要请代理报检企业代为报检，并且提供代理报检委托书。报检所需单证一般为：合同（信用证）、发票、装箱单、工厂检验报告和其他单证。申请报检需要向生产企业所属检验检疫机构报检。

2. 联系检验检疫

将报检资料交予检验检疫机构负责相应产品检验的部门安排检验检疫。公司安排出口需要考虑检验检疫所需的时间。

3. 领取证单

到检务窗口领取相应证单。

（五）进口商品的检验

1. 基本步骤

其步骤包括：登记与报验，检验和出证。

2. 进口商品检验分类

一类是列入《种类表》和合同规定由我国检验检疫机构检验出证的进口商品。进口商品到货后，由收货、用货或其代理接运部门立即向口岸检验检疫机构报验，检验机构对该批货物进行检验；合格后，在进口货物报关单上加盖印章，海关据此放行。

另一类是不属上一类的进口商品，由收货、用货或代理接运部门向所在地区的检验检疫机构申报进口商品检验，自行检验或由检验检疫机构检验，自行检验须在索赔期内将检验结果报送检验检疫机构，若检验不合格，应及时向检验检疫机构申请复验并出证，以便向外商提出索赔。

（六）电子报验

1. 电子申报、电子转单和电子通关

电子申报包括电子报检和产地证电子签证。电子报检是指报检人通过网络将出入境货物的报检数据以电子方式传输给检验检疫机构，经“出入境检验检疫综合业务管理系统”（简称 CIQ2000 系统）和检务人员处理后，将受理报检信息反馈报检人，实现远程办理出入境检验检疫报检的行为；产地证电子签证是指申领原产地证的企业，通过网络将申报原产地证的有关数据以电子方式传输给检验检疫机构，由检验检疫机构审查符合要求后办理证书，实现电子远程申请办理原产地证的行为。

电子转单是指通过网络将出境货物经产地检验检疫机构检验检疫合格后的相关电子信息传输到出境口岸检验检疫机构，入境货物经入境口岸检验检疫机构签发《入境货物通关单》后的相关电子信息传输到目的地检验检疫机构实施检验检疫的监管理模式。

电子通关是检验检疫机构与海关联网，通过“口岸电子执法系统”平台实现检验检疫机构和海关的业务数据的交换。

2. 电子报验实务和优势

根据国家局的有关规定，需要采用电子报检方式办理报检手续的外向型企业，须向当地检验检疫机构提出申请，经检验检疫机构审核合格，方可通过国家局检验检疫电子商务平台完成远程电子报检和电子签证业务。目前通过国家局测试认可的企业端软件是：“一报通”和“易检”软件，该两套软件涵盖电子签证、电子报检企业端软件。企业可单独申请电子报检或电子签证，也可同时申请。

CIQ 2000 电子报检系统的综合功能和主要优点：

（1）实现“电子报检”后，只要在企业所在地，即可完成电子信息远程预录入；而实现“电子转单”后，报检信息也由产地检验检疫局直接向口岸检验检疫局传输，无需通过各种中介机构代理，出口成本显著降低；

（2）“电子报检”、“电子签发原产地证”系统都具备识错纠错功能模块。原产地证签证官员直接通过网上审证，企业可以实现即时签证，大大提高了通关效率。

（3）通过“电子转单”系统报检可以不必随附合同、信用证等单据，简化了检验检疫通关作业手续。

（4）数据统一通过全国海关专网进入国家质检总局构建的“检验检疫电子业务服务平台”进行交换，具有较可靠的安全保证。

【小资料】

某公司收购工厂产品出口电子报检的基本流程

第一步：正确录入报检数据。现在已统一实行电子报检，出口企业需安装当地商检机构指定的电子报检系统，一次性购买软件费用约 3 000 元，若企业出口产品较少需商检，可以请代理报检企业代为报检，需提供代理报检委托书。

第二步：发送报检信息。进入电子报检系统，按系统要求及出口产品信息输入相关资料，然后点击“发送”，该单货的报检信息即传输到检验检疫机构联网的系统，发送成功后会自动生成一个报检编号，记下这个号。这个过程其实就是以前手动报检时在商检局报检大厅里的电脑里输机过程的变形。

第三步：及时接收报检回执。

第四步：套打《报检单》。准备报检所需资料，一般为：报检单（原件，出口企业自己报检则盖出口企业公章，若委托代理企业报检则盖代理报检企业章；报检单内容按电子输机的内容填写，务必保持一致；注明随附单据，若在本地口岸报关出口，则选择申领“通关单”，若在异地口岸报关出口，则选择申领“换证凭单”，即由货代在异地口岸换正式的通关单）；工厂检验报告（原件，盖工厂检验章）；该批货物外包装生产厂提供的出口包装证（由检验检疫机构签发；若出口包装为纸箱，则还需纸箱厂向检验检疫机构申请办理《出境货物运输包装性能检验结果单》，需交纳一定费用，约2~3个工作日办好，办好后需将原件交检验检疫机构，根据此批货物所用纸箱数进行相应的核销）；出口合同、出口发票、出口装箱单（均为原件）。

第五步：联系检验检疫事宜。将全套报检资料交检验检疫机构相关负责商检抽样的部门，请他们安排检验检疫。

第六步：将报检单据材料交施检人员，并索要《时效单》。第一次检验检疫，工作人员一般会要求到工厂实地抽样（熟悉后可以有所变通，可以将货物拉到某个就近的地点进行）。商检后一般两个工作日内出单，如果委托人急于发货，可以按急件处理。

第七步：凭《时效单》到检务窗口领证。单子送到报检大厅审单中心，委托人按照所核商检费用去开发票，交费，拿单。

生产企业自己报检，程序相同；若供货工厂在外地，可由工厂自己报检，将换证凭单寄给委托人即可，但要注意商业保密问题。

（资料来源：根据 http：//www. fjciq. gov. cn 等资料综合整理）

八、买卖合同中的检验条款

（一）检验条款的主要内容

合同中的商品检验条款，一般分为品质数量条款和检验索赔条款两个方面：

第一，进出口商品品质、规格、等级、包装和数量、重量等具体要求，各种商品、各个商家的要求往往不一样。在合同品质数量条款中也会反映出来。

第二，检验索赔条款是有关检验交货和复验索赔的条款，包括发货人的检验机构、检验时间、检验地点，收货人的复验、复验机构、索赔期限、检验费用，以及仲裁等条款。

（二）合同检验条款的内容及注意事项

1. 出口贸易合同检验索赔条款示例

双方同意以装运港国家出入境检验检疫机构签发的品质和数量（重量）检验证书作为信用证项下议付所提交单据的一部分，买方有权对货物的品质、数量（重量）进行复验。复验费用由买方负担。如发现品质或数量（重量）与合同规定不符，买方有权向卖方索赔，并提交经卖方同意的公证机构出具的检验报告。索赔期限为货到目的港××天内。（It is mutually agreed that the Certificate of Quality and Quantity/Weight issued by ____ （SURVEYOR, such as：State Administration for Entry – Exit Inspection and Quarantine of People′s Republic of China） at the port/place of shipment shall be part of the documents to be presented for negotiation under the relevant Quantity/weight （quantity） of the cargo. The buyers shall have the right to inspect the quantity/weight （quantity） of the cargo. The inspection fee shall be borne by the buyers. In case the quality, Quantity or weight of the goods be found not in conformity with those stipulated in the contract, the Buyer are entitled to lodge with the Seller a claim which should be supported by survey reports issued by a recognized surveyor approved by both parties. The claim, if any, shall be lodged within ×× days after the arrival of the cargo at the port/place of destination. All expenses （including inspection fee） and losses arising from the return of the cargo or claims should be borne by the seller's. ）

2. 进口贸易合同检验索赔条款示例

双方同意以检验机构出具的品质及数量（重量）检验证书作为在信用证项下付款的单据之一，但货物品质及数量（重量）的检验按下列规定办理：货物到达目的港××天内经国家出入境检验检疫机构复验，如发现品质及数量（重量）与本合同不符时，除属于保险公司或船公司责任外，买方可凭国家出入境检验检疫局出具的检验证书，向卖方提出索赔或退货。所有因索赔或退货引起的一切费用（包括检验费）及损失，均由卖方承担。（It is mutually agreed that the Certificate of Quality and/weight （quantity） issued by surveyor shall be part of the documents for payment under the relevant L/C. However, the Inspection of Quality and/weight （quantity） shall be made in accordance with the following：In case quality, quality or weight of goods be founded not in conform with those stipulated in this contract after reinspection by State Administration for Entry-Exit Inspection and Quarantine of People′s Republic of China within ×× days after arrival of the goods at the port of destination, the buyers shall return the goods to or lodge claims against the sellers for compensation of losses upon the strength of Inspection Certificate issued by the said Bureau, with the exception of this claims for which the insures or the carriers are liable. All expenses （including insures fees） and losses arising from the return of the goods or claims should be borne by the sellers. ）

3. 订立检验条款应注意的问题

索赔有效期限应根据不同商品和国内调运、检验等实际情况，以及检验工作的繁简，作出不同的规定，如30～150天。对机电仪商品应在合同中加订品质保证期（一般为1年），以便在使用过程中发现材质次劣、装配不当、工艺加工不良，或使用中发生故障、损坏和性能显著降低，或发现其他隐蔽性严重缺陷等问题，属于发货人责任的，可在品质保证期内凭出入境检验检疫机构出具的证书向发货人索赔。

在合同中，卖方应该对买方的复检权在文字上作一个限制。如规定货物到岸后多少天内对方有重新检验的权利，但必须是由“双方同意的”权威检验机构出具的检验证书。“双方同意的”这几个字非常重要，因为国外的很多公证机构是民间性质，而且不具备权威性，国际贸易中如果有恶意商人在质量、数量等问题上挑刺的话，就可以串通公证机构来坑害卖主。

我国过去进出口商品检验将商品的规格、数量、重量等纳入法定检验范围，这与世贸组织规则和我国有关承诺不相符合。为此，《商检条例》已经作出修改，商业性条款不再纳入法定检验范围。

第二节 货物的索赔

一、索赔和理赔的含义

索赔（Claim）是指履行货物买卖合同的受损方向违约方提出损害赔偿的要求。违约方对受损方所提出的赔偿要求予以受理并进行处理，称为理赔（Settlement of claim）。可见，索赔与理赔是一个问题的两个方面。对受损方而言，称作索赔；对违约方而言，称作理赔。如果买卖双方都负有一定责任，或索赔理由不充分，索赔要求得不到解决，称作拒赔。涉及货物买卖的索赔，一般分为三个方面：

1. 贸易索赔

它是以买卖合同为基础的，当一方当事人违反买卖合同规定时，受损方可依据买卖合同规定和违约事实提出索赔。属于卖方违约的，主要是交货的时间、品质、数量、包装等不符合合同的规定；属于买方违约的，主要是不按时接货、付款、办理租船订舱等。本节主要谈贸易索赔问题。

2. 运输索赔

它是以运输合同（或契约）为基础的，当一方当事人违反运输合同（或契约）规定时，受损人可以依据运输合同（或契约）规定和违约事实提出索赔。如收货人持有清洁提单而收到的货物发生残损短缺，这与发货人（卖方）无关，收货人只能凭运输合同（或契约）向承运人索赔。

3. 保险索赔

它是以保险合同为基础的，当发生保险合同承保范围内的风险并由此造成损失，被保险人可向保险公司索赔。例如，按CIP条件成交的货物，在运输途中遭遇暴雨而水浸损坏。由于投保了水渍险，买方可凭保险合同向保险公司索赔。

二、违约及其救济

（一）违约的含义

违约（Breach of contract）是指合同的一方当事人没有履行或没有完全履行合同规定的义务的行为。各国的法律或国际组织的文件对于违约方的违约行为及由此产生的法律后果、对该后果的处理有不同的规定和解释。常见违约主要有以下情况：

第一，卖方违约。如不交货，不按时交货，不按合同规定的品质、数量、包装等条件交货，或提供的单证与合同和信用证规定不符。

第二，买方违约。如不按时开证，不按时付款赎单，无理拒收货物，在买方负责运输的情况下，不按时派船或签订运输合同等。

第三，买卖双方均有违约责任。如合同条款规定不明确，致使双方理解或解释不统一，造成一方违约，引起纠纷；或在履约中，双方均有违约行为。

第四，第三方违约。与贸易双方有关联的第三方，如承运人、保险人违约。

英国的《货物买卖法》将违约分为违反要件和违反担保两种。违反要件（Condition）是指违反合同的主要条款，即违反与商品有关的品质、数量、交货期等要件；违反担保（Warranty）是指违反合同的次要条款。

与英国《货物买卖法》不同，《公约》则按违约的后果及其严重性进行判断，将违约分为根本性违约和非根本性违约。根本性违约（Fundamental breach）是指违约方的故意行为造成的违约，如卖方完全不交货，买方无理拒收货物、拒付货款，其结果给受损方造成实质损害。非根本性违约（Non－fundamental breach）是指违约的状况尚未达到根本违反合同的程度。

（二）违约的救济

违约的救济方法各国法律（主要比较英美法、大陆法、《公约》和中国的《合同法》）规定各不相同，基本上有以下几种：

1. 实际履行

它又称强制履行。指在违约方不履行合同时，不得以其他方式（如金钱）取代，由法院强制违约方继续履行合同债务。其构成要件如下：（1）存在违约行为；（2）必须有守约方请求违约方继续履行合同债务的行为；（3）必须是违约方能够继续履行合同。英美法没有此说，损害赔偿是唯一的权利。

2. 损害赔偿

它是指债务人不履行合同债务时用金钱赔偿债权人所受损失的责任。

大陆法对责任的认定如下：（1）有违约行为；（2）有损失；（3）违约行为与损失之间有因果关系；（4）违约一方没有免责事由。赔偿方法有回复原状和金钱赔偿。

英美法只认定事实，只规定金钱赔偿。

中国的《合同法》与《公约》规定损害赔偿应相当于包括利润在内的损失额，该损失额是在订立合同时可以预见到的。我国合同法上的赔偿损失是指金钱赔偿，即使包括实物赔偿，也限于以合同标的物以外的物品予以赔偿。

在进出口贸易中，损害赔偿是最主要的，也是最常用的违约补救措施。

3. 违约金

它又称违约罚金（Penalty）。是由当事人约定的或法律直接规定的，在一方当事人不履行合同时向另一方当事人支付一定数额的金钱，也可以表现为一定价值的财物。

4. 定金责任

《合同法》第 115 条规定当事人可以约定一方向对方给付定金（Down payment）作为债权的担保。债务人履行债务后，定金应当抵作价款或者收回。给付定金的一方不履行约定的债务的，无权要求返还定金；收受定金的一方不履行约定的债务的，应当双倍返还定金。

5. 采取合同补救措施

根据《合同法》第 61 条、第 111 条规定，合同生效后，当事人就质量、价款或者报酬、履行地点等内容没有约定或者约定不明确的，可以协议补充；不能达成补充协议的，按照合同有关条款或者交易习惯确定；在此情况下仍不能确定的，受损害方根据标的的性质以及损失的大小，可以合理选择要求对方承担修理、更换、重作、退货、减少价款或者报酬等违约责任。

6. 解除合同

大陆法的规定——对一方“不履行”合同，另一方可以立即解除合同；对一方“延迟履行”合同，须先催告再解除。中国的《合同法》对解除合同有21条相关规定，原则上与大陆法相似。英美法的规定——在合同的一方当事人违反要件的情况下，另一方当事人即受损方有权解除合同，并有权提出损害赔偿；在违反担保的情况下，受损方只能提出损害赔偿，而不能解除合同。至于在每份具体合同中，哪个条件属于要件，哪个条件属于担保，该法并无明确具体的解释，只是根据“合同所作的解释进行判断”。这样，在解释和处理违约案件时，难免带有不确定性和随意性。《公约》的规定—— 对构成根本性违约，受害方可解除合同，并须通知对方；对非根本性违约，在解除合同之前须给予宽限期，并保有其他索赔的权利。

表9-2　买卖双方索赔时可以行使的权力

买方违约行为	卖方可行使的权力
无理拒绝付款赎单、拒绝接受货物	（1）有权要求买方付款；（2）有权要求按违约行为造成的直接或自然损失赔偿；（3）对掌握无权的货物可行使留置权（Lien）、对在途货物可行使停运权（Stoppage in Transit）；（4）对易腐、易死货物可行使再售权（Right of Resale）。
卖方违约行为	**买方可行使的权力**
（1）不提供货物	（1）有权要求按违约造成的直接或自然损失赔偿
（2）延迟装运货物	（2）有权按因此造成的损失索赔
（3）货物短缺或货物贬值	（3）补发；估损贬值，降低货款、索赔贬值部分
（4）先期违约	（4）有权诉讼要求赔偿
（5）提供错误单据	（5）有权拒收单据
（6）违约交付特定的货物	（6）有权拒收货物；或补偿备件、零部件或附件
（7）错发错运等	（7）有权退换，如全部换货、或整机整件换货、规定一段合理时间让对方履约或宣告合同无效并索赔
（8）货物受损	（8）卖方来人修理；或买方受委托修理，工料工时费由卖方负责，并赔偿损失

三、买卖合同中的索赔条款

货物买卖合同中的索赔条款可根据不同的业务需要做不同的规定，通常采用的有“异议与索赔条款”和“罚金条款”两种。

（一）异议与索赔条款

异议与索赔条款（Discrepancy and claim clause）一般是针对卖方交货质量、数量或包装不符合同规定而订立的，主要内容包括索赔依据、索赔期限等。有的合同还规定索赔金额和索赔方法。

1. 索赔依据

它主要包括法律依据和事实依据。法律依据是指合同和法律规定，当事人在对违约事实提出索赔时，必须符合有关国家法律的规定；事实依据是指违约的事实、情节及其证据，是提出索赔要求的客观基础。如果证据不全、不清，出证机构不符合要求，都可能遭到对方拒赔。向贸易对方索赔，销售合同为主要依据；向承运人索赔须提供运输合同；向保险公司索赔，保险单据为主要凭证，而检验证书则是任何索赔均须出具的。

2. 索赔期限

它是指索赔方向违约方提起索赔要求的有效期限。买方在该期限内，在交货的品质、数量等不符合合同规定时，可以行使索赔权。

索赔期限有法定期限和约定期限两种。法定索赔期限是指根据有关法律或国际公约，受损害一方有权向违约方要求损害赔偿的期限。约定索赔期限是指当事人双方根据合同货物的种类、性质、检验及港口条件和检验所需时间等因素，就索赔期限的长短达成一致意见，并规定在合同中。若合同中没有约定，一般参照有关法律和惯例确定。索赔期限关系到索赔方求偿权利的有效性，因怠于行使权利，超过时效索赔，即便权益合法，对方也有权拒绝受理。

买方的索赔期限实际上也就是买方行使对货物进行复验权利的有效期限，有些合同将检验条款与索赔条款结合起来订立，称为“检验与索赔条款”。

（二）罚金条款

1. 罚金（Penalty）

它是指当一方当事人未履行合同义务时，应向对方支付一定数额的违约金，以补偿对方的损失。罚金就其性质而言是违约金。一般适用于卖方拖延交货、买方拖延接货和延迟开立信用证等情况。罚金的数额通常取决于违约时间的长短，一般最多不超过货物总金额的5%。

2. 计算违约金日期的方法

一种是以约定的交货期或开证期终止后立即起算；另一种是规定优惠期，即在约定的有关期限终止后再宽限一段时期，在此优惠期内仍可免于罚款，待优惠期届满后再起算罚金。

3. 关于合同中的罚金条款，各国法律有不同的解释

例如，英国法律认为，如属于预定的损害赔偿，可以承认和执行，如属于惩罚性质的，则不予承认。一旦发生违约，只能依法重新确定赔偿金额。我国《合同法》规定，当事人可以在合同中约定，一方违约时，向对方支付违约金；也可以约定因违约产生的损失赔偿额的计算方法。但约定的违约金低于或过分高于违反合同所造成的损失，当事人可以请求法院或者仲裁机构予以增加或适当减少。《合同法》还规定，当事人就迟延履行约定违约金的，违约方支付违约金后，还应当履行义务。

【案例9-2】

索赔期限已过而在品质保证期内能否索赔

中国A公司（买方）与外国B公司（卖方）达成协议，以CFR上海价格向B公司购买某种工业精密仪器，买方以不可撤销的即期信用证付款。合同第10条规定，货物到达目的口岸后，买方可委托中国商品检验局对货物进行复检。如果发现货物有损坏、残缺或规格及数量与合同规定不符，买方得于货到目的口岸的30天内凭中国商品检验机构出具的检验证书向卖方索赔。合同第11条规定，品质保证期限为货到目的口岸12个月内，在保证期限内，因制造厂商在设计制造过程中的缺陷造成货物损害，应由卖方负责赔偿。

2005年3月24日货物到达目的港，买方A公司对该批货物进行商检后，发现货物存在品质问题。A公司于4月25日书面通知B公司，要求索赔。B公司以A公司已超过了合同规定的索赔期为由拒绝赔偿。A公司遂提起仲裁。

（来源：慧聪网 www.jctrans.com　2006-6-19）

四、索赔和理赔应注意的问题

（一）索赔应注意的问题

1. 注重实际，查明责任，正确确定索赔项目与金额

2. 遵守索赔期限

若按《公约》规定，则索赔期两年。索赔期限应根据货物的种类、特性、运输、检验所需时间等因素而定。对于某些商品，特别是需经过一段时间的存放和使用后才能发现质量和性能方面问题的商品，合同中还应规定有品质保证期。这里的品质保证期是指，买方接受卖方提交的货物后，在保存和使用期发生质量问题向卖方提赔的期限。

3. 索赔期限应正确选定起算日期

规定索赔期的起算方法通常有：（1）货物到达目的港后××天起算；（2）货物到达目的港卸离海轮后××天起算；（3）货物到达买方营业场所或用户所在地后××天起算；（4）货物经检验后××天起算。根据《公约》规定，自买方实际收到货物之日起两年之内。我国《合同法》也规定，买方自标的物收到之日起两年中，但如标的物有质量保证期的，适用质量保证期。

4. 备齐索赔所需单证

5. 先接受后索赔

根据《公约》第60条的规定，货物到达目的地后，如果经检验，货物不符合合同规定，买方也应接收货物，并向卖方及时提出索赔，如将货物弃之码头或者露天任之遭受风吹雨打，则买方违反了接收货物的义务，由此造成的损失由买方负责。

6. 采取保全措施

根据《公约》第86条的规定："如果买方已经收到货物但打算行使合同或本公约规定的任何权利，把货物退回，他必须按情况采取合理措施，以保全货物。他有权保有这些货

物，直至卖方把他付出的合理费用偿还他为止。”保全货物的措施包括：将货物存入或寄放在第三人的仓库，对于仓储费用太高或易于腐烂的货物应及时转售等，为此而支出的费用从出售货物的价款中支取。

（二）理赔时应注意的问题

（1）认真研究分析对方提出的索赔要求，先看是否合理，再看证据是否充足，决定是否赔付。

（2）对方索赔证件和有关文件是否齐全、清楚，有无夸大损失等。

（3）合理确定赔付办法，如赔付部分货物、退货、换货、补货、修整、赔付一定金额、对索赔货物给予价格折扣或按残损货物百分比对全部货物降价等办法。

① 在一方违约没有给对方造成损失的情况下，按照约定的违约金支付。

② 在当事人约定了违约金的情况下，一方违约同时给对方造成了损失时，确定违约金数额的参考标准就是损失的数额。如约定的违约金低于或高于造成的损失，当事人可以请求法院或仲裁机构予以适当减少或增加。

③ 违反合同的一方当事人支付违约金后，还应当履行合同义务。

（三）罚金条款举例

除本合同第××条所列举的不可抗力原因外，卖方不能按时交货，在卖方同意由付款银行在议付货款中扣除罚金或由买方于支付货款时直接扣除罚金的条件下，买方应同意延期交货。罚金率按每7天收取延期交货部分总值的0.5%，不足7天者以7天计算。但罚金不得超过延期交货部分总金额的5%。如卖方延期交货超过合同规定期限10周时，买方有权撤销合同，但卖方仍应不延迟地按上述规定向买方支付罚金。（Unless caused by the Force Majeure Specified in Clause ×× of this contract, in case of delayed delivery, the Sellers shall pay to the Buyers for every week of delay a penalty amounting to 0.5% of the total value of the goods whose delivery has been delayed. Any fraction part of a week is to be considered a full week. The total amount of penalty shall not, however, exceed 5% of the total value of the goods involved in late delivery and is to be deducted from the amount due to the Sellers by the paying bank at the time of negotiation, Or by the Buyers direct at the time of payment. In case the period of delay exceeds ten weeks later than the time of shipment as stipulated in the contract, the Buyers have the right to terminate this contract but the Sellers shall not thereby be exempted from payment of penalty.）

第三节　不可抗力

一、不可抗力的含义和认定

（一）不可抗力的含义

不可抗力（Force Majeure）是指买卖合同签订后，不是由于合同当事人的过失或疏忽，而是由于发生了合同当事人无法预见、无法预防、无法避免和无法克服的事件，以致不能履行合同，发生意外事故的一方可以免除合同的责任或推迟履行合同。

（二）引用不可抗力的法律依据

国际贸易公约及各国的法律、法规，对不可抗力有不同的叫法和解释：英美法称“合同落空”；大陆法称“情势变迁”或“契约失效”。《公约》对不可抗力的引用有相关规定，其第 79 条第 1 款指出：“当事人不履行义务，不负责任，如果他能证明此种不履行义务，是由于某种非他所能控制的障碍，而且对于这种障碍，没有理由预期他在订立合同时能考虑到或能避免或克服它或它的后果。”

大陆法系关于“不可抗力”的规定是情势变迁原则。合同的法律效力的存在以合同签定时的基础条件仍然存在为前提。假如合同签订后，不是由于合同当事人的原因而发生了意外的情况变化，使合同赖以存在的基础条件发生变化，致使合同不能如期履行，应对原合同的法律效力作相应的变更。

英美法系关于“不可抗力”的规定是“合同落空”（Frustration of contract）原则。其意思是指合同签订后由于双方不能控制的情况，使合同丧失了订立时的基础，双方得以免除合同义务。

《UCP600》第 36 条为银行规定了“不可抗力”免责：银行对由于天灾、暴动、骚乱、叛乱、战争、恐怖主义行为或任何罢工、停工或其无法控制的任何其他原因导致的营业中断的后果，概不负责。银行恢复营业时，对于在营业中断期间已逾期的信用证，不再进行承付或议付。

（三）不可抗力认定的要件

不可抗力是一项免责条款（Be free from liabilities）。不可抗力分为自然力量事件——指人类无法控制的自然界力量所引起的灾害，如水灾、火灾、风灾、旱灾、雨灾、冰灾、雪灾、雷电和地震等；和社会力量事件（包括政府行为和社会异常事件）。政府行为事件是指合同成立后，政府当局发布了新的法律、法规和行政禁令等，致使合同无法履行。社会异常事件是指战争、罢工、暴动、骚乱、恐怖主义行为等事件，给合同履行造成障碍。为了维护合同的严肃性，对于市场风险、商品价格波动、汇率变化等，或如怠工、关闭工厂、船期变更等均不属于不可抗力事件范围。

“不可抗力”的认定必须取得证明文件。在国外，一般由当地的商会或合法的公证机构出具；在我国，由中国国际贸易促进委员会或设在口岸的分会出具。

二、不可抗力条款的规定

不可抗力条款的内容，主要包括不可抗力事件的范围、不可抗力事件的处理原则和方法、事件发生后通知对方的期限和通知方式以及出具事件证明的机构等。关于不可抗力事件的范围，应在买卖合同中订明。通常有下列三种规定办法：

（一）概括规定

即在合同中不具体规定不可抗力事件的范围，只作概括的规定。

举例：如果由于不可抗力的原因导致卖方不能履行合同规定的义务时，卖方不负责任，但卖方应立即电报通知买方，并须向买方提交证明发生此类事件的有效证明书。（If the fulfillment of the contract is prevented due to force majeure，the Seller shall not be liable. However，the Seller shall notify the buyer by cable and furnish the sufficient certificate attesting such event or events.）

（二）具体规定

即在合同中明确规定不可抗力事件的范围，凡在合同中没有订明的，均不能作为不可抗力事件加以援引。

举例：如果由于战争、洪水、火灾、地震、雪灾、暴风原因致使卖方不能按时履行义务，卖方可以推迟这些义务的履行时间，或者撤销部分或全部合同。（If the shipment of the contracted goods is delayed by reason of war，flood，fire，earthquake，heavy snow and storm，the seller can delay to fulfill，Or revoke part or the whole contract.）

（三）综合规定

即采用概括和列举综合并用的方式。在我国进出口合同中，一般都采取这种规定办法。

举例：如因战争、地震、火灾、雪灾、暴风雨或其他不可抗力事故，致使卖方不能全部或部分装运或延迟装运合同货物，卖方对于这种不能装运或延迟装运本合同货物不负有责任。但卖方应立即通知买方并于10天内以航空挂号函件寄给买方，由中国国际经济贸易促进委员会出具发生此类事件的证明。在合同有效期后继续三个月，则本合同的未交货部分即视为取消，买卖双方的任何一方，不负任何责任。（If the shipment of the contracted goods is prevented or delayed in whole or in part by reason of war，earthquake，fire，flood，heavy snow，storm or other causes of Force Majeure，the Seller should not be liable for nonshipment or late shipment of the goods of this contract However，the Seller shall notify the Buyer immediately and furnish the letter within 10 days by registered airmail with a certificate issued by the China Council for the Promotion of International Trade attesting such event or events. The fulfillment of the contract exists for three months after the expiring the contract，the non-shipment of this contract is considered to be void，for which neither the Seller nor the buyer shall be liable.）

三种方式中，概括式较为笼统，列举式难以兼容，唯综合式明确具体，因而较多采用。

三、不可抗力事件的处理

如果合同有明确规定的，有关当事人可依据法律或合同的规定，免除相应的责任。如果合同中没有明确规定，一般根据不可抗力事件所产生的影响情况而定。

(一) 解除合同或变更合同

变更合同是指由一方当事人提出并经另一方当事人同意，对原订合同的条件或内容作适当的变更修改，包括延期履行、分期履行、替代履行和减量履行。至于究竟是解除合同还是变更合同，一般原则是：如果不可抗力事件的发生使合同履行成为不可能，非短期内所能复原，则可解除合同；如果不可抗力事故只是暂时阻碍了合同履行，则发生事件的一方只能采用变更合同的办法，以减少另一方的损失。

(二) 免责的有效期间

《公约》规定，不可抗力事件的免责“对障碍存在的期间有效”。若合同未经双方同意宣告无效，则合同关系继续存在，一旦履行障碍消除，双方仍须继续履行合同义务。

(三) 不可抗力的通知和证明

我国《合同法》规定：“当事人一方因不可抗力不能履行合同的，应当及时通知对方，以减轻可能给对方造成的损失，并在合理期限内提供证明。”在通知中还需提出处理意见，否则不予免责并自负后果。对此，《公约》第79条第4款也明确规定：不履行义务的一方必须将障碍及其对他履行义务能力的影响通知另一方。如果该项通知在不履行义务的一方已知道或理应知道此一障碍后一段合理时间内仍未为另一方收到，则他对由于另一方未收到通知而造成的损害应负赔偿责任。对方在接到通知后，应及时答复，如有异议也应及时提出。

【案例9-3】

被申请人援引合同落空原则“落了空”

本案为仲裁案件。申请人为一家美国公司，被申请人为中国外贸公司。双方于2007年11月12日间先后签订了三份售货合约，由被申请人向申请人出售货物总价值468 000美元，价格术语CIP鹿特丹，最后交货期限为2007年12月31日。合同约定在前中国国际经济贸易仲裁委员会仲裁。因市场发生剧烈变化，被申请人未能履行交货义务，申请人遂提起仲裁，请求仲裁庭裁决被申请人：(1) 申请人遭受的利润损失567 000美元；(2) 支付信用证费用计2 192.36美元；(3) 赔偿申请人为此案支付的律师费；(4) 承担全部仲裁费用。

被申请人辩称，因为国内国际市场价格飞涨，国内货源紧缺，到交货时价格已经上升了1至2倍。双方订立合同时所持有的根本目的已经落空，因此可以认为被申请人依合同价格交货的义务因履行合同时的环境与订立合同时的情况有本质的变化而得以免除。另外，根据《公约》，被申请人应赔偿的损失为交货期满时交货地市场价格与合同价格的差价。对此，申请人进一步诉称，根据公约，申请人应得到的损害赔偿应包括申请人应得的利润。而且，申请人通过多种方式证明了当时存在国际市场价格，否认存在交货地的时价。仲裁庭意见：根据《公约》有关卖方义务的规定，被申请人的行为已经构成违约，申请人有权要求损害赔偿。被申请人援引合同落空理论来解释其不履行合同交货义务的行为是没有法律依据的。而且，被申请人未能合理证明交货地中国天津新港的时价，其抗辩被驳回。裁决被申请人赔偿申请人三份合同项下的利润损失共计550 800美元以及被申请人向申请人支付其中两份合同项下的改证费和电传费通知费683.31美元。本案仲裁费，申请人分担10%，被申请人分担90%。

（资料来源：万能商业网）

第四节　仲　　裁

一、贸易争议的解决方式

在货物贸易过程中，双方发生争议是常事，特别是在国际贸易中，情况复杂多变，买卖双方签定合同后，由于种种原因，没有如约履行，从而引起交易当事人之间的争议。解决争议的途径有下列几种：友好协商、调解、诉讼和仲裁。

（一）友好协商（Amicable negotiation；Consulation）

它是指争议的双方当事人，在发生争议后，通过口头、书面或其他通讯联络方式，相互协商以寻求争议解决的一种方式。往往很多一般性的争议问题可能通过协商就予以解决。但这种办法有一定的局限性。

（二）调解（Conciliation）

它是邀请第三方居间调停，在查明事实、分清是非基础上，采取说服的办法，以促进当事人互谅互让，从而达成协议以解决争议。调解工作一般贯穿于不同处理争议方法的始终。调解贯彻的是自愿原则，不得压制和强迫当事人接受调解人的意见。

（三）诉讼（Litigation）

它是指一方当事人向法院起诉，控告另一方有违约违法的行为，要求法院依法给予救济或惩处另一方当事人。诉讼的基本原则是强制管辖，法院可以按照管辖权限受理各种各类贸易争议案件。只要一方当事人向有管辖权的法院起诉，另一方就必须应诉，争议双方都无权选择法官。诉讼处理争议，双方当事人关系紧张，有伤和气，不利于今后贸易关系的继续发展。诉讼费用高，时间拉得可能很长。

（四）仲裁（Arbitration）

仲裁亦称“公断”，是指各方当事人自愿将他们之间发生的争议交由各方同意的第三者进行审理和裁决（Award），以求解决争议的最终解决。仲裁的重要原则，是当事人意思自治，即各方当事人通过签署合同中的仲裁条款或另外达成的书面协议，自行约定或选择仲裁事项、仲裁机构、仲裁地点、仲裁程序、裁决效力及仲裁使用的语言等等。

二、仲裁的特点

仲裁作为一种在国际商事领域解决争议和纠纷的通行做法，以其专家判断、程序快捷、保密性强、形式灵活等优点而日益成为国内外商贸界普遍欢迎的解决方式。根据《纽约公约》（联合国，1958）的规定，仲裁裁决可以在该公约的缔约国得到承认和执行。

与诉讼相比，仲裁具有多种优势。首先，仲裁是终局性的，败诉方不得上诉，必须执行裁决。否则，胜诉方有权要求法院强制执行。与诉讼可能的一审、二审甚至再审相比，可以使争议在短时间内得到确切而又最终的处断。其次，它是专家审理。与诉讼中由相对固定的法官审判不同，仲裁是由遍布各行各业的，拥有各种专业背景的仲裁员来审理。这样可以根本上避免外行审理内行的现象，从而保证审理结果的公正性和可预见性。再次，仲裁程序自主灵活。当事人可以自主约定和设计仲裁程序，双方当事人均有在仲裁机构中推选仲裁员以裁定争议的自由，仲裁庭也享有根据案件的具体情况决定仲裁程序如何进行的较大自主权。最后，费用比诉讼费低，气氛缓和，不影响争议双方继续发展贸易关系。

因此，仲裁往往成为商事纠纷首选解决方式。在国际国内商务纠纷中起着越来越重要的作用。

【案例 9 - 4】

仲裁 Vs 诉讼 国际贸易惯例 Vs 国内法①

Norsolor 是一个法国公司，国际商会（ICC）仲裁庭裁决 Norsolor 违反了它与土耳其商务 Pabalk Ticaret 公司之间的合同，ICC 选定第三方奥地利的维也纳为仲裁地点。双方当事人没有提出异议。仲裁庭在 1979 年 10 月 26 日作出裁决，认定 Norsolor 违约，应赔偿 80 万法郎。仲裁庭叙述理由是，按照国际惯例以及诚实信用的原则，认定 Norsolor 错误地终止合同导致了无辜受害的一方当事人的损失。

Norsolor 向奥地利法院起诉，认为仲裁庭未就 ICC 仲裁规则第 13 条 3 款的规定行事，即"当事人双方未指明使用的法律时，仲裁员应适用他认为合适的根据冲突法规则所确定的准据法"。维也纳上诉法院予以支持，认为仲裁员按照惯例来裁决本案是不许可的，由于仲裁员未能指出法国法和土耳其法在本案的主要问题上是一致的，并还认为仲裁员有义务决定这两个国家的法律中哪一个应为准据法。据此，撤销仲裁庭裁决的一部分。

然而，奥地利最高院推翻了上诉法院的裁决，再次确认了原仲裁裁决。最高法院认为，仲裁庭使用惯例裁决案件并没有违反任何明确有效法律规范。此外，仲裁庭也没有超越它的管辖权，所处理的事项也没有超出仲裁协议的范围，而且，ICC 仲裁规则第 13 条第 5 款规定了"仲裁员在任何情况下都应考虑合同的规定和有关贸易惯例。"

关于仲裁员能否不按法律而只依国际惯例来裁决案件的问题，这个案例提供了一个实际的例证。事实上，国际惯例得以存在和发展的重要原因之一，就是它已为大多数国家的法律所认可，或者与法律的基本原则并行不悖。在当事人未能就适用法律达成一致的情况下，仲裁员按照惯例进行裁决若能达成公平合理的结果，应该是无可非议的。

---

① 资料来源：http：//210.33.23.99/gjmy/stijdal/kcnrIndex.aspx？courseID = 358 国际贸易惯例的约束力

三、仲裁形式和机构

（一）仲裁形式

1. 临时仲裁

它是指由争议双方共同指定的仲裁员自行组成临时仲裁庭所进行的仲裁。

2. 机构仲裁

它是指双方当事人约定的常设仲裁机构按照其仲裁规则或双方当事人选定的仲裁规则所进行的仲裁。所谓常设仲裁机构是指根据一国法律或有关规定设立的，有固定名称、地址、仲裁员设置和具体仲裁规则的仲裁机构。

（二）仲裁机构

仲裁机构是属于社会性民间团体所设立的组织，不是国家政府机关，不具有强制管辖权，对争议案件的受理，以当事人自愿为基础。仲裁机构之间互不隶属，各自独立，实行一裁终局。因此，是否选择仲裁，由谁来进行仲裁都必须由当事人自行约定。当事人提交仲裁机构仲裁解决的意思表示，是授予仲裁机构对争议案件的管辖权，并排除法院司法管辖权的法律依据。

中国国际经济贸易仲裁委员会（China International Economic and Trade Arbitration Commission，CIETAC）简称中国贸仲委，于1956年4月成立。2000年，中国贸仲委同时起用中国国际商会仲裁院的名称。中国贸仲委总部设在北京，在上海、深圳、天津、重庆分别设立了华东、华南、华北、西南各分会。分会下设秘书处，在秘书长领导下负责处理日常事务，负责受理各地区的涉外商事案件。贸仲委下还设有办事处，如杭州、武汉、济南、石家庄、乌鲁木齐、郑州、南宁、成都、青岛、西安、哈尔滨、长沙、广州、宁波、呼和浩特、义乌等处。办事处是仲裁委员会的仲裁专业联络和宣传机构，受仲裁委员会的直接领导。根据《仲裁委员会办事处规则》，仲裁委员会办事处不得从事仲裁案件的收费、立案和审理工作，不得向当事人收取咨询费，也不得在仲裁委员会及其分会所受理的仲裁案件中从事仲裁代理。

经过几十年的不懈努力，中国贸仲委以其独立、公正、高效在国内外享有盛誉，它已成为世界上享有盛誉的常设商事仲裁机构之一。世界上其他比较重要的仲裁机构有巴黎的国际商会仲裁院、美国仲裁协会、瑞典斯德哥尔摩仲裁院、瑞士苏黎世商会仲裁院、英国伦敦国际仲裁院、日本国际商事仲裁协会、香港国际仲裁中心等。

四、仲裁协议

当事人双方通过仲裁解决争议时，必须先签订仲裁协议。仲裁协议有书面形式和口头形式之分。在我国，仲裁协议必须是书面的。仲裁协议有三种形式：一种是在争议发生之前订立的，它通常作为合同中的一项仲裁条款（Arbitration clause）出现；另一种是在争议发生之后订立的，它是把已经发生的争议提交仲裁的协议（Submission，Arbitration agreement）；

第三种是援引（Reference）式仲裁协议，指争议发生之前或之后，通过援引方式达成的仲裁协议，即同意有关争议按照某公约中的仲裁条款所述内容进行仲裁。这几种形式的仲裁协议，其法律效力是相同的。

（一）仲裁协议的作用

（1）约束双方当事人只能以仲裁方式解决争议，不得向法院起诉。

（2）排除法院对有关案件的管辖权，如果一方违背仲裁协议，自行向法院起诉，另一方可根据仲裁协议要求法院不予受理，并将争议案件退交仲裁庭裁断。

（3）仲裁机构取得对争议案件的管辖权。

上述三项作用的中心是第二条，即排除法院对争议案件的管辖权。因此，双方当事人不愿将争议提交法院审理时，就应在争议发生前在合同中规定出仲裁条款，以免将来发生争议后，由于达不成仲裁协议而不得不诉诸法院。

（二）仲裁协议的示范条款

（1）普通仲裁条款（Model arbitration clause，CIETAC向中外经贸界推荐的仲裁条款）：

“凡因执行本合同所发生的或与本合同有关的一切争议，双方应通过友好协商办法解决，如果协商不能解决，应提交××国××地××仲裁机构，并根据其仲裁程序规则进行仲裁，仲裁裁决是终局的，对双方都具有约束力，仲裁费用由败诉方负担。”（All disputes arising out of performance of, or relating to this contract, Shall be settled amicably through friendly negotiation. In case no settlement can be reached through negotiation, the case shall then be submitted to ... for arbitration, in accordance with its rules of arbitration. The arbitral award is final and binding upon both parties. The charges arising from the arbitration shall be undertaken by the losing party.）

（2）网上仲裁条款（适宜于国内贸易）

“本用户同意，通过×××（电子交易平台）进行的一切交易活动及有关事项，若出现分歧或争议，均应提交中国国际经济贸易仲裁委员会（CIETAC）按照其确定的适用于该案的程序，以在线仲裁方式迅速解决，仲裁裁决是终局的，受《中华人民共和国仲裁法》管辖，并可由法院在线执行。除非本用户发出明确和书面的相反表示，本声明持续有效。”

（三）仲裁地点的确定

仲裁地点简单地说就是仲裁活动进行的地方，即进行仲裁程序和作出仲裁裁决的所在地。仲裁地点对确定仲裁程序所应适用的法律具有决定性的作用，因此，仲裁地点的确定也就显得尤为重要。国际仲裁公约、国际仲裁机构的仲裁规则以及各国的商事仲裁立法中有很多关于仲裁地点的规定。常见的是规定在我国仲裁，也可规定在被申请一方所在国仲裁，或规定在双方同意的第三国仲裁。

（四）仲裁规则

仲裁程序与规则是指进行仲裁的程序和具体做法，包括如何提交仲裁申请，如何进行答辩，如何指定仲裁员，如何组成仲裁庭，如何进行仲裁审理，如何作出裁决及如何交纳仲裁费等。在哪个仲裁机构仲裁，就应遵守哪个机构的仲裁规则。

（五）仲裁效力

仲裁效力是指仲裁机构所作的裁决对双方当事人是否有约束力，是否是终局性的，以及能否向法院上诉，要求变更裁决等。多数国家都规定仲裁裁决具有终局效力。

（六）仲裁费用

仲裁费用由败诉方承担，但也可由仲裁庭酌情决定。

五、仲裁程序

仲裁程序是指进行仲裁的手续、步骤和做法。主要包括仲裁申请、仲裁庭的组成、仲裁审理及其作出裁决。各国仲裁法和仲裁机构的仲裁规则都对仲裁程序有明确的规定。

（一）仲裁申请

这是仲裁程序开始的首要手续，是仲裁机构立案受理的前提。申请书的主要内容为：(1）申请人和被申请人的名称和地址。(2）申请人所依据的仲裁协议。(3）案情和争议要点。(4）申请人的要求，所依据的事实和根据。

（二）仲裁庭的组成

我国仲裁法规定，仲裁庭可以由三名仲裁员或者一名仲裁员组成。由三名仲裁员组成的，设首席仲裁员。

（三）仲裁审理

仲裁审理的步骤包括开庭审理、调解、收集证据和调查（必要时）、采取保全措施以及作出裁决等步骤。

（四）仲裁裁决

裁决是仲裁程序的最后一个步骤。根据各国仲裁规则的规定，仲裁裁决必须以书面形式作出。

六、仲裁裁决的承认与执行

1958 年 6 月 10 日联合国在纽约通过了《承认和执行外国仲裁裁决公约》（简称《纽约公约》）。该公约的目的是为了促进仲裁裁决的承认和执行，除非有该公约所列举的有限度的拒绝执行裁决的理由，各缔约国的主管机关和执行法院都有义务承认和执行外国仲裁裁决。《纽约公约》是迄今为止最为成功的国际条约。目前已有 120 多个缔约国。但由于各国历史背景、文化传统和法律体系的不同，各国在实施《纽约公约》的具体做法上也不是千篇一律的。

裁决的承认是指法院根据当事人的申请，依据确认的仲裁裁决具有可予执行的法律效力；裁决的执行是指当事人自动履行裁决事项，或法院根据一方当事人的申请依法强制另一方当事人执行裁决事项。

本章小结

我国《商检条例》将安全、卫生、健康、环保、反欺诈作为商品检验的主要任务，重心从检验检疫向监督管理转移，有助于提高企业和全民质量意识。我国商检执法机构是国家检验检疫总局。由其开具或其指定机构开具的检验结果和检验证书是通关、征税、议付、计收运费、交接货物以及索赔、仲裁或诉讼的凭证。商检的时间和地点要与贸易术语的风险划分相匹配，历来是买卖双方最为关注的焦点；索赔、不可抗力、仲裁是买卖双方为了使争议或违约得到恰当解决而签订的条款。索赔是处理违约的一种重要补救措施，在索赔时应注意查明责任、索赔期限、索赔项目与金额以及索赔所需单据；在理赔时应注意是否应该受理以及采取何种赔付办法等。不可抗力条款是免责条款，主要包括不可抗力事件的范围、事件的处理、事件发生后通知对方的期限与方式、事件的出证机关等。仲裁条款是合同中解决贸易争议的一项重要交易条款，内容一般包括：提请仲裁的范围、仲裁地点、仲裁机构、仲裁规则、仲裁的效力和仲裁费用等。

技能实训

实训模块一　进口人应向谁索赔

【实训目的】 通过本案例讨论，将前后各章所学知识联系起来，认识从商品生产、包装、出口运输、保险、信用证议付、索赔等一系列过程的联系和操作要领，学会综合分析问题，同时提高质量意识，深刻体会商品质量的重要性。

【实训材料】 广州稻花香食品公司与比利时南特公司签署了以 CIP 鹿特丹为条件出口 1 000 箱膨化苏打饼干、即期信用证付款的合同，总货款为 USD20 890，议付银行为中行湖南分行。货物装运后，交中国外运广东分公司运输，保险人为中国人保广州分公司。广州稻花香公司凭合同、信用证、商检证、发票、汇票、装箱单、多式联运提单和已投保一切险及战争险的保险单等等全套单据，向中行广州分行议付货款。货到目的港后经进口人复验发现：（1）短少 2 箱，实交 998 箱；（2）该批货物共有 10 个批号，其中 2 个批号涉及 60 箱食品包装箱被水渍；（3）有 15 箱货物外表情况良好，但箱内货物共短少 60 千克。根据以上情况，试分析：

1. 出口人能否全额收款结汇？
2. 进口人应分别向谁索赔？

【实训要求】 试以 5 ~ 7 人为一组，分别扮演出口人、银行、进口人、船方、出口方商检机构、保险公司、进口方商检机构、仲裁机构，解决所遇到的上述问题。多出的人作为评委，对各组运用知识的能力、代表上台表述的表现予以综合评分。

实训模块二　保鲜商品发生争端，如何应对？

【实训目的】通过案例讨论，加强对不可抗力条款的认识和理解。

【实训材料】某年，我国A公司与英国B公司成交小麦100公吨每公吨CFR London 400英镑，总金额为40 000英镑，交货期为当年5月份。签约后，A公司购货地发生水灾，于是我方以不可抗力为由，要求免除交货责任。但对方回电拒绝。问题：我方要求以不可抗力免除交货的理由是否充分？

【实训要求】根据本案例所提供的背景资料，对不可抗力是否成立分为正方和反方，展开双方辩论。

实训模块三　认真对待仲裁条款

【实训目的】通过本案例讨论，加强对仲裁条款的认识和理解。

【实训材料】2009年国内a公司向美国b公司出口纺织品，b公司收货后未按期支付货款。由于双方在贸易合同中约定："本合同项下的一切争议，应提交中国国际经济贸易仲裁委员会，按照申请仲裁时该会现行有效的仲裁规则进行仲裁"，a公司于2010年1月向指定的仲裁委提起仲裁。

b公司在收到仲裁庭的开庭通知后提出了管辖异议，b公司向仲裁庭提供的贸易合同与a公司提供的合同为不同版本：该版本显示，仲裁条款中的"中国国际贸易仲裁委员会"字样被划去，而在原位置手写了"美国仲裁协会"字样。此外，卖方签字栏内增加了一个a公司授权代表的签字，并注明了时间，该时间晚于a公司提供的合同的签署时间。b公司据此主张双方已对合同进行了更改，重新选择美国仲裁协会为仲裁机构，仲裁委对争议没有管辖权；而a公司则坚决主张从未同意选择美国仲裁协会为仲裁机构，b公司提供的合同中的签字不实，仲裁委对案件有管辖权。为查明事实，仲裁委将该证据提交某法院司法鉴定中心进行鉴定。鉴定结果确认b公司提供的合同签字栏中增加的a公司授权代表的签字与原签字为同一人所写。2006年1月，仲裁委最终认定其对该案没有管辖权，并作出了撤案决定。

（来源：国际商报，经编辑）

【实训要求】该案仲裁管辖的争议审理时间长达2年，a公司投入了大量的人力和物力，却没能使其债权通过仲裁得到确认，仲裁委作出撤案决定有没有法律依据？仲裁机构管辖权如何确定？仲裁协议是否已变更及变更的效力如何？共同讨论从本案所获启示。

思考练习题

一、不定项选择题

1. 国际上的商品检验机构归纳起来不外乎以下几类：（　　）。

A. 官方的
B. 半官方的
C. 非官方的
D. 生产制造厂商和用货单位或买方的检验机构。

2. 在我国外贸实际业务中关于检验时间和地点使用最多的是（　　）。
A. 出口国检验　B. 进口国检验　C. 出口国检验，进口国复验

3. 若使买方在目的港对所收货物无权提出异议，商品检验应（　　）。
A. 以离岸品质、离岸重量为准　B. 以到岸品质、到岸重量为准
C. 以离岸品质、到岸数量为准　D. 以到岸品质、离岸数量为准

4. 对技术密集型产品，宜在（　　）。
A. 出厂前检验　B. 装船前检验
C. 目的港检验　D. 最终用户所在地检验

5. 由国家出面要进行的装船前检验，主要出于以下考虑（　　）。
A. 防止外汇流失，确保外汇合理使用
B. 防止商业欺诈
C. 防止虚报产品价格逃避关税
D. 防止不正当的复进口
E. 确保以公道的价格买到合适的商品
F. 防止恐怖分子袭击

6. 进口商提出要进行装船前检验，其主要目的在于（　　）。
A. 货物掺假，缺斤少两　B. 防止以次充好或中途调包
C. 不希望事后索赔，劳民伤财　D. 节约时间和成本
E. 货物不合格或短少时能得到修正补缺
F. 货物税号归类正确

7. 中国某公司以 CIP 价向德国某公司出口一批农副产品，投保了一切险，以信用证方式支付，出货后取得提单并办理了议付。但装货的海轮在海上失火，该批农副产品全部烧毁。下列选项哪项是正确的？（　　）
A. 中国公司应向德国公司提出索赔　B. 德国公司应向承运人提出索赔
C. 德国公司应向保险公司提出索赔　D. 德国公司应向中国公司提出索赔

8. 中国甲公司从美国乙公司进口一批水果，合同约定货到验收后付款。甲公司提货验收后，发现货物总重量短少 12%，单个体积和重量也不符合合同规定。下列有关此案的表述正确的是？（　　）
A. 甲有权拒绝接收货物
B. 甲有权要求退货
C. 甲可以将货物寄放于第三方仓库，其费用由乙公司承担
D. 甲可以将货物出售，并从出售价款中扣除保全、销售货物的合理费用

9. 按照《公约》规定，如买卖合同中未规定索赔期限，买方行使索赔权的最长期限为自实际收到货物起不超过（　　）。
A. 1 年　B. 60 天　C. 2 年　D. 30 天

10. 进口索赔的对象主要有（　　）。

A. 卖方　　B. 买方　　C. 银行　　D. 保险公司

E. 承运人

11. 当卖方遭遇不可抗力事件，按照法律和惯例，则发生事件的一方可能（　　）。

A. 免除交货责任

B. 延展交货日期

C. 减少交货的数量

D. 或免除交货责任，或延展交货日期，视具体情况而定

12. 仲裁协议是仲裁机构受理争议案件的必要依据。仲裁协议（　　）达成。

A. 必须在争议发生之前

B. 只能在争议发生之后

C. 既可以在争议发生之前，也可以在争议发生之后

二、判断题（对的打√，错的打×，并改错）

（　　）1. 属于法定检验的商品仅指列入《商品目录》内的商品。

（　　）2. 我出口合同中规定的买方复验商品品质/数量的期限，一般就是买方可向我提出有关的索赔要求的期限，超过约定索赔期限的索赔，在法律上无效。

（　　）3. 在按装运港交货的贸易术语成交时，合同中规定检验地点应以“离岸品质、离岸重量”为宜。

（　　）4. 代理报验人与货主负有同样的责任，代理人如果违反了商检法的规定，是要被处罚的。

（　　）5. 商检不再以“自检、共检和认可检验”来定义，而是全面的合格评定活动和全面的质量管理。

（　　）6. 通关单不是最终放行的凭证，它是在实行“先报检，后报关”制度中用于报关的凭证。

（　　）7. 订金与定金是一回事。

（　　）8. 凡是遇到不可抗力事故，遭受事故的一方就可以提出撤销合同。

（　　）9. 根据《公约》规定，买卖双方的一方如果根本违反了合同，另一方只能索赔，不能宣告合同无效。

（　　）10. 如果交易双方愿意将履约中的争议提交仲裁解决，必须在买卖合同中订立仲裁条款，否则仲裁机构不予受理。

三、简答题

1. 我国实施商品检验的基本原则是什么？

2. 我国实施法定检验的范围如何？

3. 订立合同的检验条款应注意哪些问题？

4. 我国内地×市的A公司委托沿海城市S市的B公司进口机器一台，合同规定买方对货物品质不符合同的索赔期限为货到目的港30天内。货到S市后，B公司即将货转至×市A公司，由于A公司的厂房尚未建好，机器无法安装，半年后，待厂房完工，机器装好，经检验检疫机构检验，发现该机器均系旧货，不能很好运转，逐请B公司向外提出索赔，外商置之不理，对此，我方应吸取什么教训？

5. 某公司从国外采购一批特殊器材，该器材指定由国外某检验机构负责检验合格后才能收货。后接到此检验机构的报告，报告称质量合格，但在其报告附注内说明，此项报告的部分检验纪录由制造商提供。这种情况下，买方能否以质量合格而接受货物？

6. 商品电子报检的一般程序如何？

7. 复验期限与索赔期限有何关系？在订立复验期限时应注意什么问题？

8. 我国某进出口公司与英国某公司以 FOB 价签定的进口合同，装货港为伦敦。合同签定后不久，英方通知我方货已备妥，要求我方按时派船接货。然而，在我方安排的船舶前往英港途中，突然爆发中东战争苏伊士运河被封锁，禁止一切船舶通行，我方船舶只好改变航线绕道好望角航行，增加航行近万公里，到达装运港时已过装运期。这时，国际上的汇率发生变化，合同中的计价货币英镑贬值，英方便以我方未按时派船接货为由，要求提高货物价格，并要求我方赔偿由于延期接货而产生的仓储费。对此，我方表示不能接受，双方遂发生争议。如你是我方派出的代表，将如何处理这个问题？

9. 我某企业与某外商按国际市场通用规格订约进口某化工原料。订约后不久，市价明显上涨。交货期限届满前，该商所属生产该化工原料的工厂失火被毁，该商遂以该厂火灾属不可抗力事件为由要求解除其交货义务。对此，我方应如何处理？为什么？

10. 我国某公司与外商订立一项出口合同，在合同中明确规定了一旦在履约过程中发生争议，即将争议提交中国国际经济贸易仲裁委员会，在中国仲裁。后来，双方对商品的品质发生了争议，对方在其所在地法院起诉我方，法院也发来了传票，传我公司出庭应诉。对此，我方应该如何处理？为什么？

11. 国际货物买卖合同中异议和索赔条款一般包括哪些内容？

12. 某年我与某外商签订一批进口化肥合同，后外商为其生产化肥的两个工厂之一遭受火灾。这时正值国际市场上的化工产品价格上涨，于是外商以不可抗力为由要求撤约，问我应如何对待此问题？

13. 买卖合同中不可抗力条款包括哪些内容？

14. 在国际贸易中，解决争议的办法有几种？

15. 仲裁条款应包括哪些内容？

第 10 章

交易磋商、合同签订和履行

课前准备

【学习目标】

掌握交易磋商的主要环节；熟悉发盘和接受的各项具体条件及其要求

【技能目标】

熟悉履行合同的基本程序，善于处理合同业务事宜，会撰写贸易函电及草拟合同，会抓住合同主要环节，会履行合同

【情感目标】

善于协调关系，对合同履行常怀敬畏之心，明白“贸易无小事”道理

学习内容

【先行案例】

“车到山前没有了路”

A 国商人将从别国进口的初级产品转卖，向 B 国商人发盘，B 国商人复电，接受发盘，同时要求提供产地证。两周后，A 国商人收到 B 国商人开来的信用证，正准备按信用证规定发运货物，获检验检疫机构通知，因该货非本国产品，不能签发产地证。经电请 B 国商人取消信用证中要求提供产地证的条款，遭到拒绝，于是引起争议。A 国商人提出，其对提供产地证的要求从未表示同意，依法无此义务，而 B 国商人坚持 A 国商人有此义务。双方为此产生争议。若双方所在国均为《联合国国际货物销售合同公约》缔约国，要根据《公约》的规定，对此案作出裁决。

（资料来源：思科赛斯管理咨询网 2005－02－21）

第一节　交易磋商的国际惯例——《公约》

一、《公约》简介

“哪里有贸易，哪里就有法律”是古罗马人的格言。做贸易的原动力是逐利，若各个国家或企业各行其是，必然乱套。为了既坚持国际贸易法的统一化，又照顾到不同社会、经济和法律制度的差别性，由联合国国际贸易法委员会主持，经过长达半个多世纪的努力，制定出《联合国国际货物销售合同公约》（United Nations Convention on Contracts of International Sales of Goods），简称公约，1980 年在维也纳举行的外交会议上获得通过。公约于 1988 年 1 月 1 日正式生效，成为国际社会各国共同遵守的统一规则和调整国际贸易关系的统一规范。1986 年 12 月 11 日我国交存核准书，成为缔约国之一。在提交核准书时，我国提出了两项保留意见：第一，不同意扩大《公约》的适用范围，只同意《公约》适用于缔约国的当事人之间签订的合同。第二，不同意用书面以外的其他形式订立、修改和终止合同。

截至 2010 年 8 月，核准和参加该公约的共有 77 个国家，包括：阿尔巴尼亚，阿根廷，亚美尼亚，澳大利亚，奥地利，白俄罗斯，比利时，波斯尼亚和黑塞哥维那，保加利亚，布隆迪，加拿大，智利，中国，哥伦比亚，克罗地亚，古巴，塞浦路斯，捷克共和国，丹麦，多米尼加共和国，厄瓜多尔，埃及，萨尔瓦多，爱沙尼亚，芬兰，法国，加蓬，格鲁吉亚，德国，希腊，几内亚，洪都拉斯，匈牙利，冰岛，伊拉克，以色列，意大利，日本，吉尔吉斯斯坦，拉脱维亚，黎巴嫩，莱索托，利比里亚，立陶宛，卢森堡，毛里塔尼亚，墨西哥，摩尔多瓦，蒙古，黑山，荷兰，新西兰，挪威，巴拉圭，秘鲁，波兰，罗马尼亚，韩国，俄罗斯联邦，圣文森特和格林纳丁斯，塞尔维亚，新加坡，斯洛伐克，斯洛文尼亚，西班牙，瑞典，瑞士，阿拉伯叙利亚共和国，马其顿（前南斯拉夫共和国），土耳其，乌干达，乌克兰，美国，乌拉圭，乌兹别克斯坦，委内瑞拉，赞比亚等。

二、《公约》的宗旨或基本原则

建立国际经济新秩序的原则、平等互利原则与兼顾不同社会、经济和法律制度的原则。这些基本原则是执行、解释和修订《公约》的依据，也是处理国际货物买卖关系和发展国际贸易关系的准绳。

三、《公约》的基本结构和重点内容

《公约》共分为四个部分：第一，适用范围；第二，合同的成立；第三，货物买卖；第四，最后条款。全文共 101 条。

《公约》规定了买方和卖方的权利义务。第一，卖方责任主要表现为三项义务：交付货物；移交一切与货物有关的单据；移转货物的所有权。第二，买方的责任主要表现为两项义务：支付货物价款；收取货物。第三，详细规定卖方和买方违反合同时的补救办法。第四，规定了风险转移的几种情况。第五，明确了根本违反合同和预期违反合同的含义以及当这种情况发生时，当事人双方所应履行的义务。第六，对免责根据的条件作了明确的规定。

四、我国企业在适用《公约》时应注意的问题

首先，要注意《公约》与我国《合同法》在适用范围方面的区别。《公约》的适用范围较窄，而我国《合同法》的适用范围较宽。《公约》仅针对货物销售合同而制定，因此，不适用于工业产权、劳务、金融、租赁等合同。

其次，《公约》只适用于国际货物销售合同的订立、买卖双方的权利义务、违约及其补救措施。据此，当事人在选择《公约》作为合同的准据法时，还应对《公约》没有规定的问题作出约定。《公约》不适用以下销售：① 供私人和家庭使用的货物买卖；② 以拍卖方式进行的买卖；③ 公债、股票、投资证券、流通票据或货币的买卖；④ 船舶、船只、气垫船和飞机的买卖；⑤ 电力的买卖。

再次，《公约》是国际贸易惯例，双方当事人可以在合同中约定不适用本公约，或部分地排除，或改变《公约》中任何条款的规定。《公约》不涉及合同的效力，或其任何条款的效力，或任何惯例的效力。不涉及合同对所售货物所有权可能产生的影响。不适用于卖方对于货物对任何人所造成的死亡或伤害的责任。

第二节　交易磋商

《公约》对交易磋商的规定和解释以及买卖双方权利义务及违约补救措施等方面的有关规定，所有缔约国都予以认可和遵守，其原则和规范性制度也得到世界广泛使用。

一、交易磋商

交易磋商（Business negotiation）是买卖双方为买卖商品，对交易的各项条件进行协商以达成交易的过程，通常称为贸易谈判。交易磋商是签订合同的基础，没有交易磋商就没有买卖合同。交易磋商工作的好坏，直接影响到合同的签订及以后的履行，关系到双方的经济利益，它在货物贸易中是一个十分重要的环节。

交易磋商的程序可概括为四个环节：询盘、发盘、还盘和接受。其中发盘和接受是必不可少的两个基本环节。

（一）询盘

询盘（Inquiry）是交易的一方打算购买或出售某种商品，向对方询问买卖该项商品的有关条件，或者就该项交易提出带有保留条件的建议。买方询盘又称邀请发盘（Invitation to Offer）。例如：永久牌自行车请报盘（Please Offer YONGJIU Brand Bicycles）。卖方询盘又称

邀请递盘（Invitation to Bid）。如：可供 1 000 辆永久牌自行车 5 月份装运请递盘（Can Supply 1 000pcs YONGJIU Brand Bicycles May Shipment Please Bid）。

询盘是邀请发盘中最常见的一种形式，是为了试探对方对交易的诚意和了解其对交易条件的意见，其内容可涉及：价格、规格、品质、数量、包装、装运以及索取样品等，而多数只是询问价格。所以，业务上常把询盘称作询价。询盘不具备法律上的约束力，询问的对象不限于一人，所报出的价格也仅供参考。

买方常用的询盘字眼：Please Advise...（请告……）；Please Offer...（请发盘……）；Please Quote...（请报价），等。卖方常用的询盘字眼：We can supply... please book/order/bid（我方可提供……请订货/递盘）等表达方式。

询盘的认定：① 有表达交易的愿望，还有邀请对方发盘的用意；② 一般交易条件并不十分确切，主要是试探价格和可供数量；③ 有诸如“以我方最后确认为准”等附加条件或者保留条件。

（二）发盘

1. 发盘（Offer）

发盘又称发价、报盘、递盘等，在法律上称为“要约”，是交易的一方（发盘人）向另一方（受盘人）提出购买或出售某种商品的各项条件，并愿意按照这些条件与对方达成交易、订立合同的意思表示。《公约》第 14 条指出：“向一个或一个以上特定的人提出的订立合同的建议，如果十分确定并且表明发盘人在得到接受时受其约束的意旨，即构成发盘。”发盘常用的字眼有：发盘（Offer）、发实盘（Offer firm）、报价（Quote）、供应（Supply）、订购（Book）、订货（Order）、递盘（Bid）、递实盘（Bid firm）。在实际业务中，由于大多数商品处于买方市场，所以由卖方主动发盘的较多。

例如：发盘中国松香 WW 级 100 公吨，每公吨 CPT 伦敦 500 英镑，六月份装运，即期信用证，15 日复到有效。(Offer Chinese Rosin WW grade 100M/T sterling 500 CPT London June shipment sight L/C subject reply here 15th)

2. 发盘的认定（构成条件）

（1）必须是向一个或一个以上的特定人提出的订约建议。

（2）发盘内容必须十分确定：发盘内容的确定性体现在发盘中所列的条件是否是完整的、明确的和终局的。《公约》第 14 条指出：“一个建议如果写明货物并且明示或暗示地规定数量和价格或规定如何确定数量和价格，即为十分确定”。“确定”并非要求“完整”。完整指主要的交易条件齐备。例如：“山东一级滑石块 5 000 吨，每吨 60 美元 FOB 青岛”（明示确定）；“山东一级滑石块，××矿一月份总产量，价格以先前××号合同中的价格为准”（暗示确定）。至于发价中未包括的交货期、付款等问题，可按《公约》中其他条款规定予以确定。

（3）应表明发盘人在得到接受时承受约束的意旨。语气明确无保留，不含有“参考价格”、“估计可供数量”、“预计船期”、“以申请到进（出）口许可证为条件”等模棱两可的字眼。

（4）送达受盘人。发盘于送达受盘人时生效。发盘在未被送达受盘人之前，即使受盘人已由其他某一途径获悉该发盘，也不能接受该发盘。

3. 发盘的生效与失效、撤回与撤销

《公约》采取的是到达生效的原则，其第 15 条第 1 款规定，发盘于送达被发盘人时生效。因此，一项发盘（即便是不可撤销的）得以撤回，是以撤回通知先于发盘或同时送达被发盘人为条件。

《公约》第 16 条第 1 款规定，在未订立合同前，如发盘撤销通知于被发盘人发出接受通知之前送达被发盘人，则发盘得以撤销。合同成立后就不再是发盘的撤销问题，而是合同的修改、撤销问题。例如，发盘于 3 月 2 日送达被发盘人，被发盘人 3 月 10 日发出接受通知前，发盘人可将撤销发盘通知送达被发盘人以撤销发盘。但是，《公约》在第 16 条第 2 款中规定，在下列情况下，发盘不得撤销：

（1）发盘写明接受发盘的期限或以其他方式表示发盘是不可撤销的，如在发盘中明确表示本发盘不可撤销，或在发盘中写明本发盘于 × 月 × 日前接受有效。

（2）被发盘人有理由信赖该项发盘是不可撤销的，并且已本着对该项发盘的信赖行事。例如某建筑承包商拟参加某一工程项目的投标，向有关供应原材料的企业询价，后者向其发盘，承包商按照此项发盘，填写了投标书，参加投标并获得中标，在这种情况下，提出此项发盘的企业就不得撤销其发盘，否则，该承包商将受到重大损失。

《公约》第 17 条规定，一项发盘，即使是不可撤销的，于拒绝通知送达发盘人时，则发盘的效力即告终止。此外，发盘一旦被依法撤销即告失效；在规定的有效期内发盘未被接受，或虽未规定有效期，但在合理时间内未被接受，发盘自然失效；发盘人发盘之后，发生了不可抗力事件，或发盘人（或受盘人）在发盘被接受前丧失行为能力，则该发盘的效力也可终止。

【案例 10－1】

合同已成立却浑然不知　要约还能撤销吗？

1991 年 11 月 25 日，德国 D 公司向香港 X 有限公司发出如下要约：Jettish 彩色复印机 2 000 台，每台汉堡船上交货价（FOB）4 000 美元，即期装运，要约的有效期截止到 12 月 30 日。D 公司发出要约后，又收到了巴黎某公司购买该种型号复印机的要约，报价高于 D 公司发给 X 有限公司的要约价格。由于当时香港 X 有限公司尚未对该要约作出承诺，故而 D 公司于 12 月 15 日向 X 公司发出撤销 11 月 25 日要约的通知，而后与巴黎方面的公司签约。但是，12 月 22 日，D 公司收到了 X 有限公司的承诺，同意德国 D 公司的要约条件，并随之向 D 公司开出了不可撤销的信用证，要求 D 公司履行合同。后因 D 公司未履约，香港 X 公司诉诸瑞典斯德哥尔摩仲裁庭，要求 D 公司赔偿损失。D 公司的律师辩称，该公司于 1991 年 11 月 25 日发出的要约已于 12 月 15 日被该公司撤销，该要约已失去效力，因而 X 公司 12 月 22 日的承诺没有效力，购销合同没有成立。[①]

① 资料来源：东北师大国际经济法精品课程案例库 http：//media. open. com. cn/media _ file/rm/dongshi2005/guojijingjifa/admin/anliku/anli2. htm（经编辑）

（三）还盘

还盘（Counter Offer）是指受盘人对发盘内容不完全同意而提出修改或变更的表示。受盘人在接到发盘后，不能完全同意发盘的内容，为了进一步磋商交易，对发盘提出修改意见，用口头或书面形式表示出来，就构成还盘。还盘有不同的表达形式，有的明确使用“还盘”字样，有的在内容中表示出对发盘的修改也构成还盘。还盘是对发盘的拒绝。还盘一经作出，原发盘即失去效力，发盘人不再受其约束。

对发盘表示有条件的接受，也是还盘的一种形式。

还盘是受盘人对原发盘人的发盘提出的一个新发盘，一项发盘经还盘后，当事人的关系即发生变化，此时还盘人成为新发盘人，而原发盘人成为新受盘人。在实际业务中，还盘的内容只对发盘内容中不同意的部分提出修改意见，而对原发盘内容已经同意部分，一般不再重复出现。

例1 “你10日电价太高还盘75英镑7月份装船20日复到有效。”（Yours l0th price too high counter offer sterling 75 July shipment reply here 20th）

例2 “你6日电可接受，但8月份装船，电复。”（Your 6th acceptable but August shipment Cable reply）

例3 “你4日电还盘126 000码1月装2.20港元CIFC3% D/P即期限9日复到”（Yours 4th Counter offer 126 000 Yards January shipment HK $2.20 CIFC3% D/P sight subject reply 9th here）。

原发盘人如果对受盘人的还盘内容不同意，也可以再进行还盘，俗称再还盘。一笔交易往往经过还盘及往返多次的再还盘才能达成。

【案例10－2】

合同是否已经成立

7月17日中国Z出口公司向荷兰H公司电报发盘：“售农产品C514 300吨即期装船，不可撤销即期信用证付款，每吨CIF鹿特丹U.S. $ 900，7月25日前电复有效。”H公司于7月22日复电如下：“你7月17日发盘，我接受C514 300吨，即期装船，不可撤销即期信用证付款，每吨CIF鹿特丹U.S. $ 900，除通常的装运单据以外，要求提供产地证，植检证，适合海洋运输的良好包装。”Z于7月25日复电如下：“你22日电，十分抱歉，由于世界市场价格变化，收到你接受电报以前，我货已另行售出。”为此，双方就合同是否成立发生激烈的争论。请学习本节后阐述你的观点及理由。

——资料来源：新农网，2006－9－10

（四）接受

1. 接受（Acceptance）

法律上称作“承诺”，是受盘人接到对方的发盘或还盘后，同意对方提出的条件，愿意与对方达成交易、订立合同的一种表示。也就是说，交易的一方完全同意对方发来的报盘或对还盘的内容所作出的肯定表示。接受和发盘一样，既属于商业行为，也属于法律行为。在实务中，表示接受的措辞往往有：接受（accept）、同意（agree）、确认（confirm）等。此外，卖方也有用“请开证”、“货装运中”，买方也有用“信用证开立中”、“请电告合同号码”等表示接受。

有时由于交易的金额较大，或交易磋商的时间较长，双方往返磋商电文较多，为避免错误与误解，受盘人在表示接受时，往往会将最后商定的各项交易条件列明。例如“你 5 日电我接受中国松香 WW 级 100 公吨每公吨 CFR 伦敦 500 英镑 6 月份装船即期信用证支付”（Yours 5th accept China Rosin WW grade l00M/T sterling 500 CFR London shipment during June payment in sight L/C）。

2. 接受的认定（构成条件）

（1）接受必须是由受盘人作出，其他人对发盘表示同意，不能构成接受。

（2）受盘人要采取声明的方式即以口头或书面的声明向发盘人明确表示出来。另外，还可以用行为表示接受。在实际业务中，如果是口头表示接受，要当面敲定。

（3）接受的内容要与发盘的内容相符。接受应是无条件的。

但在业务中，常有这种情况，受盘人在答复中使用了接受的字眼，但已对发盘的内容作了增加、限制或修改，这在法律上称为有条件的接受，是否成为有效的接受，发盘人有权定夺。若认为属于还盘，发盘人要在不过分延迟的情况下将异议通知受盘人。如果发盘人不作出这种反对，合同的条件就以该项发盘的条件以及接受通知所载的更改为准。发盘人对轻微的变更动辄表示异议，是产生争议的原因之一。在这类情况下，能否构成有效接受关键有两条：一是发盘人是否极力表示反对；二是所作的变更是否在实质上改变原发盘的条件。《公约》对什么是实质性变更的内容作了明确规定，即“有关货物的价格、付款、货物的质量和数量、交货地点和时间，一方当事人对另一方当事人赔偿的责任范围或解决争端等的添加或不同条件，均视为实质上变更发盘的条件”。除了上述范围的添加或不同条件，一般应视为非实质性的变更。

（4）接受的通知要在发盘的有效期内送达发盘人才能生效。

有效期不仅约束发盘人，也约束受盘人。如果发盘中未明确规定有效期，则应在合理时间内表示接受方为有效。

另外，当发盘人对接受的信息传递方式有要求时，如“电复”，接受人要以规定的方式或者更快的方式将接受通知送达发盘人。一般来说，按信息传递方式快捷程度从小到大的排列是：航空挂号→特快专递→电报→电传→传真→电话（我国对口头约定持保留意见）。电子邮件也很快，但是打开它的时间随意性较大，目前其快捷程度的地位尚没有十分确定。

3. 逾期接受

在货物贸易中，由于各种原因，导致受盘的接受通知有时晚于发盘人规定的有效期或超过合理时间送达，这在法律上称为“逾期接受”。对于逾期接受，发盘人不受其约束，不具法律效力。但也有例外的情况。《公约》第 21 条规定过期的接受在下列两种情况下仍具有效力：

（1）如果发盘人毫不迟延地用口头或书面的形式将此种意思通知受盘人。

（2）如果载有逾期接受的信件或其他书面文件表明，它在传递正常的情况下是能够及时送达发盘人的，那么这项逾期接受仍具有接受的效力，除非发盘人毫不迟延地用口头或书面方式通知受盘人，他认为发盘已经失效。

逾期接受的有效与否关键在发盘人。如果我方是发盘人，在逾期接受对我有利时，我方可承认其效力；当逾期接受对我不利时，也可快速否认其效力。

【贸易视野】

公约与其他法系在交易磋商节点上的比较

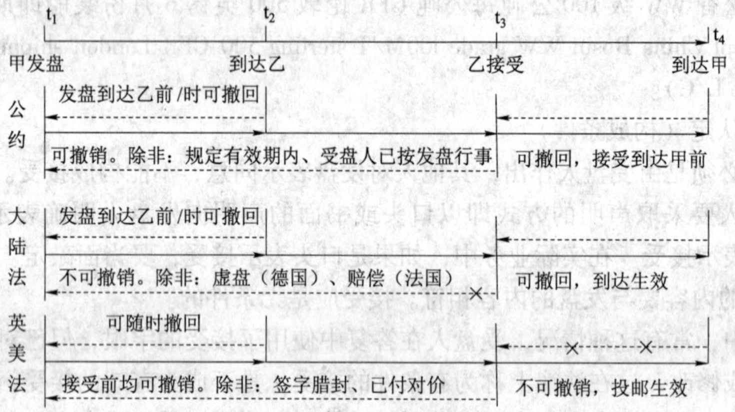

图 10－1　不同法系在发盘、接受问题上的不同规定

二、签订货物买卖合同

（一）货物买卖合同的成立和有效性

买卖合同（Contract）是买卖双方经过交易磋商达成协议，将双方的一致意见用文字形式规定下来的法律契约。按照《公约》的规定，合同成立的时间有两个判断标准：即有效接受通知到达时或作出接受行为时。我国合同法规定，当事人采用合同书形式订立的，自双方签字或盖章时合同成立。

如前所述，《公约》不涉及合同的效力。合同的效力是指合同成立时具备法律规定的有效条件，不存在可导致合同无效、可撤销或效力待定的原因。合同的生效不同于合同的成立，合同成立后，能否发生法律效力，能否产生当事人所预期的法律后果，非合同当事人所能完全决定，只有符合生效条件的合同，才能受到法律的保护。就一般买卖合同而言，合同成立的有效性必须满足以下条件：（1）当事人必须具备订约能力；（2）合同必须有对价（英美法）或约因（法国法）；（3）合同的内容必须合法，并且体现平等互利的原则；（4）合同必须符合法律规定的形式；（5）合同当事人的意思表示必须真实、具体、明确、全面、严谨，不能出现含糊不清、似是而非的词句，采取欺诈或胁迫手段订立的合同无效。

（二）书面合同的形式、作用和内容

1. 书面合同的形式

我国在货物贸易中所使用的合同，分为销售合同（Sales contract）和购货合同

(Purchase contract)。这两种不同名称的合同，其格式（主要内容）基本一致，都包括商品名称、品质、数量、包装、价格、装运、保险、支付、商检、索赔、仲裁、不可抗力等项条款。

合同有正本和副本之分。在签署合同时，通常由一方填制合同正本一式两份，经双方签字后，买卖双方各自保存一份。

在货物贸易中常有确认书的合同形式，如销售确认书（Sales confirmation）和购货确认书（Purchase confirmation）。确认书是合同的简化形式。国际上，买卖双方除正式合同、确认书外，常见的还有协议（Agreement），甚至备忘录（Memorandum）、意向书（Letter of Intent）等形式。但是意向书不是法律文件，对有关当事人无约束力。有时，订单和委托订购单也被采用。

2. 采用电子数据交换系统（Electronic data interchange，EDI）传输的合同文本

联合国国际贸易法委员会制定的《电子商务示范法》明确规定：采用数据电文形式的合同具有法律效力、有效性和可执行性。随着电子通讯的普遍使用，以及货物运输安全性的提高，INCOTERMS 2010 赋予电子单据与书面单据同样的效力。就合同订立而言，一项要约及对要约的承诺均可通过数据电文的手段表示，通过数据电文交换而订立的合同符合法律上所要求的书面合同性质。我国《合同法》也明确规定了合同的书面形式包括电报、电传、传真、电子数据交换和电子邮件等。

【案例 10－3】

合同条款谁说了算？

我国顺昌公司向芬兰福利斯特林业公司发出购货合同书，订购一批原木。该购货合同书的背面条款规定“双方争议交中国贸促会仲裁委仲裁”。福利斯特随即发回一份销售合同书，表示接受订货，但其背面条款规定争议在英国仲裁。随后双方开始履行，不久发生争议。顺昌根据其购货合同书的背面条款在中国提起仲裁，而福利斯特却以其销售合同书背面条款规定为由辩称应由英国仲裁，中国贸促会仲裁委无权受理。面对格式合同争议，需要解决的问题是：合同条款应以哪一份合同书为准。对此，过去有两种处理方法。一种是判定合同不成立，理由是双方并未就合同条款达成一致意见，即没有合意。这种方法虽然理论上没有问题，但是如果仅仅因为一些无关紧要的细小差异就粗暴地拆散交易的双方，实在不利于贸易的发展。另一种是美国的做法，称为“最后一枪”规则，就是看哪一方最后发出格式合同书就以这一方的条款作为双方合同的最终条款。这种方法不破坏合同关系。但是对先发出格式合同的一方明显不公平。所以，现在国际上通行的做法是排除法，通过比较两份格式合同，找出其中实质上相同的内容，把它作为合同的最终条款，而那些实在无法调和的部分就被删除，不生效力。

（来源：慧聪网．2005－3－11）

3. 书面合同的作用

书面合同的作用一般可归纳为以下几点：（1）作为合同成立的证据。（2）作为履行合

同的依据。（3）作为合同生效的条件。在交易磋商中，如果磋商是以信件、电报、电传的方式进行的，则无需另外制订一份经双方当事人签字的合同。但如果其中任何一方曾声明以签订书面合同为准时，即使双方已对交易条件全部协商一致，在未另外形成一份经双方签字的书面合同时，合同不能生效。此外，凡属国家主管部门批准才能生效的合同，即使双方当事人已经签订了书面合同，但在此书面合同未得到国家主管部门批准前，不能生效。由此可以看出，签订书面合同成为合同生效的条件。（4）是仲裁、诉讼的依据。

4. 书面合同的内容

书面合同分为约首、文本和约尾三大部分。

（1）约首（Preamble）是合同的首部。它包括合同的名称、编号、订约日期与地点、订约双方当事人的名称与地址、电报挂号、电传代号、传真及电话号码、双方的法律关系等。有的合同还用序言形式说明订约意图。

（2）文本（Body）是合同的主体，具体列明交易的条件、条款，规定双方当事人的权利和义务。合同条款分为标的物主要贸易条件和一般交易条件（General terms and conditions，GTC）。在合同或确认书中往往将有关本合同标的品名、品质、数量、包装、装运、价格、保险、支付等贸易条件列在合同或确认书的正面；将检验、索赔、仲裁和不可抗力等“一般交易条件”列在合同或确认书的反面，在谈判热身阶段往往就对每笔交易都适用的 GTC 达成一致，这些条款在合同中有固定格式，如双方无异议，无需另行协商。有诚意的商家也愿意集中精力就主要贸易条件展开深入谈判。这些内容以突出的位置体现在合同的正面。除此之外，合同的正面还包括有关主要交易条件的补充说明，如品质的机动幅度、分批装运、包装方式、保险险别等。

（3）约尾（Witness clause）是合同的结尾部分。其内容包括：说明合同的份数，制作合同所使用的文字及其效力，制作合同的依据，双方当事人的签字。若为当面谈判成交，一般由双方谈判代表分别在合同上亲手签字。若通过函电成交，我国习惯于在己方制作的合同上加盖带有公司名称和经理名字的印章，并将其寄往国外由对方签字。对方签字后，自存一份，返还一份。双方签字后，合同生效，对双方具有约束力。

第三节　合同的履行

一、出口合同的履行

买卖双方经过交易磋商、达成协议后要签订书面合同，作为约束双方权利和义务的依据。在国际贸易中，买卖合同一经依法有效成立，有关当事人必须履行合同规定的义务。所以，履行合同是当事人双方共同的责任。

在出口合同的履行过程中包括备货、催证、审证、改证、租船订舱、报关、报验、保险、装船和制单结汇等多种环节。其中又以货（备货）、证（催证、审证、改证）、船（租船订舱）、款（制单结汇）4 个环节最为重要。出口流程请详见图 10 – 2。

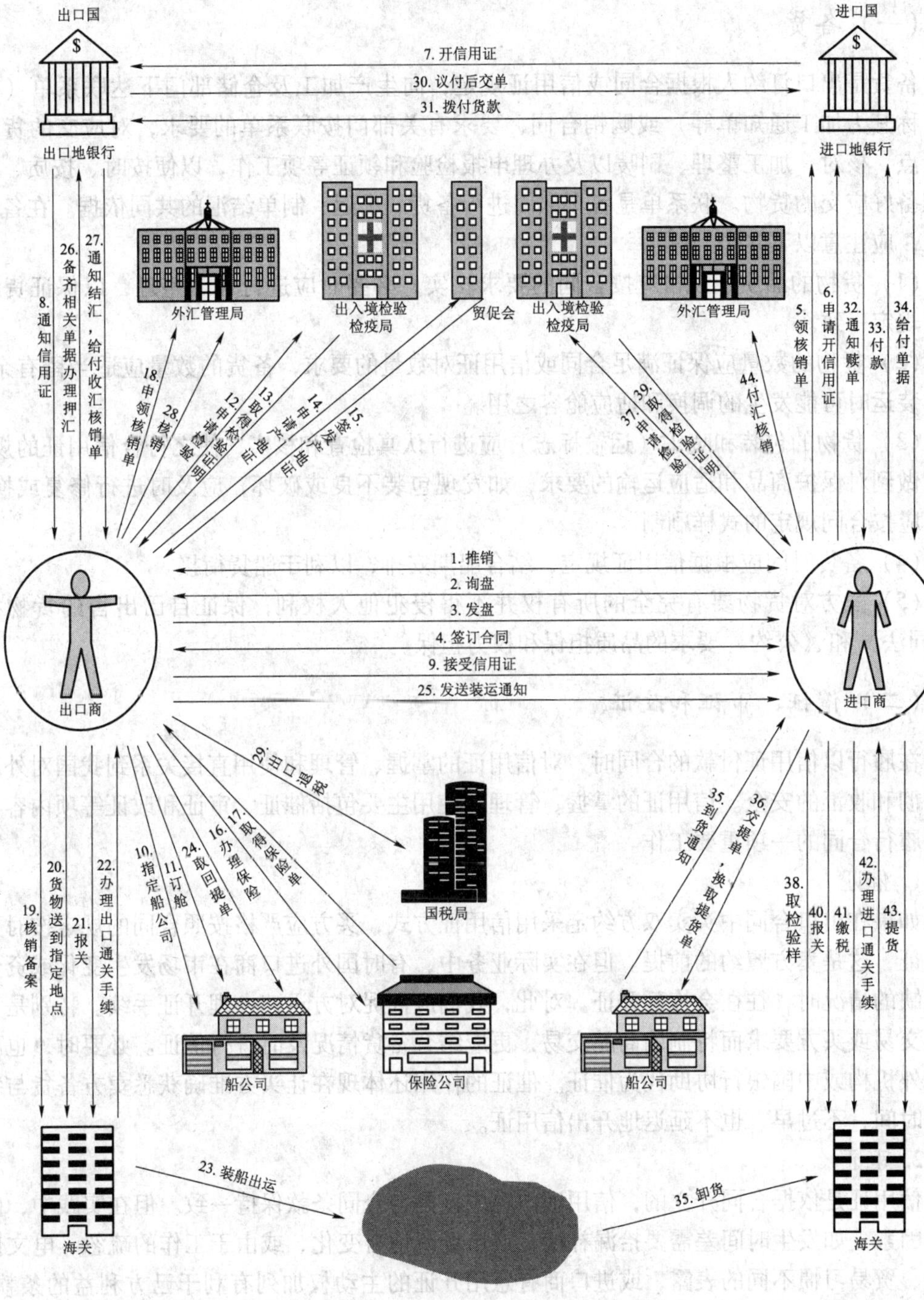

图 10－2　L/C 方式下出口贸易实务流程图①

① 夏合群．国际贸易实务模拟操作教程．北京：对外经济贸易大学出版社，2008：11（经修改）

（一）备货

备货是出口订约人根据合同或信用证规定，向生产加工及仓储部门下达联系单（有些公司称其为加工通知单等）或购销合同，要求有关部门按联系单的要求，对应交的货物进行清点、核对、加工整理、刷唛以及办理申报检验和领证等项工作，以便按时、按质、按量地准备好应交的货物。联系单是各个部门进行备货、出运、制单结汇的共同依据。在备货工作中，应注意以下几个问题：

（1）货物的品质、规格应按合同的要求核实，必要时应进行加工整理，以保证货物与合同规定一致。

（2）货物的数量应保证满足合同或信用证对数量的要求，备货的数量应适当留有余地，备作装运时可能发生的调换和适应舱容之用。

（3）货物的包装和唛头（运输标志）应进行认真检查和核实，使之符合信用证的规定，并要做到对保护商品和适应运输的要求，如发现包装不良或破坏，应及时进行修复或换装。标志应按合同规定的式样刷制。

（4）备货时间应根据信用证规定，结合船期安排，以利于船货衔接。

（5）卖方对货物要有完全的所有权并不得侵犯他人权利，保证自己出售的货物符合《合同法》和《公约》要求的品质担保和权力担保。

（二）催证、审证和改证

在履行以信用证付款的合同时，对信用证的掌握、管理和使用直接关系到我国对外政策的贯彻和收汇的安全。信用证的掌握、管理和使用主要包括催证、审证和改证等项内容，这也是履行合同的一项重要工作。

1. 催证

如果在出口合同中买卖双方约定采用信用证方式，买方应严格按照合同的规定按时开立信用证，这是卖方履约的前提。但在实际业务中，有时国外进口商在市场发生变化或资金发生短缺的情况时，往往会拖延开证。对此，我们应催促对方迅速办理开证手续。特别是大宗商品交易或买方要求而特制的商品交易，更应结合备货情况及时进行催证。必要时，也可请我驻外机构或中国银行协助代为催证。催证的作用还体现在让买方准确获悉卖方备货与装运所需时间，不过早、也不延迟地开出信用证。

2. 审证

信用证是依据合同开立的，信用证内容应该是与合同条款保持一致。但在实践中，由于种种因素，如发生时间差需要拾漏补遗，或市场行情有变化、或由于工作的疏忽、电文传递错误、贸易习惯不同的表露，或进口商有意用开证的主动权加列有利于己方利益的条款等，往往会出现开立的信用证条款与合同规定不符。为确保收汇安全和合同顺利执行，防止导致经济上和政治上对我不应有的损失，我国出口订约人应该在国家对外政策的指导下，对不同国家、不同地区以及不同银行的来证，依据合同进行认真的核对与审查。

在实际业务中，银行和企业共同承担审证任务。其中，银行着重审核开证行的政治背景、资信能力、索汇路线和信用证生效及开证行付款责任等方面的内容。在证内对开证行付款责任方面加列“限制性”条款或“保留”条件的条款，如来证注明“以领到进口许可证后通知时方能生效”，电报来证注明“另函详”等类似文句，声称在接到上述生效通知书或信用证详细条款后来证方能生效，必须特别注意。

出口订约人将审证的重点放在以下几个方面：

① 着重审核信用证与合同是否一致。对开证申请人和受益人的名称及地址要仔细核对。

② 对信用证金额与货币的审查：如合同订有溢短装条款，信用证金额应包括溢短部分的金额。信用证金额中单价与总值要填写正确，大、小写并用。来证所采用的货币应与合同规定相一致。

③ 对商品的品质、规格、数量、包装等条款的审查：证中有关商品货名、规格、数量包装、单价等项内容必须和合同规定相符，特别是要注意有无另外的特殊条款，应结合合同内容认真研究，作出能否接受或是否修改的决策。

④ 对信用证规定的装运期、有效期和到期地点的审查：装运期必须与合同规定一致，如国外来证晚，无法按期装运，应及时电请国外买方延展装运期限。信用证有效期要与装运期有一定的合理间隔，以便在装运货物后有足够时间办理制单结汇手续。关于信用证的到期地点，通常要求在中国境内到期，否则不宜接受。

⑤ 对单据的审查：对于来证中要求提供的单据种类和份数及填制方法等，要进行仔细审核，如发现有不正常的规定，例如要求商业发票或产地证明须由国外第三者签证以及提单上的目的港后面加上指定码头等字样，都应慎重对待。

⑥ 对其他特殊条款的审查：有时信用证内加列许多特殊条款（Special Condition），如指定船籍、船龄等条款，或不准在某个港口转船等，一般不应轻易接受；但若对我无关紧要，尚且也可办到，则也可酌情灵活掌握。

3. 改证

通过审证发现问题后，必须要求客户改证，一般改证流程是：受益人审证→函电要求买方修改→买方通知开证行改证→开证行改证并转交通知行→通知行验证通知书表面真实性后再将改证转交受益人。

若受益人对修改通知书拒绝接受，则应在合理时间内，一般为 3 个工作日，将修改通知书退回通知行，提出此项修改不能成立的理由，须再次修改，直到符合要求时受益人才能予以确认并接受。

对信用证审核后，应根据发现问题的性质区别对待，如分别同银行、运输、保险、商检等有关部门研究，作出恰当妥善的处理。凡是属于不符合我国对外贸易方针政策，影响合同执行和安全收汇的情况，我们必须要求国外客户通过开证行进行修改，并坚持在收到银行修改信用证通知书后才能对外发货，以免发生货物装出后而修改通知书未到的情况，造成我方工作上的被动和经济上的损失。

在办理改证工作中，凡需要修改的各项内容，应做到一次性向国外客户提出，否则，不仅增加双方的手续和费用，而且对外造成不良影响。对信用证中任何条款的修改，都必须在有关当事人全部同意后才能生效，即对修改内容只能全部接受或拒绝，部分接受当属无效，这是各国银行公认的惯例。

（三）出口报验和报关

1. 出口报验手续

凡需要法定检验出口的货物，应填制“出口报验申请单”，向检验检疫机构办理手续。

如外贸订约人发现“申请单”内容填写有误，或因国外受买人修改信用证以致货物规格有变动时，应提出更改申请，并填写“更改申请单”，说明更改事项和更改原因。

货物经检验合格，即由检验检疫机构发给检验证书，外贸订约人应在检验证书规定的有效期内将货物出运。一般货物检验证书的有效期是从发证之日起两个月内有效；鲜果、鲜蛋类为两星期，植物检疫为 3 星期内有效；如超过有效期装运出口，应向检验检疫机构申请展期，并由检验检疫机构进行复验合格后才能出口。

2. 出口报关

（1）出口报关地点、期限注意事项。出口应在出境地向海关申报。需申请办理转关运输手续的，应在设有海关的货物启运地申报；用特殊方式出境的货物应定期向指定的海关申报。全国海关现有 787 个，分属 32 个关区；如北京关区、上海关区、广州关区、长沙关区等。关区下分海关。例如在长沙关区下辖 7 个海关。

在内陆海关，已经推行“属地申报、口岸验放”通关新模式，使内地进出口通关方式有了巨大改变，货物只需在属地海关申报纳税，口岸海关就会查验放行。通关时间由过去的 10 多天普遍减少到一天，已赶上了沿海企业进出口通关时速。出口货物的申报期限要求是货物运抵海关监管区后、装货的 24 小时以前。否则，海关可以拒绝接受通关申报。

【小资料】

内陆进出口货物通关改革

内陆进出口货物过去通关手续远比沿海地区麻烦，进出口货物需在属地和口岸海关两次申报、两次查验；或需远赴口岸海关办理手续。这两种通关方式都费时，并要增加大量成本。2006 年 8 月开始，不少内陆海关积极参与长三角、泛珠三角等区域通关改革，纷纷与上海、天津、连云港、深圳、宁波、南京、杭州、广州等口岸海关签署联系配合办法，实现“一次申报、一次查验、一次放行”，为跨关区进出境货物的通关开辟了一条新的高效通道，改变了海关之间繁杂的转关作业模式，大大提高了进出口货物的通关效率，有效降低了企业的各项成本。例如湖南常德恒安纸业有限公司一次从国外进口 1 990 吨木浆，在长沙海关申报，货物经上海海关验放后，直接运至常德厂房，比过去缩短时间 13 天，节省费用近 50 万元。

（来源：喻文杰．湖南日报 2006－11－20 B4）

（2）出口申报单证。一般分为以下几类：① 报关单：是由报关员按照海关规定格式填制的申报单，是海关凭以进行监管、查验、征税、统计的依据；② 基本单证：指货运单据和商业单据，如出口装货单、商业发票、装箱单等；③ 特殊单证：出口许可证、批准文件、加工贸易登记手册、减免税证明、外汇收付汇核销单等；④ 预备单证：指贸易合同、原产地证明书、出口企业的有关证明文件等。以上报关单是主要单证，而基本单证、特殊单证、预备单证则是属于随附单证。

（3）缴纳出口税。我国对煤炭、原油、石料等能源或资源类产品征收出口关税，并从 2007 年 1 月 1 日起对不锈钢锭及其初级产品、钨初级加工品、未锻轧的锰、钼、锑、铬金属等生产能耗高、对环境影响大产品开征出口关税。目的是限制高耗能、高污染、资源性商品出口。

(4) 出口查验。出口查验是指海关以出口报关单为依据，在海关监管区域内对出口货物进行实际的检验和核对。海关查验货物时一般在海关监管场所，如码头、车站等。出口货物的发货人或代理人应到场配合、保管单位应派员到场提供协助。查验工作一般在海关监管区内进行，经货物收发货人或其代理人申请，海关也可以在装卸作业的现场进行查验。在特殊情况下，海关可派员到海关监管区以外的地方查验货物。

(5) 出口放行。出口放行是海关对出口货物进行监管的最后一项业务程序。出口货物在申报人按照海关规定办妥申报手续，经海关审核单证和查验有关货物、办理纳税手续后，海关解除货物监管准予出境。

3. 电子（进）出口报关

(1) 电子报关的含义。是指（进）出口货物收、发货人或其代理人通过微机或终端，利用现代通讯和网络技术，向海关传送规定格式的报关单电子数据，并根据海关计算机系统反馈的审核及处理结果办理海关手续的申报方式。电子数据报关单形式与纸质报关单形式一样，是法定申报的基本方式。

进出口货物收发货人或其代理人完成电子申报后，在计算机上打印纸质报关单，随附必需的申报单证，提交给指定的海关，由海关审核，确定是否进行查验，并开具税费缴纳书。

在采用电子和纸质报关单申报的一般情况下，海关接受申报的时间以海关接受电子数据报关单申报的时间为准。随附必需的申报单证一般有：① 商业发票和装箱单。② 已签注船名的“装货单”。③ 出口货物报关单。④ 出口收汇核销单。⑤ 出境货物通关单。⑥ 出口限制出口商品，应有出口许可证或配额证明。⑦ 加工贸易项下的商品出口，需提供加工贸易《登记手册》。

(2) 电子报关网上申报方式

在微机中安装“中国电子口岸”系统，登录该网站，在“联网申报”系统中录入报关单内容，通过“中国电子口岸”向海关计算机系统发送报关单电子数据。2002 年我国在原通关系统 H883/EDI 的基础上开发了全面更新换代的 H2000 通关系统，建立全国集中式的海关通关业务数据库。进出境企业可以在其办公场所办理保税加工贸易登记备案，减免税表的申领手续、办理进出境报关手续等各种海关手续。

【案例 10－4】

新型通关模式成功运行

2005 年 11 月 24 日上午，海南优美内衣股份有限公司到海口海关驻美兰机场办事处申报出口一单价值 3 000 多美元的货物，经广州新白云机场出口到日本。海口海关经过现场接单和审单操作后，向广州海关白云机场海关发送电子数据，5 分钟后，白云机场海关完成了这批货物的放行手续，而按照以往的转关模式，则要 1 ~2 天。这使海口成为继成都、南宁、长沙、昆明等城市之后，泛珠三角区域内第 8 个启动这一新型通关模式的城市。2005 年，以“属地申报、口岸验放”通关模式为主要特征的泛珠三角通关一体化在中国的南部构筑了一条通关高速路。

（来源：杨春虹．海南日报，2005－11－24）

（四）租船、订舱、装运和投保

1. 租船订舱

在CIF或CFR条件下，租船订舱是卖方的主要职责之一。如出口货物数量较大，需要整船载运的，则要对外办理租船手续；如出口货物数量不大，毋需整船装运的，可由外运公司代为洽订班轮或租订部分舱位运输。

2. 托运和装运

所谓托运，是指出口企业委托外运机构向实际履行运输的企业，即轮船公司、铁路局、航空公司等或其代理，办理海、陆、空等出口货物的运输业务。办理托运的工作步骤是：（1）查看船期表，填写出口货物托运单。（2）船公司或其代理人签发装运单。

承运船舶抵港前，外贸订约人或外运机构根据港区所作的货物进栈计划，将已经出口清关的货物存放于港区指定仓库或货场。轮船抵港后，由港区向托运人签收出口货物港杂费申请书后办理提货、装船。装船时，外贸订约人或货运代理凭盖有海关放行章的装货单与港口方仓库、货场和理货人员（代表船方）办妥交接手续，分清货、港、船三方的责任。装船完毕，即由船长或大副根据装货实际情况签发大副收据。

3. 出口投保

在CIF条件下，在订妥舱位、货物配载就绪之后，在货物即将装运而离开仓库或其他储存所之前，外贸订约人按照买卖合同和信用证的险别规定，向保险公司办理货物运输保险事宜，填制运输险投保单。出口商品的投保手续一般都是逐笔办理的。经保险公司签署后的保险单即成为向银行议付的重要单据之一。

由于外贸订约人同中国人民保险公司的业务量较大，为简化手续，一般不填写投保单，而是利用出口货物明细单或货物出运分析单等替代投保单，保险公司接受投保，签发保险单或保险凭证。

4. 发装运通知

对FCA、FOB、CPT、CFR等术语，货物装运（船）后，外贸订约人应及时向国外买方发出装运通知，以便对方准备办理保险、付款赎单、办理进口报关及接货手续。

从以上出口合同履行的环节可以看出，在出口合同履行过程中，货、证、船的衔接是一项极其细致而复杂的工作。因此，外贸订约人为做好出口合同履行，必须加强对出口合同的科学管理，做好“四排”、“三平衡”的工作。“四排”是以买卖合同为对象，根据进程安排反映的情况，排查包括信用证是否开到、货源能否落实，并分析归纳为四类：即“有证有货、有证无货、无证有货、无证无货”。通过发现问题，及时解决。“三平衡”是指以信用证为对象，根据信用证规定的货物装船期和信用的有效期远近，结合货源和运输能力的具体情况，分别轻重缓急，力求做到证、货、船三方面的衔接和平衡。尽力避免交货期不准、拖延交货期或不交货等现象的产生。

（五）制单结汇

货物装运后，卖方按照信用证规定，正确缮制各种单据，在信用证规定的交单有效期内，递交银行办理议付结汇手续。

1. 制作出口单据

对于结汇单据，要求做到“正确、完整、及时、简明、整洁”。结汇单据主要有：合同、信用证、汇票、发票、装箱单、提单、保险单、海关发票、商检证书、受益人证明/声明、装船通知等。

（1）汇票（Draft, Bill of exchange）

信用证汇票条款实例：Drafts to be drawn at 30days' sight on us for 100% of invoice value. / You are authorized to draw on Royal Bank of Canada, Vancouver at sight for a sum not exceeding CAN $ 125 000. 00.

（2）发票（Invoice）

其是出卖人对受买人开立的发货价目清单，是装运货物的总说明。一般应注意以下各项：① 发票的抬头为出具人，一般为出卖人。② 发票号码、合同号码、信用证号码及开票日期。③ 装运港和目的地。④ 运输标志。⑤ 货物的名称、规格、数量、与包装方法，必须与信用证完全相符。⑥ 单价与总值必须准确计算。⑦ 各种说明。⑧ 签发人的签字或盖章应是发货人的正式签字。

A. 商业发票（Commercial invoice）。是发票中最主要的一种。信用证商业发票条款实例：Signed commercial invoice in 3 copies. /Commercial invoice in 5 copies price CIP London showing FCA value, freight charges and insurance premium separately.

如果来证要求证实发票（Certified invoice），则应注明“we hereby certify that the contents of invoice herein are true & correct.”此时，如果发票下端印有“E. & O. E.”（有错当查），则应去掉。

B. 海关发票（Customs invoice）是按非洲、美洲、和大洋洲等某些国家海关规定的格式，由出口商填制，供进口商凭以向进口国海关报关时用的一种特别的发票。

填制海关发票应注意下列事项：① 海关发票须注明商品成分，以便进口国海关分类征税。② 海关发票与商业发票中的同一项目必须相符。③ 海关发票的抬头人一般应填写目的港的收货人。④ 海关发票中的“出口国国内价格”一栏，应以出口国的货币填写。⑤ 如成交价格为 CIP（或 CIF）条件，应分别列明 FCA（或 FOB）价、运费、保险费，三者之和应与 CIP（或 CIF）价相等。⑥ 海关发票上的签字，必须以个人名义手签。

C. 领事发票（Consular invoice）的作用与海关发票相似。国外来证要求我方提供领事发票的条款，一般不予接受。

D. 厂商发票（Manufacturer's invoice）是由出口制造厂商出具的以本国货币计算价格、证明出口国国内市场的出厂价格的发票。其作用同上。

此外还有钱货两讫发票（Receipt invoice）、样品发票（Sample invoice）、寄售发票（Consignment invoice）、形式发票（Proforma invoice）等。

（3）包装单据（Packing list）

这是指一切记载或描述商品包装情况的单据，也是商业发票的补充单据。不同的商品，有不同的包装单据，常用的有装箱单（Packing list; Packing slip）、重量单（Weight list; Weight note）、和尺码单（Measurement list）等。

（4）海运提单（B/L）（详见国际货物运输章）

信用证关于海运提单条款实例：Full set of 3/3 originals plus 3 non negotiable copies clean on board ocean B/L, consigned to order and blank endorsed. Marked "Freight Prepaid" showing shipping agency at destination. Notify applicant and evidence the goods have been shipped by full container load.

（5）保险单（Insurance policy）

主要有以下内容：① 保险公司名称。② 单据名称。③ 编号。④ 被保险人名称。通常是信用证的受益人。⑤ 唛头。保险公司在本栏通常打上"同××号发票"字样。⑥ 包装及数量。由保险公司按投保单填制。⑦ 保险货物名称。可使用货物的统称，但须与提单等单据相一致。⑧ 保险金额。必须以信用证同样货币表示，并按信用证规定的金额投保。⑨ 保费及费率。一般协商确定。⑩ 装载运输工具。参照提单，注上承运货物的船舶名称与航次。⑪ 开航日期。⑫ 运输起讫地点。⑬ 承保险别。按照投保单填制，并与信用证规定相一致。⑭ 保险公司在目的地或就近地区的代理人。⑮ 赔款偿付地点。一般为保险公司在目的地或就近地区的代理人所在地。⑯ 保险单出单日期与地点。保险单日期必须不迟于运输单据上注明的货物装船或发运或接受监管的日期。⑰ 保险公司签章。表面上必须由保险公司或保险商或其代理人出具和签章。

信用证关于保险条款实例：Insurance policy covered for 110% of total invoice value against All Risks and War Risk as per and subject to the relevant Ocean Marine Cargo Clause of the People's Insurance Company of China dated 1/1/1981.

（6）产地证明书（Certificate of origin）

一般原产地证：在我国出口业务中使用的原产地证系指中华人民共和国货物原产地证明书，它是证明中国出口货物符合《中华人民共和国货物原产地规则》，确系中华人民共和国原产地的证明文件。一般由中国国际贸易促进委员会签发。

普惠制单据（GSP. 见第6章）。作为进口国海关减免关税的依据。实务中使用的普惠制单据种类：① 格式 A 产地证（GSP Certificate of Origin Form A）。② 纺织品产地证（Certificate of Origin of Textile Products）。③ 纺织品出口许可证（Export License of Textile Products）。④ 手工制纺织品产地证（Certificate in Regard to Handlooms, Textile Handcrafts and Traditional Textile Products of the Cottage Industry）。⑤ 纺织品装船证明（Shipment Certificate of Textile Products）。

信用证关于产地证书条款实例：① certificate of origin issued by China Council for the Promotion of International Trade; ② G. S. P. certificate of origin Form A showing importing country.

（7）检验证书（Certificate of inspection）

信用证关于商检证书条款实例：Clean report of finding issued by Societe Generale de Survillance（SGS）Hong Kong, evidencing that quality, and packing of goods in full compliance with the requirement of L/C.

（8）受益人证明（Beneficiary's certificate）

这类证明通常是证明货物的品质、唛头、包装标识、装运以及其他寄单事项的单据，包括装船通知证明、船公司证明、价值证明、产地证明、邮单证明等。

信用证关于受益人证明条款实例：① Beneficiary's certificate certifying that full set of non -

negotiable copies of documents to be sent to applicant immediately after shipment.；② Beneficiary's certificate certifying that each export package to be marked with "MADE IN CHINA".

(9) 装运通知（Shiping advice）

信用证关于装运通知副本条款实例：Shiping advice showing the name of the carrying vessel. date of shipment, marks , amount and the number of this documentary credit must be sent by registered airmail to the applicant. The relative postal registration receipt and a copy of the shipping advice must be attached to the documents.

2. 交单结汇

(1) 交单融资的办法

① 打包贷款。也叫信用证抵押贷款，是银行在货物出运之前以信用证作抵押向出卖人提供的贷款，是银行凭信用证的开证行有条件的信用承诺而发放的贷款，属于信用放款。

② 远期汇票贴现。信用证项下的远期汇票交银行承兑后可向贴现市场贴现。

③ 凭银行保函融资。合同签订后，进口地银行应买方申请，出具以卖方为受益人的保函，担保买方如期付款，否则由银行付款。卖方可以凭此银行保函到出口地银行要求贷款。

(2) 结汇的办法

我国出口结汇的办法主要有以下 3 种：

① 收妥结汇，又称收妥付款，是指议付行收到外贸订约人的出口单据后，经审查无误，将单据寄交国外付款行索取货款，待收到付款行将货款拨入议付行账户的贷记通知书（credit note）时，即按当日外汇牌价，折成人民币给外贸订约人。

② 押汇，又称买单结汇，是指议付行在审单无误情况下，按信用证条款买入受益人的汇票和单据，从票面金额中扣除从议付日到估计收到票款之日的利息，将余款按议付日外汇牌价折成人民币，拨给外贸订约人。议付行向受益人垫付资金买入跟单汇票后，即成为汇票持有人，可凭票向付款行索取票款。这种议付直到收回货款的全过程就是出口押汇，是为了对外贸订约人提供资金融通，有利于外贸订约人的资金周转。

③ 定期结汇，是议付行根据向国外付款行索偿所需时间，预先确定一个固定的结汇期限，到期后主动将票款金额折成人民币拨交外贸订约人。

(3) 在结汇单据不符合信用证条款要求时采取的处理办法

① 表提。也称担保结汇。即信用证受益人在提交单据时出现单证不符，主动向议付行书面提出单证不符点，议付行要求受益人出具保函，担保日后遭到拒付时，一切后果由受益人承担。

② 电提。电提又称电报提出，即在单证不符情况下，议付行先向开证行去电（电报或电传），列明单证不符点，待开证行同意后再将单据寄出。

③ 跟单托收。议付行不同意上述两种方法，这时，外贸订约人只能采用托收方式收款。

UCP600 显然已经接受了银行的实务做法，在第 16 条 c 款（iii）中增加了"开证行持单直到开证申请人接受不符单据"的处理方式。如果开证申请人放弃不符点，开证行将向其交单。如果开证申请人同意放弃不符点并支付，对受益人利益不会造成损害。特别是当受益人明知单据存在不符点，依然要求指定行向开证行寄送单据的情况下，隐含了其希望申请人接受不符点并支付款项的意愿。UCP600 把这种条款纳入合理的范围内，符合了现实业务的发展，减少了因此产生纠纷的可能，并且有望缩短不符点单据处理的周期。

3. 结汇注意事项

（1）银行审单时间。UCP600新规定各有关受理单据的银行最多为收单翌日起5个工作日内（第14条b款）。审单时限缩短，对受益人更为有利，加速了贸易进程。

（2）单证不符。交单后如果议付行发现单证不符，受益人应及时修改，或要求开证申请人放弃不符合之处。

（3）出单日期。银行将接受出具日期早于信用证开立日期的单据。

（4）保险日期。

（5）到期日。

（6）有关时间的起算。为规定何日起算时，开证行的开证日期即视为起算日。

（7）单据正副本。银行将接受标有副本字样或未标明是正本的单据作为副本单据。

（六）出口收汇核销和出口退税

1. 出口收汇核销

它是指对每笔出口收汇进行跟踪，直到收回外汇为止，防止外贸订约人高报出口价格骗税的行为。通过“电子口岸”的“出口收汇系统”和“企业管理系统”，企业可以在网上向有关管理部门申领核销单、办理核销单交单以及挂失等系列操作。

主要内容是：除少数几种方式的出口外，其他一切贸易方式项下的出口，外贸订约人都必须事先从外汇管理部门领取有顺序编号的核销单，并如实填写。在出口报关时，海关将逐票核对报关单和出口收汇核销单的内容是否一致，报关单上的核销单编号与所附核销单编号是否一致。

2. 出口退税

外贸订约人申请出口退税时，应向国家税务机关提交出口货物退税凭证，包括：出口货物报关单（出口退税联）、增值税专用发票（税额抵扣联）或普通发票、税收（出口货物专用）缴款书或“出口货物完税分割单”、出口销售发票和销售明细账、银行出具的结汇水单以及出口收汇核销单（出口退税专用），经国家税务机关审核无误后才予办理。

出口企业办理出口退税应先办理出口退税登记，将出口经营权批件（复印件）和工商营业执照（副本）于批准日起30日内到当地主管退税业务的税务机关办理退税登记。

出口企业将出口货物有关信息输入国税局的软件，在电子口岸的网页上将报关信息输入国税局，做成软盘，办理预申报。办理正式退税时，应提供采购出口货物的增值税专用发票（已认证的）；盖有海关验讫章的《出口货物报关单》（出口退税联）；已盖有核销章，办完核销手续的出口收汇核销单（可在出口180天内提供）；已输入软件的光盘（包括三张表：进货明细表、出口明细表、汇总申请表），国税局在完成有关工作后，另行通知外贸订约人退税款到达时间。办理出口退税的外贸订约人，自货物出口后90天内必须申报，逾期不予以申报退税。预申报没获得通过的（报关单增值税专用发票无信息等情况）和经批准同意补办报关单的，可以自预申报之日（或批准同意之日）起，延长90天申报。

（七）索赔和理赔

（参见第9章）

【案例 10 -4】

走出“协定税率”误区

根据海关规定，收货人或其代理人按有关规定向海关提交符合优惠贸易协议规定的原产地证书，进口货物可享受协议优惠关税税率（以下简称“协议税率”）。一些企业在进口优惠贸易协议项下货物时，因对相关海关规定欠缺了解，常出现以下三种主要错误：

向海关提供原产地证书不及时。近日，浙江某企业向宁波海关申报进口一批来自印度尼西亚的棕榈油。企业在申报时，未主动申明享受协议税率，也未向海关提交有效的原产地证书，海关将货物按非协议税率 10% 征税结关后，企业才向海关提供原产地证书，要求按中国 - 东盟协议税率零税率征税并退还税款近 30 万元。但是根据海关规定，这种情况，企业不能再享受协议税率。

不了解有更优惠的暂定税率。近期，不少企业在向宁波海关申报进口税则号为 39011000、39012000 的部分聚乙烯时，因原产地国为韩国，可享受《曼谷协议》中的协议税率，纷纷向海关提供原产地证书。但根据海关相关规定，进口优惠贸易协议项下货物，同时有协议税率和暂定税率的，海关从低适用税率。海关税则号为 39011000、39012000 的部分聚乙烯，享受《曼谷协议》中的协议税率为 9.9%，而暂定税率则是 3%，海关是按暂定税率计征关税的。这种情况下，企业可免去申领原产地证书的麻烦直接申报进口，还可加快货物通关速度。

“未再加工证明”被忽视。根据海关对优惠贸易协议项下原产地规则中直接运输的规定，经第三方转运的进口货物，进口申报时须向海关交验在转运地未再进行加工的证明文件，但香港原产货物要享受 CEPA 项下零关税优惠，应当从香港直接运输至内地。目前不少企业对“未再加工证明”没有引起足够注意，认为申领了原产地证书就可享受协议税率，企业应尽早走出这个“误区”。

（来源：宁波市对外贸易经济合作局 2005 - 04 - 06）

二、进口合同的履行

履行进口合同的主要环节是：开立信用证、租船订舱和催装、保险、审单和付汇、报关和接货、验收和拨交、进口索赔。

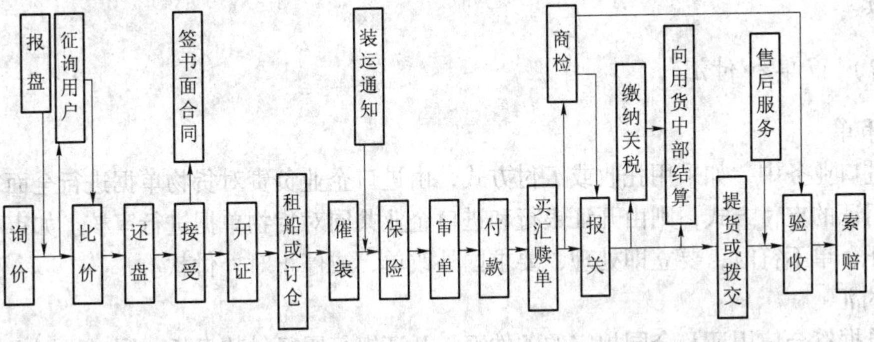

图 10 -3　代理进口业务流程简图（以 FOB 及信用证支付方式为例）

（一）开立信用证

进口合同签订后，按照合同规定填写开立信用证申请书向中国银行办理开证手续。信用证的内容应与合同条款一致，例如品质规格、数量、价格、交货期、装货期、装运条件及装运单据等，应在信用证中以合同为依据作出规定。

信用证的开证时间，应按合同规定办理。如合同规定在卖方确定交货期后开证，则应在接到卖方上述通知后开证；如合同规定在卖方领到出口许可证、支付履约保证金后开证，应在收到对方已领到许可证的通知，或银行转知保证金已照收后开证。一般开证时间的底线在合同规定的装运期前将信用证开到对方。

对方收到信用证后，如提出修改信用证的请求，经开证申请人同意后，即可向银行办理改证手续。最常见的修改内容有：展延装运期和信用证有效期、变更装运港口等。

（二）租船订舱和催装

FOB 价格条件下的进口合同，租船订舱应由买方负责。目前，进口货物的租舱工作统一委托外运公司办理。如合同规定，卖方在交货前一定时期内应将预计装运日期通知买方。买方在接到上述通知后，应及时向外运公司办理租船订舱手续。之后，应按规定的期限通知对方船名及船期，以便对方备货装船。同时，还应随时了解和掌握卖方备货和装前的准备工作情况，注意催促对方按时装运。对数量大、资金大的进口，如有必要亦可请驻外机构就地了解，督促人必须或派员前往出口地点检验监督。

国外装船后，卖方应按合同规定的内容，用电报通知买方以便办理保险和接货等项手续。

（三）保险

在 FCA、CPT 或 FOB、CFR 价格条件下的进口合同，保险由我方办理。进口货物的海运由我进出口公司委托中国对外贸易运输公司办理，并由外运公司同中国人民保险公司签订预约保险合同，其中对各种货物应保的险别作了具体规定。按照预约保险合同的规定，所有按 FCA、CPT 或 FOB、CFR 条件进口货物的保险，都由中国人民保险公司承保。保险费率分进口货物保险费率和特约费率两种。每批进口货物，在收到国外装船通知后，将船名、提单号、开船日期、商品名称、数量、装运港、目的港等项内容通知保险公司，即作为已办妥保险手续。

（四）审单和付汇

1. 审单

在进口业务中，如采用托收或汇付方式，由进口企业负责对货物单据进行全面审核；如采用信用证的支付方式，则由开证银行和进口企业共同对货物单据进行审核。如审核国外单据发现证、单不符时，要立即处理，要求国外改单，或停止对外付款。

2. 付汇

在单据符合信用证及合同规定的条件下，开证银行履行付款责任。同时进口企业用人民币按照当日的银行外汇卖出价向银行买汇赎单。

3. 在信用证方式下对进口商的融资

（1）进口押汇。进口押汇是银行应客户要求在进口结算业务中垫款并对外支付的一项业务，是银行向买方提供的一种资金融通。

（2）银行担保提货。信用证方式中，有时单证未到而货物先到，进口商可向银行申请开立提货担保，双方会签后向船公司提货，日后无论单据是否存在不符点，买方均须付款。

（五）报关和接货

进口货物到货后，由进口企业或委托外运公司根据进口单据填写“进口货物报关单”，如属法定检验的进口商品，进口企业还须随附商品检验证书，在卸货口岸或到达站的检验检疫机构办理进口商品登记，并随附发票、提单及保险单，向海关申报登记。海关核价后开具银行缴款书，报关人缴纳税款并将缴款书回执交海关。货、证经海关查验无误，海关放行，报关员才能提货。

进口货物运达港口卸货时，港务局要进行卸货核对。如发现短缺，应及时填制“短卸报告”交由船方签认，并出具向船方保留索赔权的书面声明。卸货时如发现残损，货物应存放于海关指定仓库，待保险公司会同检验检疫机构检验后作出处理。

进口货物的报关期限为自运输工具申报进境之日起 14 日内。

（六）验收和拨交

对于合同规定在卸货港检验的货物，或已发现残损短缺、有异状的货物，或合同规定的索赔期即将满期的货物等，都需要在港口进行检验。

在办完上述手续后，进口企业委托货代公司提取货物并拨交给订货部门，货代公司以“进口物资代运发货通知书”通知订货部门在目的地办理收货手续。如订货部门不在港口，所有关税及运往内地费用由货代公司向进口企业结算后，进口企业再向订货部门结算货款。

（七）进口索赔

进口商品常因品质、数量、包装等不符合合同的规定，而需向有关方面提出索赔（见第九章）。

目前，我国的进口索赔工作，属于船方和保险公司责任的由外运公司代办；属于卖方责任的由外贸订约人直接办理。为了做好索赔工作，要求外贸订约人、外运公司、订货部门、检验检疫机构等各有关单位密切协作，要做到检验结果正确，证据属实，理由充实，赔偿责任明确，并要及时向有关方面提出，力争使货物损失如数得到补偿。

本 章 小 结

货物交易工作环节大体可表现为三个阶段：交易前的准备阶段，交易磋商与订立合同阶段、合同的履行阶段。本章以进出口货物交易为对象，从实务操作上对以上三个阶段具有代表性的工作做了介绍。重点是出口贸易前的准备工作，技术性较强的是受益人对信用证的审核和修改。

技能实训

实训模块一　因受益人拒受信用证修改引发的纠纷

【实训目的】开拓国外市场的第一步也是最为困难的是建立业务关系。先看懂以下一个对外联系的实例，然后进行交易磋商模拟。

【实训材料】2012 年 1 月 10 日，芝加哥 F 银行向 A 银行开立了一笔金额为 15 783 美元的即期信用证。该证装船期分别为 2 月 25 日和 3 月 8 日，受益人为中国 B 市某贸易公司，货物名称为铁钉。

2 月 12 日，A 银行收到该信用证项下第一次修改，要求将装船期分别提前至 2 月 15 日和 2 月 24 日，并修改货物描述等内容。A 银行立即与受益人联系，请求答复。受益人于 2 月 19 日向 A 银行发出书面确认，拒绝修改，A 银行即向 F 行发出同样内容的电报。3 月 3 日受益人交单，A 银行经审核无误后议付单据，并按开证行要求寄单索汇。A 银行编号为 BP95I1327/2012。3 月 13 日，A 银行收到 F 银行电报，称该单据迟装并超过有效期，以此拒付并准备退单。

经查，此笔单据的装船日为 2 月 25 日，交单日为 3 月 3 日，完全符合修改前信用证的要求。据此，A 银行据理力争，反驳 F 银行提出的不符点。

此后，F 银行又多次来电坚持上述不符点，并两次将单据退回 A 银行，但 A 银行毫不退让，又两次将单据重寄开证行。由于 A 银行有理有力的反驳，F 银行最终于 4 月 25 日付款。①

【实训要求】分清本案争议的产生原因是什么？开证申请人、开证行单方面修改信用证能否产生法律效力？开证行的做法是否妥当？分学习小组边收集资料，边开展讨论。

实训模块二　一个跟单员告诉新手怎样去验货

【实训目的】跟单是业务员的一项基本功训练，对待出给客户的货要就像熟悉自己一样，养成工作细致、精益求精的作风。

【实训材料】有的业务员直到客人索赔的时候还不知道自己出的货的情况。要防微杜渐，就要从一点一滴做起。

验货前的准备：带好纸笔记载货物的情况，准备写验货报告；带好包装手册，确认样品；带好工具（如计算器、卷尺，油标卡尺、温度计、测湿仪等），用于获得需要的、与产品有关的客观数据；带好合同，贴什么标签、印什么字一切照合同；带好钱、带好眼睛、带好心……上路吧！

---

① 资料来源：中国招生考试论坛 http：//bbs. yuloo. com

正式开工了：从包中拿出笔，验货报告，验货工具，合同，看看总共有几箱。然后找几个工人来搬货，从仓库中挑出自己的货，按一定比例如5% －8% 随机抽样，比如说查15箱。去验货的目的是了解工厂生产产品的情况，挑的时候最好范围广一点，不要到时候工厂作弊、货物一出差错都不知道！挑出来的货箱号要记下，然后看看纸箱有没有破损，纸箱是不是专用的或指定纸箱（有专门的商检号），纸箱是无钉的还是有钉的（德国一般要求用无钉的，美国可以是有钉的），有没有打包带，打包带是人工打的还是自动的（欧洲人喜欢用自动的，因为自动打包机是无钉的，人工的都是要铁扣的），最后看看封箱的胶带客人有没有要求（黄色胶带，透明胶带，牛皮纸胶带等等），是不是要求工字型封箱？看完纸箱看唛头，一个字一个字地对过来，万一对错一个字都可能面目全非！有些工厂不认识英文，该填箱号的地方没填，重量和尺寸单位没转换，客人要求是LBS做成了KGS，INCH做成了CM，CUFT单位写到了长度上去，等等，这些细节并非存心想做错，因为不知道该怎么做对而做错了！确定纸箱没问题之后，打开纸箱，看看心爱的货的真容。不料，还有只内盒，拿出合同继续校对，看看内盒上面是否需要什么印刷啊，标贴啊，条码是否对，借个扫描机来扫一扫，工厂没有就带回来扫。如果客人对内盒封箱胶带有要求则须照办，如果没要求就横着封一道就差不多了，能省则省！内盒是彩盒，色彩已经跟客人确认了，找来色标依据再对一对。彩盒客人要求是三面封口还是单面封口？单面封口如果产品容易出来的话一定要三面封口！

进入主题——验货：先看单个产品的包装，是PB，还是PB/HEADER，塑料袋的封口严不严，吊卡订的正不正，客人对订书针的位置有没有要求，对PB的材质有没有要求，PB袋上有没有印刷，印刷的内容有没有错误，有没有要求警告标识，有没有要求UPC码或货号标，有没有要求MADE IN CHINA等等，一定要注意与合同一致，所有与客人不一致的地方都要修改。看完包装以后看产品，拿出确认样进行对照，该用目测的地方用目测，该用工具的地方用工具，原则上是要同确认样一致！这里可能最麻烦的就是产品的品质上面出了点问题，如果严重的话那肯定是不能出货的，怕就怕的是哪些不上不下的货，出也可以不出也可以，这个时候就要凭经验来判断了，要根据客人的性质和对客人的了解来决定这批货的命运！如果没把握，多带几个出货样回公司，交给领导或者有经验的前辈来判断这批货的去留！

重复上面的过程N次，直到满意。填写验货报告，验货报告也可以边验边填，写上验货结果，签上大名，然后叫工厂负责人签上大名。收拾残局，收拾包。大概的步骤因产品而异，验货三大宝却是一样：确认样，合同，还有最重要的经验。对于新人来说经验最缺乏，所以新人验货还要多问，多学，多听！

【实训要求】找相关企业跟单出货环节实习，详细描述验货的整个过程并写出报告和感受。

实训模块三　“集中2个火力点，绝不烂价，我敲定了生意”

【实训目的】开拓国外市场的第一步也是最为困难的是建立业务关系。先看懂以下一个对外联系的实例，然后进行交易磋商模拟。

【实训材料】一个新西兰客人跟我谈一个样品单已经10来天了。7月2号他来信说，有另外的供应商给他报USD30，而我报的是USD35。同样的东西，价差竟如此之大。实际情况是，这种产品只有两家工厂生产，所有的供应商基本都是贸易商，而两个工厂的出厂价我都了如指掌，即USD29.5。也就是说，如果不是工厂直接报给这个客人的话，那个跟我竞争的供应商只能赚USD0.5/pc。这样显然是为了拉到订单而一味地降低报价，一个价格战悄然而至。如何解围成了我要考虑的最大的问题。从我们来往的信件中，我了解到，他对我的英文以及我们之前的沟通很满意。还有一点，因为是样品单，他很在意付款方式，因为如果用银行汇款的话，银行手续费约为USD20，相对于一个小小的样品单，这个手续费是相当高的。我之前就建议他用网上付款ikobo。他也很喜欢这种付款方式，因为这种方式快捷，而且手续费低廉。就是利用了这两个突破点，最后我把这个客人拉到自己的手上来了。具体做法是：① 我首先跟他说，USD30是可以的，但要达到一定的数量，即MOQ（Minimum Order Quantity）为500pcs，这样至少不输于对手的报价；② 我跟他说生意除了价格，还有很多因素，比如质量、交货期、售后服务……我相信我们的沟通足以证明我公司的服务是到位的。另外，如果××国××国的客人的反馈能作为一种参考，您（客人）对此会有更深的了解；③ 作为样品单，我们的价格还是USD35不变。但作为让步，我们付样品单的运费（运费约USD25）。我想，因为他的样品单一共16个，等于每个样品变相降价约USD1.5。④ 样品单使用IKOBO付款，这样就免去了USD20的手续费，为他省了钱。他何乐而不为？

最后，他同意了。今天下午，他来信说，我已经把货款付到您的ikobo账上，我于17:20查明，货款已入账。交易成功……

（来源：尤少芬．中国经营工作网 2006－5－11）

【实训要求】1. 找出国内的3个和国外的2个在线支付网站，说明其收费标准和服务特点。2. 你对什么产品很熟悉？尝试着找到相关渠道将它们销往市场。

思考练习题

一、不定项选择题

1. 英国某买方向我轻工业出口公司来电“拟购美加净牙膏大号1 000罗请电告最低价格最快交货期”，此来电属交易磋商的（　　）环节。

A. 发盘　　B. 询盘　　C. 还盘　　D. 接受

2. 根据《公约》规定，在（　　）情况下发盘失效。

A. 受盘人作出还盘　　B. 发盘人在发盘规定的有效期内撤销原发盘

C. 发盘有效期届满　　D. 发盘被接受前，原发盘人丧失行为能力

3. 国外某买主向我出口公司来电“接受你方12日发盘请降价5%”，此来电属交易磋商的（　　）环节。

A. 发盘　　B. 询盘　　C. 还盘　　D. 接受

4. 根据《公约》规定，受盘人对（　　）等内容提出添加或更改，均作为实质性变更发盘条件。

A. 价格　　B. 付款　　C. 包装　　D. 数量

5. 我A公司向巴西B公司发出传真："急购巴西一级白砂糖2 000吨，每吨250美元CIF广州，2月20日至25日装船。"巴西B公司回电称："完全接受你方条件，5月1日装船。"依照国际贸易法律与惯例，巴西B公司的回电属于（　　）。

A. 还盘　　B. 一项新的发盘

C. 无效接受　　D. 有效接受

6. 交易磋商过程中，必不可少的两个法律环节是（　　）。

A. 询盘　　B. 发盘　　C. 还盘　　D. 接受

7. 根据《公约》的规定，发盘和接受的生效采取（　　）。

A. 投邮生效原则　　B. 签订书面合约原则

C. 口头协商原则　　D. 到达生效原则

8. 我某外贸订约人于11月15日上午8:50用电报向美国Smith Co. 发盘：11月20日复到我公司有效。11月18日上午10:00同时接到Smith Co. 的接受和撤回接受的电传。根据《联合国国际货物销售合同公约》的规定，对此"接受"（　　）。

A. 可以撤回

B. 不得撤回，必须与我某外贸订约人签约

C. 视为撤销

D. 在我某外贸订约人同意的情况下，才可撤回

9. 根据《公约》的规定，合同成立的时间是（　　）。

A. 接受生效的时间　　B. 交易双方签订的书面合同的时间

C. 在合同获得国家批准时　　D. 当发盘送达受盘人时

10. 我公司15日向日商发盘，限20日复到有效，日商19日用电报表示接受我方15日电，我方21日才收到对方的接受通知，此时（　　）。

A. 合同已成立　　B. 若我方毫不延迟地表示接受，合同成立

C. 若我方缄默，合同成立　　D. 属于逾期接受，合同不成立

二、判断题（对的打√，错的打×，并改错）

（　　）1. 在交易磋商过程中，发盘是由卖方作出的行为，接受是由买方作出的行为。

（　　）2. 邀请发盘对双方有约束力。

（　　）3. 买方来电表示接受发盘，但要求将D/P即期改为D/P远期，卖方缄默，此时合同成立。

（　　）4. 根据《公约》规定，构成一项有效发盘，必须明确规定买卖货物的品质、数量、包装、价格、交付和货款的支付等六项主要交易条件缺一不可。

（　　）5. 还盘一经作出，原发盘即失效。

（　　）6. 若发盘未规定有效期，则受盘人可以在任何时间内表示接受。

（　　）7. 根据《公约》，规定了有效期的发盘一旦到达受盘人，在有效期限内发盘人不得撤销该发盘。

（　　）8. 合同的效力是指合同成立时具备法律规定的有效条件，《公约》不涉及合同的效力。

（　　）9. 意向书是合同的形式之一，对有关当事人有约束力。

（　　）10. 新通关模式可以"属地申报、口岸验放"，形成内地沿海通关一体化。

三、简答题

1. 构成一项有效发盘的条件有哪些？

2. 5 月 20 日 A 商以电报向 B 商发盘“JA－1 型蝴蝶牌缝纫机，木箱装，2 000 台，每台 60 美元 CIF 科威特，7/8 月装运，即期信用证支付，限 22 日复到有效”。试分析 A 商该项发盘的效力在哪些情况下终止？

3. 我某公司于 5 月 20 日以电传发盘，并规定“限 5 月 25 日复到”。国外客户于 5 月 23 日复电至我方，要求将即期信用证改为远期见票后 30 天。我公司正在研究中，次日又接到对方当天发来的电传，表示无条件接受我 5 月 20 日的发盘。问交易是否达成？

4. 在审核国外来证时，我方应考虑什么问题？

5. 对于保险单应注意什么问题？

6. 制作提单时应注意哪些问题？

7. 由中间商开出的信用证，有关单据如何填写？保险单做成谁为被保险人？提单上被通知人应为谁？

第 11 章

贸易方式

课前准备

【学习目标】

熟悉各种内外贸交易方式的特点和运作机理；了解逐笔售定与各种贸易方式之间的内在联系和转化条件

【技能目标】

分得清经销和代理之间的差别，能够草拟包销或代理协议，能把握得住招标投标、对销贸易、加工贸易、租赁贸易、期货贸易等的基本程序和重要环节

【情感目标】

树立从逐笔售定向更高层次的代理、经销、对销贸易延伸的愿望和长期合作、互利互赢的理念，练就通过租赁贸易、期货贸易将企业做大做强的本领

学习内容

【先行案例】

从逐笔售定向服务购销形式转移

在我国对外货物交易中，目前大量劳动密集型、产品同质化的中小企业大都面临相互杀价的难题，导致国内加工费越来越接近成本，大量的利润流入国外进口商和代理商等流通环节手中。

以前德国从中国进口商品，30% 利润被德国当地进口商拿去了。KIK 连锁超市是拥有 3 000 多个门店，每年仅杂货类的采购额就高达 6.5 亿美元的德国第三大商业巨头。KIK 很早就通过中介机构介绍找到宁波美博进出口公司，每年最多只有几百万美元的采购通过美博

公司做，而将主要精力用在自己找中国厂家供货。但后来KIK发现在中国生产同一品种的厂有几百家，而且良莠不齐，要在中国采购上万种小百货的话根本不可能直接找工厂。

宁波美博公司的战略是长期把生产企业作为合作伙伴，向上游的流通环节要利润，走通过服务寻求与外商合作的路子，从而可以提高产品出口附加值、获得新的利润空间。而KIK也认为，超市连锁业的竞争将超越单店和单笔买卖的竞争，演变成“供应商—服务商—销售商”联盟之间的竞争，因此KIK也必须在国内寻求专业服务商。2006年7月，KIK停止与其他厂家的直接联系，加强了与美博的合作。

在美博的产品展示厅，2 000平方米的空间挂满了超市里除服装和食品以外的几乎所有日用品，就连一个小小的改锥也有6个厂的样品。该公司提供2万多种日用品，与1 500多家工厂有合作关系，积累了6 000多家工厂信息，所以国外客户只要在展示厅里就能完成采购。美博已从传统的流通型贸易转型为服务型贸易，为客户做包装设计、产品组合、工厂辅导、验货、物流等服务。美博还创办了中小企业服务中心，利用公司的专业外贸人才为当地中小企业提供翻译、单证、报关、外贸条款解释等服务，收取低廉的费用。2005年美博100多名员工实现出口额6 000万美元，获利能力比国内普通的外贸公司高，因为该公司不和国内同行和生产企业争利，美博的竞争对手是国外的进口商和代理公司。

（资料来源：杨洁．经济日报，2006-07-27，经编辑）

随着内外货物贸易一体化的发展，企业贸易方式的选择亦日趋多样化。

贸易方式可根据商品市场划分成两大类，一类是无固定组织形式的市场。无固定组织形式是指交易双方不通过固定市场而进行的商品买卖活动，它大致上又可以分为两部分：一部分是采用逐笔售定方式的单纯商品购销，即就某一商品的交易条件进行反复磋商，通过询盘、发盘、还盘、接受等程序达成交易，逐一履行合同的过程和方式。逐笔售定方式是货物贸易最基本、最普遍的交换方式。另一部分则是秉承关系营销为特征的商品购销形式，它是比逐笔售定更高一层次的贸易方式，如经销、代理、对销贸易、租赁贸易，外加投标招标等。

另一类是有固定组织形式的市场，如商品交易所、展买、期货交易、拍卖等。

第一节　无固定组织形态的商品市场

一、寄　售

（一）寄售的含义

寄售（Consignment）是供货商（寄售人）委托代销商（受托人）向用户进行现货买卖的一种交易方式。采用寄售方式，供货商应在寄售地区选定代销商，签订寄售协议，然后将货物运往寄售地点由代销商现货销售。商品售出后，代销商扣除佣金和其他费用后，将货款交付给寄售人。

寄售的一般做法如下图所示：

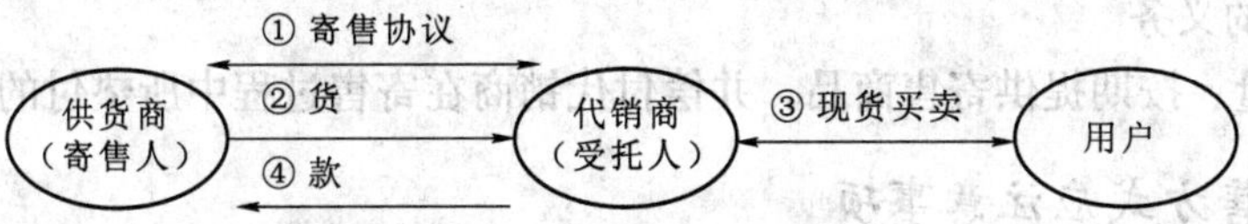

图 11－1　寄售流程图解

（二）寄售的特点

1. 在寄售方式下，双方当事人是委托关系而不是买卖关系

代销商不拥有货物所有权，只为寄售人提供服务并收取佣金，其责任只限于在货物抵达后照管货物，尽力推销，并依照寄售人的指示处置货物；由于不承担寄售货物的任何风险与费用，有利于调动代销商的积极性。

2. 寄售是一种先发运后销售的现货买卖方式

以寄售方式销售，可以让商品在市场上与用户直接见面，按需要的数量随意购买，大大节省了交易时间，减少了消费者的风险和费用，为买主提供了便利，是促销的有力方式。

3. 寄售人承担货物从发运到出售之前的所有风险和费用

因为售后才能收回货款，费用较大，货款回收较缓慢，资金负担较重，这是其一。其二，还承担着售后的风险，万一代销商不守协议，比如，出售后不及时汇回货款，都将给寄售人带来损失。其三，还承担着需要运回或转运其他口岸的风险，如果货物滞销，寄售人将遭受损失。

（三）寄售协议

寄售协议规定了有关寄售的条件和具体做法，其主要内容如下：

1. 协议双方的关系

规定寄售人和代销商之间是一种委托代理关系。货物在出售前所有权仍属寄售人。代销商应按协议以受托人身份出售商品，收取货款，处理争议等，其中的风险和费用由寄售人承担。与代理人不同的是，受托人在授权范围内，以自己的名义和买主达成交易，买主和寄售人之间，不存在合同关系。

2. 寄售商品的价格

寄售商品价格有三种规定方式：其一，规定最低售价；其二，由代销商按市场行情自行定价；其三，由代销商向寄售人报价，征得寄售人同意后确定价格，这种做法较为普遍使用。

3. 佣金条款

规定佣金率，有时还可增加佣金率增减额的计算方法。通常佣金由代销商在货款中自行扣除。

4. 代销商的义务

其主要包括保管货物，雇佣工作人员，代办进口报关、存仓、保险等手续，代垫经营费用，开展宣传广告、展示商品或提供售后服务，并及时向寄售人通报商情。代销商应按协议规定的方式和时间将货款交付寄售人。有的寄售协议中还规定代销商应向寄售人出具银行保函或备用信用证，保证承担寄售协议规定的义务。

5. 寄售人的义务

按质、按量、按期提供寄售商品，并偿付代销商在寄售过程中所垫付的代办费用。

（四）寄售方式应注意事项

1. 选择质优适销、数量适宜的商品

除非货到地头受困而迫不得已寄售的情况外，主动利用寄售方式应着眼于开拓新市场，扩大商品销路，同时树立企业形象，建立客户关系。

2. 选择合适的寄售地点

一是直接运交代销商存栈出售；二是先存入关栈，随售随取；三是将货物运进自由港或自由贸易区存放，确定买主后再行运出；四是直接将货物发往国外资信好的银行，由银行负责售货付款。要注意一般海关仓库的存放期限比较短，逾期有被拍卖的危险。

3. 选择合适的受托人

受托人应在当地有良好的商誉，熟悉当地政府的有关贸易政策、法令，有相关商品营销经验和推销力。

4. 选择安全的收汇方式

如何收费应在寄售协议中作出相应规定，比如要求受托人开立银行保函，或以承兑交单方式发货。

二、代　　理

（一）代理的含义

代理（Agency）是指代理人（Agent）按照委托人（Principal）的授权，代表委托人与第三人订立合同或实施其他法律行为，而由委托人负责由此产生的权利与义务的贸易方式。对于尽心尽责的寄售中的受托人，有条件时就可以发展成为代理商。

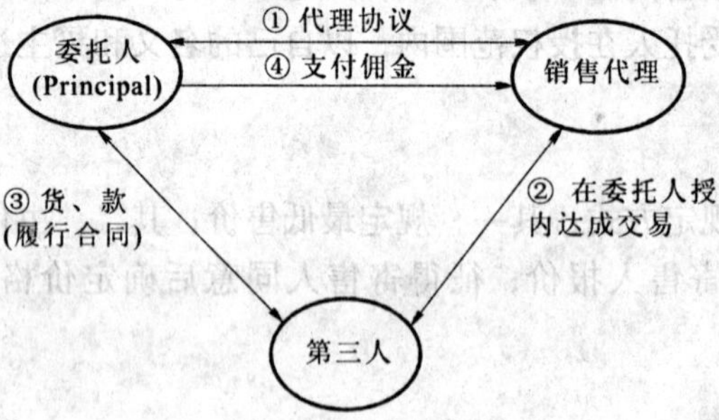

图 11－2　销售代理流程图解

（二）代理的分类

代理的分类如图 11－3 所示。

- 代理
  - (1) 按委托人授权分
    - ① 独家代理（Sole agency）：在特定地区、特定时期享有代销指定商品的专营权，不得再代销竞争商品
    - ② 一般代理（Agency）：指在同一地区同一时期委托人可以选定多个客户作为代理商，根据推销商品的实际金额付给佣金，或按协议规定的百分率支付佣金
    - ③ 总代理（General agency）：在特定地区和时间委托人的全权代表
  - (2) 按行业性质分
    - ① 销售代理：代表委托人或制造商为其商品在市场上销售提供服务
    - ② 购货代理：代理人受委托人委托为其在市场上采购商品提供服务
    - ③ 货运代理：以货主的受托人身份为货主办理有关货物仓储转运等
    - ④ 船务代理：为承运人承揽货载提供服务
    - ⑤ 保险代理：代表保险人和被保险人打交道

图 11－3　代理的分类示意

（三）销售购货代理的特点

销售购货代理方式同包销方式相比，代理人权责受到诸多限制：（1）只能在委托人的授权范围内，代理委托人从事商业活动；（2）一般不以自己的名义与第三者签订合同；（3）通常是运用委托人的资金从事业务活动；（4）不管交易当中的盈亏，只取佣金；（5）只居间介绍生意、招揽订单，但并不承担履行合同的责任。

（四）销售代理协议

销售代理协议（Selling agent agreement）是明确规定委托人和代理人之间权利与义务的法律文件。其内容包括（1）订约双方名称、地址及订约的时间、地点。（2）商品种类、地区范围以及商标等。（3）代理的委任、受任及法律关系。（4）委托人的权利与义务：接受和拒绝订货的权利、维护代理人权益的义务、向代理人提供广告资料（样品、样本、目录等）、保证向代理人支付佣金等。（5）代理人的权利与义务：权利范围，积极促销的义务，保护委托人财产、权利的义务，对客户资信进行调查的义务，提供售后服务的义务，向委托人汇报市场情况的义务以及保守商业秘密的义务等。（6）佣金支付：佣金率、佣金的计算基础、佣金支付时间和方法等。（7）协议的期限和终止。（8）不可抗力和仲裁。

尽管我国代理方式采用较多，但在对外接洽的实际业务中，我国对代理的运用模式与某些国家有关代理法律的规定和商业惯例的解释并不完全一致。因此，签订代理协议时，必须注意遵循国际上有关代理商方面公认的准则。

（五）代理方式的利弊

1. 代理制的优势

（1）密切工商关系、农商关系及商商关系，稳定商品流通渠道。代理制使彼此之间结成了利益共同体，化过度竞争为通力合作，建立起高效网络的额外张力。（2）通过发挥专

业分工与合作的优势，代理制能够收到分工效果和规模效果，提高流通效率，降低流通费用。（3）代理制的极大优势在于关系营销。代理商把通过代理网络所了解的市场信息和变化趋势在产前告知生产企业，可以使供货方在能预先核算好利润的情况下按订单安排生产，防止盲目生产及其形成的产品积压与资金呆滞。借助于代理商的合作，生产企业可以更好地调整产品结构，提高产品的质量，更快更有效地开拓市场。（4）代理方可以取得稳定的货源，增强其经营实力和市场影响力，提高资金的使用效率。（5）代理制有利于提高服务质量。在生产企业自销不经济时，代理制就成为提高对用户的服务质量的最佳选择。

2. 代理制的困惑

施行代理制的阻力主要存在于体制本身。因为代理企业缺乏一种独立决策、自我约束、自我制约与发展的机制，代理企业尚算不上是独立的市场主体，无论是工业企业还是商业企业都缺乏真正的市场行为，即市场对工商企业的引导乏力，从而销售代理制对工商企业的约束只能是软约束。因此代理商很可能消极地依赖厂家产品是否畅销来获利，产品畅销时代理额上升，产品滞销时并不积极推销，从而达不到最低代理额，导致代理关系破裂。

（六）包销与独家代理方式的比较

1. 相同点

（1）都具有垄断性质，都有在指定地区和期限内对某种商品专营的权利；（2）能调动包销商和独家代理商经营商品的积极性。

2. 区别

（1）当事人之间的关系不同。包销商与出口商之间是买卖关系；而代理人与委托人之间是委托代理关系。（2）承担风险不同。包销商承担经营风险；代理商不承担经营风险。（3）取得的报酬不同。包销商赚取利润，独家代理商赚取的是佣金。

【贸易视野】

代理产品的厂商开始做直销，变成竞争对手该怎么办？

提问：我们公司是做进口设备的，将欧美产品拿到国内来卖。我们把中国市场开发得很好了，但欧美的供应商又开始通过自己的队伍进行销售，就是通过直销与我们代理形成对抗。请问怎么看这个问题？谢谢。

专家回答：你碰到的这种情况，令人吃惊。一个人跟你合作，然后他自己又单打独斗进入你所在的这个市场。这个老外怎么这么厉害，他居然敢与代理作对，到中国来开连锁店，因为中国话都讲得不地道，还有很多法规法律要遵守……或许你以前带的队伍可以到他的公司上班，所以他能够那么轻易地变成你的对手。所以你的企业要很深入地了解和反省是什么原因导致这样的结果，如果没有什么错的话，该发生的还得发生，这就是市场。当代理方式已经不能满足老外的胃口时，你是否考虑过买断老外的产品，在国内做起经销生意来呢？

（资料来源：http：//www. ceconline. com/商界先锋论坛，发表时间：2010 - 07 - 01；访问时间：2010 - 8 - 11）

三、经　销

（一）经销的含义

经销（Distribution）是指供货方（Supplier）与经销方（Distributor）订立经销协议，承担在规定的期限和地域内，以“款、货两清”的买断形式购销指定商品义务的一种方式。经销属售定性质。对于有条件的代理商，可以发展成为经销商。

（二）经销的种类

1. 包销（Exclusive Sale）

包销也称独家经销（Sole distribution），指供货方（委托人）通过协议把某一种商品或某一类商品在某一个地区和期限内的经营权给予该市场某个客户或公司的贸易做法。供货商只向包销人报价成交，销售某种货物，而包销人在此期间和在此地区内不得购买他人的同样或类似的货物。尽管包销也是售定，但包销同通常的逐笔买卖不同。它除了当事人双方签有买卖合同外，还须在事先签有包销协议。采用包销方式，买卖双方的权利与义务是由包销协议确定的。双方签订的买卖合同也必须符合包销协议的规定。

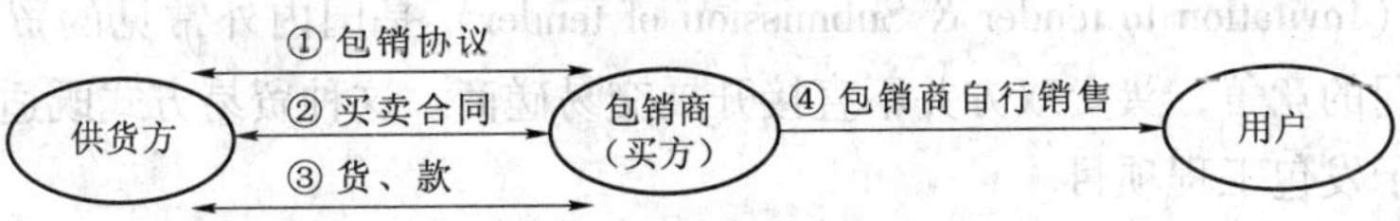

图11－4　包销流程图解

2. 总经销

总经销是在包销方式下又设置分支机构的包销。

3. 一般经销

也称定销，或称特约经销。它是指在某一市场范围内，供货方选择一个以上、但不是所有愿意经营本产品的中间商经销自己的产品。经销商不享有独家专营权，供货商可在同一时间、同一地区内，确定几个商家经销同类商品。

（三）经销的特点

经销方式下，受买人以自有资金支付商品的货款，取得商品的所有权，在经营中以进口价格和转售价格之间的差额为经销利润，并在享有自货物购进到将货物转售的全部收益的同时，承担一切经营风险。经销人转售商品时，也以自己的名义进行。

（四）经销协议

经销协议（Distributorship agreement）是经销商和供货商规定双方权利和义务、确立双方法律关系的契约。

经销协议一般包括：（1）商品种类；（2）区域；（3）经销数量和金额；（4）商品的作价方法；（5）经销期限和终止；（6）经销商的其他义务，如广告宣传、市场调研和维护供货人权益等。此外，还规定不可抗力及仲裁等交易条件。

经销协议有特约经销和包销两种。在包销协议中一般都订有独家专营权条款。

（五）包销方式的利弊

1. 优点

通过包销协议建立起一种较为稳固的购销关系；通过专营权的给予，有利于调动包销商经营的积极性，利用包销商的销售渠道，巩固和扩大市场；可减少多头经营产生的自相竞争的弊端；有利于根据市场的需要有计划地组织生产和供货，争取较好的售价。

2. 缺点

包销商可能利用其垄断地位操纵市场，任意抬高售价，少卖多赚；包销商还可能经营其他的商品，使其不能专心经营约定的商品；若包销商经营能力差，会出现“包而不销”的情况，供货商又不能向其他商人销售，从而蒙受损失。

四、招标与投标

（一）招标与投标的含义

招标投标（Invitation to tender & Submission of tender）是国内外常见的贸易方式，招标投标是卖主之间的竞争，买卖双方并不直接开展交易磋商。这种贸易方式既适用于采购物资设备，也适用于发包工程项目。

招标（Invitation to tender）是招标人按事先规定的条件公开征求应征人，选择最优者成交；投标（Submission of tender）是投标人根据招标人提出的要求，提出自己相应的价格和条件，通过竞争，争取被招标者选中成交。它们是同一种贸易方式的两个方面，习惯上把两者合称为投标贸易方式。

卖主往往采用自主投标进行市场渗透；而采用市场开发战略时，往往利用代理商、经销商去投标。

（二）招标与投标的种类

1. 竞争性招标（Competitive bidding）

它是指招标人邀请相互间具有竞争关系的投标人参加投标，通过竞标，选择其中对招标人最有利的投标人达成交易。由于标的公开，竞争公开，成交迅速，使得许多大中型工程项目和物资采购，特别是国际间的政府贷款项目和国际金融组织的贷款项目，都规定采用竞争性招标方式进行采购或发包，以保证贷款得到有效和合法的利用。

竞争性招标有下列两种做法：① 公开招标（Open bidding）：是一种无限竞争性招标（Unlimited competitive bidding）。采用这种做法时，招标人要在国内外主要报刊上刊登招标广告，凡对该项招标内容有兴趣的人有均等机会购买招标资料进行投标；② 选择性招标（Selected bidding）：又称邀请招标，它是有限竞争性招标（Limited competitive bidding）。采用这种做法时，招标人根据自己具体的业务关系和情报资料对客商进行邀请，进行资格预审后，再由他们进行投标。

2. 谈判招标（Negotiated bidding）

它又称议标，它是非公开的，是一种非竞争性的招标。这种招标由招标人物色几家客商直接进行合同谈判，谈判成功，交易达成。

3. 两段招标（Two-stage bidding）

它是指无限竞争招标和有限竞争招标的综合方式，采用此类方式时，则是先公开招标，再用选择性招标分两段进行。

（三）招标与投标的特点

招标与一般的交易方式相比，主要有以下三个特点：（1）招标是由参加投标的企业按照招标人所提出的条件，一次性递价成交的贸易方式，双方无须进行反复磋商；（2）招标是一种竞卖的贸易方式；（3）招标是在指定的时间和指定的地点，根据事先规定的条件进行的。

（四）招标和投标的一般程序

1. 招标

招标人在政府公报或有关报纸、刊物上发表招标公告（有时是直接通知有关公司企业），说明所要购买的货物或建设的项目。有投标意向的企业可以向招标人索取招标文件。招标文件对于工程或商品的要求有详细的说明，并对投标人的资格、责任、投标所需担保或保证金也有规定。另外，文件的内容还包括有投标截止期等。

2. 投标

响应招标的投标人填好标书等文件后，采用密封递价办法，在规定的投标截止期前寄交招标人或其代理。

3. 开标

开标有公开和非公开两种办法。公开开标是指投标人监督开标。非公开开标是指招标人在没有投标人参加的情况下，自行选择中标人，这时决定中标的因素就不完全取决于经济因素。如果开标后招标人对所有投标人的条件都不满意，可以全部拒绝，宣布招标失败，另行重新招标。招标人确定了中标人之后，需要向对方发出采购意向书，然后正式签订合同，中标人也要缴纳约为合同金额3%～10%的履约保证金。

企业在投标时，要注意标单具有实盘性质，投标要对标单内容负责并受其约束，不经招标人同意是不能随意撤回的。因此，在确定投标条件时，价格应注意保本求利，过高不易中标，过低易产生亏损。对企业的能力亦应有正确估计，一旦不能按时、按质、按量交货、交工，投标人须承担招标人的损失。

五、对销贸易

（一）对销贸易的含义

对销贸易（Counter trade）是属于货物买卖范畴中的一个集合概念，一般可以理解成以易货贸易、补偿贸易为形式、且以进出结合、出口抵补进口为共同特征的各种货物贸易方式的总称。贸易总是需要找到新的平衡点，任何单方面的进出都不足以维系牢固的贸易合作关系。

当双方的贸易关系建立起来之后，对销贸易是进一步合作的最佳方式和取得贸易加速发展、获得利益最大化的有效途径。小到企业、大到国家莫过如此。

（二）对销贸易的特点

1. 体现了互惠关系

对销贸易不同于单边买卖，实质上是卖和买相结合的方式，一方商品或劳务的出售必须以购买另一方的相应产品为条件，体现了互惠的特点，使相互之间获得贸易机会。

2. 不使用现汇支付

在国际对销贸易方式下，一方从国外进口货物，不是用现汇支付，而是用相对的出口产品来支付。这样做有利于保持国际收支的平衡，对于外汇储备较紧张的国家具有重要意义。

（三）对销贸易的种类

对销贸易有多种形式，归纳起来最基本的有三种：易货贸易、反购或互购和补偿贸易。

1. 易货贸易

易货贸易（Barter trade）是指在互惠的前提下，由两个或两个以上的当事人在商品交换时采用以物易物的方式来进行。易货贸易有狭义的易货贸易和广义的易货贸易之分。

（1）狭义的易货贸易。是纯粹的以货换货、不用货币支付方式。其特征是交换商品的价值相等或相近，没有第三人参加，并且是一次性交易，履约期较短。这种传统的直接易货贸易，由于交换的货物必须是双方需要的，货值又要一致，所以具有很大局限性，在实际交易中较少应用。

（2）广义的易货贸易。现代的易货贸易都是采用比较灵活的广义的易货方式。

① 记账易货贸易。任何一方的进口或出口货物，双方都将货值记账，相互抵冲，不需使用现汇支付，一般规定在一定时期内平衡（如有逆差，再用现汇或商品支付）。这种方式下，进口和出口可以同时进行，也可以有先有后。

② 对开信用证方式。交易双方先签订易货合同，进口和出口同时成交，金额大致相等，双方都采用信用证方式付款，并在信用证中规定，一方开出的信用证要在收到对方开出的信用证时方能生效。也可以采用保留押金信用证，即第一张信用证先生效，但结汇后银行把款扣下，作为向对方开回头证的押金。需要说明的是，这种做法仍是以货换货，而非现货交易。

2. 补偿贸易

（1）补偿贸易的概念及特征

补偿贸易（Compensation trade）是买方以信贷的形式从卖方购进机器设备、技术工艺、专利、技术秘密、中间产品等，进行生产后，在约定的期限内，以所生产的商品或其他劳务支付贷款的贸易。这种方式是贸易与信贷相结合的商品购销。

（2）补偿贸易的分类

（3）补偿贸易的基本条件

① 信贷是进行补偿贸易必不可缺少的必要条件。② 设备出卖方必须同时承诺回购设备受买方的产品或劳务，这是构成补偿贸易的充分条件。

- 补偿贸易
  - （1）互购
    - ① 广义互购：一方向另一方出售商品或劳务的同时，承担以所得货款的部分或全部向对方购买一定数量或金额商品或劳务义务。
    - ② 狭义互购：指买方不是用购进的设备、技术等开发生产的直接产品，而是用双方商定的其他产品或劳务来支付进口货款。它实际涉及两个既独立又相互联系的合同，每个合同都以货币支付，金额不要求等值。
  - （2）返销：或直接产品补偿，是指买方利用对方提供的设备、技术工艺等开发生产出来的产品（直接产品或关联产品）偿还进口设备等货款。
  - （3）其他
    - ① 部分补偿：购进设备的货款部分用商品补偿，部分用现汇支付。
    - ② 多边补偿：有第三方参与接受、销售补偿产品或提供补偿产品。
    - ③ 劳务补偿：将补偿贸易与来料加工相结合的做法，即由一方提供设备的同时，也提供原材料，委托对方加工装配，另一方用加工费收入分期偿还价款（它与后文加工贸易有很多相似之处）。

图 11－5　补偿贸易的分类示意

由于是用对方提供的机器设备等所生产的产品支付货款，生产是偿还的基础，故受买方对于人员的培训、零部件的提供、设备的安装比较关心。但补偿贸易引进的项目往往并非是最先进的技术，也可能比较难与本地区经济社会发展规划协调。返销商品如果需占用受买方出口额度的，会增加达成协议的难度。

（四）对销贸易的利弊

1. 对销贸易的积极作用

（1）在不动用或少动用外汇的条件下进行货物贸易；（2）吸引国外的资金和技术；（3）带动某些产业的产品出口；（4）有助于各国建立更有效的产业合作；（5）商品定价具有灵活性和隐蔽性，便于产品打入新市场。

2. 对销贸易的局限性

（1）对销贸易是在互惠的原则下进行，使得交易对象的选择和交易的达成及履约出现很大的困难，设备供应方并不普遍接受用返销产品进行偿付；（2）市场机制的作用受到很大削弱，补偿价格往往与正常价格有很大偏离。对一国来说，难以获得社会劳动的最大节约，可能会与本国同类产品的出口发生竞争。

六、加工贸易

（一）加工贸易的含义

加工贸易（Processing trade）是指加工再出口业务。它把加工和扩大出口、收取工缴费收入结合起来，是外商提供全部或部分原材料（主料）、辅料、零部件、元器件、配套件和包装物料（简称“料件”），必要的机器设备及生产技术，委托我方企业按国外厂商的要求进行加工、装配或制造产品，成品由国外厂商负责销售，我方按合同收取工缴费，外商提供的设备作价价款，我方用工缴费偿还的贸易形式。

对于劳动密集型的落后国家，加工贸易是借鸡下蛋、借船出海，取得后发优势的前奏。对于资本密集型的发达国家，加工贸易是自由贸易的必然结果，它可以扩大生产规模，延长产品生命周期，乃至改变人们的生活方式、文化品位，甚至价值观。

（二）加工贸易的基本形式

（1）来料加工（Processing with supplied materials），是指加工一方按照对方的要求，把对方提供的原辅料加工成制成品交与对方以收取加工费。在来料加工下又有一些不同的具体做法。例如，有的加工过程由对方提供全部来料；有的则由对方提供部分来料，加工采用部分本国生产原料，这叫带料加工；有的对方只提出各方面要求并提供样品，加工方全部采用国产原辅料加工，这叫来样加工。无论采取哪种做法，双方都是一种委托加工关系。

（2）进料加工（Processing with imported materials），是指加工方自己进口原辅料进行加工，成品销往国外，这种情况又称以进养出。

（3）来件装配（Assembling with customer's parts），是指对方提供零部件或元器件，加工方进行装配并将成品交与对方收取装配费的一种做法。

（三）来料加工与进料加工的区别

（1）来料加工是国外厂商提供原材料，国内承接方按其要求进行加工，成品全部交还对方，承接方按规定收取工缴费；进料加工是国内自营进口原材料，生产出产品可能全部出口，也可能部分出口，还可能实行“进口替代”。

（2）来料加工的原材料进口与成品出口是连在一起的一笔业务，原材料的供应人往往是成品的接受人；而进料加工的进口原材料方与出口成品方无联系，是单进单出的两笔进出口业务。

（3）来料加工的双方一般是委托加工关系。有部分来料加工虽然国内承接方也提供某些原材料，在一定程度上存在买卖关系，但一般我方为了保证产品及时出口，都同对方签订承购全部产品的协议；而进料加工的成品出口，我方与对方完全是买卖关系。

（四）采用加工装配贸易应注意的问题

（1）注意国外商标的合法性。为了避免因第三者控告侵权造成被动，可以在加工装配协议中规定：“乙方（委托方）提供的商标保证具有合法性，如果有第三者控告加工装配产品的商标侵权，概由乙方与第三者交涉，与甲方（加工方）无关，同时应承担由此给甲方造成的损失。”

（2）来料来件加工装配要按国家有关产业发展政策和法律规定办事。尽可能采用高新工艺和设备开展业务；避免引进高污染、高能耗的加工装配业务，以利于国家产业结构调整。

（3）防止外商拒绝返销现象的出现。对国外厂商只来料、来件，不购买成品，或借故产品质量不合格等拒绝返销现象，可以采取由国外厂商出具银行保证函，或者采取“先收后付”的方法，来加以防范。

(4) 要在银行单独开立账户，对加工装配收入单独结汇，这有利于考核企业经营活动成果。有关开立账户、支付方式、结汇办法和信贷管理等方面问题，应按国家有关规定办理。

(5) 加工装配的成品要保证全部返销国外，除国家政策允许外，不能在国内销售。

(6) 选择加工装配项目要适当，不能与我国正常向返销国家出口货物品种相冲突，更不能以加工装配的产品顶替正常销售的配额。

【贸易视野】

加工贸易如何转型升级

2011 年前三季度，我国外贸结构有一个明显变化：一般贸易增长较快，加工贸易比重下降。其中，加工贸易占同期我国进出口总值的比重为 35.9%，较去年同期减少 3.1 个百分点。从占外贸比重的"半壁江山"，到如今降至不足四成。这种变化反映了怎样的趋势？有关部门和企业如何克服眼前的困难？为此，记者深入广东地区进行了调查。

在广东省广州番禺区镇泰玩具制造工厂的生产车间，生产线上一片繁忙，一只智能化的恐龙玩具引起了记者的注意。这种玩具会模仿动物成长过程：吃饭、生长、游戏，深受市场欢迎。

早在 1983 年，镇泰就来到广州从事来料加工生产，1997 年又开设番禺工厂。2010 年 3 月，镇泰从来料加工企业转为进料加工企业，成为独立的法人实体，完成华丽转身。此后，镇泰加大自主研发力度，成立了研发部，并在海外注册了"pleo"商标，由一家传统的定牌加工出口企业，转变为一家有自主品牌、设计中心和销售中心的现代制造企业。

"对加工贸易来说，单纯依靠数量扩张的空间已经非常有限，结构性问题日益成为主要矛盾。"黄埔海关刘关长认为，加工贸易企业转型升级紧锣密鼓，海关等部门的管理思路也应及时调整。

广州海关高关长说："分类管理、内销集中申报、属地管理……广州、黄埔、拱北、深圳等广东省内海关密集出台了一系列推动加工贸易发展的新举措。"在内销集中申报等利好政策推动下，加工贸易企业开拓国内市场的步子也在加快。

目前，世界 500 强已有 480 家落户我国，全国加工贸易企业已逾 12.6 万家。从数据看，2011 年前 3 季度，加工贸易在外贸总值中的占比有所下降，但从总量看，加工贸易进出口总值仍同比增长 14.8%，这仍然是个不小的增幅。

(资料来源：杜海涛．加工贸易如何转型升级．人民日报，2011－11－04 第 10 版，经编辑)

七、租赁贸易

(一) 租赁贸易的含义

租赁贸易（Lease trade）是指出租人在一定期限内将商品使用权出让给承租人，并收取租金的一种贸易形式。出租的商品大到成套设备、飞机、轮船、大型计算机、房屋等，小到光碟、书刊杂志、家用物品，应有尽有。它实质上是出租人向承租人提供信贷的一种交易方式，也是当代最为活跃的一种贸易方式。

租赁期一般较长，对大型物件的租赁时间可以划分为短期租赁（约1年以内）、中期租赁（1－3年）、长期租赁（3年以上）。当前长期租赁业务占有绝大比重，属于一种以融物的形式实现中长期资金融通的贸易方式。发达国家的固定资产投资，有三分之一以上是通过租赁贸易方式实现的。在我国内外货物贸易中，租赁业务正在逐步成为一个对供需双方均有十分吸引力的市场。

（二）租赁贸易的各方当事人

1. 出租人

一般为准金融机构，即附属于银行或信托投资公司的租赁公司，也有专业租赁公司或生产制造商兼营自己产品的租赁业务。出租人向承租人提供所需设备，设备的所有权属于出租人。

2. 承租人

承租人通常为生产或服务企业。承租人选定所需设备和供应商后，由租赁公司洽谈购买。承租人按租赁合同向出租人定期支付租金，取得设备的使用权。

在租赁贸易中，除非承租人自身有足够好的信誉，经租赁公司评估后，在一定额度内实现租赁，通常租赁公司要求承租人提供经济担保人，比如，银行、投资信托公司、保险公司等出具的保函。

【案例11－1】

中荷法联手组建飞机租赁公司

中国航空器材进出口集团公司、荷兰埃尔凯普飞机租赁公司及法国东方汇理银行2006年10月正式宣布共同投资成立经营性飞机租赁公司，启动中国飞机租赁公司合资项目。

合资公司在成立初期将主要致力于中国市场。合资项目分为设在中国北京的奇龙航空租赁有限公司及设在爱尔兰香侬的爱尔兰奇龙租赁公司两部分，中国公司注册资金1 000万美元，爱尔兰公司注册资金5 000万美元，两家公司将从国际、国内两个渠道共同服务于全球飞机租赁市场，尤其是中国及其他亚洲国家日益增长的飞机市场需求。

根据飞机制造商预测，未来20年中国国内航空市场将增加2 600架飞机。合资三方对中国航空市场充满信心，预期合资项目的飞机资产规模在未来的几年内将达到10亿美元。

（资料来源：吴琳．人民日报，2006－10－26第7版）

（三）租赁贸易的作用

从利用外资、引进设备的角度看，它与一般的中长期信贷和延期付款有相似之处，但对供需双方来说，有其特有的优越性。

1. 对承租人的优越性

（1）企业利用中长期信贷或延期付款方式购入的设备，将记录在企业的资产负债表内。而租赁的设备，则不作为企业的负债记录，不影响企业的举债能力。即使企业能以自有资金购入设备，若改用租赁方式，则可增强流动资金的周转能力，改善企业的资产质量。

（2）承租人支付的租金可列入生产或经营成本从而降低企业应税收入的数额。

（3）承租人可按自身需要选择生产厂商和所需设备，确定技术指标，而租赁公司作为市场中的大买家，往往拥有优越的谈判地位，能以相对优惠的价格购进设备，从而降低承租人支付的租金。

（4）以租赁方式引进设备，承租人只须和租赁公司达成协议，而落实资金和采购设备均由租赁公司负责，故而业务环节减少，设备到位所需时间较短。

（5）承租人可以分享租赁公司所享受的减免税优惠以及所具有的资金运作优势，从而降低租金支出。

（6）承租人所支付的租金，包括设备价款、利息和租赁手续费。租金在租赁期内一般固定不变，而中长期贷款的利率往往是浮动的，有上升的趋势。

国际市场是买方市场、承租人作为用户，具有一定的优势，充分利用这一优势，在一定条件下，比起直接获得国外出口信贷，更具现实性和更为经济，比起外商直接投资，在收益分配和经营控制上更有利于设备引进方。

2. 对出租人的优越性

（1）出租人购买设备进行租赁业务，作为设备所有人，可享受投资减税待遇，以及折旧或按政策加速折旧的优惠。

（2）金融租赁公司作为出租人，租赁贸易也是一种金融业务。由此扩大了资金投放市场。由于拥有设备所有权和应收租金的承诺，贷款风险较小。

（3）专业租赁公司作为出租人，一般只需支付所购设备款项的 20% ~ 40%，其余部分则以设备所有权和租金受让权作为抵押，由银行等金融机构提供贷款。但出租人仍享有全部减税利益。

一些大型制造公司往往附设租赁公司，通过以租代销扩大出口业务。特别对于一些售价高，相对陈旧老化的设备，租赁是一种行之有效的促销方式。

【案例 11 -2】

租赁业发展蕴藏商机

据中国国家统计局数据，目前中国租赁业固定资产已达 514 亿元，新批准营业的租赁公司在不断增加，同时有相当一批中外合资租赁公司进入，这表明中国租赁业将进入一个相对快速的发展时期。中国租赁业发展前景看好，是因为租赁业发展所需的法律、会计、税收、监管等条件中国目前已基本具备。

中国起先通过租赁方式引进国外先进设备，以很少的资金率先得到设备使用，后用利润支付租金，最终以象征性价格取得设备的所有权，因而有人形象地比喻为“借鸡下蛋，卖蛋买鸡”。目前，中国的融资租赁业呈现“三足鼎立”的格局：一是商务部监管的 40 多家中外合资和两三家外商独资融资租赁公司；二是仍归口商务部管理、大约有 1 万家的内资租赁公司；三是银监会监管的 10 多家金融租赁公司，以及一些兼营融资租赁业务的企业集团财务公司和信托租赁公司。

据介绍，中国租赁市场渗透率只有2%左右，远低于世界平均水平17%，而美国已达到33%，日本、欧洲的比例也超过20%，专家认为中国的比例也应达到20%，这巨大的差距同时也意味着巨大的发展潜力。

（资料来源：秦京午. 人民日报海外版. 2006-07-31 第5版 经编辑）

（四）租赁贸易的种类

根据不同的标准，从不同的角度可对租赁作不同的划分，一般可将租赁分为融资租赁和经营性租赁。

1. 融资租赁

（1）融资租赁的含义

融资租赁（Financial lease）也称为资本租赁或财务租赁，是指出租人在承租人给予一定收益的条件下，授予承租人在约定的期限内占有和使用财产权利的一种契约性行为。融资租赁是一种长期租赁形式。

融资租赁的标的物主要是租赁公司出资购买用户选定的设备，出租给用户。租赁期较长，接近设备的使用期。租赁期内由用户自行维修保养，租赁期满，设备归用户所有，或者由用户支付残值后拥有设备。在整个设备使用期内只租给一个用户，租赁公司按设备成本、利息加上费用，分摊成租金向承租人收取，故而又称为“全额清偿租赁”或“一次性租赁”。它是最基本的租赁形式。

（2）融资租赁的分类

融资租赁包括售后租回、直接租赁和杠杆租赁和转租租赁四种主要形式。

表11-1　　融资租赁

租赁形式	定　义	操作特点
售后租回	指企业（买主兼出租人）根据协议，将其拥有的自制或外购资产售出后再租赁回来使用。	出售资产的企业可得到相当于售价的一笔资金。一般先签协议再签订买卖合同。
直接租赁	承租人直接向出租人租入所需要的资产，并付出租金。	出租人主要是制造厂商、租赁公司。
杠杆租赁	出租人只出租租赁物金额的一部分，租赁物的其余部分金额以该租赁物作抵押，向金融机构贷款解决的一种租赁方式。	贷款无追索权，贷款人享有出租设备抵押权。出租人又是借款人，同时拥有对资产所有权，既收取租金又要偿付贷款。
转租租赁	从事租赁单位一方面租入其他企业的资产成为承租人，而另一方面又将租入的资产再转租给他人而成为出租人。	具有双重身份的租赁。经营转租业务的租赁公司，为用户企业提供了信用担保，又为用户承办涉外租赁合同。

2. 经营租赁

经营租赁（Operating leasing）又称服务租赁、管理租赁或操作性租赁。它是一种以提供租赁物件的短期使用权为特点的租赁形式，通常适用于一些需要专门技术进行维修保养、技术更新较快的设备。在经营性租赁项下，租赁物件的保养、维修、管理等义务由出租人负责，承租人在经过一定的预告期后，可以中途解除租赁合同。经营租赁是一种短期租赁形式。每一次交易的租赁期限大大短于租赁物件的正常使用寿命。

对出租人来说，他并不从一次出租中收回全部成本和利润，而是将租赁物件反复租赁给不同的承租人而获得收益，因而，在这个意义上说，有人称之为“非全额清偿租赁”。在租赁期内，由出租人提供设备的安装、保养、维修等服务，以期保持设备的良好状态供再次出租。对承租人来说，这种租赁方式和提供的服务，使他获得了始终保持正常运转的高新技术设备，但租金也比较高。

经营租赁的标的物是通用设备。当承租人只需短期使用某种通用设备时，往往采用这种租赁方式。经营租赁的出租人通常是生产制造商兼营的租赁公司或者专业租赁公司。国际海运中常用的租船合同形式程租，船只、船员均由船东负责提供，一切管理、维修、保险等义务均由船东负责，从性质上看，程租就属于经营性租赁。我们日常生活中所见的出租车、船等，也属于经营性租赁的范畴。

经营性租赁只转移使用权，到期时所有权不会转移，资产要还给出租人，而且租期一般不长，会计上承租人对此类资产不用计提折旧，会计处理也很简单。出租人要计提折旧。

（五）租赁贸易的租金和租期

构成租金的主要项目包括租赁标的物的购置成本、租赁期间的利息和费用、经营开支、税收和利润。一般可按下列公式计算：

$$租金 = [(租赁标的物的购置成本 - 估计残值) + 利息 + 费用 + 经营开支 + 税收 + 利润]/租期 \quad (公式11-1)$$

其中利息是最关键的一个项目。它和租期有关，租期愈长，相应的利率就愈高；它也和租赁公司的资金来源以及所享受的减免税优惠有关。

融资租赁是一次性租赁，故租期最长可与设备使用的有效期一致，但如果承租人有足够的支付能力，在不造成企业负担过重的情况下，缩短租期，有利于减少利息负担。

【贸易视野】

在德国“只要你想租，什么都可以租到”

租赁业对于大多数中国人来说还有些陌生，而在西方国家，它已经是一个相当成熟的产业。在德国的大街小巷，到处都可以见到各种各样的租赁企业。很多德国人早已习惯了租赁消费，甚至一些生活用品都租着用。许多家庭热衷于租赁这种实惠的消费方式。住在柏林的安德莱一家就是这样一个典型的“租赁之家”。

安德莱刚刚用租赁的方式“拥有”了一辆高尔夫的二手车。汽车的产权是不是属于安德莱这个问题并不重要。重要的是，他用租赁的方式比分期付款购买更加便宜。每个月，安德莱只要支付150欧元的租赁费，比分期付款的方式每月节省40欧元。

安德莱家的房子则是“租买”来的，就是指先租后买。如果租户租期较长，将拥有房子的优先购买权。安德莱家的电炉、烤箱、冰箱、洗碗机、吸油烟机、微波炉等厨房用具也是租的。安德莱说，这样能享受到更多的增值服务。在德国，一般的家用电器保修期为两年，但租赁可以获得5年保修期。5年内，产品维修需要支付的工本费和人工费，都由经销商来买单，而每个月的租费也很便宜。

之前，她家还租赁过钢琴、海滨别墅、帆船、宠物、季节工等等。“租赁，每月至少让我们节省800欧元的开支。”安德莱说，“同时，还让我们这样的普通家庭也享受到与众不同的生活。”

（来源：青木．环球时报 2006－05－12 第24版）

（六）国际租赁贸易的一般程序

国际租赁贸易的一般程序如下（以融资租赁为例）：

（1）委托租赁。用户企业将已选定的租赁物品向租赁公司提示，并填写租赁委托书。租赁委托书中应包括企业资产负债状况及经营指标。

（2）洽购标的物。由用户企业或租赁公司或双方联合，与租赁标的物的制造厂或供应商磋商购买标的物的贸易条件。

（3）签订租赁合同。当购买标的物的贸易条件已商定，租赁公司即出具租赁费估价单。双方然后就租期、租金、租赁标的物的交接验收、维修保养以及保险等条件达成一致，并签署租赁合同。

（4）签订购货合同。租赁公司与制造商就事先谈妥的贸易条件，正式签订购货合同。

（5）交货验收。制造商按合同规定直接向用户企业交货。我国企业以租赁方式引进设备，其手续等同于一般进口贸易。用户企业验收合格，以承租人身份向租赁公司出具验收收据。

（6）支付租金和履行合同义务。承租人应按合同规定定期支付租金，并履行合同中规定的其他义务。租赁公司亦应按合同规定，承担保险和维修责任。在融资租赁中，一般由用户自行维修。

（7）期满留购。融资租赁期满后，通常标的物所有权即归承租人所有。租赁合同也可规定由用户支付一定数额的设备残值后，才拥有所有权。

第二节　有固定组织形态的商品市场

有固定组织形态的国际商品市场，是指在固定场所按照事先规定好的原则和规章进行商品交易的市场。这种市场主要包括商品交易所、拍卖、集市、博览会和展销会等。

一、商品交易所

商品交易所（Commodity exchange）是一种典型的具有固定组织形式的市场。它是在指定的固定地点、规定的时间内（一般是每天上、下午各营业一次），按照规定的方式，由特定的交易人员进行大宗商品交易的专业市场。这种交易市场17世纪最先出现在荷兰的阿姆斯特丹（粮食交易所），后随着资本主义生产方式的确立和国际分工的深化，得到了长足的发展。

在商品交易所进行交易的商品，往往具有同质性，即特征一样，质量相同，如有色金属、谷物、纺织原料、食品、油料、橡胶等等。目前主要通过交易所进行交易的商品大约有 50 多种，占世界商品流通额的 15% ~20%。世界性的大商品交易所，每天开市后第一笔交易的成交价格（即所谓的开盘价格）和最后一笔交易的成交价格（即所谓的收盘价格），以及全天交易中的最高、最低价格，均被刊载于重要的报纸上，作为市场价格动态资料。因此，世界性商品交易所价格，即交易所牌价，一般被公认为是世界价格的重要参考数据。在交易所中进行商品买卖，必须严格遵守交易所的规章制度，其一般方法是在大厅里口头喊价公开交易。能够进场进行买卖交易活动的，应是交易所的会员。会员除自己进行商品交易外，往往还充当经纪人，替非会员进场交易，以获得佣金收入。

在交易所中进行的商品买卖，基本可以分为实物和期货交易两种。

目前，随着国际生产专业化的提高，交易所的交易也日趋专业化，每类主要商品都有着自己专门的交易中心：

谷物：芝加哥、伦敦、利物浦、温尼伯、鹿特丹、安特卫普、米兰。

有色金属：纽约、伦敦、新加坡。

天然橡胶：新加坡、伦敦、纽约、吉隆坡。

棉花：纽约、新奥尔良、芝加哥、利物浦、亚历山大、圣保罗、孟买。

生丝：横滨、神户。

【小资料】

我国主要的商品交易所有哪些？

目前世界已拥有各种商品交易所 100 多所。为适应市场经济的发展和外向型经济的需要，我国于 1992 年开始试办起一些商品交易所，并不断地对这些交易所进行整顿和缩减，目前主要的商品交易所分别是：上海金属交易所、深圳有色金属期货联合交易所、郑州商品交易所、北京商品交易所、海南中商期货交易所、广东联合期货交易所、上海粮油交易所、上海商品交易所、苏州商品交易所、天津联合期货交易所、沈阳商品交易所、大连商品交易所、重庆商品交易所、成都联合交易所和长春联合商品交易所。2006 年 8 月在海口市召开的中国猪业发展大会有关人士提出尽快推出生猪期货，助推生猪产业走出价格困境。2006 年 11 月在大连召开的“中国现代畜牧业高层论坛”上，与会者提出，应发展我国的畜产品期货市场，用农产品期货市场运作经验服务畜牧产业，推动畜牧产业的现代化。

（资料来源：秦利．证券时报．2006 - 08 - 31；黄宇．证券时报．2006 - 11 - 08 经编辑）

二、展　　卖

（一）展卖的含义

展卖（Fairs and sales）是利用展览会和博览会及其他交易会形式，对商品实行展销结合的一种贸易方式。展卖目的是使参加者展示科技成就、商品样品，以便进行宣传，发展业务联系，促成贸易。展卖又分博览会和展览会等形式。

博览会是一种定期地在同一地点、在规定的期限内举办的，有众多国家、厂商参加，展销结合的国际市场。世界上第一个博览会是在德国莱比锡举办的，至今已过去了几百年。博览会最初只是在重大节日期间举行，后来逐渐发展成为一种定期定点的展销市场。如今德国占了世界博览会市场的20%，世界上最大的5 个博览会组办公司都在德国，全球约150 个最重要的博览会有2/3 在德国举办，每年吸引来自世界其他地方的展商约7 万人（约占展览者人数的50%）和将近200 万参观者。目前世界上最大的综合性工业博览会是德国汉诺威博览会。

展览会一般是不定期举办的，它与博览会的区别在于只展不销，通过展览会促成会后的交易。

（二）展卖的特点

（1）有利于宣传出口国家的科技成就和介绍出口商品。

（2）有利于建立和发展客户关系。

（3）有利于搜集市场信息，听取客户意见，确定企业的市场定位。

（三）展卖的类型

从商品和举办范围来看，博览会和展览会可大致分为以下几种：

（1）样品国际博览会。这是一种看样成交的集市。博览会举办时，参加国、厂商以及参展样品、技术很多，规模亦较大。国际上较大的莱比锡博览会、里昂博览会的正式名称就是样品集市（Sample fair）。

（2）综合性国际博览会。这是一种有许多国家和厂商参加的，包括工、农、林、牧、服务业等各方面产品的国际集市，通常规模很大。米兰国际博览会即属于这种博览会。

（3）消费品国际博览会。这类博览会以日常或耐用消费品以及工艺装饰品为展销内容，除面向世界各国的庞大的博览会外，也有面向国内消费者的展览会。如德国的家庭用品集市、英国的理想家庭博览会等。

（4）主要工业部门产品国际博览会。这类博览会一般规模较大，是各种新技术、新产品荟萃展销的市场。如每年在世界各地举办的航空航天、电子、自动化设备、汽车等博览会都属于这种博览会。

（5）一般工业部门产品展销会和集市。这类博览会规模可大可小，展品多属一般劳动密集型产业的产品，如照相用品、玩具、衣帽鞋类的展销会和集市等。

（6）国别展览、展销会。这是指一个国家在另一个国家中举办的综合性展览会或各类产品、各行业的展销会。

（7）独家公司展览、展销会。指大企业专门为本企业的产品举办的展览、展销会。

目前，国际博览会、展销会的发展趋势是专业化程度不断提高，反映时代发展的高精类产品、设备的比重加大。

世界上有一定影响的博览会、国际展览会多在以下地点举办：广州、汉诺威、莱茵－法兰克福、巴黎、里昂、波尔多、维也纳、布鲁塞尔、哥德堡、帕多瓦、米兰、的里亚斯特、乌特勒支、东京、温哥华、巴塞罗那、大马士革、莱比锡、萨格勒布以及波兹南等。

【小资料】

广交会为企业创造更多商机①

入世十年来，广交会服务外贸大局，立足自身改革，展会规模和办会水平实现跨越式发展，实现了由综合展向综合性与专业性兼具、由单一出口平台向进出口双向交易平台的转变，在贯彻国家对外经贸战略方面作出了突出贡献。

加入世贸组织后，中国企业开拓国际市场的愿望愈加强烈，广交会展位一席难求的矛盾日益凸显。自 2002 年第 91 届起，广交会由"一馆一期"改为"一馆两期"，展位总数增加到 1.57 万个。第 95 届广交会全面启用琶洲展馆一期，两馆两期同时办展。随着第 104 届广交会整体搬迁至琶洲展馆，办展格局也由两馆两期改为一馆三期，展位增至 5.86 万个。据统计，2001 ~2011 年，广交会到会总人数达 356.02 万人，除去受非典影响的 2003 年，其他各年平均增长率为 7.96%。

在展位分配上，第 96 届广交会开始实行问责制、打破终身制、完善实名制，接受社会监督；禁止在产品质量、环境保护等方面有违规、违法行为的企业参展，限制低附加值产品参展，禁止"两高一资产品"参展。目前，广交会品牌展位占展位总数的 18.99%，品牌展区成交 135.7 亿美元，占成交总额的 1/3 强。第 109 届广交会启动运行"产品设计与贸易促进中心"，引入世界范围内的优质设计资源，与广交会汇聚的中国最优秀出口企业"强强联合"，增强中国企业的国际竞争力。

10 年来，广交会为促进中国从外贸大国向外贸强国转变、促进贸易平衡发挥了重要作用。据统计，在 2001 年第 90 届广交会上，到会采购商逾 10 万，出口成交近 150 亿美元；10 年后的第 109 届广交会上，到会采购商突破 20 万，出口成交近 370 亿美元。10 年间，到会采购商翻了一番，成交额增长 1.5 倍。近年来，每届广交会为 2.4 万多家优秀外贸企业提供了进军海外市场的"直通车"，一批世界知名品牌从广交会腾飞。

第 101 届广交会首设进口展区，努力为扩大进口服务。当届即有来自 36 个国家和地区的 314 家企业参展。至第 109 届，进口展区面积达 2 万平方米，参展企业增至 534 家，遍布世界 53 个国家和地区。如今，进口展区已成为海外企业拓展中国市场、中国企业采购海外产品的高效贸易平台。

2009 年，为应对国际金融危机冲击，广交会积极帮助参展企业开拓国内市场。第 105 届、106 届广交会先后举办了内外贸对接洽谈会并设立了国内采购中心；第 108 届广交会，有近 70% 的展位贴出特殊标志，欢迎开展内贸洽谈。广交会广泛邀请国内大型零售连锁企业作为买家到会采购，有效助力外向型企业走出困境。

站在新的起点上，广交会力争"百尺竿头更进一步"，在打造世界一流展会平台的同时，为中国外贸的持续健康发展谱写新华章。

---

① 崔鹏. 人民日报，2011 - 10 - 13：第 10 版

三、期货贸易

（一）期货交易的含义

期货交易（futures transaction）是众多的买主和卖主在商品交易所内按照一定的规则，用喊叫并借助手势进行讨价还价，通过竞争达成交易的一种贸易方式。众所周知，在现货交易的情况下，买卖双方可以以任何方式，在任何地点和时间达成实物交易。卖方必须交付实际货物，买方必须支付货款。而期货交易则是在一定时间在特定期货市场上，即在商品交易所内，按照交易所预先制订的“标准期货合同”进行的期货买卖。成交后买卖双方并不移交商品的所有权。

（二）期货交易的特点

（1）期货交易不规定双方提供或者接受实际货物，货物品种限于交易所指定商品；

（2）交易的结果不是转移实际货物，而是支付或者取得签订合同之日与履行合同之日的价格差额；

（3）期货合同是由交易所制订的标准期货合同，并且只能按照交易所规定的商品标准和种类进行交易；

（4）期货交易的交货期是按照交易所规定的交货期确定的，不同商品，交货期不同；

（5）期货合同建有严格的保证金制度，每个交易都必须在交易所设立的清算所进行登记及结算。

（三）期货交易的种类

期货交易，根据交易者的目的，有两种不同性质的种类：一种是真正从事实物交易的人做“套期保值”；另一种是利用期货合同作为赌博的筹码，买进卖出，从价格涨落的差额中追逐利润的纯投机活动，称“买空卖空”。

1. 套期保值

（1）套期保值（Hedging）又称为“海琴”，是指把期货市场当作转移价格风险的场所，利用期货合约作为将来在现货市场上买卖商品的临时替代物，对其现在买进准备以后售出商品或对将来需要买进商品的价格进行保险的交易活动。

套期保值的基本做法是，在现货市场和期货市场对同一种类的商品同时进行数量相等但方向相反的买卖活动，即在买进或卖出现货的同时，在期货市场上卖出或买进同等数量的期货。经过一段时间，当价格变动使现货买卖上出现盈亏时，可由期货交易上的亏盈得到抵消或弥补。从而在“现”与“期”之间、近期和远期之间建立一种对冲机制，以使价格风险降到最低限度。

（2）套期保值分为卖期保值（Selling hedging）和买期保值（Buying hedging）。

① 卖期保值（又称卖出套期保值、空头套期保值）：是在期货市场出售期货，以期货市场上的空头来保证现货市场的多头，以规避价格下跌的风险。例如，一些手头持有实货的个人或企业、或丰收在望的农场主、或拥有大量库存的经销商，担心新货登场价格可能下跌而

蒙受损失，便在期货市场卖出期货合同（假设期货与现货变化趋势相同，都看跌）达到保值的目的。

范例：5月份供销公司与橡胶轮胎厂签订8月份销售100吨天然橡胶的合同，价格按市价计算，8月份期货价为每吨1.25万元。供销公司担心价格下跌，于是卖出100吨天然橡胶期货。8月份时，现货价跌至每吨1.1万元。该公司卖出现货，每吨亏损0.1万元；又按每吨1.15万元价格买进100吨的期货，每吨盈利0.1万元。两个市场的盈亏相抵，有效地防止了天然橡胶价格下跌的风险。

② 买期保值（又称买入套期保值、多头套期保值）：是在期货市场中购入期货，以期货市场的多头来保证现货市场的空头，以规避价格上涨的风险。例如，一些将来需要持有某种实货商品的个人或企业，在他们购入将来交付的实际货物时，担心日后价格上涨而受到损失，因而在期货市场上买进期货合同（假设期货与现货变化趋势相同，都看涨）达到保值的目的。

范例：油脂厂3月份计划两个月后购进100吨大豆，当时的现货价为每吨0.22万元，5月份期货价为每吨0.23万元。该厂担心价格上涨，于是买入100吨大豆期货。到了5月份，现货价果然上涨至每吨0.24万元，而期货价为每吨0.25万元。该厂于是买入现货，每吨亏损0.02万元；同时卖出期货，每吨盈利0.02万元。两个市场的盈亏相抵，有效地锁定了成本。

综上所述，在一定有实货和期货两个远期市场同种商品交易的情况下，卖期保值和买期保值可以分别用下表提示的方法操作：

表11-2 卖期保值和买期保值的比较

卖期保值	市场看跌，远期须卖出实货，按现期未下跌价格卖出同期期货，届时买入
买期保值	市场看涨，远期须买入实货，按现期未上涨价格买入同期期货，届时抛出

2. 投机交易

（1）买空（Bull，Long），又称“多头”，是指投机者估计价格要涨，买进期货；一旦货期涨价，再卖出期货，从中赚取差价。

（2）卖空（Bear，Short），又称“空头”，是指投机者估计价格要跌，便先抛出期货合约，使自己处于空头部位（Short position），等价格下跌后再补进对冲，同样赚取差价。

（四）期货功能

商品期货交易的基本功能是发现价格和规避价格风险。

1. 发现价格

参与期货交易者众多，都按照各自认为最合适的价格成交，因此期货价格可以综合反映出供求双方对未来某个时间的供求关系和价格走势的预期。这种价格信息增加了市场的透明度，有助于提高资源配置的效率。

2. 规避市场风险

在实际的生产经营过程中，为避免商品价格的千变万化导致成本上升或利润下降，可利用期货交易进行套期保值，即在期货市场上买进或卖出与现货市场上数量相等但交易方向相反的商品，使两个市场交易的损益相互抵补。期货也是一种投资工具。由于期货合约的价格波动起伏，交易者可以利用价差赚取风险利润。

（五）商品期货交易与现货交易的比较

期货交易与现货交易有相同的地方，如都是真正意义上的买卖，涉及商品所有权的转移等。但不同之处也很明显，主要表现在以下几点：

表 11－3　期货交易与现货交易的区别

	现货交易	期货交易
1. 买卖的直接对象	商品本身，有样品、有实物、看货定价	买进或卖出多少手或多少张期货合约
2. 交易的目的	进行即期或远期实物交收和货款结算，钱货两讫	不是到期获得实物，而是通过套期保值回避价格风险或投机获利
3. 交易方式	一对一谈判签订合同，具体内容由双方商定，签订合同之后不能兑现，就要诉诸法律	是以公开、公平竞争的方式进行交易。一对一谈判交易（或称私下对冲）被视为违规
4. 交易场所	一般分散进行，如粮油、日用工业品、生产资料等，另有生鲜和时令农副产品是进行集中交易	必须在交易所内依照法规进行公开、集中交易，不能进行场外交易
5. 保障制度	按《合同法》，不履行合同通过司法诉讼或仲裁的方式解决	除国家法律、行业和交易所规则之外，通过保证金制度到期平仓兑现
6. 商品范围	一切进入流通的商品	大宗农产品、石油、金属商品、初级原材料，和金融产品
7. 结算方式	货到款清，无论时间多长，都是一次或数次结清	每日结算盈亏，实行逐日盯市制度，结算价格按照成交价计算

【案例 11－3】

一桩惊动国务院总理的期货爆“仓”风波始末[①]

株洲冶炼厂于1956年成立，曾在中国大型国有企业五百强中排列132名，年利润过亿元。该厂为中国三家在伦敦金属期货交易所挂牌上市企业之一、全球五大铅锌冶炼生产厂家之一。

1995年，株洲冶炼厂开始在境外从事锌期货投资业务，最初以套期保值名义操作，获得一定收益。该厂进口公司经理、锌期货操盘手权利逐渐膨胀，在其从事的外盘期货交易中不受管束。1997年3月世界金属期货市场价格上扬，锌市走俏，株冶进口公司见有利可图，开始在每吨1 250美元的价位上向外抛售合同，此时株洲冶炼厂每吨锌的成本仅1 100美

① 资料来源：刘绍娓．国有资产管理．2006，(11)．经编辑

元，如果做套期保值，每吨在以后按期交割现货可获利150美元，也可避免市场价格下跌造成的损失。当锌价上扬到1 300美元，该进口公司开始做空（卖空），即抛出了远远大于株洲冶炼厂年产量的供货合同，目的是通过抛出大量供货合同打压市场价格，等锌价跌至价格较低的抛出价格以下时大量买入合同平仓，保留高价位的卖出合同如期交割获利。但是只要抛出盘就有接盘，其做空行径早已经被国际金融大鳄盯牢。该进口公司被交易对家频频逼仓，锌价并没有如预期下跌，反而是一路攀升到1 674美元。

按伦敦金属期货交易所规定，买卖双方须缴纳合同金额一定比例的保证金，株洲冶炼厂进口公司支付保证金的资金大部分来源于银行贷款，在1997年3～7月间，该进口公司因无法支付保证金，多次被逼平仓。面对巨大的空头头寸和过亿美元的损失，该进口公司不得不向株洲冶炼厂报告，当时已在伦敦卖出了45万吨锌，相当于株洲冶炼厂全年总产量的1.5倍。虽然国家出面从其他锌厂调集了部分锌进行交割试图减少损失，但是终因抛售量过大，株洲冶炼厂为了履约只好高价买入合约平仓，形成1.758亿美元（当时合14.6亿元人民币）的巨额亏损。

四、拍　卖

（一）拍卖的含义

拍卖（Auction）是一种在规定的时间和场所，按照一定的规章和程序，通过公开叫价竞购，把事先经买主看过的货物逐批或逐件地卖给出价最高者的交易过程。

以拍卖方式进入国际市场的商品，大多数为品质不易标准化、易腐烂不耐贮存、生产厂家众多、产地分散或需要经过较多环节才能逐渐集中到中心市场上进行交易的商品，如裘皮、羊毛、鬃毛、毛皮、木材、茶叶、烟草、蔬菜、水果、花卉、艺术品、鱼类、古玩工艺品、地毯以及石油、黄金等。一些外国政府在处理库存物资或海关及其他机构处理罚没货物时也采用这种交易方式。

目前，国际上主要通过拍卖成交的商品都有固定的拍卖地，它们是：

羊毛：伦敦、利物浦、开普敦、墨尔本、悉尼。

毛皮：纽约、伦敦、蒙特利尔、哥本哈根、奥斯陆、斯德哥尔摩、列宁格勒（现彼得堡）。

茶叶：伦敦、加尔各答、科伦坡、科钦。

烟草：纽约、阿姆斯特丹、不来梅、卢萨卡。

（二）拍卖的特点

（1）在拍卖中，买卖双方并不直接洽商，而是通过专营拍卖业务的拍卖行来进行。拍卖行设有专门的拍卖场所、专业人员和设备。

（2）拍卖是一种单批、实物的现货交易，具有当场公开竞购、一次确定成交的性质。拍卖物须事先运至拍卖地，并由参加竞购者验看，拍卖后卖方或拍卖举办人对货物的品质一般不负赔偿责任。

（3）拍卖对于买主的要求较高，买方必须对货物有关情况进行调研，做到心中有数，否则容易吃亏。按质论价、优质优价的特点在拍卖中表现得尤为突出，故对卖方较为有利。

（4）参与拍卖的买主，通常须向拍卖机构缴存一定数额的履约保证金；拍卖机构为交易的达成提供了服务，它要收取一定的报酬，通常称作佣金或经纪费；拍卖所需费用一般较其他交易高。

（三）拍卖的出价方法

1. 增价拍卖

它也称淘汰式拍卖，是最常见的一种拍卖方式。拍卖时，拍卖行可规定每次加价的金额限度。至某一价格，经拍卖人三次提示而无人加价时，则为最高价，由拍卖人击槌表示成交。按拍卖章程规定，在拍卖人落槌前，叫价人可以撤销出价；如果货主与拍卖人事先商定了最低限价，而竞买人的叫价低于该价，拍卖人可终止拍卖。

增价拍卖在业务中又分为买方叫价和卖方叫价。

买方叫价——是由拍卖举办人首先宣布底价，竞购者根据拍卖条件所规定的加价额竞相叫价，当他们停止继续提高叫价时，拍卖人即将货物售予出价最高者，又称有声拍卖。

卖方叫价——由举办人根据卖方的意图逐步提高叫价，竞购者用某种约定的手势表示接受，当价格高到只有一个竞购者时，即为成交，又称无声拍卖。

2. 减价拍卖

它又称荷兰式拍卖。由拍卖人先开出最高价格，然后渐次降低价格，直到有人表示接受，即达成交易。这种拍卖方式买主之间无反复竞价的过程，且买主一旦表示接受，不能再行撤销。由于减价拍卖成交迅速，特别适合于数量大，批次多的鲜活商品。

3. 密封递价拍卖

它又称招标式拍卖。由买主在规定的时间内将密封的报价单（也称标书）递交拍卖人，由拍卖人选择买主。这种拍卖方式，和上述两种方式相比较，有以下两个特点：一是除价格条件外，还可能有其他交易条件需要考虑；二是可以采取公开开标方式，也可以采取不公开开标方式。拍卖大型设施或数量较大的库存物资或政府罚没物资时，可能采用这种方式。

（四）拍卖的一般程序

1. 准备阶段

卖方按拍卖举办人的要求，将拍卖物运到指定的仓库，拍卖举办人对拍卖物进行分类、分级、分批（件），以备逐批（件）拍卖。拍卖举办人将货物情况印成拍卖目录，列明商品的种类、各批的批号和件数、拍卖的次序以及详细的拍卖条件，在举行拍卖前的 10 天左右送交竞购者。买方得到目录后，持目录到仓库听取商品介绍、抽检、验看拍卖物。

2. 拍卖的成交阶段

在规定的日期和指定地点，拍卖举办人举行拍卖活动，按照拍卖目录的次序逐批（件）对货物进行拍卖。拍卖举办人进行拍卖活动时，法律上是卖方的代理，应该对所拍卖的货物负责，有义务为卖方获取最高价格；当击棰成交后，举办人代表买方签署文件，这时他转而成为买方的代理，替买方对商品负责。

3. 交货阶段

拍卖成交后，买方应开立认购书或正式签订合同，并缴付部分货款。一般要求买方在成交后数日内按照仓库交货的条件，限期在指定仓库凭提货单或栈单提货并付清其余货款。

（五）拍卖的注意事项

关于商品的品质。由于参加拍卖的商品往往难以用具体规格加以描述，且买主在拍卖前有权查验货物，拍卖行通常在拍卖章程中规定“卖方对品质概不负责”，所以，拍卖后买方对商品没有复验权，也不存在索赔的问题。对于某些货物可能存在隐蔽的缺陷，凭一般的查验手段难以发现，有的拍卖章程中也规定了买方的索赔期限。

关于公开和公平的原则。拍卖和招标投标一样，是按公平竞争的原则进行公开交易的货物贸易方式。为保证公开和公平的原则不被违反，拍卖行制定了拍卖章程。买卖双方都必须严格遵守、买方不得互相串通，以压低报价；卖方也不得由代理人出价竞买，以哄抬价格，否则均构成违规违法行为。

本章小结

众所周知，在货物贸易组织者市场，双方开展交易有重购、修订重购和新购三种方式，其中新购的交易成本最大。对于逐笔售定，就类似于这样一个新购的过程；它是各种贸易方式的起点；而一旦交易达成，获得双赢，双方交易有市场、有意愿，接下来就是重购或修订重购。在这一基础上应该继续前行，或许能走向更高层次。正是寄售、代理、经销等贸易方式可以将逐笔售定的贸易关系一步一步地引导、定格于更高层次的有效途径。为了打开更多的货物贸易门户，即便新购尚未开始，展卖会、投标、拍卖也不妨紧锣密鼓先行。倘若资金不足、直接参与市场竞争条件不具备，可以利用禀赋的其他资源开展对销贸易、加工贸易，也可以使重购、修订重购得以不断演绎。而租赁贸易、商品交易所、期货贸易无疑使那些风险投资商人在深谙市场运作机理之中把握比重购更有吸引力的贸易机会，甚至练就玩弄资本于股掌之间的本领，这已经在脱离货物贸易范畴，却还是以货物贸易为基础开始一个新的征程，进入从贸易资本脱胎向金融资本转化的另一个知识的海洋和技能的神奇境界。当然，这也就不再属于货物贸易所要继续探讨的内容了。

技能实训

实训模块一 “雪莲”牌牛皮癣口服液包销过程中的问题[①]

【实训目的】熟悉包销的运作特点，了解如何建立和巩固销售渠道，通过妥善制订包销合同来规避风险。

① 资料来源：天津市成人教育网站

【实训材料】G 省医保进出口公司经营一种“雪莲”牌专治牛皮癣的中成药，出口已有数年历史，并于 20 世纪 90 年代初逐渐使该商品在马来西亚打开销路，在当地市场上颇受使用者欢迎。1990 年马来西亚一家经营药品的 T. W. 公司经理在广交会上向 G 省医保进出口公司提出包销该商品的意向，尔后，再次专程来华与医保进出口公司商谈包销事宜。最后双方于 1991 年签订一项为期两年的“雪莲”牌牛皮癣口服液包销合同。包销地区限马来西亚，包销数量每年 2 万盒，每盒 10 瓶，每盒 CIF 巴生港 10 美元，一年总金额为 20 万美元，药品于每季的第一个月内发运 5 000 盒，T. W. 公司开即期信用证，凭货运单据结汇。第一年 T. W. 公司超额 5 万美元完成包销任务。不料到 1992 年第二季度 T. W. 公司来电称：现在该国槟城一带发现有从我国 G 省运去的同牌号相同商品在市场上销售，从而影响其营业额和侵犯其专卖权。T. W. 公司认为我方违约，由此而造成的损失，它保留索赔权，一俟查明损失后即向我方提赔，并要求 G 省医保进出口公司迅予答复。

G 省医保公司接电立即回电称：该公司自签订包销合同后从未与马来西亚的任何第三方发生过销售此药品的行为。并请 T. W. 公司进一步查明该药品的出处和真伪。不久 T. W. 复电称：药品是真的，据槟城海关透露该药品确系来自 G 省某某出口公司。

据此，医保公司向生产该药品的厂家了解到，自 1992 年 1 月份以来向该厂购买此药品的已不只是医保进出口公司一家。由于该药品在国际市场走俏后，其他具有进出口经营权的公司也纷纷组织出口。又由于医保进出口公司当初与生产厂家并无包销合同，所以生产厂家有权敞开销售，同时这种商品又不属于许可证、配额的管理范围，谁组织出口都行。这样一来就把医保进出口公司置于尴尬境地。

在当初此药品尚无人经营出口时，是医保进出口公司一家惨淡推销，经过数年的努力才在国外市场打开局面，因为当时只有它一家出口，所以才敢与 T. W. 公司签订包销合同。万万没有想到局面打开后，国内的其他出口公司也插足马来西亚市场。照此下去，必然会影响到该商品包销合同的执行，也无怪乎 T. W. 公司提出抗议。

至此，G 省的医保进出口公司除一面向 T. W. 公司进行解释和谋求某种妥协方案外，一面求助于 G 省的外贸主管部门出面协调此事。

在有关部门的干预下，最后有关出口公司为了顾全大局统一对外，维护医保进出口公司的声誉，在医保进出口公司包销合同期满前，暂不向马来西亚出口此种药品，医保公司俟包销合同期满亦不再与该商续订。至于生产厂家 1992 年已生产出来的销售给其他出口公司的此种药品统由医保公司收购。

在上述妥善处理的基础上，医保进出口公司又与马来西亚的 T. W. 公司商妥如 T. W. 公司 1992 年的销售额少于 1991 年的 25 万美元，其差额部分由医保公司按 10% 的比例给予补贴，如销售额达到或超过 25 万美元则医保公司不向 T. W. 公司提供任何补贴。此一难题总算得到各方的谅解而妥善解决。

【实训要求】小组讨论：从此案中应吸取什么教训？

实训模块二　擅自改变补偿贸易补偿形式的后果谁承担?[①]

【实训目的】熟悉补偿贸易的运作模式，通过案例讨论，重视在制定补偿贸易协议时应当考虑的因素。遵循国际惯例办事，减少机会成本。

【实训材料】1998年10月，中国甲公司与比利时乙公司签订了《补偿贸易合同》，合同规定由乙公司向甲公司提供一种生产成套设备，设备金额150万法国法郎，甲公司以其使用乙公司提供的设备所生产的产品分三年偿还全部设备款，合同还规定了返销产品的价格与违约金。该合同经政府主管部门批准而生效。合同生效后，乙公司按照合同规定交付了设备，甲公司依照合同规定用该设备生产的产品向乙公司偿还了第一年的设备款50万法郎。到了第二年，国际市场发生激烈变化，该产品价格上涨幅度达30%。甲公司认为，原合同对返销产品的作价不合理，要求修改合同或签订补充协议，提高返销产品的价格，乙公司不同意。于是，甲公司擅自将产品直接出口，在国际市场销售，并用所得外汇向乙公司偿还设备款50万法郎。为此，双方发生争议，经协商不能解决，1999年12月2日，乙公司遂根据合同中的仲裁条款提起仲裁，要求甲公司交付产品或按130%支付设备款，并按合同规定支付5%的违约金。在仲裁庭辩论中，甲公司认为，其已如数支付了设备价款，就履行了合同。而乙公司则认为，合同规定用产品偿还，该产品国际市场价格上涨30%，其转售产品应得的利益被剥夺，故甲公司应补偿30%，并支付违约金。

经调查审理，仲裁庭认为，根据中国有关法律法规及国际惯例，乙公司提供生产设备给甲公司，由甲公司进行生产并以合同规定的价格返销其产品偿还设备的交易方式属补偿贸易。甲公司不交付产品而直接支付外汇改变了补偿贸易的性质，违反了中国有关法律规定和经批准的补偿贸易合同的约定。据此，仲裁庭裁决支持乙公司的仲裁请求，甲公司按130%支付第二年的设备款，支付5%的违约金，第三年继续用产品偿还设备款。仲裁费由甲公司承担。

【实训要求】小组讨论：本案涉及补偿贸易合同的性质和特点是什么？

实训模块三　拍卖活动模拟

【实训目的】1. 在活动中熟悉和了解增价拍卖的基本程序，遵循游戏规则，锻炼学生审时度势、灵机应变的能力。2. 通过本实训模块提供的参考资料，要求学生练习制作网上拍卖的游戏规则。

【实训材料】在重庆市第三届全国连环画交流拍卖会上，原价只有0.22元的《潘必正与陈妙常》连环画，拿下全场最高拍卖价：5.1万元。

“第131号拍卖品《潘必正与陈必常》，朝花少年儿童出版社，1956年版，一版一次。底价5 000元。”拍卖师刚刚宣读完毕，场下的叫价声便开始一波接着一波……经过近30次轮番叫价，22号举牌喊出“五万一”的新高度，现场顿时一片寂静。

① 资料来源：公共商务信息导报 2005-02-01

“成交!”拍卖师一锤定音，全场爆发出雷鸣般的掌声。登记资料显示，22 号买家是广东人。

“这本书讲述的是宋朝时期，一对年青男女与封建势力斗争，最终终成眷属的爱情故事，原价才 2 角 2 分钱。”活动主办方、重庆连环画爱好者联谊会秘书长介绍，根据连环画的外观损毁程度，分为十品，品相越高，收藏价值就越高。“这本书品相达到 9.8，基本上完好无损，所以拍到了全国最高价。”

【实训要求】选出一名口齿伶俐、思维敏捷、相貌朴实，具有亲和力的人担任拍卖师，其他参与者扮演竞买人角色。以大家喜欢的物品作为被拍卖的标的，取一块板刷作为拍卖锤。请专家作为公证人，在场下对整个过程进行监督、指导。

思考练习题

一、不定项选择题

1. 在寄售协议下，货物的所有权在寄售地出售前属于（　　）。
   A. 代理人　　B. 寄售人　　C. 代销人　　D. 包销人
2. 招标是一种（　　）的方式。（单选题）
   A. 竞买　　B. 竞卖　　C. 开标　　D. 招商
3. 投标书实质上是一项有效期至规定开标日期为止的（　　）。
   A. 询盘　　B. 发盘　　C. 还盘　　D. 递盘
4. 补偿贸易的前提条件是（　　）。
   A. 银行信贷　　B. 商业信贷　　C. 延期付款　　D. 分期付款
5. 对外加工装配业务实际上是一种（　　）。
   A. 资本出口　　B. 劳务出口　　C. 土地出口　　D. 商品出口
6. 下列贸易方式中，原材料运进与成品运出，实际并未发生所有权转移的是（　　）。
   A. 传统的商品买卖　　B. 进料加工
   C. 补偿贸易　　D. 来料加工
7. 实物期货主要有（　　）等几种类型。
   A. 外汇期货　　B. 利率期货
   C. 股票期货　　D. 有色金属期货
8. 下面的招标方式中，不公开发布招标通知的包括（　　）招标。
   A. 公开　　B. 议标　　C. 邀请　　D. 两段
   E. 无限竞争性
9. 属于现货交易的贸易方式有（　　）。
   A. 回购　　B. 寄售　　C. 代理　　D. 招标与投标
   E. 拍卖
10. 来料加工与进料加工的区别在于（　　）。
    A. 是否利用我国的技术设备和劳动力
    B. 是否属于“两头在外”的加工贸易
    C. 原料运进与成品运出是否属一笔交易

D. 中方是否承担成品销售及风险

E. 原料供应者是否是成品接受者

11. 租赁贸易往往涉及的当事人是（　　）。

A. 出租人　　B. 承租人　　C. 供货商　　D. 银行

12. 广交会在打造成世界一流展会的过程中，主要体现出如下哪几个特色？（　　）

A. 展位一席难求　　B. 现在是一年三期

C. 为企业提供进军海外市场的通道　　D. 既作出口贸易又做进口贸易

E. 既做国际贸易又做国内贸易

二、判断题（对的打√，错的打×，并改错）

（　　）1. 公开招标的缺点是容易被投标人垄断，招标人难以获得有竞争的报价。

（　　）2. 允许参加拍卖的买主事前查验货物。

（　　）3. 互购不要求等值交换。

（　　）4. 在信贷基础上进口设备一定是补偿贸易。

（　　）5. 按惯例，投标人对投标文件中提出的递价在开标前是不可撤销的。

（　　）6. 买主喊价相当于正常贸易中的发盘，因此，喊价一经喊出在主持人木槌落下前是不得撤销的。

（　　）7. 进料加工业务中，原料进口和成品出口在同一合同中加以规定。

（　　）8. 补偿贸易是吸收利用外资的一种方式。

（　　）9. 当代的对销贸易仅包含货物的移动，即大易货。

（　　）10. 从道理上讲，对外加工装配业务中原料运进的运输费及保险费应由委托方负担，而成品运出的运输费及保险费应由加工方负担。

（　　）11. 加工贸易包括对外加工、装配业务和进料加工。这些均属于以商品为载体的劳务贸易。

（　　）12. 租赁贸易实质上是出租人向承租人提供信贷的一种交易方式。

三、简答题

1. 经销协议包括哪些主要内容？
2. 独家代理与包销有哪些区别？
3. 补偿贸易有几种类型？
4. 商品期货交易有哪些特点？
5. 寄售的特点有哪些？
6. 什么是加工贸易？
7. 试述招标与投标的一般程序。
8. 对出租人而言租赁贸易的作用优越性是什么？

主要参考书目

[1] 马克思．资本论：3 卷（资本主义生产的总过程）．北京：人民出版社，1955；资本论：1 卷．北京：人民出版社．1975
[2]（英）亚当·斯密．国富论．唐日松，赵康英，等，译．北京：华夏出报社，2005
[3]（英）大卫·李嘉图．政治经济学及赋税原理．北京：商务印书馆，1983
[4]（美）保罗·克鲁格曼．战略性贸易政策与新国际经济学．北京：中国人民大学出版社，2000
[5] 丹尼斯·R·阿普尔亚德，小艾尔佛雷德·J·菲尔德．国际经济学（英文版）．3 版．北京：机械工业出版社，1998
[6]（日）小岛清．对外贸易论．周宝廉，译．天津：南开大学出版社，1984
[7] 陈同仇，薛荣久．国际贸易（新编本）．北京：对外经济贸易大学出版社，2003
[8] 海闻，P·林德特，王新奎．国际贸易．上海：上海人民出版社，2003
[9] 周小川．外贸体制改革的探讨．北京：中国展望出版社，1990
[10] 王绍熙．中国对外贸易概论．北京：对外经济贸易大学出版社，2003
[11]（瑞典）俄林．区际贸易和国际贸易．北京：商务印书馆，1986
[12]（德）弗里德里希·李斯特．政治经济学的国民体系．陈万煦，译．北京：商务印书馆，1997
[13] 梁小民．经济学是什么．北京：北京大学出版社，2001
[14]（美）里昂惕夫．投入产出经济学．北京：商务印书馆，1980
[15] 韩经纶．国际贸易基础理论与实务（修订本）．2 版．天津：南开大学出版社，2002
[16] 严素静．实用国际贸易与实务教程．2 版．杭州：浙江大学出版社，2001
[17] 李凯，郁培丽，刘德学．国际贸易理论与实务．2 版．沈阳：东北大学出版社，2004
[18] 白洪声，张喜民．国际贸易理论与实务．2 版．济南：山东人民出版社，2003
[19] 贾建华，阐宏．新编国际贸易理论与实务．北京：对外经济贸易大学出社，2003
[20] 张素芳．International Trade Theory and Practice．北京：对外经济贸易大学出版社，2003
[21] 余世明．国际贸易实务练习题及分析解答．广州：暨南大学出版社，2004
[22] 刘俞铭．国际贸易单、证、函规范与实训及典型案例评析实务全书．北京：中国知识出版社，2005
[23] 胡小娟．国际贸易风险管理与案例评析．长沙：湖南人民出版社，2002
[24] 兰菁等．国际贸易理论与实务．2 版．北京：清华大学出版社，2006
[25] 华欣，张雪莹，等．新编国际贸易实务．北京：清华大学出版社，2006
[26] 徐盛华，等．新编国际贸易学．北京：清华大学出版社，2006
[27] 池娟．国际货物运输与保险．北京：清华大学出版社，2006
[28] 武德春．国际贸易政策与实务．北京：机械工业出版社，2005
[29] 刘宝成．出口实务操作．北京：中国纺织出版社，2004
[30] 仲鑫．国际贸易实务：交易程序·磋商内容·案例分析．北京：机械工业出版社，2005
[31] 韩创飞．闯荡国际．北京：中国纺织出版社，2004
[32] 中国企业国际通用管理课题组．国际通用营销管理案例．北京：中国财政经济出版社，2003
[33] 叶梅．外贸商品学教程（修订本）．北京：对外经济贸易出版社，2005

[34] 徐进亮．国际备用信用证与保函．北京：对外经济贸易大学出版社，2004
[35] 祝卫．出口贸易模拟操作教程．上海：上海人民出版社，2002
[36] 上海对外贸易协会．进出口单证实务．2 版．北京：中国对外经济贸易出版社，2003
[37] 郭燕，杨楠楠．国际贸易案例精选．北京：中国纺织出版社，2004
[38] 来奇．国际贸易合同．北京：民主法制出版社，2003
[39] 吕国民．国际贸易中 EDI 法律问题研究．北京：法律出版社，2001
[40] 李金泽．国际贸易融资法律风险防范．北京：中信出版社，2004
[41] 李朝鲜．内外贸一体化大趋势．北京：经济科学出版社，2005
[42] 张向先．国际贸易概论．北京：高等教育出版社，2004
[43] 陈宪，韦金鸾，等．国际贸易理论与实务．2 版．北京：高等教育出版社，2004
[44] 王涛生，吴建功，翟江南．国际贸易学．长沙：中南大学出版社，2003
[45] 张魁峰．贸易实务．北京：经济科学出版社，2001
[46] 王莉．中小企业外贸一本通．广州：广东经济出版社，2006
[47] J. Hagelstam (1991), Some Shortcomings of International Anti-Dumping Provisions, Journal of World Trade 25 (5): 99 - 110
[48] 韩德强．碰撞——全球化陷阱与中国现实选择．北京：经济管理出版社，2000
[49] Samuel P. Huntington. Who Are We: The Challenges to America's National Identity. Simon Shulzt Publisher USA 2004. 5
[50] 樊志刚．从比较优势原理谈起．中国城市金融，2001（6）
[51] 王万义，吕红军．进出口贸易实务．北京：对外经济贸易大学出版社，2002
[52] 黄敬阳．国际货物运输保险．北京：中国对外经济贸易出版社，2002
[53]《出口销售学》编写组．出口销售学．北京：对外贸易出版社，1989
[54] 刘文广．国际贸易实务．北京：中国高等教育出版社，2002
[55] 广西大学经济学院．操作实务：国际贸易形式与方法（1998）．（面向 21 世纪国际贸易丛书）
[56] 张卿．国际贸易实务案例题（个案分析）．北京：对外经济贸易大学出版社，2002
[57] 李艳芬，唐其．环境保护法典型案例．北京：中国人民大学出版社，2003
[58] 中国国际贸易学会商务培训认证考试办公室．外贸业务理论与实务．北京：中国商务出版社，2007
[59] 许明月，王晓东，胡瑞娟．国际货物运输．北京：对外经济贸易大学出版社，2007
[60] Principles of Marketing, 7th ed. /Philip Kotler, Gary Armstrong. 1996 by Prentice Hall, Inc. Original edition published by Prentice Hall, Inc., a Simon& Schuster Company.
[61] 郭丹华．2009 年协会货物保险条款 A 修订问题之研究——兼谈我国海洋货物运输保险条款的完善 [D]．大连海事大学硕士论文，2010
[62] 杨良宜，汪鹏南．英国海上保险条款详论．2 版．北京：大连海事大学出版社，2009
[63] 郭颂平．海上保险理论与实务．北京：中国金融出版社，1998